Neue Medien, Raum und Verkehr

Wissenschaftliche Analysen
und praktische Erfahrungen

Stadtforschung aktuell
Band 79

Herausgegeben von:
Hellmut Wollmann

Johann Jessen/Barbara Lenz/
Walter Vogt (Hrsg.)

Neue Medien, Raum und Verkehr

Wissenschaftliche Analysen
und praktische Erfahrungen

Leske + Budrich, Opladen 2000

Gedruckt auf säurefreiem und alterungsbeständigem Papier.

Die Deutsche Bibliothek – CIP-Einheitsaufnahme
Ein Titeldatensatz für diese Publikation ist bei Der Deutschen Bibliothek erhältlich

ISBN 3-8100-2931-9

© 2000 Leske + Budrich, Opladen

Das Werk einschließlich aller seiner Teile ist urheberrechtlich geschützt. Jede Verwertung außerhalb der engen Grenzen des Urheberrechtsgesetzes ist ohne Zustimmung des Verlages unzulässig und strafbar. Das gilt insbesondere für Vervielfältigungen, Übersetzungen, Mikroverfilmungen und die Einspeicherung und Verarbeitung in elektronischen Systemen.

Druck: Druck Partner Rübelmann, Hemsbach
Printed in Germany

Inhalt

Johann Jessen/ Barbara Lenz/Walter Vogt
Einleitung 9

Stefan Schmitz
Auflösung der Stadt durch Telematik?
Auswirkungen der neuen Medien auf die Stadtentwicklung 15

Mark Hepworth
Die Geographie der Informationsgesellschaft in Europa 45

Hans-Joachim Braczyk
Soziale Veränderungen auf dem Weg in die Informationsgesellschaft 66

Rainer König
Neue Medien, neue Märkte. Produkte und Dienstleistungen im Netz 87

Margrit Glaser/Wilhelm Glaser
Zukunftsmodell Telearbeit.
Neue empirische Befunde und eine Zwischenbilanz 98

Michael Gutjahr/ Günther Schöfl
Neue Erwerbsbasis für das Dorf.
Das Beispiel TeleGis Innovationszentrum Sternenfels 146

Barbara Lenz/ Henrik Schwarz
Frischwaren online:
Prognosen und Erfahrungen mit dem Internet-Shopping 165

Uwe Hübner
Telelearning. Informatikstudium online 189

Jörg Blumenthal
Das Rathaus auf dem Weg zum Bürger.
Virtuelle Stadtverwaltung Mannheim 197

Stefan Denzinger/ Walter Vogt
Datenautobahn statt Autobahn:
Löst Telearbeit Verkehrsprobleme? 205

Dirk Zumkeller
Verkehr und Telekommunikation.
Erste empirische Ansätze und Erkenntnisse 225

Anna Johansson
Verkehr im Kommunikationszeitalter.
Nationale Untersuchungen in Schweden 255

Simone Rangosch
Videokonferenzen und Geschäftsreisen.
Reduzieren neue Medien das Geschäftsreiseaufkommen? 275

Autoren

Herausgeberschaft

Johann Jessen, Prof. Dr. rer. pol., Städtebau-Institut, Universität Stuttgart
Barbara Lenz, Dr. rer. nat., Institut für Geographie, Universität Stuttgart
Walter Vogt, Dr.-Ing., Institut für Straßen- und Verkehrswesen, Universität Stuttgart

Autoren

Jörg Blumenthal, Verwaltungsdirektor, Leiter des Amts für Öffentlichkeitsarbeit Mannheim

Hans-Joachim Braczyk, Prof. Dr. rer. pol., Akademie für Technikfolgenabschätzung Stuttgart/ Universität Stuttgart (verstorben)

Stefan Denzinger, Dipl. Ing., Institut für Straßen- und Verkehrswesen, Universität Stuttgart

Margrit Glaser, Dr. rer. soc., Psychologisches Institut, Eberhard-Karls-Universität Tübingen

Wilhelm Glaser, Prof. Dr. phil., Psychologisches Institut, Eberhard-Karls-Universität Tübingen

Michael Gutjahr, Geschäftsführer Telecenter Sternenfels

Mark Hepworth, Direktor der Local Futures Group, Gastprofessor am Birkbeck College, University of London

Uwe Hübner, Prof. Dr.-Ing., TU Chemnitz, Leiter des Rechenzentrums

Anna Johansson, Swedish Institute for Transport and Communications Analysis, Stockholm

Rainer König, Leiter Marktentwicklungspotenzial und sozioökonomisches Umfeld, Deutsche Telekom Darmstadt

Simone Rangosch, Dr. rer. nat., Wissenschaftliche Mitarbeiterin/ Verkehrsplanerin beim Amt für Verkehr des Kantons Zürich

Stefan Schmitz, Dr. rer. nat., Bundesamt für Bauwesen und Raumordnung, Bonn

Günther Schöfl, Prof. Dipl.-Ing., Fakultät Architektur der RWTH Aachen und Architekt, Ludwigsburg

Henrik Schwarz, Dipl.-Ing., Institut für Straßen- und Verkehrswesen, Universität Stuttgart

Dirk Zumkeller, Prof. Dr.-Ing., Institut für Verkehrswesen, Universität Karlsruhe

Johann Jessen/ Barbara Lenz/ Walter Vogt

Einleitung

Die neuen Informations- und Kommunikationstechniken lösen einen säkularen Innovationsschub aus, der weit in alle Bereiche des Lebens hineinreicht: Beruf, Ausbildung, Konsum, Freizeit, Wohnen und Gesundheit. Zwar sind die sozialen, ökonomischen und kulturellen Auswirkungen noch nicht im Einzelnen absehbar, es zeigen sich aber erste Konturen. Als eine der wesentlichen Folgen wird erwartet, dass räumliche und zeitliche Beschränkungen an Gewicht verlieren. In diesem Zusammenhang richten sich die Hoffnungen auf neue Chancen zur Verkehrsreduktion durch die Wiedergewinnung der Einheit von Wohnen und Arbeiten. Befürchtungen beziehen sich auf das Entstehen neuer oder das Verstärken alter Ungleichheiten und Abhängigkeiten. Aufspaltungen in neue Kategorien von Besitzenden und Nicht-Besitzenden lassen möglicherweise auch in der Raumentwicklung schärfere Trennungslinien entstehen. Äußerst zwiespältige Erwartungen verbinden sich insbesondere mit der Zukunft der Stadt. Visionen einer zukünftigen „virtuellen Stadt" oder „Telepolis" bewegen sich derzeit zwischen kulturkritischem Pessimismus und technikgläubiger Zukunftserwartung.

Doch gerade im städtischen Umfeld erscheinen die Folgen, die aus den neuen Möglichkeiten der Information und Kommunikation und damit auch der gesellschaftlichen und wirtschaftlichen Organisation resultieren, angesichts der Durchdringung aller Lebensbereiche kaum überschaubar. Zwar existieren einzelne herausragende Beispiele, wie auch kleinere Gemeinden im ländlichen Raum neue Technologien als Kernbestandteil kommunaler Entwicklungsplanung nutzen können. Dem stehen aber Studien zu aktuellen Entwicklungen gegenüber mit zahlreichen Hinweisen darauf, dass die Ballungsräume früher und stärker als die peripheren Räume in den Sog der elektronischen Vernetzung geraten sind und sich damit die traditionellen siedlungsstrukturellen Disparitäten eher verschärfen werden. Städtische Lebens- und Arbeitsformen öffnen sich der Adoption neuer Technologien offenbar besonders leicht.

In der Konsequenz steht möglicherweise die räumlich differenzierte und gegliederte Funktion der Stadt als ökonomisches, gesellschaftliches und kulturelles Zentrum auf dem Spiel: Indem der schnelle Datenaustausch den räumlichen Zusammenhang der ökonomischen Beziehungen innerhalb und zwischen Unternehmen zunehmend bedeutungsloser macht, lassen sich komplexe Strukturen unabhängig vom Standort der einzelnen Firmenteile, Partner und Lieferanten organisieren. Gleichzeitig ermöglicht die Vernetzung über den Computer die Aufhebung der räumlichen Bindungen, nicht nur bei Bürotätigkeiten, sondern auch bei Kontroll- und Steuerungsaufgaben im produzierenden Bereich. Waren, Dienstleistungen, Informationen und Unterhaltung können ohne realen Raum, personelle Präsenz und persönlich-direkte Kommunikation von Institutionen und Individuen angeboten und nachgefragt werden. Die Stadt wird ersetzt durch den virtuellen Marktplatz. Läuft die Stadt Gefahr, ihre zentrale Funktion als Ort eines verdichteten und gemeinschaftlichen Zusammenlebens zu verlieren? So scheint sich in verstärktem Maße die traditionelle Verankerung des Individuums in Gruppen und Organisationen zu lockern, da die Virtualität der Kommunikation sowie des Austauschs von Waren und Dienstleistungen den persönlichen Kontakt überflüssig macht. Diese Tendenz steht in Wechselwirkung mit der Auflösung traditioneller Familienstrukturen. Gerade in den großen Städten lebt heute der größte Teil der Kernstadtbewohner in Single-Haushalten.

Aus dem funktionalen Bedeutungsverlust der Stadt sind zunächst durchaus entlastende Wirkungen für das Verkehrsaufkommen in der Stadt selbst zu erwarten. Nicht ausgeschlossen ist jedoch eine gleichzeitige Ausdehnung des Verkehrs in die Fläche. Untersuchungen, die heute schon räumliche und verkehrliche Wirkungen durch den Einsatz neuer Medien und Vernetzungsmöglichkeiten empirisch nachweisen können, sind kaum vorhanden. Dort, wo Erkenntnisse vorliegen, können oft nur Makrostrukturen dargestellt und erklärt werden. So wissen wir beispielsweise, dass der Anteil der Telearbeit durchaus wächst, das Potenzial aber noch nicht annähernd ausgeschöpft ist. Überhaupt hält die Nutzung neuer Telekommunikationsmöglichkeiten zur Effizienzsteigerung von Geschäftsvorgängen, zum Ausbau von Kooperationsmöglichkeiten und zur Erweiterung des räumlichen Aktionsradius erst ganz allmählich Einzug in die Unternehmen. Ähnliches gilt für die Verlagerung des Handels auf elektronische Netze, wo nur in einzelnen Segmenten heute bereits nennenswerte Umsätze gemacht werden. Andererseits zeigen sich doch schon erste Veränderungen individueller Mobilitätsmuster mit der Tendenz, dass mit der virtuellen auch die reale Mobilität eher zu- statt abnimmt. Die Erweiterung der Angebotsseite und der schnelle Zugang zu den Angeboten z.B. im (Kurz-)Reiseverkehr ermöglichen einzelnen Bevölkerungsgruppen eine weitere Ausdehnung ihres Aktionsraumes sowie eine zeitliche Verdichtung ihrer Aktivitäten.

Noch überwiegt der spekulative Charakter der Forschung über die Auswirkungen der Medien. Dies hat eine Reihe von Gründen. Der wichtigste ist ohne Frage, dass sich die neuen Technologien mitten im Prozess der Verallgemeinerung befinden, wenn auch je nach Einsatzfeld in einem mehr oder weniger fortgeschrittenen Stadium. Manchmal wird noch mit dem Einsatz der Medien experimentiert und ihr Potenzial im Versuch ausgelotet – der Pilotcharakter dominiert –, an anderer Stelle haben sich bereits Routinen und Standards etabliert. Unabhängig davon jedoch erweist sich die empirische Erfassung des Einsatzes neuer Medien und ihrer Auswirkungen als außergewöhnlich komplex und schwierig, nicht zuletzt aufgrund der Geschwindigkeit, mit der sich die Entwicklung vollzieht. Umso dringlicher erscheint es, die Entwicklungen durch eine Art der Forschung zu begleiten, bei der die wissenschaftliche Analyse mehr denn je Entscheidungshilfen für die Akteure auf politischer, gesellschaftlicher und ökonomischer Ebene sein kann. Dabei sollte sich die Wissenschaft auch verstärkt der Aufgabe zuwenden, sich als unabhängige und gleichzeitig angesehene gesellschaftliche Institution an der Moderation der Technikentwicklung im Spannungsfeld der verschiedenen Akteursinteressen zu beteiligen und dabei ihre Möglichkeiten zu interdisziplinärem Vorgehen innovativ und ambitioniert ausschöpfen.

In den ersten Beiträgen dieses Buches wird aus der Perspektive verschiedener Disziplinen der Frage nachgegangen, wie die neuen Informations- und Kommunikationstechnologien die räumliche und vor allem die städtische Entwicklung beeinflussen werden. Diese Standortbestimmungen aus geographischer, sozialwissenschaftlicher und ökonomischer Sicht können inzwischen auf einen breiteren Fundus von Erfahrungen, Forschungen und tatsächlicher Praxis zurückgreifen, als dies noch vor Jahren der Fall war.

Die raum- und zeitüberwindenden Wirkungen neuer Medien bedeuten nicht die Abschaffung, sondern die Begründung einer „neuen" Geographie, deren Grundzüge in dem einführenden Beitrag von *Stefan Schmitz* umrissen werden. Die neuen Medien bilden die technische Basis der Globalisierung, erzeugen aber komplementäre Tendenzen der Regionalisierung, die sich in neuen räumlichen Standortmustern und Raumtypen abbilden. Aus internationaler Perspektive beleuchtet *Mark Hepworth* das komplexe Wechselverhältnis von weltweiter ökonomischer Verflechtung, wie sie durch die neuen Technologien ermöglicht wurde, und den Anforderungen, die an eine nachhaltige gesellschaftliche Entwicklung vor Ort zu stellen sind. Es werden die Chancen und Gefährdungen herausgearbeitet, die daraus für die politischen Bemühungen um das Ziel der Nachhaltigkeit erwachsen können. Die Technikdurchdringung der Gesellschaft ist vorwiegend ökonomisch motiviert; politische, soziale und kulturelle Ziele sind dem nachgeordnet. Daraus erklärt *Hans-Joachim Braczyk,* dass sich die eigentlichen einschneidenden sozialen Veränderungen durch neue Technologien nicht in der Konsumsphäre, sondern in der Arbeitswelt vollziehen. Stärker als der Wohnalltag wird sich der Arbeitsalltag verändern. Der Beitrag stützt sich auf empirische Untersuchungen der Akademie für Technikfolgenabschätzung für das Land Baden-Württemberg. In fünf Feldern „Informationsgesellschaft und networked society als neues Paradigma", „Konvergenzmarkt TIMES", „Mobilfunk als Massenmarkt", „Der neue Konsument – anything, anytime, anywhere" und „Technologie als enabler" zeigt *Rainer König* Visionen und Leitbilder auf, wie sie im Kontext der rasant expandierenden Kommunikationsunternehmen entwickelt werden, und verweist auf die inhärenten Ambivalenzen und Widersprüche, die zukünftige Konzernstrategien im Mediensektor zu gewärtigen haben.

Im zweiten Schwerpunkt werden einzelne Ausschnitte der Anwendungsbereiche neuer Medien detailliert beleuchtet sowie die Befunde aktueller empirischer Untersuchungen und praktischer Erfahrungen zu Bereichen wie Telearbeit, electronic commerce und virtueller Stadtverwaltung vorgestellt. Die Psychologen *Margrit* und *Wilhelm Glaser* referieren die Befunde ihrer empirischen Untersuchungen, die der aktuellen Entwicklung der Telearbeit in der Bundesrepublik, ihren Auswirkungen auf die innerbetriebliche Organisation und ihrer Bewertung aus der Sicht der Unternehmen wie der Beschäftigten nachgehen. Der Anteil der Telearbeit wächst, das Potenzial ist aber noch nicht annähernd ausgeschöpft. Es setzen sich Mischformen durch, die auf einem allmählichen Abgleich von Unternehmer- und Arbeitnehmerinteressen beruhen. Das Telecenter in Sternenfels, einer kleinen Gemeinde im baden-württembergischen Kraichgau, dem ersten und bisher erfolgreichsten Projekt dieser Art in Deutschland stellen die Initiatoren *Michael Gutjahr* und *Günter Schöfl* vor. Hier ist die Förderung und der Einsatz neuer Technologien als Kernbestandteil kommunaler Entwicklungsplanung im ländlichen Raum genutzt worden. Damit könnte Sternenfels hoffnungsvolles Vorbild für viele ländliche Gemeinden in strukturschwachen Räumen werden. Elektronischer Handel, der auf den privaten Endkunden ausgerichtet ist, stellt bislang auch bei weltweiter Betrachtung nur ein sehr kleines, aber rasch wachsendes Segment innerhalb des Handels dar. Prognosen, Nutzerstrukturen und ein ausführliches empirisches Beispiel zum E-Commerce sind Gegenstand des Beitrags von *Barbara Lenz* und *Henrik Schwarz*. Noch wird das Wachstumspotenzial begrenzt durch Vorbehalte gegenüber dem elektronischen Zahlungsverkehr und der Datensicherheit, besonders aber durch die noch mangelnde Durchdringung der Privathaushalte mit Internetanschlüssen. Dennoch bleiben die hohen Erwartungen an eine Ausdehnung des E-Commerce-Marktes ungebrochen. Vor allem große Handelsunternehmen erarbeiten und testen entsprechende Organisationskonzepte. An der Technischen Universität Chemnitz wurde von 1995 – 1998 erfolgreich ein Pilotprojekt zum telelearning eingerichtet: ein Aufbaustudium der Informatik, an dem 350 Studierende via Internet teilgenommen haben. Der Initiator und Leiter des Projekts *Uwe Hübner* stellt die wesentlichen Elemente vor, berichtet über die Erfahrungen und reflektiert die technischen, personellen, organisatorischen und finanziellen Voraussetzungen, das Internet als Medium des Studiums zu nutzen. Kaum eine Stadtverwaltung hat den Einsatz neuer Medien zur Verbesserung ihrer Serviceleistungen für die Bürger und zur inneradministrativen Rationalisierung so forciert und sich dabei umfassend und offensiv ihrer technischen Möglichkeiten bedient wie die Stadt Mannheim. Über das Konzept, ihre Umsetzung und die Akzeptanz bei Bürgern und Mitarbeitern berichtet *Jörg Blumenthal,* der Leiter des Amtes für Öffentlichkeitsarbeit.

Zu den Hoffnungen, die den Siegeszug der neuen Medien von den ersten frühen Anfängen bis heute begleiten, gehört die Erwartung, ihre Verbreitung und sinnvolle Nutzung könnte langfristig und grundlegend zur Lösung von Verkehrsproblemen beitragen. Hier liegt gegenwärtig ein Schwerpunkt empirischer Forschung, der Gegenstand der abschließenden vier Beiträge ist. Der Beitrag von *Stefan Denzinger* und *Walter Vogt* gibt einen Überblick über die Ergebnisse bisher vorliegender empirischer Studien und stellt den Untersuchungsansatz eines Forschungsprojekts zu den Auswirkungen von alternierender Teleheimarbeit auf das Verkehrsverhalten vor, das von den Autoren durchgeführt wird. Im Mittelpunkt des Beitrages von *Dirk Zumkeller* steht eine empirische Studie zum Verkehrs- und Kommunikationsverhalten, die aus der mikroskopischen Erfassung der täglichen Beziehungen zwischen Wegen und Kontakten versucht, einen tieferen Einblick in die Nutzungsgepflogenheiten hinsichtlich verschiedener Verkehrs- und Kontaktmedien sowie über deren Wechselbeziehungen zu gewinnen. Deutlich werden die hohen konzeptionellen und methodischen Anforderungen an eine Messung von Beziehungen zwischen physischem und virtuellem Verkehr. Ein Vergleich von Einzelstudien in der Bundesrepublik und Korea wirft ein Licht auf nationale Unterschiede. Vor dem Hintergrund steigender Arbeitsteilung und weiterer Ausdifferenzierung und Spezialisierung im Privatleben lassen die Ergebnisse einen weiteren Anstieg sowohl im Bereich der Telekommunikation als auch im Verkehr erwarten. In den skandinavischen Ländern ist die Durchdringung des Alltags mit neuen Medien besonders weit gediehen. In Schweden wird seit 1996 jährlich eine repräsentative Untersuchung zum Telekommunikations- und Mobilitätsverhalten der schwedischen Bevölkerung durchgeführt. *Anna Johansson* referiert die wichtigsten Befunde und Perspektiven. Mit der Frage, ob Videokonferenzen das Geschäftsreiseaufkommen reduzieren, befasst sich Simone *Rangosch*. Sie gelangt zu dem Ergebnis, dass der wachsende unternehmensinterne und -externe Kommunikationsbedarf nur teilweise mit modernen Bildkommunikationsmedien befriedigt werden kann. Viele Direktkontakte lassen sich nicht durch Videokonferenzen ersetzen, da sie aufgrund des Gesprächsanlasses oder -inhalts nicht dafür geeignet sind. Durch die Reorganisation großer Unternehmen und eine fortschreitende Internationalisierung ist daher ein weiterer Anstieg sowohl des Geschäftsreiseverkehrs als auch des Telekommunikationseinsatzes zu erwarten.

Das Buch ist eine Zwischenbilanz, konzipiert als eine möglichst breit ausgeleuchtete Momentaufnahme, die den aktuellen Stand der empirischen Forschung über die Entwicklung neuer Medien für verschiedene Anwendungsbereiche und die damit verknüpfbaren Perspektiven und Probleme schlaglichthaft dokumentiert. Es sind darin Beiträge einer fach- und fakultätsübergreifenden Ringvorlesung zusammengefasst, die vom Städtebau-Institut, vom Institut für Geographie und vom Institut für Straßen- und Verkehrswesen der Universität Stuttgart veranstaltet wurde.

Die Vereinigung der Freunde der Universität Stuttgart e. V. sowie die Alcatel Stiftung Stuttgart haben durch finanzielle Zuwendungen diese Veröffentlichung unterstützt. Die technische Herstellung der Druckvorlage lag in den Händen von cand. ing. Ralf Thomas und Dipl. Geogr. Michael Binder. Die Herausgeber sind den Autoren sowie allen, die an dem Zustandekommen des Buches beteiligt waren, zu Dank verpflichtet.

Unser Kollege Prof. Dr. Hans-Joachim Braczyk, Hochschullehrer für Soziologie an der Universität Stuttgart und stellvertretender Leiter der Akademie für Technikfolgenabschätzung, ist während der Vorbereitung dieses Buches verstorben. Er gehört zu den sozialwissenschaftlichen Forschern, die schon sehr früh das Thema der neuen Medien aufgegriffen haben. Gerade er hat angesichts der Überfülle des Spekulativen immer wieder auf die Notwendigkeit empirischer Analysen hingewiesen und als einer der ersten auch durchgeführt. Schon von der Krankheit schwer gezeichnet, hat er seinen Beitrag zu dieser Veröffentlichung noch redigieren können. Ihm sei das Buch gewidmet.

Johann Jessen/ Barbara Lenz/ Walter Vogt

Stuttgart, im August 2000

Stefan Schmitz

Auflösung der Stadt durch Telematik?
Auswirkungen der neuen Medien auf die Stadtentwicklung.

1. Technik und Raumentwicklung – eine historische Einordnung

Historisch betrachtet hat jede Gesellschaft ihre eigene Art, das Leben und Wirtschaften im Raum zu organisieren, das heißt den Raum zu nutzen und die räumlichen Austauschbeziehungen ihren Zielen entsprechend zu realisieren. Um dies tun zu können, benötigt diese Gesellschaft bestimmte Formen der Fortbewegung und der Kommunikation. Der technologische Entwicklungsstand setzt hierfür den Rahmen des Machbaren. Produktionsweise und Wohlstandsniveau bestimmen die Nachfrage nach Raumnutzung und die Nachfrage nach Transportdienstleistungen. Staatliches Handeln erbringt Vorleistungen in Form von Infrastruktur und legt die „Spielregeln" fest sowohl für die Nutzung des Raumes als auch für den Ablauf von Transport und Kommunikation. Damit sind unser heutiges Verkehrssystem und unsere heutigen Kommunikationsformen ebenso wie unsere Nutzung des Raumes „Spiegel" der Gesellschaft (vgl. Schmitz (1999)).

Wirtschaftliche und gesellschaftliche Entwicklung stehen seit Jahrhunderten in engem Zusammenhang mit der technologischen Entwicklung. So stellte die Dampfmaschine eine der großen technologischen Neuerungen der Menschheitsgeschichte dar. Sie brachte den entscheidenden Durchbruch in der Nutzung von Energiequellen. Menschliche Arbeitskraft konnte nun durch dampfgetriebene Maschinen ersetzt und so die Produktivität explosionsartig gesteigert werden. Als Dampflokomotive oder Dampfschiff revolutionierte die neue Maschine auch das Verkehrswesen. So wurde nicht nur der Produktionsprozess, sondern auch der Transport von Personen und Gütern enorm beschleunigt. Eine völlig neue Gesellschaft entstand, die sich auf völlig neue Weise räumlich organisierte. Die Gleichverteilung der Bevölkerung im Raum, die typisch war für die Agrargesellschaft, schwand zugunsten industrieller Ballungsräume und der teilweisen Entleerung weiter Landstriche.

Seit Erfindung der Dampfmaschine hat die Industriegesellschaft es immer wieder verstanden, technologische, nicht zuletzt auch verkehrstechnologische Innovationen in ihren Dienst zu stellen und zur Befriedigung ihrer Bedürfnisse zu nutzen. Ein wichtiges Merkmal dieser Nutzung ist die ständige Erhöhung von Geschwindigkeiten. Der nicht endende Wettlauf mit der Zeit, die Abkopplung von den Rhythmen der Natur ist eines der fundamentalen Momente der Moderne (vgl. Henckel (1994), (1997)). So hat die permanente Beschleunigung der Verkehrsvorgänge, zunächst durch die Elektrifizierung des Schienenverkehrs, dann durch das Automobil, die ersten Propellerflugzeuge und schließlich durch den Düsenjet, die Welt enorm schrumpfen lassen (vgl. Dicken (1986)). Immer schnellerer Verkehr ist aber bei weitem nicht das einzige Beschleunigungsphänomen. Er reiht sich vielmehr ein in einen allgemeinen Kanon der Geschwindigkeitserhöhung, die immer mehr Lebensbereiche, Tätigkeiten und Prozesse erfasst.

Transport- und Kommunikationstechnik, aber auch Bau- und Umwelttechnik zählen zu den zentralen Determinanten der Stadtentwicklung. Technik wurde zu allen Zeiten als bedrohlich und zerstörerisch, auch stadtzerstörerisch, empfunden. Technik beflügelte aber immer auch die Phantasie von Visionären und Utopisten und nährte Hoffnungen auf eine bessere Welt. Auch die jüngste Vergangenheit lässt sich in diesem Kontext lesen.

2. Telematik als Wegbereiter eines umfassenden gesellschaftlichen Wandels

Die sogenannten „neuen Technologien" haben der Geschichte der Raumüberwindung eine zusätzliche Dimension verliehen. Sie haben neue Kräfte entfesselt und eine weitere Runde in der Spirale der Geschwindigkeitserhöhung eingeleitet. Beispielsweise wäre moderner Hochgeschwindigkeits-Schienenverkehr oder die Ausdehnung und Intensivierung des Flugverkehrs ohne den massiven Einsatz moderner Informationstechnik undenkbar. Aber die eigentliche Bedeutung der neuen Informations- und Kommunikationstechnologien reicht natürlich viel weiter. Die „digitale Revolution" ist die Revolution des gesamten Wertschöpfungsprozesses. So hat die Informationstechnik unter anderem die Möglichkeit geschaffen, die betriebliche Organisation und den Produktionsprozess tiefgreifend zu verändern. Transport-, Kommunikations- und Produktionsinnovation ergänzen sich hierbei gegenseitig, wie beispielsweise die neuen Konzepte der Lagerhaltung und Logistik eindrucksvoll zeigen.

Der neuerliche Innovations- und Beschleunigungsschub, der vor allem die Telekommunikation, die Kapitaltransfers, die Wissensvermehrung, den Produktionsprozess und die Produktzyklen erfasst hat, bewirkt nicht eine bloße graduelle Weiterentwicklung der Industriegesellschaft, sondern kann als ein prinzipieller Wendepunkt angesehen werden. Nutzten die vorindustriellen Gesellschaften vor allem die Muskelkraft, profitierte die Industriegesellschaft in erster Linie von der Umwandlung fossiler Energien, so speist sich die nun entstehende „Informationsgesellschaft" primär aus der Erzeugung von Wissen und der Umwandlung von Informationen (vgl. Castells (1989), (1994)).

Dies hat enorme Konsequenzen. Neben der Technisierung ist die Flexibilisierung einer der Schlüsselbegriffe, die den umfassenden Strukturwandel umschreiben. Um steigenden Kosten, wachsender Konkurrenz und rasch wechselnder Nachfrage begegnen zu können, betreiben die Unternehmen eine Flexibilisierung der Standortwahl, der Produktions- und Arbeitsorganisation, aber auch der Beschäftigungsverhältnisse. Um konkurrenzfähig zu bleiben, suchen außerdem mehr und mehr Unternehmen ihr Heil in einer internationalen Betätigung. Moderne Informations- und Kommunikationstechnik sowie immer schnellere und preiswertere Transportmöglichkeiten unterstützen sie dabei. Globalisierung ist somit ein weiterer wichtiger Schlüsselbegriff, der im Zusammenhang mit dem Strukturwandel steht. Sowohl Flexibilisierung als auch Globalisierung wären in der heutigen Form ohne moderne I&K-Technologien undenkbar (vgl. z.B. Einem et al. (1995)).

Die Globalisierung des Handels, der Produktionsverflechtungen und der Finanzmärkte – dies alles ist nicht etwa Schicksal, sondern politisch gewollt und durch gezielte Deregulierungsmaßnahmen eingeleitet. Nun, wo weltweit die Schlagbäume geöffnet und die nationalen Konkurrenzgrenzen geschleift sind, zeigen sich die Geister, die man rief. Rund um den Globus, vor allem im Dreieck Nordamerika, Europa und Südostasien, findet ein Kampf um Investitionen statt, geraten immer mehr in den Strudel des Zwangs, der Schnellste, der Innovativste und der Effizienteste zu sein. Die Beschleunigung der Raumüberwindung erhöht die globale Konkurrenz, in der nur noch derjenige bestehen kann, der weiter an der Schraube der Beschleunigung von Produktionsabläufen, Wissenserzeugung und Raumüberwindung dreht.

Globalisierung, einer der schillerndsten Begriffe der jüngsten Zeit, betrifft aber nicht nur die Sphäre der Wirtschaft. Dank internationalem Luftverkehr, Satellitenfernsehen und Internet wächst die Welt in den unterschiedlichsten Lebensbereichen zusammen. Dies dürfte das eigentlich Neue am augenblicklichen Globalisierungsprozess sein – mit allen Chancen und allen Risiken. Das allgemeinste und wahrscheinlich bedeutendste Merkmal der Globalisierung ist hierbei die „Fernwirkung" des eigenen Handelns. Mit den Worten Ulrich Becks (1995) meint Globalisierung „Handlungen über Distanzen hinweg". Dahinter verbergen sich tiefgreifende soziale Veränderungen. Nach Anthony Giddens (1995) ist Globalisierung gekennzeichnet durch eine Intensivierung weltweiter sozialer Beziehungen, durch die entfernte Orte in solcher Weise miteinander verbunden werden, dass Ereignisse an einem Ort durch Vorgänge geprägt werden, die sich an einem viele Kilometer entfernten Ort abspielen, und umgekehrt.

Diese globale Interdependenz wird vor allem auch in den Städten unmittelbar deutlich: „Wer sich heute etwa in irgendeiner Gegend der Welt mit der Erforschung der Städte beschäftigt," – so Giddens (1995) – „stellt fest, dass das, was sich an einem Ort und in einer bestimmten Nachbarschaft abspielt, wahrscheinlich von Faktoren – wie weltumspannenden Finanzmitteln und Warenmärkten – beeinflusst wird, die in beliebiger Entfernung von dieser Nachbarschaft selbst eingesetzt werden."

Die Veränderung der Gesellschaft erschöpft sich nicht in abstrakten „Megatrends", sondern spiegelt sich insbesondere in veränderten Lebensbedingungen und Werthaltungen der einzelnen Individuen. Komplementär zur Flexibilisierung von Arbeit, Produktion und wirtschaftlicher Organisation ist eine starke Flexibilisierung des individuellen Handelns zu beobachten (vgl. Schuck-Wersig, Wersig (1994)). Die stärkere Betonung des Einzelnen und seiner Verwirklichung gegenüber Werten der Gemeinschaft ist an sich kein neues Phänomen, scheint jedoch in jüngster Zeit an Deutlichkeit zu gewinnen. Viele Menschen haben ein Wohlstandsniveau erreicht, das weit oberhalb des Existenzminimums liegt und das ihnen genügend Perspektiven für einen selbstgewählten Lebensstil eröffnet (vgl. Schulze (1994)). Erwerbsarbeit steht – für diejenigen, die welche haben – nicht mehr im Mittelpunkt. Aspekte des Erlebnisgewinns, des Konsums und der Freizeitgestaltung gewinnen an Bedeutung, wobei sich auch einige interessante Zusammenhänge zum Bedeutungszuwachs der „neuen Medien" beobachten lassen.

Demgegenüber wächst das Heer der „Modernierungsverlierer", die der wirtschaftliche Strukturwandel in die Arbeitslosigkeit entlässt. Der Konkurrenzkampf zwischen Unternehmen wird zum Konkurrenzkampf zwischen Menschen. Es wächst die Angst um den Arbeitsplatz und die Angst vor Kriminalität. Es drohen Entsolidarisierung und soziale Spaltung. All dies nährt den weiteren „Rückzug ins Private", wofür Automobil, Massenmedien und neuerdings das Internet beste Voraussetzungen bieten.

3. Die Geographie der Informationsgesellschaft

Die Informationsgesellschaft ist also gleichzeitig auch eine Gesellschaft von Individuen, eine Konkurrenz-, eine Medien-, eine Freizeit- und eine Erlebnisgesellschaft. Eine der entscheidenden Fragen lautet: Wie wird diese Gesellschaft in Zukunft leben, und vor allem: Wo wird sie leben? Häufig macht die Spekulation die Runde, dass durch den jüngsten, durch I&K-Technologien getragenen Beschleunigungsschub räumliche Bindungen völlig überflüssig, Standorte beliebig und austauschbar werden. Wenn beliebige Orte beliebig schnell erreichbar sind, wenn die Kommunikation zwischen Menschen ins Virtuelle abdriften kann, Teleheimarbeit die Nähe zum Arbeitsplatz und Teleshopping die Nähe zu Einkaufsmöglichkeiten überflüssig macht, wenn Unternehmensentscheidungen fernab der Werkbank getroffen werden können – dann kann man sich fragen: wozu überhaupt noch Städte? Wird die postindustrielle Informationsgesellschaft sich der Ballungsräume – Artefakte der Industriegesellschaft – wieder entledigen? Liegt die Zukunft der Menschheit in einem „globalen Dorf"? Die Antwort ist ein klares Nein. Vieles deutet darauf hin, dass die Informationsgesellschaft trotz vielerlei Enträumlichung und Virtualisierung die Geographie nicht abschafft, sondern vielmehr eine neue Geographie produziert (vgl. Schmitz (1999)).

Das Rückgrat dieser neuen räumlichen Struktur der Welt bilden die grenzüberschreitenden Transport- und Kommunikationsachsen: Fernverkehrsnetze, Hochgeschwindigkeitsbahnen, internationale Luftverkehrs- und Schiffsrouten, transkontinentale Pipelines, Überland- und Tiefseekabel. Diese Verbindungen stellen die Kanten im Netz der globalisierten Austauschbeziehungen dar. Diejenigen Regionen und Städte, die an den Knoten dieses Netzes liegen oder denen es gelingt, bei neuen Verbindungen berücksichtigt zu werden, können sich glücklich schätzen: Sie haben eine gute Chance, in der weltweiten Konkurrenz der Schnellsten und der am besten Informierten zu überleben. Diese Knoten im globalen Netz nehmen drei Formen an: *erstens* die sogenannten neuen „regionalen Produktionskomplexe", in denen die flexiblen Produktionsmethoden gebündelt praktiziert werden; *zweitens* die wachsenden Metropolen, vor allem die sogenannten Global Cities, die mit ihren überregionalen Dienstleistungsfunktionen die Kommandozentralen der globalisierten Wirtschaft darstellen; und *drittens* die wohl am weitesten verbreitete Form, die sogenannte „Stadtlandschaft".

3.1 Regionale Produktionskomplexe

Das Wirtschaften in „regionalen Produktionskomplexen" bildet das Gegenstück zum *global sourcing* bei der weltweiten Beschaffung einzelner Vorprodukte und Komponenten. Für einfache Produkte und nicht veredelte Halbfertigwaren ist *global sourcing* problemlos realisierbar. Es hat sich jedoch gezeigt, dass diese Strategie bei technikintensiven Präzisionsprodukten verschiedene Probleme mit sich bringt. Daher setzten sich – als Alternative zum bedingungslosen *global sourcing* – in den technikintensiven Branchen der wirtschaftsstarken Industrienationen andere, regional orientierte Strategien durch, die den Anforderungen an Qualität, Schnelligkeit, Verlässlichkeit, Integration und Flexibilität eher gerecht werden. Maßstäbe hat hier vor allem die japanische Wirtschaft gesetzt (vgl. Einem et al. (1995)).

An sich ist die Produktion im regionalen Verbund nicht neu. Bereits im 19. Jahrhundert wurde in Mittelengland die Bildung von sog. *industrial districts* beobachtet und zu erklären versucht (vgl. Marshall (1890)). Schon damals war die enge Kooperation zwischen Betrieben derselben Branche, aber auch zwischen Betrieben verschiedener Branchen der Versuch, durch Rückgriff auf einen gemeinsamen regionalen Fundus an Technologien, Erfahrungen und Qualifikationen Produktivitätsvorteile zu realisieren. Was also ein einzelner Großbetrieb durch interne Größen- und Arbeitsteilungsvorteile erzielt (*internal economies of scale*), erreichen viele kleine Betriebe durch externe Größen- und Arbeitsteilungsvorteile mittels enger Zusammenarbeit in einer Agglomeration (*external economies of scale*).

Durch regionale Netzwerke spezialisierter Firmen und Subunternehmen bilden sich sozioökonomische Verflechtungsräume oder sog. „kommunikative Räume". Unternehmensinterne Produktionsverbünde bilden gemeinsam mit Zulieferer- und Abnehmernetzen einen Komplex, der Aufgaben der flexiblen Spezialfertigung in geringen Stückzahlen, aber auch Aufgaben der flexiblen Massenfertigung übernehmen kann. Herausgehobene Beispiele solcher Regionen sind das Silicon Valley in Kalifornien, der Korridor westlich Boston (*„Route 128"*) und das sogenannte „Dritte Italien". Aber etwa auch im Hamburger, Stuttgarter und Münchener Raum zeigen sich Ansätze der Eingliederung neuer Wachstumspotenziale in die bestehende Agglomeration.

Der in den regionalen Produktionskomplexen realisierte Standortfaktor „Face-to-face-Kontakt" ist nicht im Sinne „fußläufiger Nähe" zu verstehen, wie sie die etwa die City bietet. Was heute gefordert ist, ist Erreichbarkeit innerhalb von ein bis zwei Stunden. Aus diesem Grund sind Standorte an

Autobahnkreuzen oder -auffahrten am Stadtrand, d.h. an der Nahtstelle von Stadt und Land immer beliebter, weil von dort Kunden und Zulieferer mit Standort City wie auch ländlicher Industriestandorte leicht zu erreichen sind.

3.2 Global Cities

Die zweite wichtige Erscheinungsform der „neuen Geographie" sind die wachsenden Metropolen, vor allem die sogenannten „Global Cities". Sowohl die Globalisierung der wirtschaftlichen Unternehmungen als auch die gesamte Bandbreite der Innovationen im Bereich Unternehmensorganisation, Produktion, Marketing, Finanzierung usw. haben den produktionsorientierten Dienstleistungen, die der Fertigung vor- und nachgelagert sind, eine enorm wachsende Bedeutung verschafft. Erstens müssen die verschiedenen räumlich, funktional und organisatorisch aufgesplitteten Produktionsschritte durch entsprechende Managementleistungen wieder integriert werden. Zweitens erfordern der zunehmende Zeit- und Konkurrenzdruck, der wachsende Technologiegehalt der Produkte und die steigenden Investitionskosten immer aufwendigere Forschung und Entwicklung sowie immer ausgeklügeltere Strategien der Markterschließung und Finanzierung. Diese hochspezialisierten Dienstleistungen sind zunehmend in den metropolitanen Dienstleistungszentren konzentriert. Sie bilden die Knotenpunkte im Netz derjenigen globalen Informations- und Finanzströme, die zur Steuerung der transnational organisierten Wirtschaft erforderlich sind.

Mit dem Begriff der *Global City* verbindet man in erster Linie die drei Metropolen New York, London und Tokyo. Dies erklärt sich vordergründig vor allem durch die Dominanz dieser drei Städte als weltweit führende Börsenplätze (vgl. Sassen (1996)). Aber auch Städte wie Frankfurt, Zürich, Mailand, Hongkong und Singapur, die eine bedeutende Rolle im Netzwerk solcher Städte spielen, in denen weltwirtschaftlich relevante Entscheidungen getroffen werden, müssen im weiteren Sinne als *Global Cities* bezeichnet werden.

3.3 Die Stadtlandschaft

„Die eigentlichen Neuerungen im städtischen Raum des 20. Jahrhunderts ereigneten sich nicht im Zentrum, sondern an der Peripherie. Obwohl es weiterhin Zentren gibt, die auf ihre jeweiligen Regionen identitätsprägend wirken, zeichnet sich die Wirklichkeit der urbanen Form insgesamt doch durch die Entstehung multizentrierter oder vielmehr dezentrierter Regionen aus." (vgl. Fishman (1994))

Durch die räumliche Überlagerung von regionalen Produktionskomplexen, metropolitanen Dienstleistungszentren und weit ins ländliche Umland reichenden Wohngebieten und Versorgungseinrichtungen entsteht die dritte, die markanteste Erscheinungsform der „neuen Geographie": die Stadtlandschaft. Dieser neue Siedlungstyp dehnt sich heute hundertfach überall auf der Welt aus. In ausgereifter Form sind solche Regionen mit ihren Randstädten (sogenannten *Edge Cities,* vgl. Garreau (1991)) vor allem im US-amerikanischen Raum zu finden.

Wäre es bereits unmöglich gewesen, allein die gestiegenen Wohnflächen der privaten Haushalte innerhalb der „alten" Stadtgebiete unterzubringen, so gilt dies erst recht für die zusätzlichen Flächenbedarfe der gesamten Wirtschaft. Dabei werden die Produktions-, Verkaufs- und Büroflächen durch die komplementären Verkehrsflächen ergänzt, die für die Erschließung, den Güterumschlag sowie die Parkplätze für Kundschaft und Beschäftigte erforderlich sind. Die Summe all dieser Flächen erklärt die „Sperrigkeit" der neuen gewerblichen Komplexe, die sie für eine Integration in vorhandene baulich-räumliche Strukturen ungeeignet macht. Es ist aber nicht nur die Ökonomie des Raumes (Flächenverfügbarkeit), sondern auch die Ökonomie der Zeit (Flexibilität, Erreichbarkeit und Schnelligkeit), die für viele Unternehmen als Standortkriterium zum Tragen kommt und den Stadtrandlagen Vorteile verschafft. Besonders nachgefragt werden dabei Standorte an Autobahnkreuzen und ähnlichen Verkehrsknotenpunkten. Jüngster Trend und Ausdruck der Wertschätzung schneller und flexibler Raumüberwindung ist die Standortgunst im unmittelbaren Umfeld von Flughäfen.

Je mehr die Kernstädte angesichts der Vielzahl der Flächenbedürfnisse bei der Bereitstellung neuer Standorte an ihre Grenzen stoßen und je mehr der zunehmende Straßenverkehr sich im Kern der Verdichtungsräume selbst behindert, umso mehr zieht es nicht nur die Wohnbevölkerung, sondern auch die wirtschaftlichen Aktivitäten an den Ballungsrand (Abb.1). Dort sind Bauflächen und Parkplätze ausreichend vorhanden, dort ist die verkehrliche Anbindung gut und die Stauwahrscheinlichkeit gering. Somit hat die Entwicklung der Stadtregionen eine neue Qualität bekommen. Das gängige Klischee – Wohnen in der Vorstadt, Arbeiten in der City – stimmt nicht mehr. Seitdem der suburbane Raum eine breite Palette von Arbeitsplätzen und Versorgungsmöglichkeiten anbietet, entwickelt das Umland ein Eigenleben und eine Eigendynamik, wird die Bindung an das Zentrum immer schwächer.

Telematik muss hierbei als eine der notwendigen Voraussetzungen und tragenden Kräfte angesehen werden (Abb.1). Sie gewährleistet die virtuelle Verbindung zwischen den einzelnen, immer weiter auseinander driftenden Standorten in den Verdichtungsräumen. Dies gilt zumindest für alle Formen des Informationsaustausches, die aufgrund eines hohen Routinegehalts keinen unmittelbaren *Face-to-face*-Kontakt erfordern. Gemeinsam mit einem leistungsfähigen Verkehrsnetz gewährleisten die modernen Kommunikationstechnologien, dass die Wirtschaftsunternehmen Agglomerationsvorteile auch noch in stark disperser Siedlung realisieren können. Physische Standortnähe, Verkehrsverflechtungen und Telekommunikation bilden die gemeinsame Grundlage wirtschaftlicher Austauschbeziehungen in den expandierenden Verdichtungsräumen.

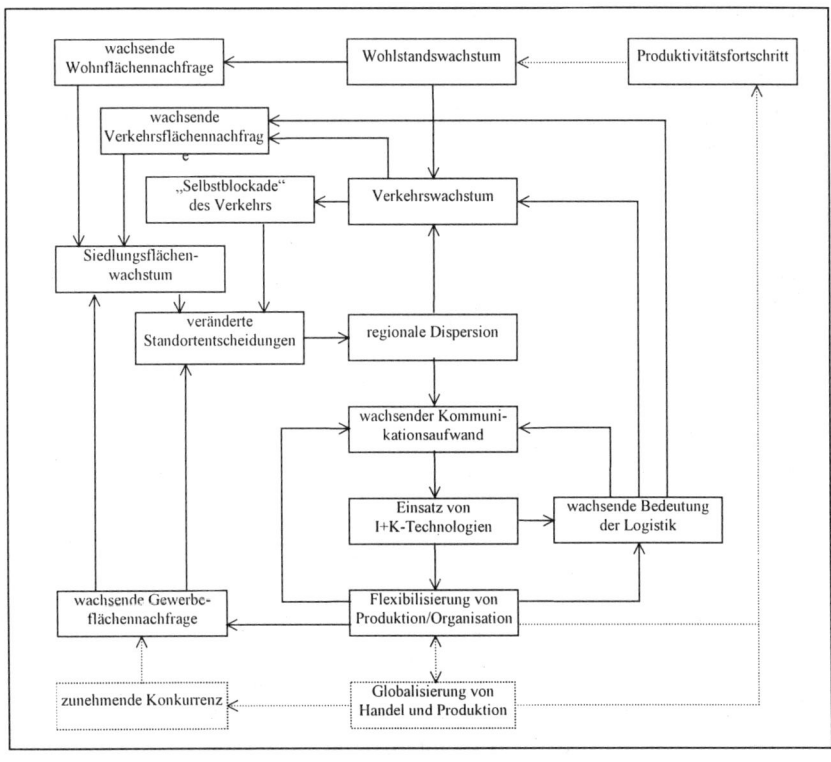

Abb.1:   Eigendynamische Entwicklung von Stadtregionen

4. Zur Theorie neuer Formen der Urbanisierung

Verschiedene theoretische Diskurse zur Stadtentwicklung glauben in jüngster Zeit eine nicht nur graduelle Weiterentwicklung, sondern eine prinzipielle Transformation des Städtischen auszumachen (vgl. z.B. Neitzke, Wustlich (1998); Prigge (1998); Fishman (1994)). In der Begrifflichkeit dieser Diskurse wandelt sich die „Stadt der Moderne" – je nach Perspektive – zur „Stadt der Postmoderne" oder aber zur „Stadt der Zweiten Moderne" (vgl. Hesse, Schmitz (1998); Sieverts (1998)). Die zu beobachtende Veränderung der räumlichen Struktur der Städte ist hierbei lediglich der sichtbare Ausdruck, der Spiegel eines vielschichtigen wirtschaftlichen, politischen, sozialen und kulturellen Prozesses.

Die ausführlichsten Versuche zur Interpretation sich abzeichnender Veränderung der Städte kamen zunächst aus den USA, was vor dem Hintergrund des dortigen Ausmaßes des Wandels und des damit einhergehenden Problemdrucks verständlich ist. So hat etwa Edward Soja anhand von Los Angeles, dessen Entwicklung in vielerlei Hinsicht sicherlich einen Extremfall darstellt, sechs verschiedene Aspekte „postmoderner Urbanisierung" identifiziert (vgl. Soja (1995)a, (1995)b):

Erstens: Der Übergang von starren „fordistischen" zu flexiblen Produktions- und Organisationsformen. Im Zuge dieses Übergangs kommt es zu einer teilweisen „Deindustrialisierung" der Kernstadt und einer „Neuindustrialisierung" durch meist kleine und mittlere Unternehmen in den Vorstädten, was zur „Urbanisierung" dieser Vorstädte führt.

Zweitens: Durch Internationalisierungsprozesse bildet sich ein globales System von „Weltstädten", den sogenannten *Global Cities*.

Drittens: Angetrieben durch die Deindustrialisierung der Kernstadt und die Urbanisierung des Umlandes einerseits und durch die Internationalisierungsprozesse andererseits entsteht ein völlig neues siedlungsstrukturelles Muster, eine neue „urbane Form". Das ehemals „geordnete, pyramidale Dichtigkeitsgefälle, das sich aus dem Stadtinnern bis in die Vororte hinaus erstreckte und das so kennzeichnend für Lehrbücher der urbanen Geographie war" (Soja (1995)b, S. 155), bricht zusammen und weicht einem unüberschaubaren Flickenteppich unterschiedlichster Nutzungen, Nutzungsdichten und Zentralitätsniveaus. „Alte, vorstadtähnliche Verdichtungen von Arbeiten und Wohnen tauchen nun gelegentlich fast unmittelbar neben den zentralen Geschäftsdistrikten auf, während neue Städte 80 km weiter weg inmitten riesiger Stadtlandschaften sprießen" (Soja (1995)b, S. 155).

Viertens: Die ersten drei Restrukturierungsprozesse gehen einher mit neuen Mustern sozialer Fragmentierung, Segregation und Polarisierung. Das „soziale Mosaik der postmodernen Stadt" wird mehr und mehr zu einem Kaleidoskop.

Fünftens: Je mehr die städtische Gesellschaft als soziales und räumliches Ganzes auseinanderfällt, umso mehr stellt sich die Frage nach der lokalen „Regierbarkeit". Das wachsende Unsicherheitsempfinden der wohlhabenden Mittelschicht führt zur totalen Abkapselung und zur Bildung einer „befestigten" Stadt mit ummauerten Grundstücken, die von bewaffnetem Sicherheitspersonal beschützt werden.

Sechstens: Neben die städtische Realität tritt zunehmend eine „urbane Hyperrealität". Die Informationstechnik ermöglicht die Entpersonifizierung der Kommunikation, die Unterhaltungsindustrie und das Internet unterstützen den „Rückzug ins Private", durch Reality-TV und ähnliche Entwicklungen werden schließlich sogar traditionelle Unterscheidungen von Realem und Imaginiertem verwischt.

Gerade der letztgenannte Aspekt „postmoderner Urbanisierung" macht deutlich, dass die wirtschaftlichen und sozialen Transformationen ihre Entsprechung auch auf verhaltensmäßiger und kultureller Ebene finden, wobei sich hierbei – gleichsam als Teil eines sich ändernden Systems gesellschaftlicher Kontrolle – insbesondere die Wahrnehmungsgewohnheiten verändern. Dass schließlich „das Neue" vor allem aber auch in Architektur, Planung und Politik hineinwirkt und dort sichtbar wird, verdeutlicht die stichwortartige Kurzcharakterisierung in Tab.1.

Das Beispiel des Rhein-Main-Gebietes zeigt eindrucksvoll die Überlagerung der verschiedenen neuen Formen der Urbanisierung: die *Global City* Frankfurt und neue regionale Produktionscluster als „Knotenpunkte im globalisierten Netz der Ströme" einerseits, eine allgemeine Siedlungsdispersion andererseits. Die auf den globalen Finanzmarkt gerichtete Entwicklung Frankfurts korreliert mit der Funktion des Rhein-Main-Flughafens als globalem Verkehrsknotenpunkt (vgl. Meurer (1994)). Darmstadt beispielsweise entwickelt sich zu einem technologieorientierten Universitäts- und Produktionsstandort. Rüsselsheim bildet den Kern eines auf den Automobilbau ausgerichteten Produktionsclusters, von einem transnational operierenden Unternehmen dominiert und vollständig eingebunden in weltwirtschaftliche Verflechtungen.

Tab.1: Kurzcharakterisierung des Wandels von der Stadt der Moderne zur Stadt der Postmoderne
(Quelle: eigene Darstellung in Anlehnung an Hall (1998))

	Die Stadt der Moderne	Die Stadt der Postmoderne
Siedlungsstruktur	Klare Trennung der Nutzungsfunktionen, monozentrische Struktur, stetig fallende Bodenpreise vom Zentrum zur Peripherie	Ungeordnete Funktionszuweisungen, poly-zentrische Struktur mit „Armutsinseln" und „High-Tech-Korridoren", komplexe Bodenpreisstruktur
Architektur	Funktionale Architektur, massenproduzierte Baustile	Eklektische Architektur, spektakulär, verspielt und ironisch, für spezialisierte Märkte
Kommunalpolitik	„Stadt als hoheitliche Verwaltungsaufgabe" mit dem Ziel einer sozial gerechten Ressourcenverteilung, Bereitstellung kommunaler Basisdienstleistungen	„Stadt als Unternehmen" mit der Aufgabe, internationales Kapital anzulocken; *public-private-partnerships*, Privatisierung öffentlicher Dienstleistungen
Wirtschaft	Industrielle Massenproduktion unter Ausnutzung ökonomischer Skalenvorteile, starre Produktions- und Organisationsformen	Dienstleistungsorientiert, flexible Produktions- und Organisationsformen, globalisiert, telekommunikationsbasiert, neue Arbeitsplätze im Umland
Planung	Stadtplanung als ganzheitliche und sozialpflichtige Aufgabe	Realisierung räumlich fragmentierter Einzelprojekte unter mehr ästhetischen und weniger sozialen Gesichtspunkten
Gesellschaft	Klassengesellschaft mit ausgeprägter Homogenität innerhalb der einzelnen Gruppen	Hochgradig differenzierte und sozial polarisierte Gesellschaft, deren Mitglieder und Gruppen sich durch vielfältige Lebensstile und Konsummuster unterscheiden

Parallel zu dieser Etablierung herausgehobener ökonomischer Funktionen bildet sich zwischen Frankfurt, Wiesbaden, Mainz, Darmstadt und Offenbach eine flächendeckende Agglomeration: „Der Raum zwischen den Städten und Dörfern wächst mehr und mehr zu. Hier entsteht, prototypisch für sich verdichtende Gebiete, ein stadtähnliches Gebilde, das sich der Beschreibung in den herkömmlichen Begriffen von Stadt und Land widersetzt. [...] Es entsteht ein bizarres Gebilde mit Landschaftsresten inmitten stadtähnlicher Strukturen mit Büro- und Gewerbeparks, Forschungs- und Entwicklungszentren, Wohnstätten, Einkaufszentren, kulturellen Einrichtungen, Ausbildungsstätten, Freizeit-, Gesundheits- und Sporteinrichtungen." (vgl. Meurer (1994), S. 22)

Die neuartigen Entwicklungsräume haben viele Kristallisationspunkte. Einrichtungen, die zuvor der Großstadt vorbehalten waren, diffundieren in die ehemaligen Dörfer und auf die „grüne Wiese". Gleichzeitig wandelt sich der Charakter der alten Stadtzentren. Schrittweise entsteht so eine ganze Reihe benachbarter und miteinander vernetzter interurbaner Fixpunkte. Diese neuen interurbanen Gebilde, die als „Stadtagglomerationen", „Verdichtungsräume" oder „verstädterte Landschaften" bezeichnet werden, sind in ihrem Charakter weder städtisch noch ländlich noch vorstädtisch (vgl. Fishman (1994)). Thomas Sieverts prägt für diesen neuartigen Siedlungstyp den Begriff „Zwischenstadt": „Diese Zwischenstadt steht zwischen dem einzelnen, besonderen Ort als geographisch-historischem Ereignis und den überall ähnlichen Anlagen der weltwirtschaftlichen Arbeitsteilung, zwischen dem Raum als unmittelbarem Lebensfeld und der abstrakten, nur in Zeitverbrauch gemessenen Raumüberwindung, zwischen der auch als Mythos noch sehr wirksamen Alten Stadt und der ebenfalls noch tief in unseren Träumen verankerten Alten Kulturlandschaft" (vgl. Sieverts (1997), S. 14).

Dieser neue Siedlungstyp steht also irgendwo „zwischen Ort und Welt, Raum und Zeit, Stadt und Land". Er hat sowohl städtische wie landschaftliche Eigenschaften und ist, trotz seiner Namenlosigkeit, überall auf der Welt zu finden: „Mit der Globalisierung der arbeitsteiligen, kapitalistisch-industriellen Produktionsweisen haben sich auch die dazugehörigen Lebensweisen und Siedlungsformen auf der ganzen Welt ausgebreitet. Zwischenstädte mit 20 bis 30 Millionen Einwohnern sind in Asien und Südamerika entstanden" (vgl. Sieverts (1997), S. 14-15). Obwohl die Agglomerationen in den Ländern des Südens – trotz häufig größerer Einwohnerzahlen – immer noch deutlich geringere Flächenausdehnungen aufweisen als die Verdichtungsräume in den Industriestaaten, gleichen sich beide hinsichtlich bestimmter Merkmale immer mehr an: „Eine auf den ersten Blick diffuse, ungeordnete Struktur ganz unterschiedlicher Stadtfelder mit einzelnen Inseln geometrisch-gestalthafter Muster, eine Struktur ohne eindeutige Mitte, dafür aber mit vielen mehr oder weniger stark funktional spezialisierten Bereichen, Netzen und Knoten" (vgl. Sieverts (1997), S. 15).

Die Vermischung städtischer und landschaftlicher Elemente in der Zwischenstadt erinnert stark an die Idee der Gartenstadt oder erst recht an Frank Lloyd Wrights *Broadacre City*. Während jedoch solche Konzepte geleitet waren von gesellschaftlichen Visionen, verläuft die heutige Entwicklung weitgehend ungeplant, den Prinzipien des Marktes gehorchend. Obwohl einzelne Teilgebiete der Zwischenstadt durchaus „geplant" werden, ist sie als Ganzes weitgehend das Ergebnis unzähliger individueller Standortentscheidungen. Politik und Planung setzen in den einzelnen Ländern der Welt allenfalls Rahmenbedingungen, die die Entscheidungsfreiheit von Haushalten und Unternehmen mehr oder weniger stark einzuschränken versuchen – häufig mit geringem Erfolg. Das Ergebnis ist eine in der Regel als Unordnung empfundene räumliche Struktur. Im englischsprachigen Raum hat sich für diesen wirren Komplex die Bezeichnung *urban sprawl* durchgesetzt.

5. Die „virtuelle" Stadt

Beim Thema „Telematik und Stadt" geht es immer um zwei Aspekte: *erstens* um die Veränderung der realen Stadt unter den Bedingungen des Einsatzes computergestützter Telekommunikation, und *zweitens* um die Frage, ob und wie sich die neuen Kommunikationsformen zu einer neuen Lebenswelt verdichten: Entwickeln sich Analogien zwischen realen städtischen und virtuellen Gemeinschaften? Werden Funktionen der klassischen Stadt ersetzt oder ergänzt? Oder werden durch die Telematik sogar neue Qualitäten geschaffen und Chancen eröffnet, die die reale Stadt nicht bietet (vgl. Levy (1996))? Anders ausgedrückt: Es geht *erstens* um die Telekommunikation *in* der Stadt und *zweitens* um die Telekommunikation *als* Stadt (vgl. Bolz (1996)). Beide Aspekte hängen natürlich eng zusammen. Denn je mehr sich die reale Stadt verändert und ausdehnt, umso mehr wird die zeitsparende und bequeme Telekommunikation zur naheliegenden Option; und je fortschrittlicher moderne Telekommunikationsnetze sind, umso mehr wird sich die reale Stadt verändern und traditionelle urbane Funktionen aufgeben können.

Während der erste Kernaspekt bereits behandelt wurde, geht es im folgenden um den zweiten. In einem Diskurs über die Wirkung neuer Technologien auf die Stadt dürfen Schlagworte wie die „virtuelle Stadt" oder die „Telepolis" (Rötzer (1995)) nicht fehlen. Die „Virtualisierung" städtischer Funktionen – die Bildung abstrakter Marktplätze, Arbeitsplätze, Treffpunkte, Orte sozialer Infrastruktur, Plätze der Unterhaltung und Kommunikation – durchdringt langsam immer mehr Lebensbereiche. Vieles mutet dabei noch sehr futuristisch an. Doch Teleshopping, Telearbeit, Telelernen oder

Telemedizin sind gängige Begriffe für neue Formen elektronisch vermittelter Aktivitäten und Interaktionen, die früher eine physische Präsenz in der realen Stadt erforderten. Nun wird der Zugang zu den Arbeitsplätzen und zu Diensten wie Schulen, Bibliotheken, Krankenhäusern, Warenhäusern und zu Einrichtungen der Seelsorge einer weitverstreuten Bevölkerung erleichtert. Letztlich ist dabei der Aufenthaltsort der Person unerheblich. Man kann sich sowohl aus einer Großstadt als auch von einer entlegenen Südseeinsel ins Internet einwählen. Es bilden sich neue „virtuelle Gemeinschaften", von den verschiedensten *Newsgroups* bis hin zu Senioren-Selbsthilfegruppen.

Während sich „virtuelle Gemeinschaften" allgemeiner Art unabhängig von regionaler Zugehörigkeit über gemeinsame Interessen und Bedürfnisse zusammenfinden, haben die Bewohner einer „virtuellen Stadt" einen gemeinsamen räumlichen Bezugspunkt. Obwohl man sich als „virtueller Tourist" theoretisch von jedem beliebigen Punkt der Welt in eine solche „digitale Stadt" einwählen kann, so richten sich doch die „digitale Stadt Amsterdam", die Bremer „InfoThek", die „Internationale Stadt" in Berlin, das Münsteraner „Publikom" oder das kalifornische „VirtualCity" explizit an die Bewohner der real existierenden Städte und Regionen (vgl. Kurnol (1996)).

So findet eine Art „Verdoppelung der Einrichtungen und Institutionen der klassischen Stadt" (vgl. Levy (1996), S. 153) statt: Auskünfte der Verwaltung, Öffnungszeiten der Gemeindeverwaltung, Katalog der Bibliotheken usw. Verschiedene Bewohnergruppen haben das Recht, einen „Platz" in der digitalen Stadt einzunehmen. Jeder dieser Plätze hat einen thematischen Schwerpunkt wie Kultur, Nachrichten, Politik und Sport. So können die Gruppen Informationen austauschen und „elektronische Konferenzen" organisieren.

Die Bildung digitaler Städte verleitet zu der kühnen Frage, ob durch elektronisch vermittelte Interaktion nicht nur virtuelle Gemeinschaften neu gebildet, sondern vielleicht auch existierende reale Gemeinschaften gestärkt werden können. Hierbei wäre vor allem an die Möglichkeiten der Stärkung von Demokratie und Partizipation in der Stadt zu denken. Mit der griechischen *Polis* verband sich die Idee öffentlicher Kommunikation und transparenter Entscheidung einer Gemeinschaft mündiger Bürger. Diese Idee war daran gebunden, dass ein Ort – die Agora, der Marktplatz – zur Realisierung der umfassenden Partizipationsmöglichkeiten zur Verfügung stand. Mit der Tendenz der zunehmenden Enträumlichung des Politischen sind heute reale Orte nicht länger zur Realisierung der politischen Idee notwendig, und die Konzentration politischer Verbände und staatlicher Organe lässt sich nun gleichfalls unabhängig von urbanen Strukturen und räumlicher Verdichtung durchführen. Bietet elektronische Kommunikation die Chance, ein Gegengewicht zur Enträumlichung des Politischen zu schaffen und reale Gemeinschaften wiederzubeleben? „Glaubt man den Apologeten des Cyberspace, so waren wir nie näher an der Realisierung demokratischer Ideale als seit Erfindung des Internet" (vgl. Rheingold (1994), Münker (1996)).

Während etwa in Deutschland die Diskussion um die demokratischen Potenziale und die Möglichkeiten der Bürgerbeteiligung durch die neuen Medien kaum geführt wird, scheint in den USA die Tatsache, dass der Einsatz von Telekommunikation einen Einfluss auf die Demokratie hat, unbestritten. Die Vorstellungen von „elektronischer Demokratie" laufen dabei in drei Hauptrichtungen.

Erstens: Es steht die Ansicht im Raum, dass allein durch die zunehmende Informationsflut im Internet Transparenz und Entscheidungskompetenz gefördert werden, etwa nach dem Motto: Mehr Information bedeutet mehr Öffentlichkeit, mehr Öffentlichkeit ist gleichbedeutend mit mehr Demokratie.

Zweitens: Es geht um die Möglichkeit, viele Menschen gleichzeitig über ein Vorhaben abstimmen zu lassen. Die Befürworter der sog. „Ted-Demokratie" (Teledialog-Demokratie) gehen davon aus, dass die Bevölkerung durch die Vernetzung mit Computern in die Lage versetzt wird, bei anstehenden Entscheidungen ihr eigenes Votum abzugeben und sich auf diese Weise nicht mehr durch Repräsentanten vertreten lassen muss. Gegner dieses Verfahrens sehen die Gefahr der Bevorzugung gut organisierter Interessengruppen, die durch Massen-E-Mails und Schaffung „informeller Machtkartelle" ein „Diktat der Masse" durchsetzen können. Ernster dürfte jedoch die Gefahr sein, dass durch die „Demokratie per Knopfdruck" die Prozesse der Meinungsbildung und Entscheidungsfindung in unzulässiger Weise verkürzt werden. Das „Diktat der Masse" wird ergänzt durch das „Diktat der Zeit", der in Wirtschaft und Gesellschaft vertraute Prozess der Beschleunigung hält Einzug in die Politik.

Drittens: Es wachsen Hoffnungen, dass das Internet nicht lediglich einen Ersatz für die klassische *Polis* bieten, sondern durch Bildung einer „Netzwerk-Demokratie" eine neue Qualität der politischen Auseinandersetzung und Konsensfindung schaffen kann. Hierin liegt – wenn überhaupt – das ernsthafteste Argument für eine Auseinandersetzung mit den demokratischen Potenzialen der neuen Medien.

Bei allen Chancen und Potenzialen, die die neuen Medien für mehr Demokratie und Partizipation bieten und die sicherlich auch genutzt werden sollten, muss vor übertriebenen Erwartungen gewarnt werden. Denn soziale Prozesse erhalten erst durch „Verräumlichung" eine Verbindlichkeit und Anschaulichkeit. Genau diese Verräumlichung geht durch die Simulation politischer Prozesse verloren. Das Internet wird daher nie den Marktplatz, die Eckkneipe oder den Gemeinderat ersetzen können (vgl. Altvater, Mahnkopf (1996)). Da in der „virtuellen Stadt" die Meinungsträger nicht körperlich präsent sind, fehlt das engmaschige Netz aus Vertrautheit, Solidarität und Sicherheit. Ohne körperliche Anwesenheit werden Mitteilung und Verstehen entkoppelt. Bestimmte Elemente, die Ernsthaftigkeit und Verbindlichkeit des Dialogs absichern könnten, fehlen. „Gerade auch der nichtverbale Ausdruck von Anerkennung oder Missachtung, Respekt oder Gleichgültigkeit gegenüber dem Kommunikationspartner bildet die Voraussetzung dafür, dass Menschen einander als Subjekte wahrnehmen und als politische Wesen wechselseitig in die Pflicht nehmen können" (vgl. Altvater, Mahnkopf (1996), S. 286).

6. Polyzentralität statt Auflösung

Nach diesem kurzen Ausflug in den Cyberspace soll abschließend nochmals an den Diskurs zur Entwicklung der realen Städte angeknüpft werden. Tatsache ist, dass die Diskussion um „virtuelle Städte" der Befürchtung der „Auflösung" unserer realen Städte neue und zusätzliche Nahrung gegeben haben. Diese Befürchtung dürfte jedoch weitgehend unbegründet sein. Bei aller ernstzunehmenden Bedeutung von Telearbeit, Teleshopping und ähnlichen neuen Handlungsmustern: In den digitalen Welten wird nahezu nichts wirklich ersetzt, was die heutige Stadt ausmacht. Das „Netz" ersetzt nicht die Kommunikation und das Handeln in der realen Welt, sondern es ergänzt sie. Man kann vieles in der virtuellen Welt, aber nicht dort leben (vgl. Floeting, Grabow (1998)).

Wie an den Beispielen der regionalen Produktionskomplexe, der *Global Cities* und der „Stadtlandschaft" verdeutlicht wurde, löst die Informationsgesellschaft trotz vielerlei Enträumlichung und Virtualisierung die Städte nicht auf, sondern unterzieht sie einem fortgesetzten Wandel. Die entscheidende Frage ist hierbei, in welche Richtung sich dieser Wandel fortsetzen könnte.

Unter der Bedingung weitgehend marktgesteuerter Standortentscheidungen, wie sie vor allem in den USA gegeben ist, liegt die räumliche Entwicklung der Stadt bzw. der Stadtregion im Spannungsfeld zwischen zentripetalen und zentrifugalen Kräften, zwischen der Realisierung der Vorteile und der Vermeidung der Nachteile von Ballung (vgl. Anas et al. (1997)). Die Vorteile bzw. positiven Externalitäten bestehen etwa aus „Fühlungsvorteilen" oder der gemeinsamen Nutzung von Infrastruktur. Die Nachteile bzw. negativen Externalitäten sind neben der stauverursachenden Verkehrsballung etwa auch Nachbarschaftskonflikte oder mangelnde Expansionsmöglichkeiten. Wegen der Existenz dieses Spannungsfeldes wird sich unter „Marktbedingungen" in der Realität wahrscheinlich weder eine vollständige Dispersion noch eine sehr ausgeprägte mehrkernige Ballung durchsetzen, sondern ein Entwicklungspfad „irgendwo" zwischen diesen beiden Polen. Mit anderen Worten: Zwischen Dispersion (vollständige Desurbanisierung) einerseits und „starker Polyzentralität" (Reurbanisierung, dezentrale Konzentration) andererseits ist die Ausbildung einer „schwachen Polyzentralität" die wahrscheinlichste Entwicklungsvariante (Abb.2). Die sich in diesem Siedlungssystem bildenden Cluster könnten eine ähnliche Funktion übernehmen wie die klassischen Städte im hierarchischen System der zentralen Orte.

Lange Zeit wurde, vor allem in Europa, das Phänomen der Dezentralisierung nur wenig beachtet, allenfalls von verschiedenen Seiten als Bedrohung für das stadtkulturelle Erbe und als wesentliche Ursache für das Verkehrswachstum wahrgenommen und eindeutig negativ beurteilt. Dabei wurde weitgehend ignoriert, dass beispielsweise in Westdeutschland mittlerweile mehr als 55% der in Agglomerationen lebenden Bevölkerung außerhalb der Kernstädte wohnen, und mehr als 90% der Stadtbewohner außerhalb von Gebieten leben, die als „historisch" betrachtet werden können. Jüngste Diskurse in Wissenschaft und Planung belegen jedoch, dass neuerdings auch hierzulande versucht wird, diese Realitäten bewusster zur Kenntnis zu nehmen und die Bildung neuer Formen der Urbanisierung (siehe Abschnitt 4) in einem anderen Licht als bisher zu betrachten (vgl. Hesse, Schmitz (1998)).

Als gemeinsamer Nenner dieser Diskurse zeichnet sich ab, dass es bei aller Sinnhaftigkeit der Wahrung des stadtkulturellen Erbes und der Entwicklung „im Bestand" grundsätzlich empfehlenswert ist, zu einer stärkeren Akzeptanz der weiteren Dezentralisierung innerhalb der Stadtregionen zu finden, die angesichts der offensichtlichen Vorteile für die Akteure ohnehin kaum verhinderbar scheint. Dabei spiegeln die unterschiedlichen Meinungen, in welche Richtung diese Dezentralisierung geht bzw. gehen sollte, die gesamte Bandbreite möglicher Entwicklungspfade zwischen Dispersion und dezentraler Konzentration. Nun unterscheidet sich die Situation in Deutschland und Europa von der in den USA durch festere Bindungen an historische Stadtbezüge und einen stärkeren Anspruch an die aktive Steuerung der stadtregionalen Entwicklung. Der tatsächliche Entwicklungspfad wird also erheblich davon abhängen, ob und wie dieser Anspruch in Zukunft eingelöst wird.

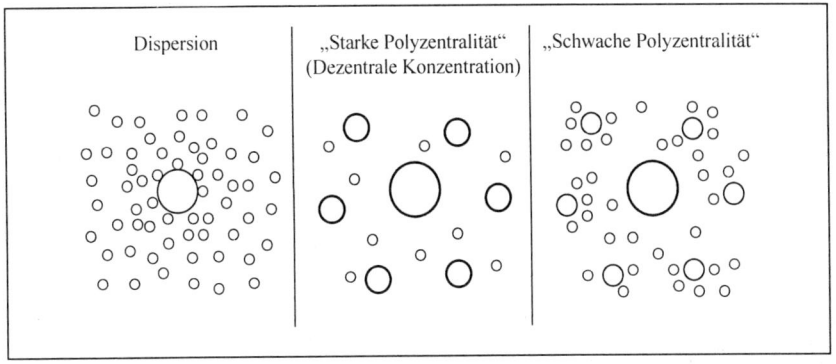

Abb.2:   Entwicklungspfade der Siedlungsstruktur in Stadtregionen

7. Vision einer nachhaltigen Stadtlandschaft

Tatsache ist *einerseits*, dass die Agglomerationen in ihrer heutigen Form nur unter Einsatz großer Mengen natürlicher Ressourcen lebensfähig zu sein scheinen und so einen „ökologischen Fußabdruck" (vgl. Wackernagel, Rees (1997)) setzen, der die Grenzen der Tragfähigkeit der Erde übersteigt. Ihre Entwicklung ist begleitet von sozialen Prozessen, durch die langfristig auch die gesellschaftlichen und kulturellen Ressourcen bedroht werden. Tatsache ist *andererseits* aber auch, dass die Dezentralisierung innerhalb der Stadtregionen neue Chancen für Mensch und Umwelt bieten könnte. Werden diese Potenziale genutzt, könnte sich eine „neue Stadt" entwickeln, die der erhaltenswerten „alten Stadt" gleichwertig gegenübersteht.

Bedeutet nun aber die Akzeptanz einer weiteren Dezentralisierung innerhalb der Stadtregionen automatisch die Aufgabe von Nachhaltigkeitszielen in der Raumentwicklung? Sämtliche Entwicklungsvarianten werden sich bei der Einlösung des Ziels einer dauerhaft umweltgerechten Entwicklung vor allem daran messen lassen müssen, in welcher Weise sie Flächenressourcen beanspruchen und welchen Rahmen sie für die Befriedigung von Mobilitätsbedürfnissen und Transporterfordernissen setzen.

Parallel zu der sich wandelnden Bewertung stadtregionaler Entwicklung scheinen sich auch die Stimmen zu mehren, die für eine Revision strikter Flächensparziele, wie sie etwa in der Studie „Zukunftsfähiges Deutschland" oder durch die Enquete-Kommission „Schutz des Menschen und der Umwelt" formuliert wurden, plädieren und sich zumindest einer behutsamen Ausweitung der Siedlungsflächen als Zielperspektive nicht verschließen (vgl. Hesse, Schmitz (1998)). Wieviel zusätzliche Umwandlung von Freifläche in Siedlungs- und Verkehrsfläche der Naturhaushalt verträgt, lässt sich naturwissenschaftlich nicht ableiten. *Einerseits* muss daher bewusst gemacht werden, dass die Realisierung weiterer Flächenansprüche ökologische Risiken birgt und irreversible Schäden, die erst längerfristig sichtbar werden, nicht auszuschließen sind. Da hilft auch das durchaus plausible Argument nicht, dass das „Flächenproblem" gemessen an anderen ökologischen Bedrohungen womöglich doch eine eher nachgeordnete Rolle spielt. *Andererseits* sind aber auch die ökologischen Vorzüge einer um jeden Preis erzwungenen kompakten, dichten Siedlungsweise nie zweifelsfrei belegt worden. Zumindest gibt es Hinweise, dass bestimmte Formen ausgedehnter Siedlungsweise für den Naturhaushalt nicht grundsätzlich und zwangsläufig nachteiliger sein müssen als räumlich stark verdichtete Lebens- und Wirtschaftsweisen (vgl. z.B. Krau (1994)). Damit stellt sich die – vorläufig nicht zu beantwortende – Frage, ob die hohen gesellschaftlichen Kosten einen Verzicht auf weitere Flächeninanspruchnahme rechtfertigen würden.

Weitaus gravierender als eine starre Fixierung auf das Siedlungsflächenproblem als *Primärproblem* scheint die Frage nach der Zukunft des Verkehrs in den Stadtregionen zu sein. Das gilt nicht zuletzt deshalb, weil das Verkehrssystem direkt und indirekt auf die Siedlungsflächenentwicklung zurückwirkt. Auf der einen Seite zählt das Verkehrssystem selbst, das etwa 40% der gesamten Siedlungs- und Verkehrsflächen beansprucht, zu den größten Flächenkonsumenten. Vor allem die weitere Zunahme der Motorisierung dürfte angesichts des hohen spezifischen Flächenbedarfs des Autoverkehrs, einschließlich der Flächen für den ruhenden Verkehr, die weitere Ausdehnung der Siedlungsflächen vorantreiben. Auf der anderen Seite geben die technischen, finanziellen und infrastrukturellen Verkehrsmöglichkeiten die entscheidenden Impulse für eine weitere Ausdehnung der Flächen für die verschiedenen Siedlungszwecke.

Umgekehrt stellt sich aber vor allem die Frage, welche verkehrlichen Konsequenzen hinsichtlich Verkehrsaufwand und Verkehrsteilung von einer Dezentralisierung innerhalb der Stadtregionen zu erwarten wären. Wie mehrfach in neueren Untersuchungen dargelegt, spielt die Raumstruktur als Verhaltensrahmen nur noch eine zweitrangige Rolle – allerdings ist sie auch nicht völlig unbedeutend (vgl. z.B. Giuliano, Small (1993); Holz-Rau (1997); Schmitz (1999)). So sind in Deutschland die durchschnittlichen Pendeldistanzen in (immer noch) monozentrischen Pendelräumen eindeutig größer als in (historisch immer schon) polyzentrischen Pendelräumen. Sie weisen im Raum Hamburg mit 18,5 km und in der Region München mit 17,2 km die größten, im Rhein-Main-Gebiet dagegen mit 14,2 km und im Stuttgarter Raum mit 12,3 km die vergleichsweise geringsten Werte auf (vgl. Sinz, Blach (1994)). Hieraus wird gefolgert: „Wäre die Minimierung von Pendeldistanzen das einzige Kriterium für siedlungsstrukturelle Effizienz, könnte man aus den dargestellten Befunden in der Tat schließen, dass die polyzentrale, dezentral konzentrierte Organisationsform der Agglomerationsräume Stuttgart und Frankfurt ein Leitbild für die Entwicklung anderer Verdichtungsräume sein sollte" (vgl. Sinz, Blach (1994), S. 476).

Unabhängig davon, ob die spezifische, historisch erklärbare Polyzentralität, wie sie etwa im Stuttgarter Raum anzutreffen ist, durch Entwicklungssteuerung oder reine Marktprozesse in anderen Stadtregionen reproduzierbar ist: Dezentralisierung und Verkehrssparsamkeit wären in solchen Stadtregionen theoretisch durchaus miteinander vereinbar – und das sogar in einem Maß, das weit über die aktuelle „Verkehrssparsamkeit" des Stuttgarter Beispiels hinausgeht. Während die aktuelle Entwicklung in Richtung großräumige Vernetzung und beliebige, entfernungstolerante Interaktionen führt, müsste hierzu ein alternativer Entwicklungspfad bei gleichem Ausmaß der stadtregionalen Dezentralisierung in Richtung kleinräumige Vernetzung und kleinräumige Interaktionen weisen.

Abb.3 verdeutlicht diesen Sachverhalt: Ausgehend von einer gleichmäßigen Verteilung der Wohnnutzung im suburbanen Raum erfordert eine Konzentration räumlicher Aktivitätsgelegenheiten im Kern der Stadtregion ein mittleres Maß an räumlicher Interaktion bzw. Weglängen (monozentrisches Stadtmodell, Punkt A im dargestellten Dreieck). Die zunehmende Dispersion der Nichtwohnnutzungen eröffnet zwei Entwicklungsrichtungen, deren jeweiliger Endzustand idealisiert durch die Punkte B und C repräsentiert wird. Im ersten Pfad befinden sich die aufgesuchten Aktivitätsgelegenheiten nicht in räumlicher Nähe der Wohnung – weil dort entsprechende Angebote faktisch nicht vorhanden sind oder weil nahräumliche Angebote wegen mangelnder Attraktivität nicht genutzt werden. Dieser Pfad entspricht im wesentlichen der aktuellen Entwicklung und zieht die befürchteten Verkehrsmengen nach sich (Punkt B). Im dazu alternativen Pfad (in Richtung Punkt C) bilden sich Aktivitätsangebote im Nahbereich der Wohnungen, die von der Bevölkerung auch dort angenommen werden. Kleinräumige Vernetzung der Angebote und kleinräumige Interaktionen würden einen Verkehrs-

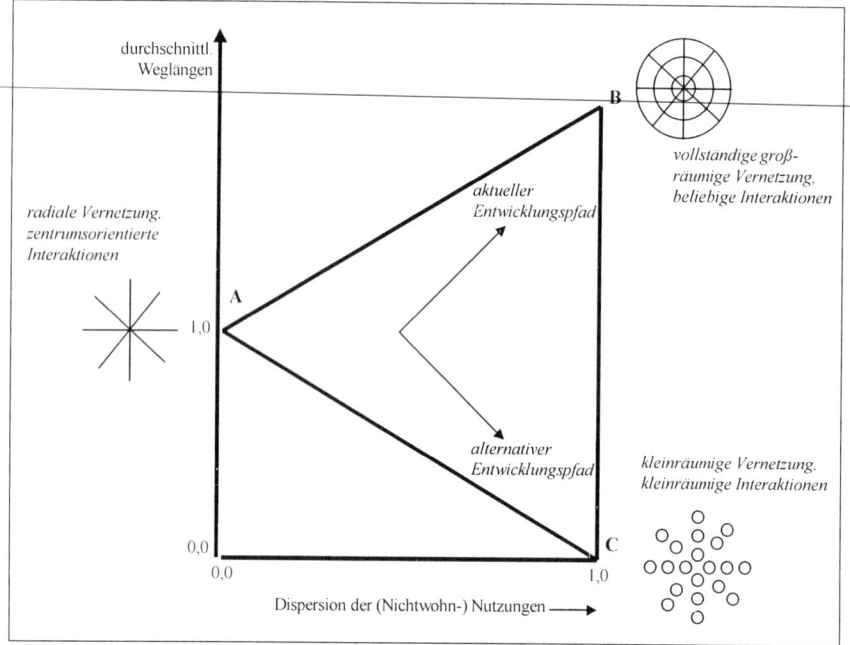

Abb. 3: Entwicklungspfade räumlicher Interaktionen in Stadtregionen
(Quelle: in Anlehnung an Brotchie (1984))

aufwand verursachen, der theoretisch sogar deutlich geringer sein könnte als in der monozentrischen Großstadt mit ihrer strikten Trennung zwischen Wohnnutzung und Aktivitätsgelegenheiten, wie in Punkt A dargestellt.

Nun haben Arbeiten aus den USA gezeigt, dass zunehmende Dezentralisierung bei ansonsten unveränderten Rahmenbedingungen allenfalls von einer Verringerung der Fahrzeiten begleitet ist (vgl. Gordon, Richardson (1989), (1991)). Dass dagegen eine Verringerung der Entfernungen nicht nachgewiesen werden konnte, verwundert nicht angesichts der hohen „Freiheitsgrade" bei der Wohnstandort- und Zielwahl sowie angesichts der vielfältigen Gründe für den Einzelnen, einen längeren Weg als den minimal möglichen zu wählen. Damit dürfen weder von der Planung noch von der „unsichtbaren Hand" des Marktes allein nennenswerte Beiträge zur Verkehrsvermeidung erwartet werden.

Die Ergebnisse der US-amerikanischen Untersuchungen erlauben aber noch eine weitere Interpretation: Sie spiegeln die Rationalität der Akteure, einen bestimmten Zeitaufwand für Ortsveränderungen weitgehend zu akzeptieren, *gleichzeitig* aber das Zeitbudget über diese Akzeptanzschwelle hinaus nicht überzustrapazieren. Eine Politik, die sich der nachhaltigen Stadtentwicklung und umweltgerechten Verkehrsbewältigung innerhalb der Stadtregionen verpflichtet fühlt, tut gut daran, auf der Rationalität der Akteure aufzubauen und sie zu nutzen, statt sich gegen sie zu stemmen. Im einzelnen hätte eine solche Politik viele Facetten, auf die im einzelnen an dieser Stelle nicht eingegangen werden kann. Hinter der Vielfalt dieser Facetten verbergen sich jedoch vier Grundprinzipien: *erstens* Unterstützung statt Behinderung der Bildung polyzentrischer Strukturen (Steuerung des räumlichen Handlungsrahmens); *zweitens* Förderung kleinräumiger Vernetzungen und Beeinflussung der regionalen Erreichbarkeiten bzw. Raumwiderstände (Verkehrsvermeidung und -verlagerung); *drittens* Förderung von „echten" Alternativen zur heutigen Automobilnutzung – im Bereich des öffentlichen und des nichtmotorisierten Verkehrs sowie der Substitution durch Telekommunikation (Verkehrsverlagerung); *viertens* Steigerung der Effizienz der Verkehrsmittelnutzung (Verkehrsorganisation und Fahrzeugtechnik).

Die Bildung polyzentrischer Strukturen kann beispielsweise durch gezielte Investitionen in öffentliche Infrastruktur im Bereich der sich bildenden Subzentren unterstützt werden. Gerade im Umfeld solcher Entwicklungsschwerpunkte käme es auf die Integration der Verkehrserschließung in die Standortplanung an, wodurch kleinräumige Vernetzungen und die Akzeptanz gemischter Nutzungen gefördert würden. Ein weiterer zentraler Schlüssel der Verknüpfung räumlicher und verkehrlicher Ziele wäre die Steuerung der regionalen Erreichbarkeiten etwa durch den Bau tangentialer Schienenverbindungen.

Alle bisherigen Praxiserfahrungen haben gezeigt, dass die Schaffung eines bedürfnisgerechteren öffentlichen (Schienen-)Verkehrs nur wenige Verkehrsteilnehmer zum Umstieg vom Auto bewegt, wenn nicht gleichzeitig die Raumwiderstände für den motorisierten Individualverkehr erhöht werden. Geschwindigkeitsbeschränkungen und bewusste Beibehaltung von Straßeninfrastruktur-Engpässen treffen den empfindlichen Nerv der Zeitrationalität der Autofahrer und könnten sich möglicherweise als wirksam herausstellen, erzeugen aber leicht das akzeptanzmindernde Gefühl der Schikane. Trotz aller Schwierigkeit der politischen Durchsetzung: Ohne Eingriff in die Preisstrukturen des Autoverkehrs sind wirklich nennenswerte Wirkungen hinsichtlich Ziel- und Verkehrsmittelwahl kaum zu erwarten. Während die Erhebung beispielsweise von Parkraum- und Straßenbenutzungsgebühren weitgehend lokale und regionale Angelegenheit wäre, erfordert eine Erhöhung der Mineralölsteuer nationales oder sogar länderübergreifendes Handeln. Nach Schätzungen wäre in den Industriestaaten eine reale Verfünffachung des Benzinpreises bis 2020 gegenüber 1995 bzw. ein jährlicher Anstieg um 7% erforderlich, um eine Verringerung des Verbrauchs und damit eine Reduzierung der Kohlendioxidemissionen um 25% zu erzielen (vgl. OECD/ECMT (1995)).

Eine Erhöhung der zeitlichen und monetären Raumüberwindungskosten wird Anpassungsreaktionen der Akteure hinsichtlich Standort-, Ziel- und Verkehrsmittelwahl auslösen. Aber der öffentliche Verkehr wird vermutlich selbst bei einer Verbesserung seiner Angebotsqualität nicht in der Lage sein, *allen* Mobilitätsbedürfnissen gerecht zu werden, die zuvor durch das Automobil befriedigt wurden. Daher werden die Restriktionen der physischen Erreichbarkeit zusätzlich durch weitreichende organisatorische Innovationen kompensiert werden müssen, um die arbeitsteilige Stadtregion nach heutigen Maßstäben „lebensfähig" zu erhalten. Genau hier könnten sich wichtige Chancen und Einsatzerfordernisse für die vielfach beschworenen modernen Informations- und Kommunikationstechnologien ergeben, sowohl hinsichtlich der Substitution von Raumüberwindungsvorgängen durch Telekommunikation als auch zur Steigerung der Effizienz des physischen „Restverkehrs" etwa durch Optimierung der Verkehrsströme, Transportketten, Schnittstellen und Fahrzeugauslastungen im Personen- und Güterverkehr.

In einer solch umfassenden Rolle bedeutet der Einsatz moderner Technologien also weit mehr als nur die Implementation von telematikgestützten Verkehrsleit- und Verkehrsmanagement-Systemen. Beispielsweise deutet sich unter dem Stichwort der „Telearbeit" eine Richtung an, in der sich weiterreichende Einsatzmöglichkeiten eröffnen. Trotz aller bisherigen, häufig ernüchternden Einschätzungen sollten, ohne einem blinden „Technikfanatismus" anzuhängen, die sich bietenden Chancen genutzt und weitere Potenziale, die sich in einer Zeit des raschen Wandels der Technologien, der Wirtschaft und der Arbeitswelt mit Sicherheit bieten werden, ausgeschöpft werden. Da der berufsbedingte Personenverkehr nur etwa ein Fünftel des motorisierten Personenverkehrsaufwandes ausmacht, wären allerdings Telematikstrategien, die lediglich auf eine Substitution des Berufspendelns hinauslaufen, zu eng gefasst. Vielmehr gehören die verschiedensten Einsatzfelder moderner Technologien auf den Prüfstand, inwiefern sie raumgreifende Mobilität in verschiedenen Lebens- und Wirtschaftsbereichen – etwa in den Bereichen gewerbliche Wirtschaft, öffentliche Verwaltung, Kultur und Bildung – vermeiden helfen. In all diesen Einsatzbereichen sollten aber nicht nur die direkten verkehrlichen Wirkungen ins Auge gefasst werden, sondern auch mögliche Synergieeffekte und Rückkopplungen mit anderen Bereichen des städtischen Lebens. So könnten durch verstärkte Teleheimarbeit die Wohnquartiere an Bedeutung gewinnen und auf diese Weise neue Potenziale der Nutzungsmischung erschlossen werden (vgl. Floeting, Grabow (1998)). Außerdem bietet die Tatsache, dass die Zugangsknoten zum Netz der „raumlosen" Nachrichtenübermittlung *auch* Tendenzen der räumlichen Konzentration aufweisen (*Teleports*), Anknüpfungspunkte für interessante Handlungsoptionen (vgl. Hesse, Schmitz (1998)). Moderne Informations- und Kommunikationstechnologien werden in Zukunft kaum das Allheilmittel zur Vermeidung von Verkehr werden. Sie können aber dennoch als Katalysator wirken, wenn es um eine stärkere kleinräumige Vernetzung, um eine Reintegration urbaner Lebensbereiche und um kleinräumige Interaktionsmuster in Stadtregionen geht.

Aus den bisherigen Überlegungen ergäbe sich insgesamt ein völlig neues Szenario stadträumlicher Entwicklung (Abb.4). Eine starke Polyzentralität (Szenario I) stellt zwar einen günstigen Rahmen für verkehrssparsame und umweltverträgliche Verhaltensweisen dar. Ihre Realisierbarkeit muss jedoch selbst in Ländern mit einer ausgeprägten Planungstradition angesichts der erheblichen Steuerungserfordernisse gegen den Markt in Zweifel gezogen werden. Andererseits mag die Fortsetzung der gegenwärtigen Entwicklung in Richtung auf eine schwache Polyzentralität zwar weitgehend den Standortbedürfnissen der Akteure entsprechen, wobei der mit den großräumigen Verflechtungen verbundene Interaktionsaufwand akzeptiert wird (Szenario II). Diese Entwicklung dürfte jedoch früher oder später an ihre natürlichen Grenzen stoßen. Daher bietet die Kombination aus schwacher Polyzentralität und kleinräumiger Verflechtung (Szenario III) den Hintergrund für eine alternative und realitätsnahe Vision einer nachhaltigen Stadtlandschaft, bei der über die gezielte Steuerung von Erreichbarkeiten und Raumwiderständen sowie über die Schaffung von Verkehrsalternativen Rückwirkungen auf die Raumstruktur ausgelöst werden. In einer solchen Formation würde die Raumüberwindung nicht wie heute hauptsächlich einseitig autoorientiert sein, sondern in weitaus stärkerem Maße auf drei Stützen stehen: auf „alternativen" (öffentlichen und nichtmotorisierten) Verkehrsformen, auf Telekommunikation und schließlich auf einem Autoverkehr, der in vielfacher Hinsicht – vom *Car-Sharing* bis hin zum Drei-Liter-Motor – organisatorisch und technisch optimiert wäre.

Szenario I „Starke Polyzentralität" (Dezentrale Konzentration)	Szenario II „Schwache Polyzentralität" mit hohem Verkehrsaufwand	Szenario III „Schwache Polyzentralität" mit geringem Verkehrsaufw.

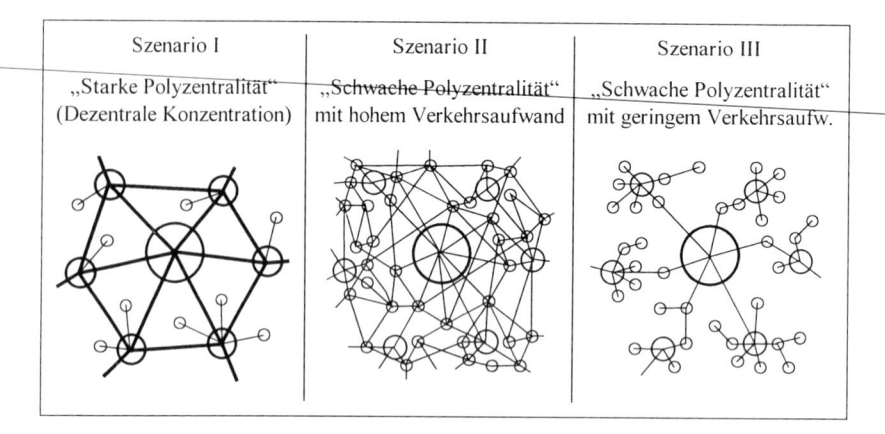

Abb.4: Szenarien zukünftiger Siedlungsstrukturen und Interaktionsmuster

Die Realisierung einer solchen Vision rüttelt zwangsläufig an vielen gesellschaftlichen Determinanten von Verkehr. Bei dieser schwierigen Aufgabe fällt den Städten und Regionen eine wichtige Rolle als Initiatoren und Moderatoren zu. Die Konkretisierung und Umsetzung von Leitbildern für zukunftsfähiges Standort- und Verkehrsverhalten, die kleinräumige Mischung unterschiedlicher Nutzungen, der Aufbau sinnvoller Stadt-Umland-Verflechtungen, kleinräumig geschlossener Wirtschaftskreisläufe und Stoffströme – dies alles lässt sich nicht „von oben" verordnen. Vielmehr benötigt die politische Kultur in den Städten und Regionen neue Impulse, um Kommunikations- und Kooperationshemmnisse aufzubrechen und um ökologische, ökonomische und soziale Belange in einen langfristig tragfähigen Einklang zu bringen.

Verhaltensänderungen werden dabei nicht nur vom einzelnen Verkehrsteilnehmer zu erwarten sein, sondern auch von denjenigen, die durch ihr Handeln den Rahmen abstecken für die Transportnachfrage. Dabei kommt es auch darauf an, im Rahmen einer „Strategie der kurzen Wege" die Konsistenz sämtlicher Handlungen, die einen Einfluss auf den Verkehr ausüben, zu verbessern (vgl. Gertz (1998)). Und vielleicht wird zusätzlich auch eine neue „Lebenskultur der Genügsamkeit und Beschränkung", eine „Kultur der Langsamkeit" benötigt. Ob Technikeinsatz oder Verhaltensänderung, ob Effizienzsteigerung, Konsistenzverbesserung oder Suffizienzkultur (vgl. Kreibich (1997)): Immer setzt das Erreichen dieser Ziele ausreichende Kenntnisse über die Problemzusammenhänge, ausreichende Problemlösungskapazitäten und Problemlösungskompetenz voraus. Und immer ist die Einsicht einer Bevölkerungsmehrheit in die Notwendigkeit eines grundsätzlichen Wandels erforderlich.

Global denken, lokal handeln – das ist wichtig, das allein reicht jedoch nicht aus. Die einzelnen Nationalstaaten, zunehmend aber auch politische Zusammenschlüsse von Staaten wie die EU und die internationale Staatengemeinschaft können nicht aus der Verantwortung entlassen werden. Denn gegen die (Standort-) Macht von transnationalen Unternehmen oder gegen den Verfall der Kraftstoffpreise, der Verkehrswachstum fördert und technische Innovationen zur Effizienzsteigerung behindert, dürfte auch die engagierteste Stadt- und Regionalentwicklungspolitik alleine machtlos sein. Auf nationaler und internationaler Ebene wird über die entscheidenden wirtschaftlichen, sozialen und ökologischen „Spielregeln" für das Handeln auf lokaler Ebene entschieden. Bis heute ist es jedoch den Staaten und Staatengemeinschaften leider noch nicht gelungen, auf die Globalisierung der Wirtschaft und die Globalisierung der Probleme adäquat mit einer Globalisierung der Politik zu antworten. Nicht nur lokales Handeln, sondern auch globales Handeln tut not (vgl. Schmitz (1999)).

8. Resümee

Die Auswirkungen von Technologien auf den Raum im Allgemeinen und auf die Stadt im Besonderen sind an sich nichts Neues. Vielmehr zählen technologische Entwicklungen seit jeher zu den zentralen Determinanten der Raum- und Stadtentwicklung. So sind auch die Wirkungen der neuen Informations- und Kommunikationstechnologien erheblich und oft viel weitreichender als auf den ersten Blick vermutet. Moderne I&K-Technologien sind die Wegbereiter der Informationsgesellschaft. Sie schaffen die Voraussetzungen für Flexibilisierung, Globalisierung und fortschreitende Individualisierung. Vor diesem Hintergrund lösen sie nicht die Städte auf, sondern produzieren eine neue Geographie. Die drei herausgehobenen Erscheinungen dieser neuen Geographie sind erstens die neuen regionalen Produktionskomplexe, zweitens die sogenannten „Global Cities" und drittens die postmodernen „Stadtlandschaften". Gemessen an den realen Veränderungen der Städte sind und bleiben Internet-gestützte Entwicklungen hin zu „virtuellen Städten" eine Randerscheinung, die die reale Kommunikation allenfalls in wenigen Teilbereichen ersetzen können. Telematik bedeutet nicht automatisch den Weg in eine bessere Zukunft. Aber sie kann in einem ansonsten stimmigen Handlungsrahmen den Weg unterstützen hin zu einer „nachhaltigen Stadtentwicklung".

Literatur

Altvater, E., Mahnkopf, B. (1996): Grenzen der Globalisierung. Ökonomie, Ökologie und Politik in der Weltgesellschaft. Münster.

Anas, A., Arnott, R., Small, K. A. (1997): Urban Spatial Structure. The University of California Transportation Center, University of California at Berkeley, UCTC Working Paper No. 357.

Beck, U. (1995): Risiko Stadt – Architektur in der reflexiven Moderne. In: U. Schwarz (Hrsg.): Risiko Stadt? Perspektiven der Urbanität. Hamburg, S.33-56.

Bolz, N. (1996): Tele! Polis! Das Designproblem des 21. Jahrhunderts. In: S. Iglhaut, A. Medosch, F. Rötzer (Hrsg.): Stadt am Netz. Ansichten von Telepolis. Mannheim, S.143-150.

Brotchie, J. F. (1984): Technological Change and Urban Form. In: Environment and Planning A 16, S.583-596.

Bund für Umwelt und Naturschutz Deutschland BUND, Misereor (Hrsg) (1996): Zukunftsfähiges Deutschland. Ein Beitrag zu einer global nachhaltigen Entwicklung. Studie des Wuppertal Instituts für Klima, Umwelt, Energie. Basel, Boston, Berlin.

Castells, M. (1989): The Informational City. Information Technology, Economic Restructuring and the Urban-Regional Process. Oxford, Cambridge (Mass.).

Castells, M. (1994): Space of Flows – Raum der Ströme. Eine Theorie des Raumes in der Informationsgesellschaft. In: P. Noller, W. Prigge, K. Ronneberger (Hrsg.): Stadt-Welt. Über die Globalisierung städtischer Milieus. Die Zukunft des Städtischen. Frankfurter Beiträge Band 6. Frankfurt/Main, New York, S.120-134.

Dicken, P. (1986): Global Shift. Industrial Change in a Turbulent World. London.

Einem, E. v., Diller, Ch., Arnim, G. v. (1995): Standortwirkungen neuer Technologien. Räumliche Auswirkungen der neuen Produktionstechnologien und der „flexiblen Spezialisierung". Stadtforschung aktuell, Band 50. Basel, Boston, Berlin.

Enquete-Kommission „Schutz des Menschen und der Umwelt" des 13. Deutschen Bundestages (1997): Konzept Nachhaltigkeit. Fundamente für die Gesellschaft von morgen. Bonn.

Enquete-Kommission „Schutz des Menschen und der Umwelt" des 13. Deutschen Bundestages (1998): Konzept Nachhaltigkeit. Vom Leitbild zur Umsetzung. Bonn.

Fishman, R. L. (1994): Die neue Stadt des 20. Jahrhunderts: Raum, Zeit und Sprawl. The New City of the Twentieth Century: Space, Time and Sprawl. In: B. Meurer (Hrsg.): Die Zukunft des Raums. The Future of Space. Frankfurt/Main, New York, S.91-105.

Floeting, H., Grabow, B. (1998): Auf dem Weg zur virtuellen Stadt? Auswirkungen der Telematik auf die Stadtentwicklung. In: Informationen zur Raumentwicklung, Heft 1, S.17-30.

Garreau, J. (1991): Edge City. Life on the New Frontier. New York.

Gertz, C. (1998): Umsetzungsprozesse in der Stadt- und Verkehrsplanung. Die Strategie der kurzen Wege. Schriftenreihe A des Instituts für Straßen- und Schienenverkehr der TU Berlin, Band 30. Berlin.

Giddens, A. (1995): Konsequenzen der Moderne. Frankfurt/Main.

Giuliano, G., Small, K. A. (1993): Is the Journey to Work Explained by Urban Structure? In: Urban Studies 30, No. 9, S.1485-1500.

Gordon, P., Kumar, A., Richardson, H. W. (1989): The Influence of Metropolitan Spatial Structure on Commuting Time. In: Journal of Urban Economics 26, S.138-151.

Gordon, P., Richardson, H. W. (1989): Gasoline Consumption and Cities – A Reply. In: Journal of the American Planning Association 55, S.342-46.

Gordon, P., Richardson H. W., Jun M. (1991): The Commuting Paradox – Evidence from the Top Twenty. In: Journal of the American Planning Association 57. S.416-420.

Hall, T. (1998): Urban Geography. London, New York.

Henckel, D. (1994): Technik, Geschwindigkeit und Raumentwicklung. In: P. Noller, W. Prigge, K. Ronneberger (Hrsg.): Stadt-Welt. Über die Globalisierung städtischer Milieus. Die Zukunft des Städtischen, Frankfurter Beiträge Band 6. Frankfurt/Main, New York, S.150-157.

Henckel, D. (1997): Geschwindigkeit und Stadt – die Folgen der Beschleunigung für die Städte. In: D. Henckel et al. (Hrsg.): Entscheidungsfelder städtischer Zukunft. Schriften des Deutschen Instituts für Urbanistik, Band 90. Stuttgart, Berlin, Köln, S.257-296.

Hesse, M., Schmitz, S. (1998): Stadtentwicklung im Zeichen von „Auflösung" und Nachhaltigkeit. In: Informationen zur Raumentwicklung, Heft 7/8, S.435-453.

Holz-Rau, C. (1997): Siedlungsstrukturen und Verkehr. Hrsg.: Bundesforschungsanstalt für Landeskunde und Raumordnung. Materialien zur Raumentwicklung, Heft 84.

Krau, I. (1994): Innenentwicklung contra Außenentwicklung – ökologisches Dilemma? In: Informationen zur Raumentwicklung, Heft 3, S.215-222.

Kreibich, R. (1997): 12 Thesen zum nachhaltigen Wirtschaften. In: Zukünfte Nr. 20, Sommer, S.57-58.

Kurnol, J. (1996): Die virtuelle Stadt – die Stadt der Zukunft? Multimedia und Chancen für eine nachhaltige Stadt- und Raumentwicklung. Arbeitspapiere der Bundesforschungsanstalt für Landeskunde und Raumordnung. Bonn.

Levy, P. (1996): Städte, Territorien und Cyberspace. In: S. Iglhaut, A. Medosch, F. Rötzer (Hrsg.): Stadt am Netz. Ansichten von Telepolis. Mannheim, S.151-162.

Marshall, A. (1890): Principles of Economics. London (London 1964).

Meurer, B. (1994): Die Zukunft des Raums. The Future of Space. In: B. Meurer (Hrsg.): Die Zukunft des Raums. The Future of Space. Frankfurt/Main, New York, S.11-36.

Münker, S. (1996): Die Zeit der Stadt und die Zeit der Verschiebung. Zur Vorgeschichte der Telepolis. In: S. Iglhaut, A. Medosch, F. Rötzer (Hrsg.): Stadt am Netz. Ansichten von Telepolis. Mannheim, S.129-142.

Neitzke, P., Wustlich, R. (1997/1998): Zentrum versus Peripherie? Die Konkurrenz der Gesellschaft auf dem Boden der Stadt. In: P. Neitzke, K. Steckeweh, R. Wustlich (Hrsg.): Centrum Jahrbuch Architektur und Stadt, S.25-27. Basel, Boston, Berlin.

OECD/ECMT Organization for Economic Cooperation and Development, European Conference of Ministers of Transport (1995): Urban Travel and Sustainable Development. Paris.

Prigge, W. (Hrsg.) (1998): Peripherie ist überall. Edition Bauhaus, Band 1. Frankfurt/Main, New York.

Rheingold, H. (1994): Virtuelle Gemeinschaft. Soziale Beziehungen im Zeitalter des Computers. Bonn, Paris 1994.

Rötzer, F. (1995): Die Telepolis. Urbanität im digitalen Zeitalter. Mannheim.

Sassen, S. (1996): Metropolen des Weltmarkts. Die neue Rolle der Global Cities. Frankfurt, New York.

Schmitz, S. (1999): Revolutionen der Erreichbarkeit. Gesellschaft, Raum und Verkehr im Wandel. Amsterdam (im Erscheinen).

Schuck-Wersig, P., Wersig, G. (1994): Flexibilisierung des Handelns als Hintergrund der Prognose der Mobilitätsentwicklung. In: Forschungsverbund Lebensraum Stadt (Hrsg.): Faktoren des Verkehrshandelns. Berichte aus den Teilprojekten, Band III/1. Berlin.

Schulze, G. (1994): Milieu und Raum. In: P. Noller, W. Prigge, K. Ronneberger (Hrsg.): Stadt-Welt. Über die Globalisierung städtischer Milieus. Die Zukunft des Städtischen, Frankfurter Beiträge Band 6. Frankfurt/Main, New York, S.40-53.

Sieverts, T. (1997): Zwischenstadt. Zwischen Ort und Welt, Raum und Zeit, Stadt und Land. Bauwelt Fundamente 118. Braunschweig, Wiesbaden.

Sieverts, T. (1998): Die Stadt in der Zweiten Moderne, eine europäische Perspektive. In: Informationen zur Raumentwicklung, Heft 7/8, S.455-473.

Sinz, M., Blach, A. (1994): Pendeldistanzen als Kriterium siedlungsstruktureller Effizienz. In: Informationen zur Raumentwicklung, Heft 7/8, S.465-480.

Soja, E. W. (1995)a: Postmodern Urbanization. The Six Restructurings of Los Angeles. In: S. Watson, K. Gibson (eds.): Postmodern Cities and Spaces. Oxford.

Soja, E. W. (1995)b: Postmoderne Urbanisierungen. Die sechs Restrukturierungen von Los Angeles. In: G. Fuchs, B. Moltmann, W. Prigge (Hrsg.): Mythos Metropole. Frankfurt/Main.

Wackernagel, M., Rees W. (1997): Unser ökologischer Fußabdruck. Wie der Mensch Einfluß auf die Umwelt nimmt. Basel, Boston, Berlin.

Mark Hepworth

Die Geographie der Informationsgesellschaft in Europa.

1. Einführung

Die Geographie der Informationsgesellschaft in Europa beschäftigt sich mit der Verteilung von Arbeitsplätzen, Investitionen und Dienstleistungen zwischen Städten, Regionen und Ländern (vgl. Hepworth (1989)). Im Kontext der Europäischen Union bildet diese Verteilung den Hintergrund politischer Agenden, die auf die Wettbewerbsfähigkeit Europas in der globalen Informationswirtschaft gegenüber Japan, den USA und anderen Ländern, und auf die Wettbewerbsfähigkeit von Europas weniger begünstigten Regionen gegenüber seinen stärksten großstädtischen Agglomerationen ausgerichtet sind. Innerhalb des Europäischen Binnenmarktes verfolgt darüber hinaus jedes Land eigene nationale Strategien für die Informationsgesellschaft; hierdurch wird ein Rahmen für Produkt- und Prozessinnovation sowohl in neuen als auch in traditionellen Branchen abgesteckt.

Der strategische Rahmen der EU für die „Informationsgesellschaft" ist bisher sehr weit gesteckt, begleitet von einer neuen Gesetzgebung, die nationale Telekommunikation und Informationstechnologiemärkte als Teil des Europäischen Binnenmarktes liberalisieren und harmonisieren soll (vgl. Dumort, Dryden (1997)). Sozioökonomische Faktoren sind in den Rahmenprogrammen der Europäischen Kommission, die Forschungs- und Entwicklungsfähigkeit aufbauen und Innovation in Informations- und Kommunikationstechnologien (I&K) fördern sollen, eher zweitrangig. Der europäische Ansatz zu einer Informationsgesellschaft basiert auf einer Philosophie des „technological push" und ist stark kommerziell orientiert:

Eine Informationsgesellschaft ist eine Gesellschaft, die extensiven Gebrauch von Informationsnetzwerken und -technologie macht, große Mengen an Informations- und Kommunikationsprodukten und -dienstleistungen herstellt und eine diversifizierte Produktion von Informations- und Kommunikationsinhalten besitzt.

Diese technische Definition der Informationsgesellschaft verschleiert die Tatsache, dass die Europäische Union sich aus vielen verschiedenen nationalen, regionalen und lokalen Informationsgesellschaften zusammensetzt. Die Macher europäischer Politik und Geschäftsstrategen müssen diese geographische Diversität verstehen, da sie einen grundlegenden, formenden Einfluss darauf hat, wie sich die Informationsgesellschaft jetzt entwickelt und in Zukunft entwickeln wird.

Dieser Aufsatz betrachtet die Topographie von Europas sich rasch entwickelnder Informationsgesellschaft und beleuchtet einige mögliche Implikationen. Es handelt sich dabei um die europäische Informationsgesellschaft aus Londoner Sicht, weniger aus der Sicht der Gesamtheit der europäischen Hauptstädte oder der Gesamtheit der Städte quer durch die globale Wirtschaft. Wahre Globalisierung ist eher Ideologie als Mythos. Die große Mehrheit der Forscher und politischen Beobachter neigt wie Europas „Wissensbeschäftigte" dazu, bei ihrer eigenen Sprache und ihrem eigenen Land zu bleiben.

2. Der „technological push" funktioniert nicht

Die Europäische Kommission sieht die „Informationsgesellschaft" als die Basis für zunehmende wirtschaftliche Wettbewerbsfähigkeit, sozialen Zusammenhalt und aufrechtzuerhaltende Entwicklung in der EU. Diese Vision von der Zukunft Europas wird im „EC White Paper, Growth, Competitiveness and Employment: the Challenges and Ways Forward into the 21st Century" (1993) beschrieben. Die 90er Jahre haben den Erwartungen der Kommission nicht entsprochen. Ein hoher Grad an struktureller Arbeitslosigkeit hat sich sowohl in Europas größten Informationsökonomien (Frankreich und Deutschland) gehalten als auch in der nach Weltstandards am meisten fortgeschrittenen Informationsökonomie (Finnland). Während das wirtschaftliche Wachstum quer durch Europa Fuß gefasst hat (der britische Zyklus läuft anders), sind die Arbeitslosenzahlen immer noch unannehmbar hoch, und die Bedrohung durch eine Weltwirtschaftsrezession (oder gar -depression) liegt über Europa.

Die auf die Informationsgesellschaft ausgerichtete Politik der Europäischen Kommission wird scharf als zu unrealistisch oder ehrgeizig und zu stark eingreifend und bürokratisch kritisiert. Zweifellos sprechen die Benchmark-Indikatoren nicht zugunsten der Kommission. Sie zeigen vielmehr, dass

Europa hinter seinen größten Wettbewerbern zurückliegt, wie die folgenden Daten verdeutlichen:
- Europa hat nach wie vor ein externes Handelsdefizit bei IT-Gütern und -dienstleistungen. Interessanterweise beträgt das europäische Export-Import-Verhältnis in diesen Sektoren 0,85 verglichen mit 0,67 für die USA und 3,90 für Japan.
- Die Innovationsleistung in Europa liegt deutlich hinter der der USA und Japans. In den Jahren 1992-95 lag die Pro-Kopf-Investition in Informations- und Kommunikationstechnologien bei $ 316-399 in Westeuropa, verglichen mit $ 580-751 und $ 540-595 in den USA bzw. in Japan.
- Die Kosten für Telekommunikation sind in Europa wesentlich höher als in den USA, was zeigt, dass die Wettbewerbspolitik der Kommission noch entscheidende Schritte vornehmen muss, bevor niedrigere Preise möglich werden. So betragen beispielsweise die Anschlussgebühren für ein durchschnittliches ISDN2-Netz in London um £ 300 (1997), verglichen mit $ 40 für ein vergleichbares Netz in New Jersey. Andererseits bieten nationale Telefongesellschaften in Deutschland Anschlüsse zu niedrigen Preisen, so dass die Anzahl der ISDN-Anschlüsse von 100.000 im Jahre 1990 auf 1,85 Mio. im Jahre 1997 anstieg.
- 50% der US-amerikanischen Haushalte besitzen PCs, verglichen mit 25% für die Gesamtheit der europäischen Haushalte; für Japan beträgt der Anteil nur 17% (1998). Höhere Computerpreise und lokale Telekommunikationskosten in Europa werden für den geringen Internetgebrauch verantwortlich gemacht. Der durchschnittliche amerikanische Internetbenutzer verbringt fünfmal mehr Zeit im Netz als der britische.

Beobachter von Politik und Industrie beziehen sich auf derartige statistische Indikatoren; ihrem Urteil nach liegt Europa im Technologierennen zurück, und die Informationsgesellschaftspolitik der Kommission – einschließlich ihrer Forschungs- und Entwicklungsprogramme – nimmt nicht die Herausforderung der globalen Wettbewerbsfähigkeit an

Die Europäische Kommission ist dringend reformbedürftig. Was könnte kennzeichnender sein als die Entlassung des Präsidenten der Kommission und sämtlicher Kommissare im März 1999? Dennoch ist der Aufbau eines effektiven Handlungsrahmens für die Informationsgesellschaft in Europa eine wesentlich komplexere und schwierigere Aufgabe als in den USA und Japan, die etablierte Nationalstaaten sind.

3. Der Flickenteppich: Von 7 über 15 bis hin zu 25 Informationsgesellschaften im Laufe von 50 Jahren

Eine Möglichkeit, die Struktur und Dynamik der Informationsgesellschaft in Europa zu verstehen, ist, sich einfach eine Karte der EU zu verschiedenen Zeitpunkten anzuschauen und sich die Diversität der Länder vor Augen zu führen, die der Union angehören. Die Zahl der EU-Mitglieder ist seit der Nachkriegszeit von der Gründungsgruppe der sieben Industrieländer auf ihren jetzigen Stand von 15 Nationalstaaten angewachsen. Die Ausweitung um die ehemals kommunistischen Länder – Estland, Polen, die Tschechische Republik usw. – wird zur Herausbildung einer Super-Weltregion von fast 30 Mitgliedsstaaten innerhalb des ersten Jahrzehnts dieses Jahrtausends führen. Bis dahin wird die EU unter den weltgrößten Regionalökonomien rangieren, mit schätzungsweise einer halben Milliarde Verbraucher, von denen die große Mehrheit in städtischen Regionen leben und in Dienstleistungsbranchen arbeiten wird.

Diese sich wandelnde Geographie Europas ist in Abb.1a und b dargestellt. Abb. 1a zeigt Momentaufnahmen der EU zum heutigen Zeitpunkt, Abb. 1b wie sie im Jahre 2005 wahrscheinlich aussehen wird. Diese Karten illustrieren, dass die Informationsgesellschaft in Europa durch verschiedene und unregelmäßige Entwicklungsmuster charakterisiert ist:

- Kulturelle Faktoren: Etwa 50% der Bevölkerung der EU sind mit dem Konzept der „Informationsgesellschaft" oder dem Begriff „Datenautobahn" vertraut. Diese Zahl schwankt zwischen 65-70% für die nordischen Länder und 30-60% für die Mittelmeerländer. Etwa 45% der Finnen und Italiener glauben, dass Informations- und Kommunikationstechnologien das Privatleben gefährden, verglichen mit 60-65% der Deutschen und Franzosen.

- Regionale Entwicklungsfaktoren: Das Pro-Kopf-BIP ist in Dänemark beispielsweise doppelt so hoch wie in Spanien; das Pro-Kopf-Einkommen ist in Hamburg, der reichsten Region Europas, viermal so hoch wie in Alentejo, Portugal. Die Anschlussgebühren für einen privaten Telefonanschluss sind in den Erweiterungsregionen der EU (Griechenland, Irland, Portugal und Spanien) um 32,5% höher als in den europäischen Kernregionen; 62 Hauptanschlüssen pro 100 Einwohner in Lissabon stehen 29 für das übrige Portugal gegenüber.

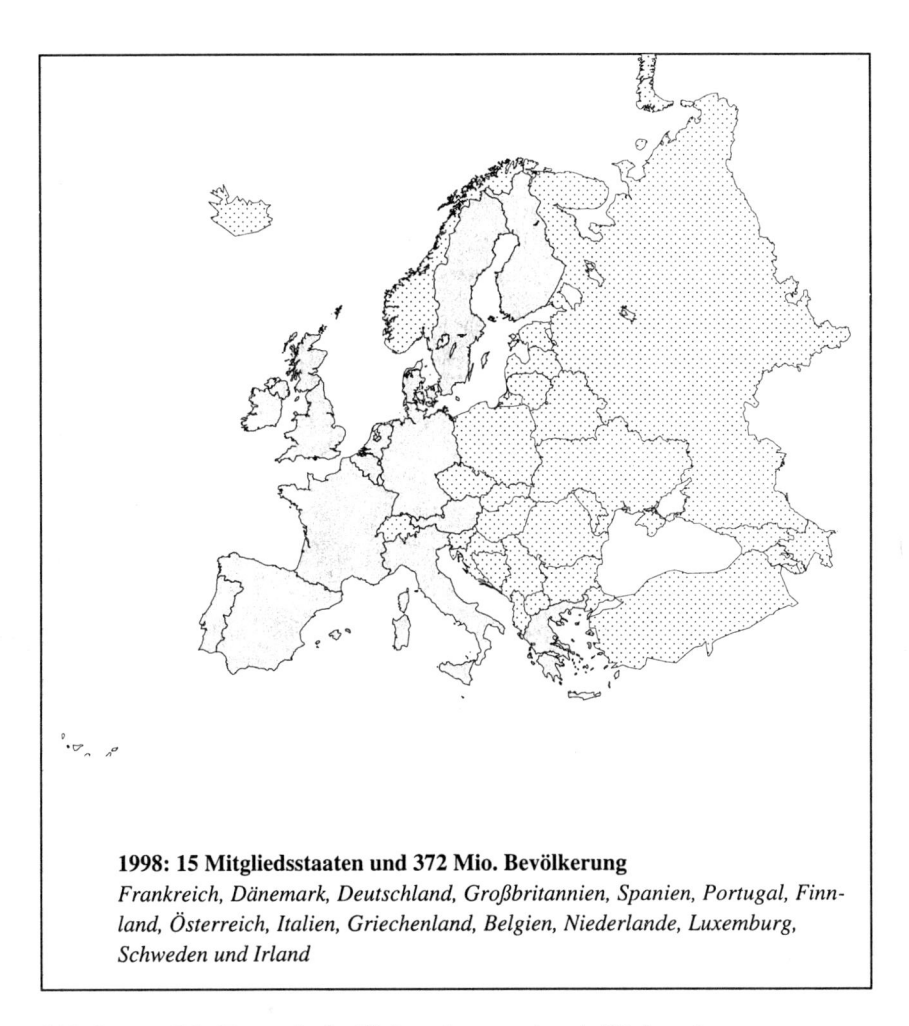

1998: 15 Mitgliedsstaaten und 372 Mio. Bevölkerung
Frankreich, Dänemark, Deutschland, Großbritannien, Spanien, Portugal, Finnland, Österreich, Italien, Griechenland, Belgien, Niederlande, Luxemburg, Schweden und Irland

Abb. 1a: Die Europäische Union als entstehende Weltregion

2005: 28 Mitgliedsstaaten und 484 Mio. Bevölkerung?
Die oben genannten Staaten sowie die Tschechische Republik, Estland, Ungarn, Polen, Slowenien, Malta, Norwegen, Island, Schweiz, Slowakei, Bulgarien, Rumänien

Abb.1b: Die Europäische Union als entstehende Weltregion

– Größe spielt eine Rolle, aber es gibt „Tiger-Wirtschaften": Die vier großen Volkswirtschaften („big four economies") – Deutschland, Frankreich, Italien, Großbritannien – tragen rund 75% zum BSP der gesamten EU bei (Abb.2). Dieselben vier Länder bedienen 74% des EU-Marktes für Software- und Computerdienste und 75% bzw. 85% der EU-Märkte für Telekommunikation und Dienstleistungen im EDV-Bereich. Jedoch sind die kleineren nordischen Länder in Bezug auf die Infrastruktur der Informationsgesellschaft am weitesten fortgeschritten: Die Zahl der Internetverbindungen je Einwohner ist in Finnland und Norwegen beispielsweise rund fünfmal so hoch wie in den genannten vier Ländern. Die nordischen Länder führen in Europa auch beim Gebrauch von Mobiltelefonen. Die „Big Four"-Länder tragen rund zwei Drittel zu den Exporten und Importen von IT-Produkten bei, während in der gesamten EU von den kleineren Wirtschaftsstaaten nur Irland und Finnland zusammen mit den Niederlanden Netto-Exportländer sind.

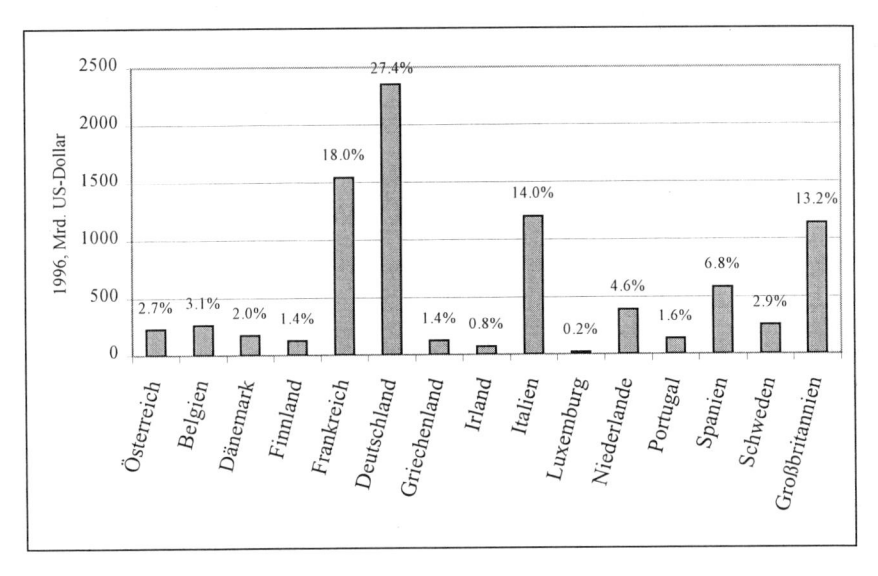

Abb.2:   Nationale Anteile am Bruttosozialprodukt der EU

Diese Statistiken der „Informationsgesellschaft" enthüllen ein Bild uneinheitlicher Entwicklung in Europa. Nationale Unterschiede wurzeln in den jeweils eigenen wirtschaftlichen und politischen Kulturen der europäischen Länder, auch im Zeitalter der Globalisierung. Auf der Mikroebene beeinflussen diese Kulturen die Informationsstrukturen von Firmen und öffentlichen Dienstleistungen und führen zu einer Vielzahl an Organisationsformen – von Bürokratien bis hin zu Netzwerken (vgl. David (1990)).

Wie Esping-Andersen (1990) betont, unterscheiden sich die europäischen Sozialsysteme entsprechend den verschiedenen Staatsformen: liberaler oder residualistischer Staat (z.b. Großbritannien und Irland), konservativer, korporatistischer oder gar katholisch-bismarckianischer Staat (z.b. Deutschland, Frankreich, Italien, Österreich), sozialdemokratischer Wohlfahrtsstaat (z.B. die nordischen Länder). In Anbetracht der quer durch Europa von den Niederlanden bis hin zu den Mittelmeerstaaten Griechenland, Spanien und Portugal sich herausbildenden gemischten Staatsformen zeichnet diese Typologie die Gegebenheiten zu sehr in Schwarz und Weiß. Der entscheidende Punkt ist jedoch, dass der öffentliche Sektor der Informationswirtschaft in Europa und seine zukünftige Entwicklung diese fundamentalen Unterschiede hinsichtlich der Rolle des Staates widerspiegeln wird. Es gibt starke Unterschiede bei der nationalen Informationspolitik – Informationsfreiheit, Datenschutz, Schutz der Privatsphäre und andere Arten gesetzgeberischer Maßnahmen werden angesichts der elektronischen Medien zunehmend für notwendig erachtet und ausgearbeitet. In dieser Hinsicht gibt es große Unterschiede zwischen den USA und der EU.

Wie Ursula Huws (1997) zeigt, haben diese Unterschiede zwischen den europäischen Sozialsystemen entscheidenden Einfluss auf die Flexibilität der Arbeitsmärkte; hierin liegt der Schlüssel für die Verbesserung der Dynamik und der Innovations- und Technologieleistung der europäischen Industrie – und damit für das Wachstum der I&K-Märkte und -Branchen als Zulieferer. Die unterschiedlichen Staatsformen beeinflussen auch die Innovationsleistung im öffentlichen Sektor der europäischen Informationswirtschaft – beispielsweise Investitionen der Regierungen in den elektronischen Handelsverkehr.

Europäische Betriebe sind auf ähnliche Weise in verschiedene, historisch bedingte Wirtschaftskulturen eingebettet, die ebenfalls einen starken formenden Einfluss auf I&K-Innovation und -Märkte haben. Dies wird besonders deutlich in der Finanzstruktur europäischer Betriebe, wie der unterentwickelte Stand europäischer Börsenmärkte zeigt. Verglichen mit den USA, und mit der bemerkenswerten Ausnahme Großbritanniens (das das angelsächsische Modell der Unternehmensfinanzierung mit den USA teilt), sind die europäischen Börsenmärkte im Verhältnis zur Größe ihrer Wirtschaft relativ klein. Die deutsche Börse, die größte auf dem europäischen Festland, besitzt eine Marktkapitalisierung, die weit unter derjenigen der USA liegt (Abb.3).

Der finanzielle Sektor ist einer der größten Motoren der Informationswirtschaft. Allein in Großbritannien stellt dieser Sektor 78% des Marktes für elektronische Informationsdienstleistungen, 30% des Marktes für Telekommunikation und 25% des Marktes für alle Dienstleistungen, die auf der Produktion von Wissen beruhen (vgl. Local Futures Group (1999)). Aufgrund dieser Symbiose zwischen Finanz- und Informationswirtschaft – und damit der Informations- und Kommunikationstechnologien – sind die grundlegenden nationalen Unterschiede zwischen den Finanzsystemen auf Firmen- und Branchenebene und auf der Ebene der Kapitalmärkte von großer Bedeutung.

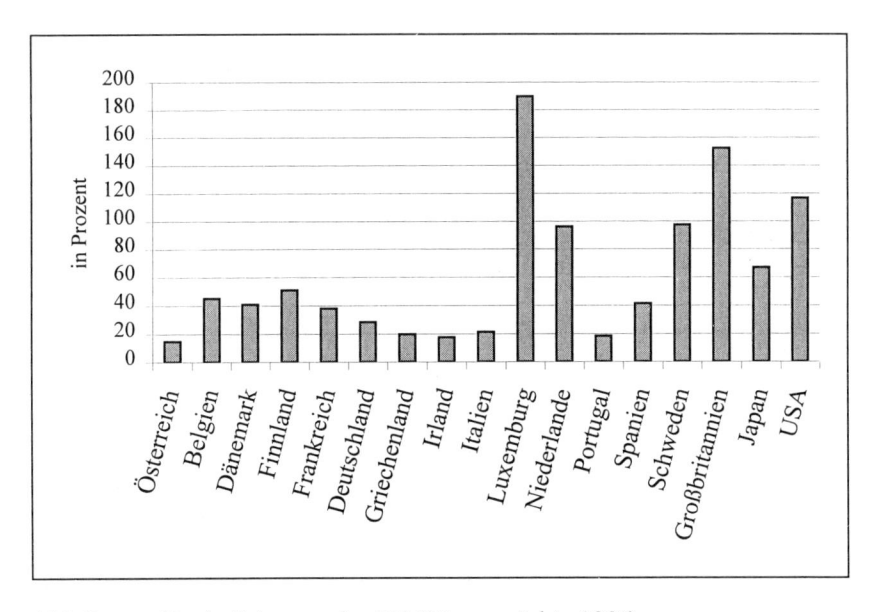

Abb.3: Kapitalisierung der EU-Börsenmärkte 1996

Die geringe Zahl an Beschäftigten im elektronischen Informationsdienstleistungssektor in Deutschland und Frankreich spiegelt den verglichen mit London unterentwickelten Stand ihrer Finanzmärkte wider. Diese nationalen

Unterschiede bei den Informationsdienstleistungen korrelieren natürlich mit kulturellen Unterschieden im Verbraucherverhalten – z.B. englisch-deutsche Unterschiede bei der Akzeptanz von Kreditkarten und die Aufnahme von T-Online als privates Transaktionsmedium im elektronischen Banking durch deutsche Verbraucher.

Aus diesen Gründen ist die europäische Informationsgesellschaft tatsächlich eine Art Flickenteppich vieler verschiedener Informationsgesellschaften. Beispielsweise werden Rundfunk und Fernsehen in Deutschland auf regionaler Ebene kontrolliert, während die IT- und Telekommunikationsbranchen national gesteuert werden. Dies ist nicht nur eine andere Situation als in Großbritannien, wo die Regionen keine solche Kontrollinstanz darstellen, sondern es stellen sich damit auch grundlegende Fragen, wie die neuen Multimedia-Branchen des WorldWideWeb geregelt werden sollten oder könnten. Die verschiedenen Realitäten müssen sowohl von Politikern als auch von Wirtschafts- und Marktforschern genau verstanden werden.

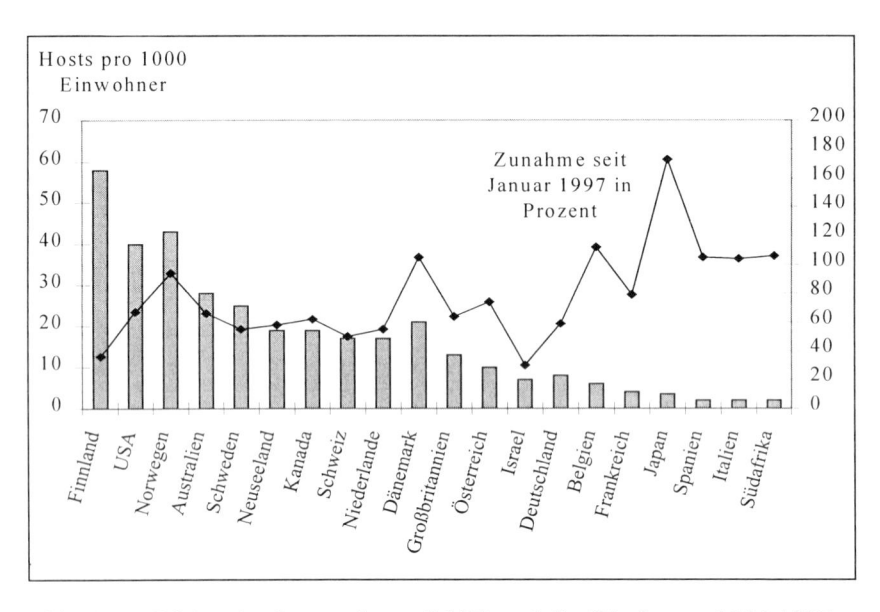

Abb. 4:   Dichte der Internethosts (1997) und ihr Wachstum 1996-1997

Es ist zu einfach und möglicherweise irreführend, den „europäischen Durchschnitt" mit Hilfe von Benchmark-Indikatoren mit den USA und Japan zu vergleichen. Dies verschleiert nicht nur bedeutende Unterschiede innerhalb Europas, sondern verdeckt auch das enorme zukünftige Wachstumspotenzial Europas verglichen mit den USA. Es gibt bereits Anzeichen, dass Europa die USA beim Internetgebrauch einholt (Abb.4). Ohne die Europäische Kommission verteidigen zu wollen, sondern vielmehr im Interesse der Aufrechterhaltung einer Perspektive in öffentlichen und politischen Debatten, sollte die Leistung der europäischen „Informationsgesellschaft" im Zusammenhang mit den Herausforderungen, denen sie als entstehende Weltregion entgegensieht, sorgfältig bewertet werden.

4. Stadtstaaten in einem Globalen Dorf

Europa ist auf dem Weg in die am stärksten wettbewerbsorientierte Ära seiner modernen Wirtschaftsgeschichte. Die vereinten Kräfte von Globalisierung und technologischem Wandel schaffen im Kontext des Europäischen Binnenmarktes und der Währungsunion ein sehr stark wettbewerbsorientiertes Klima für Firmen und Branchen, die zuvor den Schutz nationaler oder regionaler heimischer Märkte genossen haben. In dieser „schönen neuen Welt" des europäischen Geschäfts- und Arbeitslebens ist Dynamik durch Innovation und Wandel essentiell für die Wettbewerbsfähigkeit von Firmen und auch für die Wettbewerbsfähigkeit von Städten und Regionen innerhalb der EU. Fachwissen von Weltklasseniveau und hervorragende Leistungen in technologischer Innovation sind der Schlüssel zur Wettbewerbsfähigkeit (vgl. Local Futures Group (1998)).

Firmen benötigen fünf Grundtypen von Fachwissen, um sich auf dem Europäischen Binnenmarkt und in der Weltwirtschaft behaupten zu können:
- Wissenschaftliche und technische Fachkenntnisse – für schnelle Produkt- und Prozessinnovation und grundlegende Forschung und Entwicklung sowie logistisches Management auf Firmenebene, Branchenebene und der Ebene des gesamteuropäischen Marktes oder des Weltmarktes
- Fachkenntnisse in IT- und Wissensmanagement – um die Infrastruktur zu schaffen, auf deren Basis Firmen, Märkte und gesamte lokale Ökonomien heute funktionieren
- Fachkenntnisse in Marketing und Kommunikation – um europäische und globale Marken zu schaffen, um Zulieferketten und Handel zu organisieren und um in verschiedene National- und Regionalökonomien zu in-

vestieren, in denen sich Geschäfts- und Arbeitskultur, Sprache und Kontrollinstitutionen unterscheiden
- Unternehmerfertigkeiten – um die Risiken eingehen zu können, die mit der Entwicklung neuer Produkte und geographischer Marktdiversifizierung verbunden sind, und für den Aufbau neuer „*spin-off and spin-out* – Betriebe" als Teil des Trends hin zu vernetzten oder „virtuellen" Unternehmen
- Fachkenntnisse für die Fort- und Weiterbildung – um neue Fertigkeiten zu schaffen, da Märkte einem ständigen Wandel unterliegen; für Fortbildung und Umschulung von Arbeitern und Unternehmern, deren Fachkenntnisse veraltet sind, und um neue Arbeitsplätze und flexible Strukturen von Arbeitsorganisation (z.B. Teamarbeit und Telearbeit) zu schaffen.

Die zunehmende Bedeutung dieser Fachkenntnisse wird deutlich am wachsenden Anteil der Beschäftigten in gehobenen technischen und leitenden Funktionen an der Gesamtbeschäftigtenzahl sowohl in der EU als auch in anderen Industrieländern. Dieser Langzeittrend im Beschäftigungsprofil der europäischen Beschäftigten erklärt sich teilweise durch die strukturelle Verschiebung von Industrie zu Dienstleistungen – bis zum Jahr 2000 werden 70% der Beschäftigten in der EU im Dienstleistungssektor arbeiten. Der Trend ist jedoch im weitesten Sinne mit der Entstehung informationsintensiver Produktionssysteme in allen Wirtschaftsbereichen verbunden, einschließlich des steigenden Mehrwertes, der durch wissensgestützte Dienstleistungen bei der Schaffung und Verteilung materieller Produkte entsteht. Der Trend hin zur „Dematerialisierung" (bei der die Kostenstruktur von Produkten zunehmend durch immaterielle Elemente bestimmt wird) ist ein integraler Bestandteil von Europas Übergang zu einer I&K-intensiven Informationsgesellschaft, in der Wissensproduktion und –austausch strategisches Handeln darstellen.

Die Entstehung der Wissenswirtschaft wird starken Einfluss auf die zukünftige Geographie der Informationsgesellschaft in Europa haben. Sie wird zu verstärkter Dominanz der Metropolen führen, da Global Cities und starke Cityregionen eine kritische Masse an finanziellen Institutionen, spezialisierten Dienstleistungen, Unternehmenszentralen, erstklassigen Universitäten und kulturellen Branchen darstellen – d.h. sie bilden das Rückgrat der europäischen Wissenswirtschaft (vgl. Hepworth (1998)). Der Trend zur Dominanz der Metropolen wird durch die jüngsten Daten zu regionalen Trends in der EU bestätigt; die Daten zeigen, dass größere Cityregionen

ihren Anteil an Beschäftigung und nationalem Output vergrößern. Mitte der 90er Jahre zeigen Eurostat-Daten, dass
- Deutschland 5 der 10 stärksten Wirtschaftsregionen in Europa stellte (gemessen am BIP pro Einwohner) – Hamburg, Bremen, Hessen, Bayern und Baden-Württemberg. Die übrigen Regionen der Top Ten waren die Hauptstadtregion Brüssel, die Region Ile de France/Paris, Greater London und die reicheren italienischen Regionen Lombardei und Emilia-Romagna.
- Für andere Mitgliedsstaaten ist von Bedeutung, dass Hauptstädte – wie Wien, Stockholm und Helsinki – BIP-Niveaus aufweisen, die denen der oben genannten europäischen Top-Ten-Regionen gleichzusetzen sind.
- Regionale Unterschiede scheinen zu wachsen, wobei die größeren Städte Neubeschäftigung und wirtschaftliches Wachstum zu monopolisieren beginnen. Während Greater London in den Top Ten rangiert, fallen die übrigen 11 Regionen Großbritanniens alle unter den EU-Durchschnitt, bezogen auf BIP pro Einwohner. In Deutschland fallen nur die Neuen Bundesländer unter den EU-Durchschnitt. Innerhalb der EU insgesamt ist jedoch das Phänomen zunehmender Konzentrierung des Wirtschaftswachstums in den größeren Cityregionen klar und allgemein gültig.

Die Dynamik der Wissenswirtschaft ist zugleich global und lokal. Die Zentralität „stillen" Wissens ermutigt Firmen zu Clusterbildung oder Aufrechterhaltung geographischer Nähe, da Vertrauen durch direkten Kontakt und regelmäßige Interaktion gewonnen und genährt wird. Die „Caféhäuser" der Londoner City und die Bistros der Werbe- und Multimedia-Gemeinschaft von Soho zeigen, dass stilles Wissen tendenziell in bestimmte Gebiete innerhalb von London eingebettet ist. Im regionalen Kontext steht Baden-Württemberg in einem internationalen Ruf für dichte Vernetzung wirtschaftlicher Institutionen und einer Kultur, die den lokalen industriellen Sektor fördert. Während 1996 noch 43% der Beschäftigten der Metropole Stuttgart in Produktions- und Baubranchen konzentriert waren, besitzt London nach drei Jahrzehnten der Deindustrialisierung einen Anteil von nur 17% Beschäftigten in der Industrie. Die Stärke dieser Lokalisierungskräfte in der Wissenswirtschaft ist entscheidend für die Zukunft der Städte in Europa – sie wirken der Globalisierung von Märkten und Branchen entgegen.

Alle Großstädte besitzen „industrielle Distrikte", die auf wissensgestützten Externalitäten der Bereiche Technologie, Finanzwesen, Kultur und Marketing begründet sind – z.B. die Multimedia-Gemeinschaft der „Silicon Alley" von New York oder die Filmindustrie von Hollywood in Los Angeles. Im Hinblick auf ihre soziale Organisation ist die globale Wissenswirtschaft durch informelle und formelle Netzwerke charakterisiert, die eine kosmopolitische Elite hochqualifizierter Fachkräfte und Führungskräfte verbinden. In der Weltwirtschaft werden diese Netzwerke gefördert durch eine zunehmende Anzahl an internationalen Geschäftsreisen und durch die Migration von Schlüsselpersonen der Belegschaften zwischen den weltweit wichtigsten Cityregionen.

Der zweite Aspekt von Netzwerkverbindungen in der Wissenswirtschaft ist eher global und virtuell als ortsbezogen und physisch. Computernetzwerke geben multinationalen Märkten die Möglichkeit der Globalisierung ihrer Märkte und Operationen (vgl. Hepworth, Ryan (1997)). Der Kern ihres Finanz-, Markt- und technologischen Wissens bleibt jedoch unter strenger zentraler Kontrolle. Das globale Unternehmen führt rasch Intranets und Extranets als Quelle eines Wettbewerbsvorteils ein – hierdurch wird das lokale Wissen auswärtiger Arbeitskräfte, Kunden und Zulieferer mobilisiert. Die jüngsten Ergebnisse des „Global Internet 100 Survey" (durchgeführt von Insead, Information Strategy und Novell) lassen darauf schließen, dass die Einflüsse des Internet auf multinationale Geschäfte immer entscheidender werden, obwohl die Schwierigkeiten von Preisstrategien die schnelle Ausweitung von Internethandel und Online-Bestellungen behindern. Einige der wichtigsten Ergebnisse der Umfrage von 1998 sind:
- Fast alle der weltgrößten Gesellschaften sind im Internet vertreten, wenn auch die meisten Firmen das neue Medium schlicht als elektronisches Instrument für Werbung und Öffentlichkeitsarbeit benutzen, und nicht neue Betriebsmodelle im Internet implementieren.
- Die Hauptanwendung der Internet-Technologie ist der Kundendienst und der Aufbau von Kundenbeziehungen. Medien und Unterhaltung sind die führenden Sektoren der Internetnutzung, während der Sektor Finanzdienstleistungen (der den bei weitem größten Anteil am gesamten weltweiten elektronischen Datenverkehr stellt) im Internetmarketing und -verkauf zurückliegt.
- Nordamerikanische Firmen führen auch weiterhin vor europäischen und asiatischen Firmen. Die Lücke in der Technologie der Websites schließt sich langsam; dennoch scheint sich der nordamerikanische Vorsprung bei der Anwendung elektronischer Innovationen im Handelsverkehr zu vergrößern.

Im Hinblick auf die internationale Verteilung von wirtschaftlicher Aktivität und Beschäftigung wird Technologieinnovation im entstehenden „globalen Unternehmen" zweifellos einen entscheidenden Einfluss auf die Weltwirtschaft haben. Die globale Wissenswirtschaft überschreitet nationale Grenzen und bewirkt grenzüberschreitenden Datenfluss in „Paketen", die Bits von Beethovens Fünfter Symphonie und Bytes eines Modedesigns zusammen in einem einzigen digitalen Strom elektrischer Impulse übertragen könnten. Als Form internationalen Handels sollten diese stillen und unsichtbaren Informationsflüsse im komplexen Raster von Computernetzwerken besteuert und reguliert werden – aber wie kann man sie identifizieren und auf welcher Grundlage sollten sie besteuert werden? Die Europäische Kommission und die OECD sind dabei eine neue Steuerpolitik für den Cyberspace zu entwickeln, wobei viel davon abhängen wird, welche Typen von Trust Service Brokern und Intermediären sich entwickeln werden. Dies ist eine große Herausforderung, da das Volumen wirtschaftlicher Interaktionen innerhalb der EU und zwischen der EU und der übrigen Welt durch die Expansion des Internet in die geschäftliche Sphäre enorm angewachsen ist (vgl. Butler et al. (1997)). Weder die Kommission noch einzelne Regierungen können den globalen elektronischen Handelsverkehr steuern, und es wäre unsinnig, dies zu versuchen.

In einem zukünftigen „globalen Dorf" sehen wir wahrscheinlich eher ein „Europa der Cities" als ein „Europa der Regionen", wobei letzteres die föderalistische Struktur darstellt, die sich in einer Union ohne Grenzen herausbilden wird. Auf der Grundlage von historischen und politischen Beziehungen sowie auf der Grundlage von Handel und Investitionen bewirken z.B. im Baltikum die vereinten Kräfte der Globalisierung und des technologischen Wandels die Entstehung der am schnellsten wachsenden Wirtschaftsregion in Europa, über die die größten Städte und Hauptstädte verbunden sind. Hier, in den fortschrittlichsten Informationsgesellschaften Europas (den nordischen Ländern) und den Gesellschaften am Übergang zur Informationsgesellschaft (Estland, Lettland, Litauen, Polen und Russland – und auch die ostdeutschen Bundesländer) sind neue Wellen der Urbanisierung durch die zunehmende Dominanz der „Gateway-Cities" als Zentren des Wirtschaftswachstums und wirtschaftlicher Entwicklung gekennzeichnet. Die Konzentrierung der Wirtschaftskraft um Helsinki, eine in der Entstehung begriffene Global City, und die Existenz einer kleinen Elite wissensgestützter Städte im Südwesten Finnlands (Oulu bildet dabei eine Ausnahme) geht jedoch auf Kosten der kleineren und peripheren städtischen Zentren des Landes. Finnland, die technologisch am weitesten fortgeschrittene Informationsgesellschaft in Europa, kämpft mit Massenabwanderung in die Städte und hoher struktureller Arbeitslosigkeit, die enorme regionale Unterschiede bei der Arbeitslosigkeit verdecken. Viele städtische Gemeinden Finnlands sind ohne Einschreiten der Regierung wirtschaftlich und sozial nicht mehr tragfähig.

In den stärker verstädterten und größeren EU-Ländern haben die Einflüsse der Globalisierung und der technologieintensiven Wissenswirtschaft eine andere Form angenommen, wenn auch dieselben Prozesse sozialen und wirtschaftlichen Wandels sichtbar sind. Anstelle von Wanderungen zwischen Regionen oder vom Land in die Städte beobachten wir hier eine Ausbreitung der Metropolen, die durch den Standort und die Vorlieben für die städtische Umgebung, die die Informationsbranchen und die Wissensbeschäftigten der Mittelschicht hegen, bestimmt wird. Die andere Seite der Medaille ist die Entstehung lokaler „Regionen wirtschaftlicher Regeneration", die kleine Gebiete sozialen und wirtschaftlichen Mangels, d.h. heruntergekommene Siedlungen, bis hin zu ganzen Subregionen der Metropolen umfassen. Der Großteil der Arbeitslosigkeit in Europa konzentriert sich in den Großstädten.

London ist die am meisten fortgeschrittene „Global City" Europas – ein Ort, wo extreme Beispiele von Reichtum und Armut nebeneinander existieren. London ist dominierend in Großbritanniens „wissensgesteuerter Informationswirtschaft" – der Entwurf der britischen Regierung für wirtschaftliche Entwicklung, sowohl auf nationaler als auch auf regionaler Ebene. Diese Wirtschaftsregion des 21. Jahrhunderts strahlt vom Kern von Londons Global City aus ins Hinterland der Region South East, wobei jedoch die Wirtschaftsregionen des inneren östlichen London im Informationszeitalter effektiv zurückbleiben (Abb.5).

Die Herausbildung der Wissenswirtschaft, mit ihrer eskalierenden Nachfrage nach Führungskräften, hochqualifizierten Fachkräften und technischen Facharbeitern und nach informellen Macht- und Einflussnetzwerken, droht die existierende wirtschaftliche, soziale und räumliche Kluft innerhalb der europäischen Städte zu vergrößern. In Anbetracht der Tatsache, dass heute mehr als 80% der europäischen Bevölkerung in städtischen Gebieten leben und der Anteil der in Großstadtregionen lebenden Bevölkerung wächst, droht die Wissenswirtschaft „geteilte Städte in einem geteilten Europa" zu schaffen.

Abb.5 zeigt die Bedeutung derjenigen Sektoren, die als spezifisch für die Informationsgesellschaft gelten können, in den lokalen Wirtschaftsregionen innerhalb von London und der Region South East, gemessen am Anteil an der Gesamtbeschäftigung. Die Sektoren umfassen: I&K-Produktion und -Dienstleistungen, content-Erstellung und -Bearbeitung, Finanz- und Beratungsdienste und höhere Bildung und Forschung & Entwicklung.

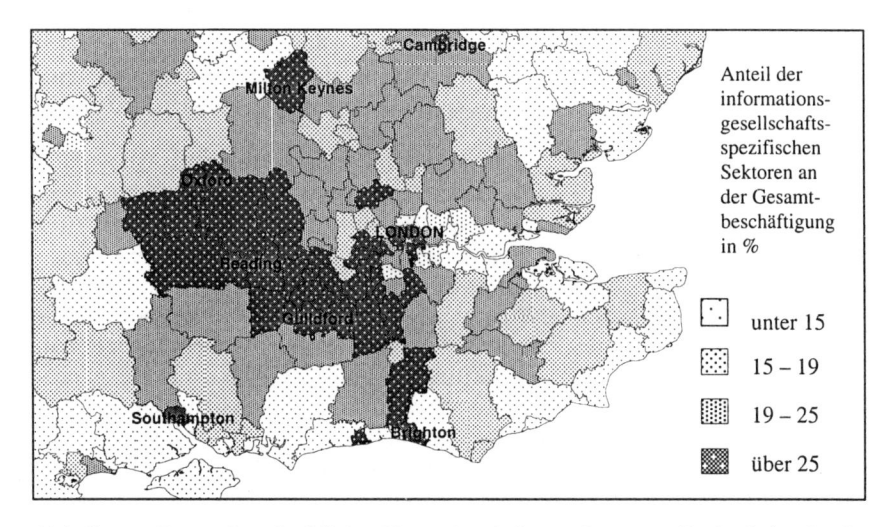

Abb. 5: Das wirtschaftliche Herz der Informationsgesellschaft in Großbritannien – London und die Region South East
(Quelle: The Local Futures Group (1999))

5. Das Zeitalter nach dem Informationszeitalter?

Nicholas Negroponte (1995) erklärt, dass der Übergang vom Informationszeitalter in das Zeitalter danach durch eine Verschiebung von Massenmedienmärkten hin zu einem Ein-Mann-Publikum gekennzeichnet ist. Negroponte weist auf eine neue virtuelle Geographie in einer zukünftigen Umwelt hin, in der alles auf Bestellung angefertigt wird, Information also extrem an der Person ausgerichtet ist:

„Genauso, wie der Hypertext die Beschränkungen der gedruckten Seite überwindet, wird das Post-Informationszeitalter die Beschränkungen der Geographie beseitigen. Das digitale Leben ist gekennzeichnet durch zunehmende räumliche und zeitliche Unabhängigkeit, und die Übermittlung des Ortes selbst wird möglich werden" (vgl. Negroponte (1995), S. 163).

Es gibt noch andere populäre Bücher über das Informationszeitalter und das Zeitalter danach, Bücher, die den „Tod der Distanz" (Cairncross (1997)) proklamieren und das Ende der „geographischen Tyrannei" als Beschränkung einer Weltwirtschaft, die durch „schwerelose" Informations- und Wissensmärkte, unterstützt durch Computernetzwerke, gesteuert wird (vgl. Coyle (1997)). Laut Danny Quah (1999) von der London School of Economics verringert die „schwerelose Wirtschaft" nicht nur geographische, sondern auch wirtschaftliche Distanz, womit sie eine neue Ära wirtschaftlicher Entwicklung eröffnet.

Die schwerelose Wirtschaft umfasst dreierlei: erstens, die Informations- und Kommunikationstechnologie; zweitens, geistiges Eigentum; drittens, Bibliotheken und Datenbanken. Letzteres schließt Kohlenstoff- und Siliziumprodukte wie Biotechnologie oder elektronische Sammlungen von Information mit ein. Die schwerelose Wirtschaft ist der schnellstwachsende Sektor moderner und sich in der Entwicklung befindender Wirtschaftsregionen, sowohl in Bezug auf den gesellschaftlichen Mehrwert als auch das Beschäftigungswachstum. Doch die heutige schwerelose Wirtschaft bedeutet nicht nur mehr und bessere Technologie, sondern auch eine Verringerung der Distanz zwischen Verbraucher und Wissensproduktion, die die Zwischenstationen des traditionellen Schutzes geistiger Eigentumsrechte und verarbeitendes Gewerbe überflüssig macht. Dieser „Tod der Distanz" ist nicht nur geographisch. Die neuesten Technologien – Computer und Internet – erlauben dem Verbraucher, näher an die Wissensproduktion zu gelangen. Dies wird dem Internet gestatten, sein Versprechen einzulösen und eine entscheidende Verbindung im Wirtschaftsleben zu werden.

Der physische Raum verschwindet natürlich nicht angesichts des fehlenden Gewichts der „schwerelosen Wirtschaft". Während die Cyberspace-Wirtschaft phänomenales Wachstum zeigt, ist die Spannung zwischen Wirtschafts- und Sozialräumen für Wissenschaftler und Politiker gleichermaßen das Kernproblem. Das gesellschaftliche Leben ist immer noch räumlich fest verwurzelt. Millionen Menschen in Europa arbeiten im Netz, aber nur eine sehr kleine Minderheit der arbeitenden Bevölkerung wandert zwischen Ländern, geschweige denn zwischen Großregionen. Während die Arbeitsweisen immer mobiler werden, sind die Arbeitskräfte, die diese Funktionen ausüben, alles andere als mobil – sie sind vielmehr zuhause und in ihrer Nachbarschaft verwurzelt und festgehalten durch ihre Sprache und Kultur. Diese Schwerfälligkeit der europäischen Arbeitsmärkte könnte sich durch das Internet in Verbindung mit der Europäischen Währungsunion ändern, wobei letztere einen nie zuvor dagewesenen Druck auf Firmen und Beschäftigte ausübt, der auf den Wettbewerb auf globaler Ebene ausgerichtet ist.

Im Zeitalter nach der Information (wie auch immer man dieses definieren mag) bewegt sich die EU-Politik jetzt in Richtung einer anhaltenden Entwicklung, die in ihrer weit gefassten Definition drei Ziele verfolgt: wirtschaftliche Wettbewerbsfähigkeit, sozialen Zusammenhalt und Erhaltung der Umwelt. Neue, durch Computernetzwerke gestützte Technologien und Dienstleistungen – von der Europäische Kommission „Telematics" getauft – sollen drei Fliegen mit einer Klappe schlagen, durch Innovationen wie elektronische Verwaltung sollen lokale Demokratien wiederbelebt und durch elektronische Straßenfinanzierung europäische Städte vor dem Verkehrsinfarkt bewahrt werden. Zur Jahrtausendwende macht die „Informationsgesellschaft" der „Herausforderung nachhaltiger Entwicklung" Platz (Britton (1996)). Dieser Paradigmenwechsel ist in sämtlichen EU-Staaten mehr Schein als Sein, und auch in Deutschland lässt die Unterstützung der Grünen unter den jüngeren Leuten nach. Nichtsdestotrotz wurde das Fünfte Rahmenprogramm der Europäische Kommission zur Forschung und Entwicklung für die Verknüpfung der Agenden der Informationsgesellschaft und der nachhaltigen Entwicklung entworfen. Zwei unklare Konzepte zu vereinigen, könnte sich aber als sehr schwierig herausstellen.

6. Zusammenfassung

Die „Informationsgesellschaft" in Europa droht ein bürokratischer Alptraum zu werden – zumindest im Bereich der Politik von Brüssel. In der realen Welt der Märkte hebt das Internet traditionelle Grenzen auf, die zuvor Firmen und Märkte, Hersteller und Verbraucher, Fachwissen und Arbeitsplätze, Regionen und Länder voneinander getrennt haben. Definitionsgemäß arbeiten Bürokratien vertikal als politische und kontrollierende Systeme. Das Internet und die Informationsgesellschaft, wie sie sich jetzt entwickeln, sind horizontale und unendlich flexible Strukturen – auf lange Sicht kommt vielleicht die „Informationsrevolution" auf uns zu, die uns von einer langen Reihe von Autoren der Nachkriegszeit versprochen wurde.

Wenn wir einer „Revolution" entgegensehen, werden Politiker und Wissenschaftler alte Denkstrukturen, Untersuchungsmethoden und Problemlösungen aufgeben müssen. Viele europäische Länder sind jedoch sehr konservativ, und entgegen dem Anschein ist ein zentralisiertes Wirtschafts- und Staatsmodell die Regel. Die kleinen Internetfirmen, deren raketenartig steigende Börsenkurse Deutschland zwangen, das US-NASDAQ-Online-Modell des Aktienhandels nachzuahmen, sind immer noch kleine Fische im Vergleich zu den globalen Firmen, die aus der unerbittlichen Welle von Fusionen und Akquisitionen in Europa und den USA hervorgehen. Diese Machtkonzentration wird zu einer zukünftigen Informationsgesellschaft aus privaten „Intranets" und öffentlichen „Internets" führen, mit „Extranets", die irgendwo zwischen die private und öffentliche Interaktionssphäre fallen und so zur dritten Dimension des Cyberspace werden.

Im Cyberspace wird Information und nicht Technologie das wirtschaftliche Schlüsselerzeugnis, während Wissen die Ressource darstellt, die aus Information Wert schöpft. Die Geographie der Informationsgesellschaft in Europa wird als neues Paradigma von Raum und Zeit Form annehmen. Dies ist ein spannender Ausblick. Welche neuen Gesetze wirtschaftlicher und sozialer Schwerkraft werden Orte und Menschen in einer schwerelosen Wirtschaft am Boden halten?

Literatur

Britton, E. (ed.) (1996): The Information Society and Sustainable Development. In: Journal of World Transport Policy and Practice 2 (1/2): 62-67.
Butler, P. et al. (1997): A Revolution in Interaction. McKinsey Quarterly 1: 5-23.
Cairncross, F. (1997): The Death of Distance. London.
Centre for Economics and Business Research (CEBR) (1998): The City's Importance to the European Union Economy. Published by Corporation of London.
Coyle, D. (1997): The Weightless World. Oxford.
David, P. (1990): The Dynamo and the Computer. American Economics Ass. and Proceedings 80 (2): 355-361.
Dumort, A., Dryden, J. (eds.) (1997): Economics of the Information Society. European Commission. Luxemburg.
Esping-Andersen, G. (1990): The Three Worlds of Welfare Capitalism. London.
European Commission (1994): Europe and the Global Information Society. Recommendations to the European Council. Luxemburg/Brüssel
Hepworth, M. (1998): Europe of the Cities. Demos Collection 13: 29-31. London.
Hepworth, M. (1989): Geography of the Information Economy. London.
Hepworth, M., Ryan, J. (1997): Global Firms and Local Information Societies. European Planning Studies 5 (5).
Huws, U. (1997): Flexibility and Security: Towards a New European Balance. Citizens Income Trust Discussion Paper No. 3, London.
Kivisto, T. (1992): Construction Beyond 2000 Symposium. Futura 3/92. Helsinki.
Local Futures Group (1999): The Role of the City in London's Knowledge-Driven Information Economy. Corporation of London.
Local Futures Group (1998): Skills for Sustainable Development: Local Competitiveness in a Global City. London TEC Council.

Negroponte, N. (1995): Being Digital. London.

Quah, D. (1999): The Weightless Economy in Economic Development. Centre for Economic Performance Discussion Paper 417. London School of Economics.

Hans-Joachim Braczyk

Soziale Veränderungen auf dem Weg in die Informationsgesellschaft.

1. Einleitung

Was sind Neue Medien? Als Neue Medien bezeichnen wir einerseits das digitalisierte Speichern, Verarbeiten, Vermitteln und Präsentieren von Informationen und andererseits die Integration von verschiedenen Medien (Multimedia), die Vernetzung von Rechnern und Kommunikationsstellen sowie die Ermöglichung von digitaler, vernetzter Interaktion. Informationen sind hier beliebig mit Inhalt zu füllen. Dies ist eine genügend abstrakte Definition. Sie reflektiert das gewaltige Projekt der Digitalisierung der Welt. Fast jede Kommunikation – so behaupten die Protagonisten der Informationsgesellschaft – könne darin digital vonstatten gehen, jeder könne zum Sender und Empfänger werden in einer vernetzten Welt. Dadurch, dass alle Informationsspeicher miteinander verbunden werden, erhalten alle Menschen aufgrund der Vernetzung Zugang zum – digitalisierten – Wissen der Welt. Jeder kann mit jedem direkt kommunizieren. Alle Medien, die bisher einzeln und separat für einander entwickelt worden sind, werden nun zusammengebracht: Sprache in Form von Ton sowie Text, Bild, Video, Graphik. Wenn man von Neuen Medien spricht, meint man vor allem die Digitalisierung, die Integration, die Vernetzung und die Interaktion. Durch Zusammenführung von höchst unterschiedlichen Technologien und Technikanwendungen entsteht die Infrastruktur der Informationsgesellschaft. Telekommunikation, Television, Rundfunk, Computertechnik und Internet, Kabel- und Satellitenübertragung bilden die wichtigsten Komponenten dieser Infrastruktur.

Dieser Punkt muss hervorgehoben werden: Wenn von der Informationsgesellschaft die Rede ist, dann ist immer auch der Umstand gemeint, dass die Informationsgesellschaft sich um eine eigene, spezifische Infrastruktur formieren wird. So wie die Infrastruktur der Industriegesellschaft mit Stationen und Netzen der Energieversorgung und -verteilung sowie mit einem hoch entwickelten System materieller Transport- und Kommunikationsnetze beschrieben werden kann, kann die Infrastruktur der Informationsgesellschaft als integriertes System immaterieller und ortsunabhängiger Kommunikation bezeichnet werden. Das Entstehen, Implementieren und Ausbauen dieser Infrastruktur ist der eine Teil, die Art und Weise, wie die Menschen diese Infrastruktur nutzen werden und welche Wirkungen, welche beabsichtigte und unbeabsichtigte Folgen damit verbunden sind und sein werden, ist der andere Teil ein und desselben Prozesses. Dies ist zu beachten, wenn es um die Folgen neuer Medien geht.

Von vornherein gilt es, zwei verbreiteten Auffassungen eine gesunde Portion Skepsis entgegenzubringen. Die Frage nach den Folgen einer neuen Technik wird sehr oft in der Erwartung gestellt, dass etwas schicksalsgleich auf einen zukomme und man deshalb wissen möchte, worum es sich handelt und welche Folgen für die eigenen Lebensumstände damit verbunden sein werden. So einfach ist es indessen nicht. Entscheidend ist vielmehr, was die Menschen selbst mit der neuen Technik anfangen. Um über die Folgen einer neuen Technik etwas auszusagen, muss man wissen, wie die Menschen diese Technik in ihr Handeln und ihre Strategien einbeziehen. Aus diesem konkreten Handeln entstehen die Folgen – nicht aus der Technik. Die Auseinandersetzung mit Technikfolgen erfordert mithin immer eine seriöse Handlungsanalyse. Von hier aus kann man sich klar machen, dass wissenschaftlich valide Aussagen über Technikfolgen immer "von gestern" sind. Man muss nämlich das Handeln nach methodischen Regeln beobachten können, um den Folgen dieses Handelns auf die Spur zu kommen.

Wir wissen aber nicht, wie die Menschen in Zukunft handeln werden. Damit sind wir auch schon bei der zweiten verbreiteten Auffassung, nach der man wissenschaftlich begründet vorhersagen könne, was geschehen wird. Das aber ist unmöglich. Nur auf der Grundlage von mehr oder minder plausiblen Vermutungen treffen wir Aussagen über die – wahrscheinlichen – Folgen einer Technik. Je weiter man hierbei der Zeit vorgreift, um so vager müssen die Vermutungen werden und um so mehr Vereinfachungen sind in das Konzept einzubauen. Genau genommen lassen sich mögliche Folgen nur auf der Grundlage von Plausibilitätsüberlegungen abschätzen. Diese Unsicherheit in den Aussagen über zukünftige Entwicklungen sollte immer mitbedacht werden.

Die Folgen Neuer Medien entstehen in bereits sozial und kulturell vorgeformten Handlungskontexten und zwar in solchen von Individuen, Gruppen und Organisationen. Immer schon treffen wir Werte, Normen, Handlungsorientierungen an. Konkret handelnde Akteure erzeugen diese Neuen Medien, verbreiten sie, wenden sie an, verändern sie, fügen neue hinzu usw. Daraus entstehen Entwicklungen, deren konkrete Verläufe und Richtungen immer auch Überraschungen bergen können. Dadurch verändern sich wiederum die Handlungskontexte, aus denen die Entwicklungen hervorgegangen sind. Es kann damit einhergehen, dass sich neue Sichtweisen auf die Neuen Medien und veränderte Maßstäbe für den Umgang mit ihnen herausbilden. Schon aufgrund dieses Umstands muss man damit rechnen, dass sich die Bezugspunkte für die Beobachtung des Wandels und die Referenzpunkte für seine Bewertung verändern können. Wenn man die jüngeren sozialen Veränderungen durch den Gebrauch der Neuen Medien zum Beispiel vom Standpunkt der „alten" Industriegesellschaft aus beobachtet und bewertet, dann kommt man zu gänzlich anderen Ergebnissen, als wenn dies vom Standpunkt der „kommenden" Informationsgesellschaft aus vorgenommen wird. Soziale Folgen des Einsatzes und Gebrauchs neuer Technik sind folglich nicht so eindeutig und klar zu bestimmen oder gar vorherzusagen. Um mit dieser Schwierigkeit umgehen zu können, wird die Strategie der schrittweisen Eingrenzung und Konkretisierung eingesetzt.

Zunächst sollen *erstens* sogenannte globale Trends vergegenwärtigt werden: Entwicklungen, die in nahezu allen modernen Gesellschaften beobachtet werden können und vermutlich keine kurzlebigen Modeerscheinungen darstellen, sondern eher mittel- bis langfristig strukturbildende Eigenschaften haben dürften. Diese globalen Trends werden so allgemein und abstrakt formuliert, dass man sich dabei – fast – nicht irren kann. Bewusst wird auf dieser hohen Abstraktionsstufe von den konkreten sozio-ökonomischen und soziokulturellen Handlungsumständen in verschiedenen Ländern, Regionen und Orten abgesehen. Es kommt zunächst nur darauf an, sich jener Erscheinungen zu vergewissern, die mehr oder minder überall gesichtet werden können.

Im nächsten Schritt gehe ich auf hervorstechende Merkmale des wirtschaftsstrukturellen Wandels ein und deute diese auf dem Hintergrund der zuvor dargestellten globalen Trends. Auch führe ich an den Gedanken der evolutionären Entwicklung von Wirtschaftszweigen heran. Damit verbinde ich Überlegungen zur unterschiedlichen Modernität von Wirtschaftszweigen und den damit verbundenen Konsequenzen für die Beschäftigungsentwicklung. Das dient dazu sich klarzumachen, dass man sich erstens dem Zug hin zu den neuen Wirtschaftszweigen, zu denen die Neuen Medien zählen, nicht entgegenstellen und auch auf Regions- und Landesebene durchaus einigen Aufwand betreiben sollte, damit Unternehmen und Forschungseinrichtungen auch in den neuen Wirtschaftszweigen eine führende Rolle übernehmen können.

Des Weiteren wird in wenigen Strichen der organisatorische Wandel rekonstruiert, wie er in den meisten großen und global operierenden Konzernunternehmen stattgefunden hat bzw. noch im Gange ist. Zentral davon betroffen ist die Organisation der Arbeit. Der organisatorische Wandel ist teilweise Voraussetzung, teilweise Folge des forcierten und veränderten Einsatzes von Informationstechnik und Neuen Medien. Anschließend gehe ich auf die Bedeutung und Ausbreitung der neuen Infrastruktur der Informationsgesellschaft ein und mache dies beispielhaft am Internet und an der Multimedia-Produktion deutlich. Auf dieser Grundlage stelle ich Überlegungen zum technischen Wandel vor und versuche, die Gründe dafür darzulegen, warum diese Überlegungen oftmals im Widerstreit zueinander zu stehen scheinen. Von hier aus führe ich zwei unterschiedlich weitreichende Perspektiven ein, die gegenwärtig auf die Herausbildung der Informationsgesellschaft gerichtet werden. Es soll die Differenz zwischen sehr weit gespannten Visionen, die sich auf eine fernere Zukunft und nahezu alle gesellschaftlichen Bereiche beziehen, und einer konkreten Hypothese zu den Motiven, treibenden Kräften und Zielen dieser Entwicklung im Bereich der Wirtschaft deutlich werden. Im nächsten Schritt mache ich auf den Modus der sozialen Einbettung aufmerksam. Er spielt bei der gesellschaftlichen Durchdringung mit einer neuen Technik eine herausgehobene Rolle, bleibt aber bei Zukunftsdebatten bedauerlicherweise regelmäßig unbeachtet, speziell wenn diese Zukunftsdebatten gleichsam in eigener Sache, etwa von Technikern, die von ihrer eigenen Technik hellauf begeistert sind, geführt werden. Abschließend stelle ich auf dem Hintergrund und mit Hilfe der vorangestellten Überlegungen Veränderungen und soziale Folgen Neuer Medien am Beispiel der Multimedia-Produktion vor.

2. Globale Trends

Auf einem sehr hohen Abstraktionsniveau können globale Trends ziemlich gut benannt werden. Von dem Moment an aber, in dem wir konkret ausdeuten wollen, welche Folgen beispielsweise ein globaler Trend für die Stadt Stuttgart haben würde, beginnen schon unsägliche Schwierigkeiten. Wir bleiben daher zunächst einmal bei den globalen Trends, um deutlich zu machen, in welchem Kontext die Informationsgesellschaft steht. Die globalen Trends sind in erster Linie mit wirtschaftlichen Entwicklungen und Veränderungen verknüpft. Es ist kein Zufall, dass die Informationstechnik gerade in den letzten Jahren einen enormen Aufschwung erlebt hat. Die Neuen Medien bieten durch Integration, Vernetzung und Interaktion den Akteuren von weltumspannend agierenden Wirtschaftsunternehmen die technische Basis und Unterstützung für ihre ausgeweiteten Aktionen. Vier bemerkenswerte Entwicklungen gehören zu den globalen Trends.

Neue Unternehmensregimes: In den Unternehmungen der Wirtschaft, vorzugsweise in den größeren und den Konzernunternehmen auf Aktienbasis, hat sich in den letzten Jahren eine deutlichere Akzentuierung hin zur Bevorzugung von Unternehmensregimes entwickelt, die sich sehr stark an den zu erwirtschaftenden Erträgen ausrichten. Auch in der Öffentlichkeit ist das Wort vom Shareholder Value immer öfter präsent. Unternehmensentscheidungen werden stärker und unnachgiebiger von der Frage her motiviert, wie der Wert des Unternehmens und damit auch der Anteil von Gesellschaftern, Investoren, Aktionären gesteigert werden kann. Die Bemühungen darum werden arbeitstäglich im Licht der Börsenöffentlichkeit bewertet. Das mag einige Unternehmensvorstände und Manager dazu anregen, vorzugsweise solche Entscheidungen zu treffen, die der kurzfristigen Steigerung des Aktienkurses dienen. Darauf konzentrieren sich im übrigen auch die Kritiker dieser Entwicklungen. Vermutlich greift man damit aber zu kurz. Denn Unternehmen werden an den Finanzplätzen viel stärker von den langfristigen Erwartungen her bewertet, als dass ausschließlich auf kurzfristige Wirkung hin angelegte Entscheidungen auf Dauer an den Börsen mit hohen Bewertungen goutiert würden. Die zunehmend konsequente Ausrichtung der Unternehmensregimes am Shareholder Value hat insbesondere für Deutschland und Mitteleuropa weitreichende Folgen, weil der institutionelle Aufbau dieser Gesellschaften, die man mit einem gewissen Recht als konsensorientiert bezeichnen und mit dem Begriff Arbeitnehmergesellschaft versehen hat, dadurch mehr und mehr in Frage gestellt wird. Es ist zu erwarten, dass demnächst neue Konzepte für die Systeme sozialer Sicherung, für die Partizipation der Beschäftigten an den Unternehmensentscheidungen und Unternehmenserfolgen, für Ausbildung, Beruf und Weiterbildung erprobt und eingeführt werden. Damit wird auch ein verändertes Verständnis von Erwerbsarbeit entstehen.

Globale Verschiebung der Produktionszentren nach Südostasien: Nach Vorhersagen von Experten verschieben sich die Produktionszentren der Welt in Richtung Südostasien. Für den Fall, dass diese Vorhersage Realität werden sollte, hätte dies nun wiederum auch erhebliche Konsequenzen und Herausforderungen zum Beispiel für das Land Baden-Württemberg. Baden-Württemberg ist von der Beschäftigungsstruktur hergesehen nach wie vor eine stark industriell geprägte Region. In dieser Hinsicht ist Baden-Württemberg sogar führend innerhalb der Europäischen Union. Eine weitere Abschmelzung der industriellen Kerne wäre mit Arbeitsplatzverlusten und größeren wirtschaftsstrukturellen Umbrüchen verbunden.

Informationsgesellschaft: Parallel dazu vollzieht sich eine schleichende Entwicklung hin zu dem, was viele Beobachter, Literaten und Intellektuelle Informationsgesellschaft nennen, allerdings unterschiedlich definieren. Gemeinsam ist dieser Vorstellung von der Informationsgesellschaft, dass es eine Verschiebung gerade von den in Baden-Württemberg vorherrschenden industriellen Branchen hin zu wissensbasierten und dienstleistungsorientierten Wirtschaftszweigen gibt.

Vernetzte Politik: Schließlich hat ein Trend, der hier nur angerissen werden kann, für die Betrachtung globaler Entwicklung erhebliche Bedeutung: die zunehmende Ausprägung sogenannter interdependenter Mehrebenenpolitiksysteme. Im Großen lässt sich das schön nachvollziehen an den Institutionen der sogenannten Triade, der NAFTA (North American Free Trade Agreement), der Europäischen Union und an den Entwicklungen in Südostasien. Es entstehen zunehmend supranationale Regulationssysteme, die den Handlungsspielraum und die Handlungsmöglichkeiten sowohl in nationalen Räumen wie auch in subnationalen Räumen entscheidend verändern werden.

3. Wirtschaftsstruktureller Wandel

Der Weg hin zur Informationsgesellschaft ist in den meisten Ländern Europas begleitet von einer Stagnation der Beschäftigung in den sogenannten reifen Industrien und von einer leichten Entwicklung hin zu mehr Dienstleistungen. Allerdings ist nicht erkennbar, dass der Zuwachs an Beschäftigung im Dienstleistungsbereich einen Ausgleich für den Verlust in der Beschäftigung im industriellen Bereich bringen könnte. Auch ist die Entwicklung hin zu neuen Wirtschaftszweigen bisher eher zaghaft vorangekommen, dafür aber um so mehr mit großen Hoffnungen behaftet. Auf diese neuen Wirtschaftszweige konzentrieren sich fast alle positiven Erwartungen für die Zukunft. Hier, so denkt man, entstehen die Arbeitsplätze von morgen.

Für ein Land wie Baden-Württemberg würde es bedeuten: Weg von den sogenannten „reifen" Industrien! Der Begriff der „reifen" Industrien ist zwar umstritten und es lässt sich trefflich darüber streiten, ob er gerechtfertigt ist.

Auf jeden Fall ist auf eine Verschiebung von den "reifen" Industrien hin zu den neuen Wirtschaftszweigen aufmerksam zu machen. Es ist nicht ausgemacht, dass Regionen wie beispielsweise Baden-Württemberg, die bekanntlich in den klassischen Industriezweigen eine hervorragende, gleichsam Weltmarktführerrolle einnehmen, "automatisch" diese Rolle in die neuen Wirtschaftszweige werden übertragen können. Es sieht im Gegenteil gegenwärtig eher so aus, dass ehemalige Modellregionen wie Baden-Württemberg bei den neuen Wirtschaftszweigen in die Position des Aufholers geraten und sich allenfalls von dort aus allmählich wieder in eine führende Produktionsrolle hinein entwickeln können.

4. Organisatorischer Wandel

In der Arbeitswelt ist seit Jahren ein ziemlich durchgreifender organisatorischer Wandel zu beobachten. Mit den veränderten Wettbewerbsbedingungen und einer global orientierten Standortpolitik von Unternehmen waren die bisher bevorzugten, primär hierarchischen Organisationsformen immer weniger vereinbar. Eine neue Kombination von zentraler und dezentraler Steuerung in den Konzernunternehmen wird praktiziert, was oftmals von einer Abflachung der hierarchischen Strukturen und manchmal von einer unternehmensrechtlichen Zerlegung großer Unternehmen in zahlreiche, rechtlich selbständige Einheiten begleitet wird. Parallel dazu kommt es in vielen Bereichen zu weitreichenden Umgestaltungen der Arbeitsorganisation. Die Metaphern Gruppenarbeit und Lean Production repräsentieren am ehesten das Geschehen seit den frühen neunziger Jahren. Im Verein mit den neuen Arbeitsformen und auf dem Hintergrund einer damals teilweise dramatisch zugespitzten Wettbewerbssituation entstanden erweiterte Anforderungen an eine flexible Arbeitszeitgestaltung. Daraus erwachsen neue Formen der Aushandlung und Vereinbarung zwischen Management, Beschäftigten und Interessenvertretern. Zugleich verbreitet sich die Praxis der Zielvereinbarungen relativ rasch. In diesen Fällen wird entgegen der üblichen Praxis – so wie wir es jedenfalls noch gelernt haben und gewohnt waren – eine Anweisung zu erhalten, die man dann zu befolgen hatte, eine Zielvereinbarung herbeigeführt. D.h. Vorgesetzte und Mitarbeiter verständigen sich über ein Ziel, das sie erreichen wollen. Die Mittel, die sie brauchen, um dieses Ziel zu erreichen, sind weitgehend freigestellt. Dies erfordert neue dispositive Handlungsspielräume für alle Beteiligten und veränderte Kommunikationsstrukturen.

In fast allen größeren Unternehmungen lässt sich der Trend zu dezentralen Steuerungsformen mittlerweile feststellen. Dies darf jedoch nicht so missverstanden werden, dass zentrale Steuerung gänzlich obsolet geworden wäre, aber es gibt jetzt eine neue Gewichtung zwischen zentraler und dezentraler Steuerung, eine stärkere Ausprägung von Team- und Projektstrukturen und in Verbindung damit eine merklichere Zuordnung von Erwartungen an alle Beteiligten, mehr Initiative und Verantwortung zu übernehmen.

5. Informationstechnik

Gestützt oder auch hervorgerufen, wie einige Autoren meinen, wurde diese Entwicklung von der Informationstechnik, die eine zeitlich flexible und organisatorisch integrierte weltweite Vernetzung erst ermöglichte. Besonders rasant hat sich in den letzten Jahren der Ausbau des Internets vollzogen, ein Vorgang, der übrigens von kaum einem Beobachter in dieser Form vorausgesehen wurde. Parallel und teilweise früher wurden firmeninterne (z.B. Intranets) und organisationsübergreifende Datennetze aufgebaut. Das Neuartige am Internet ist sicherlich, dass dadurch das Bild einer weltumspannenden Vernetzung Realität zu werden scheint, einer Vernetzung an der sowohl Unternehmen wie auch Privathaushalte partizipieren. Um Inhalte zur Verfügung zu stellen, die auf diesen Netzen transportiert werden und um Inhalte, die bereits existieren, nutzerfreundlich auf das neue Medium zu adaptieren, braucht man u.a. Multimedia und Multimedia-Produzenten. Darauf werde ich später noch einmal zurückkommen. Was gegenwärtig die Beteiligten besonders ermuntert und antreibt, ist das Interesse, doch möglichst viele elektronische Geschäfte (Electronic Commerce) abzuwickeln, d.h. ökonomische Transaktionen auf dem Netz zu betreiben. Das Umsatzwachstum und das technologische Potenzial, das mit dem Begriff Electronic Commerce verbunden wird, erregt seit einiger Zeit gleichermaßen die Aufmerksamkeit von Wirtschaft, Politik und Öffentlichkeit. In Marktabschätzungen und Berichten werden teilweise euphorische Szenarien entworfen, die ein Volumen des Handels über das Internet von mehreren hundert Milliarden Mark innerhalb der nächsten Jahre prognostizieren.

6. Thesen zum technischen Wandel im Widerstreit

Über die Bedeutung der skizzierten Entwicklungen gibt es unterschiedliche Einschätzungen und Perspektiven. Eine Reihe von sich widerstreitenden Thesen möchte ich im Folgenden präsentieren.

These	Gegenthese
Die Durchdringung der Gesellschaft mit Informationstechnik und die gesellschaftliche Transformation hin zu einer Informationsgesellschaft erfolgen in langwierigen schleichenden Prozessen.	Ein Wandel hin zur Informationsgesellschaft geschieht abrupt und umbruchartig.
Die folgenden Entwicklungen können nur retrospektiv erfasst werden.	Die Folgen können vorausgesehen werden und hängen zentral von den eigenen Entscheidungen ab.
Der Prozess steckt voller inhaltlicher Optionen und bietet eine Vielzahl von Verzweigungen der Entwicklungswege.	Es kann nicht beliebig entschieden und gehandelt werden.

Für alle Thesen und Gegenthesen lassen sich vielfältige Belegstellen in der Literatur finden. Jede These hat durchaus ihre jeweils spezifische Berechtigung. Sie hängt entscheidend davon ab, welche Perspektive auf den Gegenstand angelegt wird. Es gibt für die erste These der „schleichenden Entwicklung" hervorragende Belege. Die Informationsgesellschaft entsteht nicht erst seit gestern, seitdem sich das Internet für jeden sichtbar entwickelt, sondern hat bereits eine Inkubationszeit von 60 Jahren. Bleibt man auf dem engeren Gebiet der Informationstechnik, so liegen ihre Anfänge in den 30er und 40er Jahren, als man im Militärbereich in Experimenten versuchte, die Kodierung von Schriftstücken und Dokumenten zu entschlüsseln. Es folgten in den 50er Jahren die ersten Versuche mit der Computertechnik, der Auftakt für eine rasante Entwicklung bis hin zum Personal Computer, dessen Bedeutung offensichtlich kam vorhersehbar war. Das lässt sich wunderbar belegen mit Äußerungen damals beteiligter Manager, die sich in allen Hinsichten geirrt hatten, was die Bedeutung und Auswirkungen dieser Entwicklungen anbelangte. Auch das ist wiederum nicht neu. Der Erfinder des Telefons, Graham Bell, hatte völlig andere Vorstellungen über die ideale Nutzung seiner Erfindung. Er dachte ursprünglich daran, Musiksendungen von den Städten auf das Land zu übertragen, weil es dort keine Orchester und entsprechende Veranstaltungsräume gab. Tatsächlich genutzt wurde das Telefon für diese Zwecke nie. Die konkrete Nutzung entwickelte sich ganz anders, als er es sich ausmalen konnte. Dies wird sich auf vielen Feldern der Informationstechnik auch in Zukunft ganz ähnlich verhalten.

Was hier anekdotisch angeschnitten wurde, spielt eine systematische Rolle bei der Entwicklung von Technologien und ihrer Verbreitung in Gesellschaften. Als es die ersten Großrechner in den 40er Jahren gab, konnten sich die Manager der großen Industriekonzerne nicht vorstellen, dass die Welt mehr als drei Stück davon gebrauchen könnte. Kein führender Manager von IBM hatte erkannt, dass die Anfang der 70er Jahre aufkommende Idee des Mikrocomputers, weiterentwickelt bis zum heutigen PC, überhaupt eine Relevanz haben könnte. Ein gewisser Bill Gates hatte Mitte der 80er Jahre der Firma IBM sein Unternehmen für $ 70 Millionen angeboten. Das war dem damaligen Management zu teuer, weil es diesem Unternehmen keine Zukunft gab. Man kann davon ausgehen, dass allen diesen Einschätzungen gewissenhafte Untersuchungen von Experten vorausgegangen sind. Wie wir waren diese Experten aber gefangen in den jeweiligen Zeitumständen und dominanten Einschätzungen über die weiteren Entwicklungspfade. Wir sollten daraus den Schluss ziehen, gar nicht erst den Versuch zu unternehmen, sehr konkret vorhersagen zu wollen, wie die Auswirkungen der Informationstechnik auf unsere Gesellschaft sein werden.

Auf der anderen Seite haben die oben vorgestellten, stärker aktionsorientierten Thesen auch ihren Sinn, weil gerade allgemeine Trendentwicklungen selbstverständlich nicht von irgendeiner fernen „Vorsehung" so fest in die Zukunft eingeschrieben sind, als dass man sie nicht verändern könnte. Auch Entwicklungen, denen man nicht ausweichen kann, kann man mitgestalten. In dieser Ambivalenz sind wir gefangen, und wir werden uns aus ihr nicht herausstehlen können.

7. Vision und Hypothese

Im Zusammenhang mit der Informationsgesellschaft werden vielfältige Visionen und Hypothesen formuliert. Eine Vision soll genauer betrachtet werden: „Es kommt zur vollkommenen Digitalisierung der Welt". Sie geht auf Nicholas Negroponte, einer der Protagonisten der Informationsgesellschaft, zurück. Er spricht von einem Paradigmenwechsel: Weg von den Atomen hin zu den Bytes; von der Materialisierung zur Digitalisierung. Alles, was sich elektronisch erfassen und vermitteln lässt, wird digital – so auch die deutsche Fassung seines Buches: „Total digital" (Negroponte (1997)). Es gibt eine zweite Vision, der ich den Charakter einer Hypothese zuschreibe. Sie ist so allgemein gehalten, dass man sie kaum wird widerlegen können: „Es kommt zu einer Vernetzung der Welt, weil wir es mit einer ökonomisch motivierten Entwicklung zu tun haben". Diese Hypothese beruht auf der

Überlegung, dass wirtschaftliche Transaktionen durch die Nutzung des Netzes effektiver und effizienter gestaltet werden können und dadurch die Kosten sinken. Darin steckt viel noch nicht überprüfbare Erwartung. Es bleibt abzuwarten, wie sich die Verhältnisse tatsächlich entwickeln. So entscheidend ist dies jedoch nicht, denn zahlreiche Ökonomen berichten, dass es ihnen bis heute nicht gelungen sei, eine nennenswerte Produktivitätssteigerung nachzuweisen, die direkt auf den Einsatz von Informationstechnik zurückgeführt werden könnte. Dennoch steigen die Investitionen in die Informationstechnik ständig und permanent werden neue Anwendungen generiert und implementiert. Die Erwartung ist mit der Einschätzung der Experten begründbar, dass gegenwärtig in keinem Bereich mehr Milliarden Dollar investiert werden als in die Erschließung der Netze und ihre ökonomische Nutzung.

Mit der Entwicklung der Informationsgesellschaft verknüpfen sich noch zahlreiche andere, sehr weitreichende Erwartungen. So geht man davon aus, dass das Netz vor allem eine Erweiterung des demokratischen Potenzials bietet. Keiner Technologie ist bisher in diesem Umfang und in dieser Intensität nachgesagt worden, sie sei die adäquate Infrastruktur für demokratische Gesellschaften. Der Bürger kann sich mit Hilfe des Netzes besser informieren, er kann mit neuen Formen der Partizipation experimentieren, die öffentlichen Verwaltungen können ihre Leistungen bürgerfreundlicher und schneller anbieten. Kurzum die Bedürfnisse des Bürgers werden in einer nie gekannten Breite und Tiefe befriedigt werden können. „Technikgestaltung wird der Bedürfnisbefriedigung untergeordnet". So lautet die nicht ganz neue These. Bereits in der Debatte um die aufkeimende Dienstleistungsgesellschaft wurde dieses Argument stark gemacht. Allerdings handelt es sich hier primär um normative Überlegungen, die sich immer wieder in die empirischen Beobachtungen von Entwicklungen einschleichen und häufig dann nicht mehr von dem getrennt werden, was man empirisch zeigen kann. Hinterher ist die Enttäuschung groß, wenn festgestellt werden muss, dass die Entwicklung einen ganz anderen Verlauf genommen hat als postuliert.

Weitere Erwartungen richten sich darauf, dass mit der informationstechnischen Vernetzung die Verluste von Arbeitsplätzen im industriellen Bereich kompensiert werden können, oder darauf, dass die Differenzen von Stadt und Land eingeebnet werden. Immer wieder, wenn es um Vernetzung geht, taucht das Argument auf, der Ort und die Ortsabhängigkeit werden obsolet.

Sehen wir uns den Status Quo an: Die informationstechnische Durchdringung der Gesellschaft ist ein primär ökonomisch motivierter Prozess und findet vor allem zwischen ökonomischen Akteuren zur Organisation ihrer Transaktionen statt. So schätzt beispielsweise die Unternehmensberatung Forrester Research, dass das Volumen des elektronischen Geschäftsverkehrs, an dem Konsumenten beteiligt sind, sich im Jahre 1998 auf $ 8 Mrd. belief. Der elektronische Geschäftsverkehr zwischen Unternehmen erreichte hingegen ein Volumen von über $ 43 Mrd. An dieser Relation wird sich auch auf absehbare Zeit kaum etwas ändern. Die hohen Erwartungen in die Veränderungen im privaten, kulturellen und öffentlichen Bereich finden vor allem im Kopf, auf der Ebene der Vorstellungen, der Erwartungen, der Visionen statt, aber es gibt keine etablierte Praxis. Das ist ein wenig kontraintuitiv zu dem, was allgemein erwartet wird, und auch zu dem, was von Protagonisten dieser Technik als Vision ständig hervorgehoben wird.

8. Soziale Einbettung

Die Durchdringung der Gesellschaft mit der Informationstechnik ist kein linearer Prozess und auch kein Prozess, dem man allenfalls nur als Zuschauer beiwohnen könnte. Entscheidend für den Modus der Durchdringung der Gesellschaft mit neuer Technik ist immer die sogenannte soziale Einbettung. Dies gilt auch für die Neuen Medien. Bei der Einführung von Technik hat man es immer schon mit vorgeprägten Handlungskontexten zu tun, d.h. es gibt sehr konkret agierende, interessenbehaftete Akteure, die auf eine bestimmte Weise über den Einsatz von Technik entscheiden, diese benutzen und verändern, ohne dass man exakt vorhersagen könnte, in welcher Weise dies geschieht. Innovationen müssen in die vorgefundenen Zusammenhänge hineinpassen oder einigermaßen problemlos in diese eingefügt werden können. Andernfalls sind Innovationen vom Scheitern bedroht, es sei denn, es gelingt, die für diese Innovationen passenden technischen und nicht technischen Voraussetzungen zu schaffen und einzuführen. Wenn die Weiterentwicklung der Informations- und Kommunikationstechnologien hin zu weltweit vernetzten und interaktiven Multimedia eine der wesentlichen Innovationen der Jahrtausendwende werden soll, muss man sich bereits jetzt dafür einsetzen, dass die dafür erforderlichen sozialen Innovationen auch zustande kommen.

9. Das Beispiel der Multimedia-Produktion

Am Beispiel der Multimedia-Produktion sollen nun die bisher vorgetragenen Überlegungen und Beobachtungen konkretisiert werden. Hierzu ist zunächst eine Begriffsbestimmung von „Multimedia" vorzunehmen, denn Multimedia ist zu einem schillernden und unklaren Begriff geworden.

Zur Kennzeichnung der Multimedia-Produktion sind folgende Definitionen hilfreich: Multimedia als Geschäftsfeld basiert auf der Verkoppelung von Expertise aus verschiedenen Branchen, insbesondere aus der Informationstechnik, der Telekommunikation und dem Mediensektor. „Multimedia" ist eine breite Sammelkategorie, deren semantischer Gehalt sich fortlaufend verändert. Multimedia schließt Elemente der 'Hardware' ebenso ein wie das Wissen und das praktische Know-how, das in Produkte und Prozesse einfließt. Im Sinne einer technischen Minimaldefinition des Begriffs setzt Multimedia eine Kombination von mehreren digitalen Medien wie Ton, Film, Graphik und Text voraus, die interaktiv und integriert genutzt werden können.

Wesentlicher als technische Merkmale sind jedoch die mit Multimedia verbundenen neuen oder erweiterten Möglichkeiten: Multimedia umfasst mit der Vernetzung, der Integration und der Interaktivität drei neue bzw. erweiterte Handlungschancen, die jede für sich und miteinander kombiniert die gegenwärtigen Möglichkeiten des Informations- und Kommunikationsverhaltens erheblich steigern. Vernetzung bezeichnet die Möglichkeit des Zugangs zu allen gespeicherten Informationen – tendenziell weltweit. Integration drückt die Möglichkeit der zeitgleichen Zusammenführung und Präsentation der verschiedenen Medien Text, Bild, Bewegtbild und Ton in einem Medium aus. Interaktivität meint die Möglichkeit, dass jeder Teilnehmer an der multimedialen Kommunikation sowohl Empfänger als auch Sender werden kann.

Die Struktur der Multimedia-Produktion kann mithilfe einer Graphik veranschaulicht werden (vgl. Abb.1).

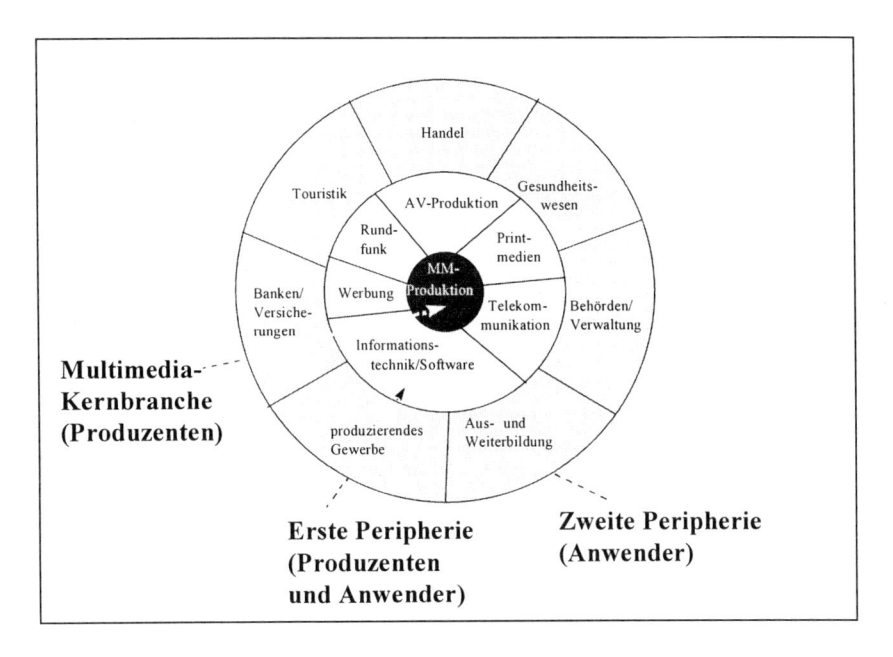

Abb.1: Multimedia-Kernbranche und Peripherie
(Quelle: Fuchs, Wolf (1999))

Im Kernbereich der Multimediaproduktion sind Inhalteanbieter, Netzbetreiber jeglicher Art, Graphikdesigner, Informatiker usw. tätig, die Multimedia-Produkte produzieren. Um dieses Zentrum herum rekrutieren sich in der ersten Peripherie Rundfunk, Fernsehen, Informationstechnik/Software, Printmedien, Werbung, aber auch Audio-Video-Produktionen. Stellenweise verschmelzen diese Bereiche oder stehen zumindest in sehr engen Beziehungen zueinander. Dann gibt es eine zweite Peripherie, Handel, Touristik usw., also Bereiche, in denen Multimedia-Produkte mit Priorität eingesetzt werden.

Im Folgenden beziehe ich mich immer auf das Zentrum der Multimediaproduktion und nehme allenfalls noch auf Teile der ersten Peripherie Bezug. Darauf beziehen sich auch die Zahlen, die in diesem Abschnitt genannt werden.

Sieht man sich die Realität dieser eng definierten Multimedia-Produktionsstrukturen an, so stellt man erstens fest, dass die Produktionsführerschaft hier eindeutig in den USA liegt. Alle anderen Regionen haben die Rolle von Komplementär- oder Nischenproduzenten. Wenn man eines voraussagen kann, dann ist es, dass sich an dieser Situation wahrscheinlich nicht viel verändern wird.

Der Arbeitsmarktbeitrag von Multimedia-Produzenten in den Regionen, die wir in einer vergleichenden Untersuchung betrachtet haben, ist bescheiden. Es kann bislang nicht davon ausgegangen werden, dass hier auch nur ein nennenswerter Beitrag zum Ausgleich des Verlustes an Arbeitsplätzen im industriellen Bereich geschaffen werden kann (vgl. Abb.2). Ob nun in Toronto oder Stuttgart, die Zahl der Mitarbeiter oszilliert um durchschnittlich 10 Beschäftigte je Unternehmen. Lediglich für New York liegt die Zahl etwas höher; dies hängt damit zusammen, dass in den Zahlen die freien Mitarbeiter enthalten sind. Etwas genauer lässt sich dies noch für die Multimedia-Unternehmen in Baden-Württemberg (Abb.3) darstellen.

Region	Durchschnittliche Zahl der Beschäftigten
Schottland	9.4
North East of England	10
Stockholm	10 (Median)
Stuttgart	10.5
Düsseldorf	12
Toronto	13 (ohne sehr große Formen)
Tampere	14.7
New York	21.6 (incl. freie Mitarbeiter)
San Francisco	44% der Unternehmen haben weniger als 10 Angestellte

Abb.2: Beschäftigte in Multimedia-Unternehmen
(Quelle: Braczyk, Fuchs, Wolf (1999))

Die Unternehmen sind fragil, jung, klein und umsatzschwach. Große Unternehmen sind zumindest im deutschsprachigen Raum nicht sehr zahlreich. Wir beobachten hier eine typische bipolare Situation: viele kleine Unternehmungen und einige wenige Konzernunternehmen, die das Feld der Multimedia-Produktion beherrschen.

In Verbindung mit der Entstehung von neuen Multimedia-Unternehmen finden sich ausgesprochen untypische Erwerbs- und Unternehmensformen. Die Arbeit ist in der Regel projektförmig organisiert; es entstehen Unternehmensnetzwerke, um konkrete Projekte abzuwickeln; die Zahl der freien Mitarbeiter ist vergleichsweise hoch (vgl. auch Abb.3). Das entspricht der Fluidität des Geschäfts in diesem Wirtschaftszweig. Es indiziert eine ausgesprochene Zurückhaltung der Firmen, feste Beschäftigungsverhältnisse einzugehen. Es geht aber auch konform mit der Arbeitsweise und teilweise den Orientierungen der Beteiligten, nicht ein normales Arbeitnehmerverhältnis einzugehen. Die kritischsten Produzentengruppen in diesem Konglomerat höchst unterschiedlicher Berufsgruppen sind quasi Künstler oder gehören künstlerähnlichen Berufsgruppen an, die gar kein Interesse an routinisierten, standardisierten Lebens- und Arbeitsverhältnissen haben.

	Mittelwert*	Median*	Summe*
Sozialversicherungspflichtig Beschäftigte	9,43	4,00	1.425
Auszubildende	1,96	2,00	92
Praktikanten	2,29	2,00	215
Freie Mitarbeiter (einschließlich den geringfügig Beschäftigten)	6,04	3,00	1.142
Sonstige	2,11	2,00	138

Abb.3: Beschäftigte in Multimedia-Unternehmen Baden-Württembergs
(Quelle: Fuchs, Wolf (1999))
*Der Mittelwert, der Median und die Summe beziehen sich auf die gültigen Fälle in der jeweiligen Zeile.

Bei Multimedia-Unternehmen finden wir schließlich eine ausgesprochene Konzentration auf die Ballungsräume; die Erwartung, dass die Vernetzung örtliche Bindungen obsolet macht, ist genau nicht eingetreten. Im Gegenteil: Gerade bei Multimedia-Produzenten scheint die örtliche Nähe ganz entscheidend zu sein. Dies ist teilweise wiederum auf die Charakteristika der Personen in Multimedia-Unternehmen zurückzuführen, die eher gestalterische und künstlerische Aktivitäten ausüben. Diese Personen zieht es in Städte, die durch eine einschlägige Szene gekennzeichnet sind. Ein viel zitiertes Beispiel ist die sogenannte Silicon Alley in New York, wo sich auf engstem Raum eine große Anzahl von Multimedia-Unternehmen finden lassen. Am meisten spielt sich hier südlich der 42. Straße ab. Hier findet sich die höchste Konzentration der Beschäftigten in Multimedia. In 55, Earl Street konzentrieren sich 72 Multimedia-Unternehmen allein in einem Haus. Das hat gute Gründe: zum einen technische Gründe, weil Multimedia-Produktionen in der gesamten Kette technisch so aufwendig und teuer sind, dass viele Leute sich gar nicht erlauben können, das gesamte Equipment zu kaufen; also braucht man die Nähe zu anderen, die darüber verfügen. Zum anderen sind Multimedia-Produzenten ausgesprochen kommunikative Leute. Sie können und wollen auch aus funktionalen Gründen des gesamten Arbeitszusammenhangs nicht auf den face-to-face-Kontakt verzichten.

Uptown
- 571 Multimedia-Unternehmen
- 11.993 Beschäftigte

59th Street

Midtown
- 451 Multimedia-Unternehmen
- 13.445 Beschäftigte

41st Street

Silicon Alley
- 1.106 Multimedia-Unternehmen
- 23.390 Beschäftigte

55 Broad Street
- 72 Multimedia-Unternehmen

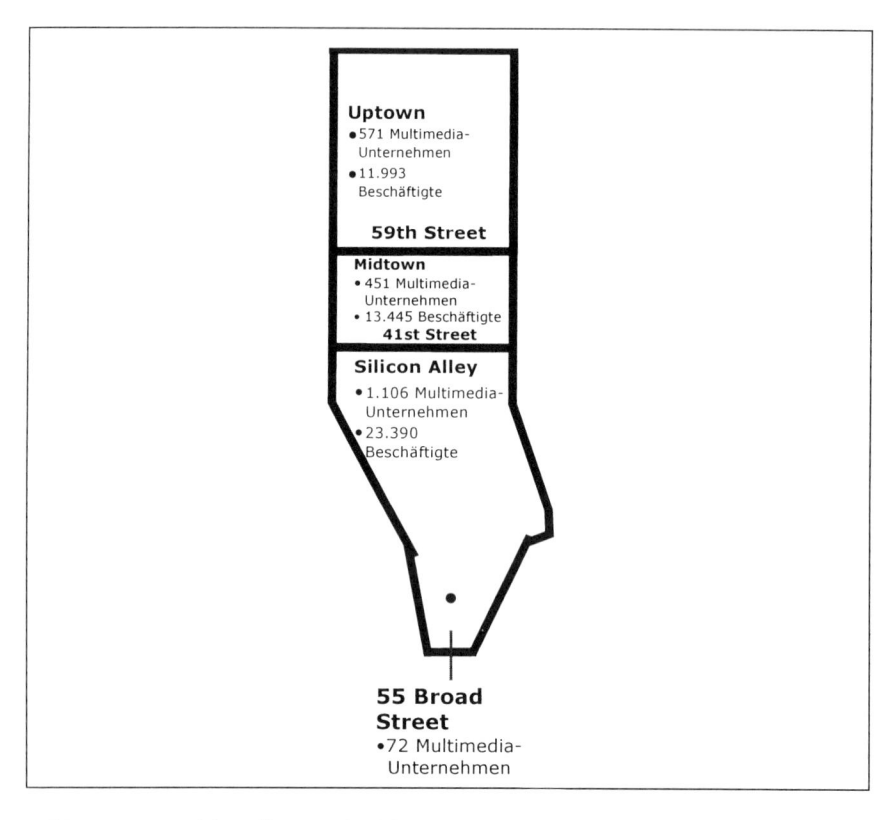

Abb.4: Multimedia-Beschäftigte in Manhattan
(Quelle: Pavlik (1999))

In San Francisco gibt es eine sogenannte ‚Silicon Schlucht', ein einzelner Straßenzug, in dem sich die Multimedia-Unternehmen konzentrieren. Auch für andere Regionen lassen sich solche Konzentrationen, und zwar möglichst in den urbanen Zentren, finden. Man scheut die Peripherie und geht dorthin, wo die Kultur- und Ausbildungsstätten sind, wo das intellektuelle und künstlerische Kapital vorhanden ist.

Die Multimedia produzierenden Unternehmen sind überwiegend jung, wie sich an einigen Beispielen aus dem bereits angesprochenen internationalen Vergleich gut zeigen lässt. Die meisten Unternehmen, die sich mit Multimedia beschäftigen, wurden in den letzten fünf Jahren gegründet. Die Anteile von Firmen, die beispielsweise in Toronto, Stuttgart, San Francisco, Saarland, Stockholm vor 1993 gegründet wurden, sind relativ klein (vgl. Abb.5).

Stadt/Region	Gründungsjahr
Toronto	40% nach 1993
Stuttgart	61% nach 1993
San Francisco	64% nach 1993
Saarland	meisten Unternehmen nach 1995
Stockholm	50% nach 1996

Abb.5: Alter der Multimedia-Unternehmen
(Quelle: Braczyk, Fuchs, Wolf (1999))

Die Umsätze sind relativ gering verglichen mit denen von Industrieunternehmen. Unsere Untersuchung von Multimedia-Unternehmen in den Zentren Baden-Württembergs zeigte, dass rund 50% jeweils Umsätze bis maximal DM 500 000 haben, die meisten eben gerade einmal bis DM 100 000.

Eine von der Akademie für Technikfolgenabschätzung in Auftrag gegebene ökonometrische Untersuchung, die vom Zentrum für Europäische Wirtschaftsforschung (ZEW) durchgeführt wurde, präzisiert das Bild noch ein wenig. Das ZEW fand heraus, dass mit der Zahl der Firmen drei regionale Faktoren positiv korrelieren: eine hohe Bevölkerungszahl, eine niedrige Arbeitslosenquote und eine hohe Anzahl von Beschäftigten in Dienstleisstungsunternehmen; Vorteile gibt es also eindeutig für Wirtschaftszentren mit hohem Tertiärisierungsgrad.

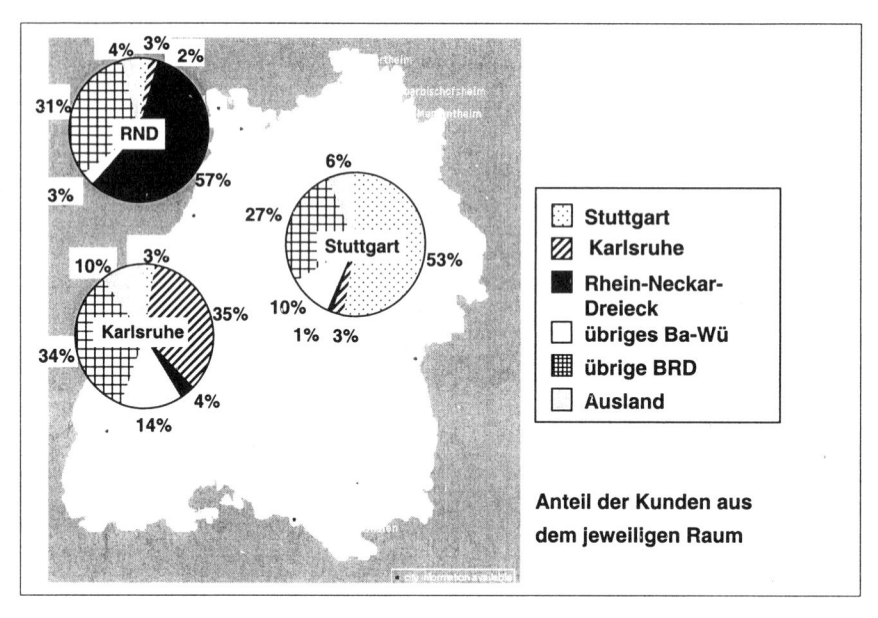

Abb.6: Regionale Verteilung der Kunden von Multimedia-Unternehmen
(Quelle: Fuchs, Wolf (1998))

Ein weiteres interessantes Merkmal, so das Ergebnis der bereits zitierten Untersuchung der Akademie für Technikfolgenabschätzung, ist die regionale Orientierung der Multimedia-Unternehmen. Die Firmen arbeiten überwiegend mit Kunden aus Baden-Württemberg zusammen (vgl. Abb.6). Mehr als die Hälfte der Umsätze entfällt auf Kunden aus der Region, in der die jeweilige Firma ansässig ist. Eine Ausnahme bilden hier die Multimedia-Unternehmen der Region Karlsruhe, die einen überdurchschnittlich hohen Umsatzanteil mit Kunden außerhalb der eigenen Region aufweisen. Generell gilt jedoch, dass die Bindung der Multimedia-Unternehmen an ihren derzeitigen Standort relativ stark ist. Das kommt auch darin zum Ausdruck, dass über 80% der Firmen ihren jetzigen Standort nicht verlassen wollen.

10. Schluss

Aus den Beobachtungen gesellschaftlicher Trends und Entwicklungen lassen sich gesellschaftliche Herausforderungen ableiten, über die man diskutieren kann, auch wenn meines Erachtens nicht viel Verlässliches über die zukünftige Entwicklung gesagt werden kann. Welche Herausforderungen sind dies?

- Bildung, Ausbildung und Weiterbildung werden aus vielen Gründen wichtiger, als sie es gegenwärtig sind; unter anderem auch deshalb, weil die rasante Entwicklung vermutlich nicht mehr erlauben wird, in Kategorien einer Berufsausbildung zu bestimmen, was denn jemand lernen soll. Ich vertrete die These, dass Bildung, Ausbildung und Weiterbildung zunehmend in die Funktionsabhängigkeit von der Kategorie „Erwerbsperson" geraten und von der zentralen Ausrichtung auf den Beruf abgekoppelt werden. Hier möchte ich die Unterscheidung zwischen Erwerbspersonen oder besser Berufsträgern einerseits und Berufskategorien andererseits einführen.

- Wir werden bestehende Institutionen neu zu bewerten und uns auch der Mühsal zu unterziehen haben, sie zu verändern. Selten wird es gelingen, sie abzuschaffen. Gleichwohl spielen in den modernen, hochentwickelten Gesellschaften – und hier insbesondere auch in Deutschland – die Erben der Vergangenheit, auch die institutionellen Erben der Vergangenheit, eine ganz herausragende Rolle bei der Frage, welche konkreten Wege die soziale Einbettung der Informationstechnik bei uns einschlagen wird. Dies hängt in einem erheblichen Umfang von der Beharrung, Aufnahmefähigkeit oder eben auch Schließung unserer etablierten Institutionen ab.

- Gefordert sind alle, insbesondere natürlich auch Universitäten, teilzuhaben an der Moderation und Koordination dieses nach vorne offenen Prozesses. Es wird nötig sein, gleichsam neue Schnittstellen zu finden. So sehr behagt mir dieser Begriff nicht, aber in einer technischen Umgebung wird er wohl verstanden. Deutet man die Metapher „Querschnittstechnologie" aus und nimmt sie ernst, dann impliziert sie Folgendes: eine Querschnittstechnologie gewaltigen Ausmaßes, wie es die Informations- und Kommunikationstechnologien darstellen, liegt quer zu den etablierten Zuständigkeiten in der Gesellschaft, in Politik, in Berufsbildung usw. Aus diesem Grunde besteht eine große Herausforderung darin, sich gleichsam etwas sperrig gegen diese etablierten Zuständigkeiten zu verhalten, auch um zu versuchen, möglichst die Chancen, die in dieser Entwicklung stecken, für weite Bereiche der Gesellschaft zu erschließen und nutzbar zu machen.

- Es gibt keine lineare Entwicklung zur Informationsgesellschaft. Die Hypothese, dass es zur weltumspannenden Nutzung des Netzes im geschäftlichen Bereich kommen wird, ist aus meiner Sicht sehr plausibel und sollte belastbar genug sein, um auf dieser Grundlage die Suche nach den möglichen Auswirkungen, aber auch die Anstrengungen der Gestaltung und des Einmischens zu tragen.

Literatur

Braczyk H.-J., Fuchs, G., Wolf, H.-G. (Hrsg.) (1999): Multimedia and Regional Economic Restructuring. London.

Eckert, T., Egeln, J. (1997): Multimedia-Anbieter in Westdeutschland: Existieren Cluster? Arbeitsbericht Nr. 76 der Akademie für Technikfolgenabshcätzung Baden-Württemberg. Stuttgart.

Fuchs, G., Wolf, H.-G. (1998): Multimedia-Unternehmen in Baden-Württemberg: Erfahrungen, Erfolgsbedingungen und Erwartungen. Arbeitsbericht Nr. 128 der Akademie für Technikfolgenabschätzung in Baden-Württemberg. Stuttgart.

Fuchs, G., Wolf, H.-G. (1999): Zweite Umfrage zu Multimedia-Unternehmen in Baden-Württemberg. Bericht im Auftrag der Medien- und Filmgesellschaft Baden-Württemberg, Arbeitsbericht Nr. 141 der Akademie für Technikfolgenabschätzung. Stuttgart.

Negroponte, N. (1997): Total digital. Die Welt zwischen 0 und 1 oder Die Zukunft der Kommunikation. München.

Pavlik, J. (1999): Content and Economics in the Multimedia Industry. The Case of New York's Silicon Alley. In: H.-J. Braczyk, G. Fuchs, H.-G. Wolf (Hrsg.): Multimedia and Regional Economic Restructuring, London. 1.

Rainer König

Neue Medien, neue Märkte.
Produkte und Dienstleistungen im Netz.

1. Alles ist neu

Der Einfluss neuer Medien auf die Entwicklung von Stadt, Raum und Verkehr kann bereits beim Bau von Kanalsystemen zur Wasserversorgung oder von Eisenbahnen bis hin zur Motorisierung und den technisch vermittelten Kommunikationssystemen beobachtet werden. Automobil und Telefon stehen beispielhaft für die Veränderung des täglichen Lebens durch neue Technologien und die durch eine massenhafte Nutzung ausgelöste Dynamik; sie zeigen, dass Innovationen stets Ausdruck und Motor gesellschaftlicher Veränderungen sind.

Ursache-Wirkungsbeziehungen auf diesem Gebiet sind höchst ambivalent und unterliegen der Gefahr verkürzter Erklärungsversuche. Besonders gravierend erscheinen die aktuellen Entwicklungen bei der Informations- und Kommunikationstechnik (I&K). Hier haben technologische Fortschritte, Deregulierungsmaßnahmen sowie politische Initiativen auf europäischer und nationaler Ebene die Entwicklung in Richtung einer „Informations- und Wissensgesellschaft" vorangetrieben. Die Nutzung des Internet zeigt, wie schnell selbst gewagte Prognosen von der Realität überholt werden. Das zugrundeliegende Leitbild, nämlich durch immaterielle Prozesse Raum und Zeit scheinbar aufzulösen, stellen Stadt, Raum und Verkehr als Brennpunkte materiellen Austauschs vor neue Herausforderungen.

Gestaltbarkeit und Gestaltungsmöglichkeiten verschiedener Akteure sind einem Spannungsfeld sich ausdifferenzierender Anbieterstrategien und Nutzungswelten unterworfen und durch eine wechselseitige Verschränkung mit wachsender Komplexität und Unsicherheit gekennzeichnet (vgl. Abb.1). Die Arena „Markt" befindet sich im Wandel und klassische Orientierungsgrößen verlieren an Bedeutung.

Der vorliegende Beitrag will anhand von Visionen und Leitbildern der Informationsgesellschaft die Dynamik von Veränderungsprozessen skizzieren

sowie damit verbundene Ambivalenzen und Widersprüche aufzeigen. Im Mittelpunkt stehen dabei fünf wesentliche Trends:
- "Informationsgesellschaft" und "Networked Society" als neue Paradigmen,
- Konvergenzmarkt von Branchen und Märkten ("TIMES": *T*elekommunikation, *I*nformationsverarbeitung, *M*edien, Unterhaltungs*E*lektronik, *S*icherheit),
- Mobilfunk wird Massenmarkt,
- "The New Consumer",
- Technologie als „Enabler".

> **Informationsgesellschaft im Spannungsfeld zwischen Trends und Zielen.**
>
> - Menschen
> - Unternehmen
> - Umfelder
> - "Wandel"
> - ...
>
> - "Macher"
> - Markterwartungen
> - Technologie
> - Innovationen
> - Visionen
>
> - Technikgestaltung?
> - Diskurse, Lernprozesse?

Abb.1:   Trends und Ziele in der Informationsgesellschaft

2. Visionen und Leitbilder

2.1 Informationsgesellschaft und „networked society" als neue Paradigmen

Mit der Entstehung der sogenannten „Informationsgesellschaft" bzw. einer „Networked Society" werden wir mit einem neuen Paradigma konfrontiert. Raum und Zeit werden durch neue I&K-Anwendungen, wie z.B. E-Mail, Telefax, Video- und Telefonkonferenzen bzw. Intranets, die einen weltweiten Zugang zu Unternehmensdaten eröffnen, nachhaltig verändert. „Always connected", d.h. die permanente Erreichbarkeit wird für viele Menschen in Arbeit und Freizeit zu einem wesentlichen Gut. Rund ein Viertel der Haushalte in Deutschland ist derzeit mit einem Personal Computer (PC) ausgestattet; andere europäische Länder liegen hier noch weiter vorn. Das internetfähige TV ist bereits erhältlich und wird die Grenzen zwischen der bislang konsumentenorientierten TV-Welt und der PC-orientierten Geschäftswelt weiter verwischen. Mit Screen-Phones werden herkömmliche Telefone zu Webbrowsern aufgerüstet. In Produkten wie Global Learning, Global Healthcare oder Music on Demand werden die Perspektiven der Informationsgesellschaft heute schon Realität. Music on Demand ermöglicht die Zusammenstellung eines persönlichen Musikprogramms über ISDN in HiFi-Qualität.

Vom langsamen, behäbigen Sich-Fortentwickeln geht die Welt über zu einem sehr dynamischen, hohen Veränderungstempo. Es ist ein Wandel von der Produktions- zur Innovationsgesellschaft erkennbar: Rasch verfügbares Wissen und die zügige Umwandlung dieses Wissens in die Produktion entscheidender Innovationen sind immer mehr erfolgsbestimmend. Geschwindigkeit ist das Element, welches die Gesellschaft zunehmend prägt. Entscheidend ist, wer als Schnellster mit neuen, kundengerechten Produkten und Diensten am zunehmend globalen Markt ist.

Entstehen der Telematikgesellschaft.

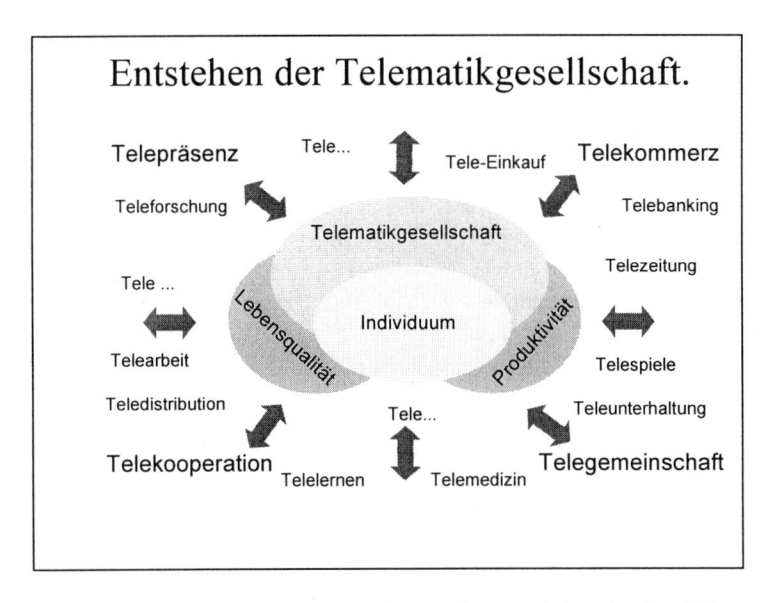

Telepräsenz — Tele... — Tele-Einkauf — Telekommerz
Teleforschung — Telematikgesellschaft — Telebanking
Tele... — Lebensqualität — Individuum — Produktivität — Telezeitung
Telearbeit — Telespiele
Teledistribution — Tele... — Teleunterhaltung
Telekooperation — Telelernen — Telemedizin — Telegemeinschaft

Abb.2: Aspekte von Kommunikation und Interaktion in der Telematikgesellschaft

Weltweite Mobilisierung von Wirtschaft und Gesellschaft.

- Liberalisierung und Deregulierung der Märkte
- Zusammenwachsen von Informations- und Kommunikationstechnik
- Kostendegression
- technischer Fortschritt

Abb.3: Einflussfaktoren der globalen Dynamik

Im Rahmen dieses wirtschaftlichen und gesellschaftlichen Strukturwandels erhöht sich für den einzelnen die Wahlfreiheit des Standorts. Die Unternehmen reagieren darauf mit der über- und zwischenbetrieblichen Arbeitsteilung und einer entsprechenden Vernetzung. Private Haushalte werden in die Lage versetzt, soziale Kontakte über große Entfernungen aufrecht zu erhalten, die ohne kommunikationstechnische Unterstützung nicht möglich wären.

Gesamtwirtschaftlich werden Informations- und Verkehrssektor mit rund 8% bzw. 4% Anteil an der Bruttowertschöpfung als *die* Wachstumsmärkte angesehen. Eine hohe latente Nachfrage, der praktisch uneingeschränkte Kommunikationsbedürfnisse zugrunde liegen, fördert diese Entwicklung. Dies kann am Beispiel der jährlichen Wachstumsraten bei der Internet/WWW-Nutzung bzw. in der Mobilkommunikation nachvollzogen werden.

2.2 Konvergenz von Märkten und Branchen

Technische Fortschritte sowie Deregulierungsmaßnahmen haben maßgeblich zum Strukturwandel der informations- und kommunikationstechnischen Märkte beigetragen. Mit der wachsenden Konvergenz der Märkte für Telekommunikation und Informationstechnologie sowie Medien, Erlebniswelt und telematische Sicherheit, kurz TIMES (*T*elekommunikation, *I*nformationsverarbeitung, *M*edien, Unterhaltungs*E*lektronik, *S*icherheit), wird eine Entwicklung beschrieben, in der neue Akteure in die Arena treten.

Klassische Inhalteanbieter wie z.B. Bertelsmann kooperieren mit Onlinedienstleistern wie AOL; Elektronikhersteller wie Sony werden zu Inhalteanbietern und Telefonfirmen bieten Mehrwertdienste an, die weit über das Telefon hinausreichen. Schließlich versuchen regionale bzw. kommunale Versorgungsbetriebe am wachsenden Telekommunikationsmarkt teilzunehmen.

Der kummulierte Umsatz in den TIME(S)-Märkten betrug bereits in 1993 rund 3,3 Billionen DM weltweit.

Der weltweite Umsatz mit informationswirtschaftlichen Produkten und Dienstleistungen der konvergierenden TIME(S)-Branchen betrug nach einer Ermittlung des Bundeswirtschaftsministeriums im Jahr 1993 weltweit rund 3.281 Mrd. DM. Die Zahlen wurden durch das Projekt Info 2000 ermittelt.

Umsatz der TIME(S)-Märkte (1993) in Mrd. DM

- Medien: 656
- Online: 591
- Telekommunikation: 787
- Distribution: 328
- Unterhaltungselektronik: 328
- Computer: 591

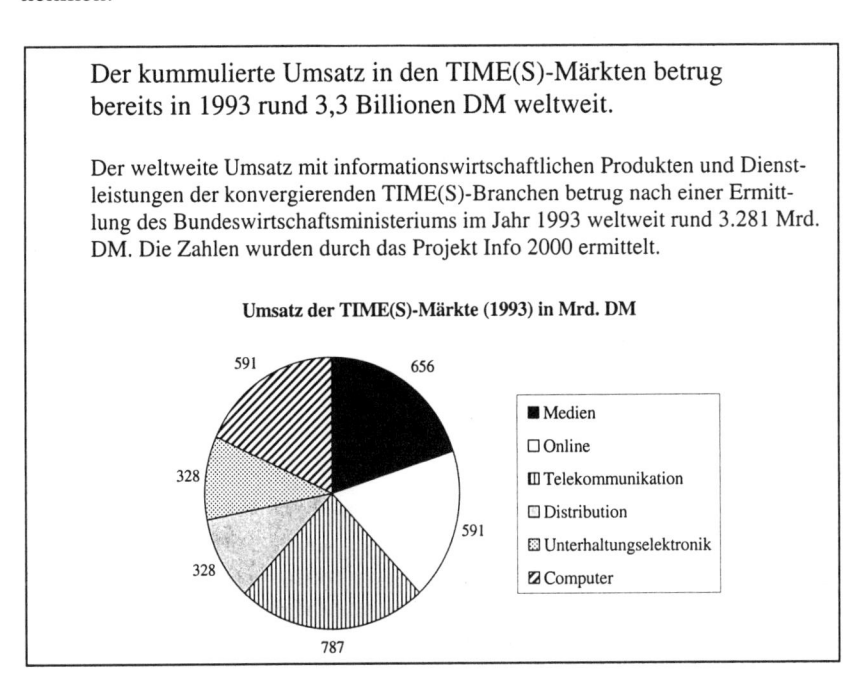

Abb.4:   Die Umsätze in den TIME(S)-Märkten

Wertschöpfung in der TIME-Branche

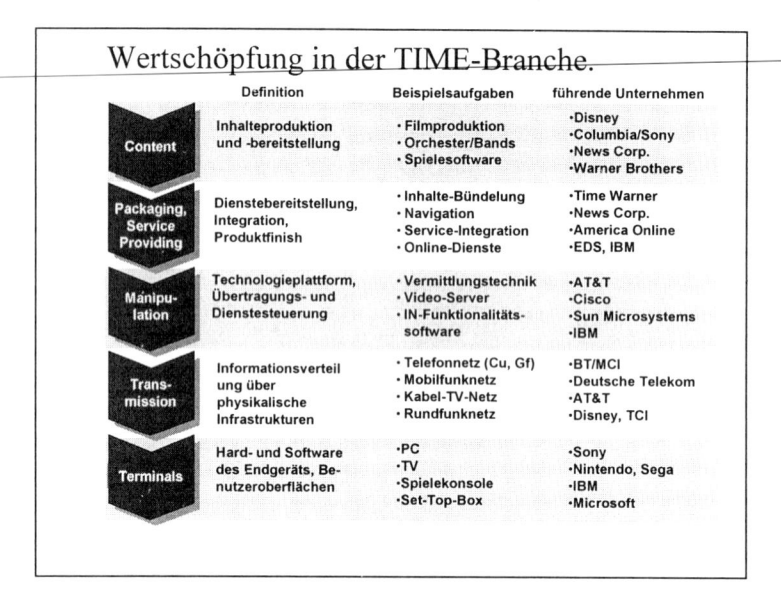

	Definition	Beispielsaufgaben	führende Unternehmen
Content	Inhalteproduktion und -bereitstellung	• Filmproduktion • Orchester/Bands • Spielesoftware	•Disney •Columbia/Sony •News Corp. •Warner Brothers
Packaging, Service Providing	Dienstebereitstellung, Integration, Produktfinish	• Inhalte-Bündelung • Navigation • Service-Integration • Online-Dienste	•Time Warner •News Corp. •America Online •EDS, IBM
Manipulation	Technologieplattform, Übertragungs- und Dienstesteuerung	• Vermittlungstechnik • Video-Server • IN-Funktionalitätssoftware	•AT&T •Cisco •Sun Microsystems •IBM
Transmission	Informationsverteilung über physikalische Infrastrukturen	• Telefonnetz (Cu, Gf) • Mobilfunknetz • Kabel-TV-Netz • Rundfunknetz	•BT/MCI •Deutsche Telekom •AT&T •Disney, TCI
Terminals	Hard- und Software des Endgeräts, Benutzeroberflächen	•PC •TV •Spielekonsole •Set-Top-Box	•Sony •Nintendo, Sega •IBM •Microsoft

Abb.5: Die Wertschöpfung in der TIME-Branche

Die damit verbundene Veränderung vorhandener Wertschöpfungsstrukturen ist eine Herausforderung für alle Akteure und die Frage, wer letztlich den Profit macht, darf als offen bezeichnet werden. Ist es derjenige, der attraktive Inhalte anzubieten hat, oder derjenige, der verschiedene Dienstleistungen kundenorientiert zu bündeln versteht, oder derjenige, der Infrastrukturen leistungsfähig und kostengünstig anzubieten in der Lage ist?

2.3 Mobilfunk wird Massenmarkt

Am Beispiel der Mobilkommunikation kann nachvollzogen werden, wie Märkte zunehmend „gemacht" werden. Durch Preisdegression wird der Mobilfunk zum Massenmarkt; für das Jahr 2005 wird erwartet, dass jeder zweite Bürger über einen Mobilfunkanschluss verfügt. Der durch den Preiswettbewerb ausgelöste Nachfrageschub stellt umgekehrt hohe Anforderungen an die Innovationsfähigkeit der Anbieter, leistungsfähige Technologien zur Deckung der explodierenden Nachfrage bereitzustellen.

Mobilfunknutzer in Deutschland (in Mio.)

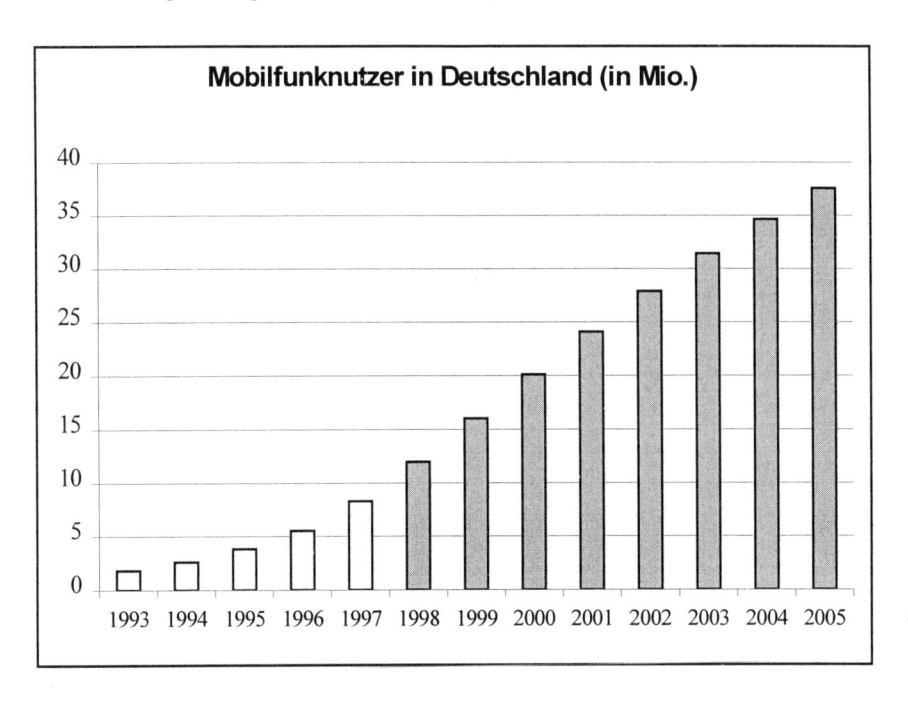

Abb.6: Mobilfunk als Wachstumsmarkt
(Quelle: Plica Marktforschung Analyse. Der Mobilfunkreport 1998.)

Mit der dritten Mobilfunkgeneration, deren Standard unlängst beschlossen wurde, steht der nächste Schub, Onlinedienste und Multimedia auch mobil zu nutzen („anything, anytime, anyplace"), bereits vor der Tür.

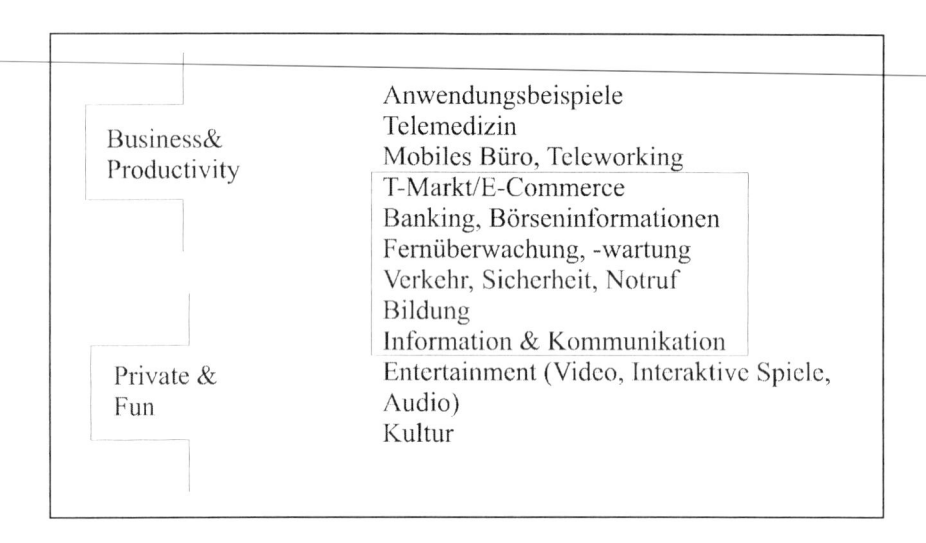

	Anwendungsbeispiele
Business & Productivity	Telemedizin Mobiles Büro, Teleworking T-Markt/E-Commerce Banking, Börseninformationen Fernüberwachung, -wartung Verkehr, Sicherheit, Notruf Bildung
Private & Fun	Information & Kommunikation Entertainment (Video, Interaktive Spiele, Audio) Kultur

Abb.7: Anwendungsfelder des mobilen Multimedia

2.4 „The New Consumer"

Gesellschaftliche Veränderungen (z.B. Wertewandel, demografische Veränderungen und Pluralisierung von Lebensstilen) sowie ein wirtschaftlicher Strukturwandel (z.B. Globalisierung, Tertiärisierung) führen zu einer Fragmentierung von Märkten. Sie lassen die Gewinnung und Bindung von Kunden zur unternehmerischen Herausforderung werden. Wiederum ist das Leitbild des „New Consumer" kennzeichnend für die Entwicklung. Die Ausdifferenzierung von Lebensstilen und Werthaltungen in der Bevölkerung eröffnet ungeahnte Möglichkeiten für neue Dienstleistungen.

So ist bereits heute absehbar, wie sich das Marketing im Hinblick auf eine one-to-one-Beziehung zwischen Anbietern und Kunden verändert. Dem Nutzen und der Bequemlichkeit des Kunden stehen in Europa selbstverständlich Aspekte des Datenschutzes gegenüber.

2.5 Technologie als „Enabler"

Angesichts der Debatte um die nachfrageorientierte Technikgestaltung ist zu konstatieren, dass technologische Fortschritte nach wie vor eine erhebliche Dynamik auslösen. Die Entwicklung der Prozessorleistungen (Verdopplung alle 18 Monate), Fortschritte bei der Sprachverarbeitung, zunehmende Verbreitung digitaler Kameras, Sensoren/Aktoren in allen Lebensbereichen („wearable computing") seien hier nur beispielhaft genannt.

Kundenbedürfnisse im Wandel.
Beispiel Marketing.

- "Smart Consumers" durch Online-, Kartenanwendungen, persönliche Software,...
- elektronisches Direktmarketing gewinnt an Bedeutung
- Elektronische Agenten werden Informationsbasis für Kunden und Anbieter (z.B. Amazon.com)
- "Direct to the consumer"-Ansätze von Herstellern (z.B. Nike Townstores, Land´s End, Call Center)
- Wachsende Rolle von Marken/Image für Kundenbindung

Abb.8: Kundenbedürfnisse im Wandel

3. Paradoxien und Widersprüche

Diese Wachstumsdynamik ist nicht frei von Spannungsfeldern einer wettbewerbsorientierten Entwicklung des Marktes und der Befriedigung gesellschaftlicher Bedürfnisse (Daseinsvorsorge). Es wird die Frage aufgeworfen, ob angesichts dieser Entwicklungen staatliche Akteure noch mithalten bei der Gestaltung von I&K-Netzen. Auch das Regulierungsumfeld befindet sich in einem Spannungsfeld zwischen einer Förderung des volkswirtschaftlich notwendigen Infrastrukturausbaus und der Herstellung von Wettbewerb auf ehemaligen Monopolmärkten.

Sowohl aus Sicht der Praxis und der Politik als auch der Wissenschaft bestehen unterschiedliche Einschätzungen zu den potenziellen Wirkungen neuer I&K-Infrastrukturen, zumal bislang kaum empirisch abgestützte Erkenntnisse vorliegen. Folgende Bereiche neuer I&K-Infrastrukturen, über die derzeit teilweise sehr weit auseinanderliegende Einschätzungen bezüglich des Potenzials und insbesondere der Richtung der Wirkungen vorliegen, seien exemplarisch genannt:

Tab.1: Potenzielle Wirkungen von I&K-Infrastrukturen

- Siedlungsstruktur:	*Konzentration/Dispersion*
- Arbeitsmarkt:	*neue Arbeitsplätze/Rationalisierung*
- Arbeitsorganisation:	*Zentralisierung/Dezentralisierung*
- Verkehr:	*Induktion/Substitution*
- Politik:	*Bürgerbeteiligung und politische Einflussnahme/ Ausgrenzung und einseitige Beeinflussung*

Ein Beispiel ist der mögliche Ersatz physischen Verkehrs durch Telekommunikation. „Telekommunikation als 5. Verkehrsmodus" ist z.B. Telearbeit zur Reduktion von Berufsverkehr, Telelernen/Ausbildungsverkehr, Teleshopping/Einkaufsverkehr usw. Es kann empirisch gezeigt werden, dass zwar grundsätzlich ein Potenzial besteht, physischen Verkehr durch Telekommunikation zu ersetzen. Vorrangig an technologischen Leitbildern orientierte optimistische Schätzungen aus der Vergangenheit müssen jedoch teilweise erheblich nach unten korrigiert werden. 10-20% Substitutionspotenzial der Verkehrsleistung für bestimmte Fahrtzwecke werden in der Regel nicht überschritten (vgl. Abb.9).

Lässt man die auf den Freizeitverkehr bezogenen Anwendungen – die bislang nur in Visionen zum Ausdruck kommen – außen vor, und berücksichtigt man den Stellenwert der unterschiedlichen Fahrtzwecke am motorisierten Individualverkehr insgesamt, so beläuft sich das gesamte Einsparpotenzial auf rund 8% der Personenverkehrsleistung. Die größten Beiträge hierzu liefern Geschäfts-/Dienstreiseverkehr mit 3,5% und Berufsverkehr mit 2,9%. Angesichts struktureller Wachstumsimpulse der Telekommunikation auf den Verkehr besteht damit zumindest die Hoffnung auf einen Ausgleich der Wachstumsraten im Verkehr. Erwartungen hinsichtlich einer weitergehenden Lösung von Verkehrsproblemen werden durch die vorliegenden Untersuchungen nicht untermauert.

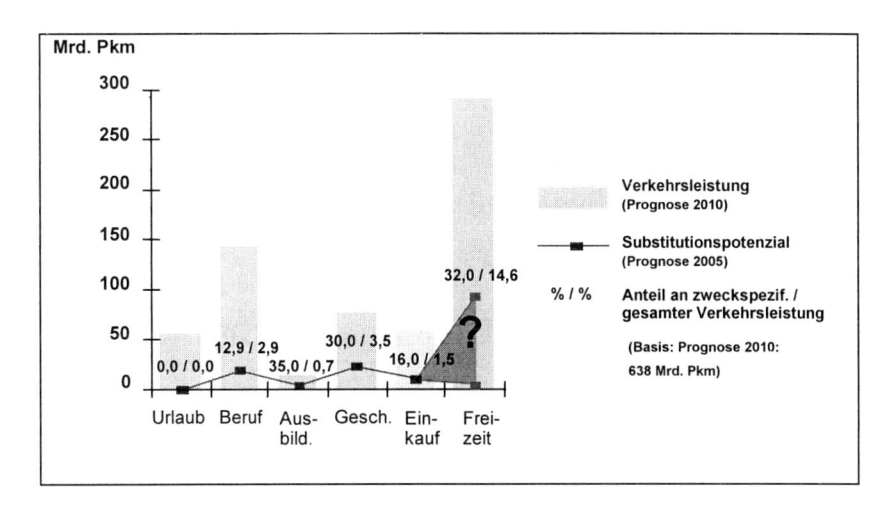

Abb.9: Substitutionspotenzial in Abhängigkeit von verkehrlichen Zwecken
(Quelle: Fraunhofer-ISI)

Wilhelm R. Glaser und Margrit O. Glaser

Zukunftsmodell Telearbeit.
Neue empirische Befunde und eine Zwischenbilanz.

1. Telearbeit – eine Konsequenz der heutigen Informations- und Kommunikationstechnik

In den letzten beiden Jahrzehnten hat der persönliche Computer, PC, eine Entwicklung durchgemacht, deren Tempo bisher noch von keinem technischen System erreicht worden ist. Die Rechenleistung, die am Beginn dieses Zeitraumes nur von einem Millionen Mark teuren Rechenzentrum erbracht werden konnte, lässt sich heute für etwa zweitausend Mark auf jedem beruflichen und privaten Schreibtisch installieren. Die gesamte Büroarbeit hat sich in einem Ausmaß und in einer Weise geändert, für die das Wort *Revolution* eigentlich nur als maßlose Untertreibung angesehen werden kann. Die Aufgaben der Verwaltung, Planung, Steuerung betrieblicher Abläufe, Buchführung und Abrechnung, schließlich das Verfassen von Texten und Anfertigen von Graphiken aller Art erfordern wesentlich weniger und eine qualitativ völlig andere menschliche Arbeit.

Ihrem Wesen nach ist Büroarbeit immer schon die Verarbeitung von Informationen gewesen, die in Akten und Unterlagen symbolisch repräsentiert waren. Den größten Teil dieser Verarbeitungsleistung nehmen die Computer dem Menschen heute ab; es ist eine groteske Vorstellung, dass jemand noch von Hand Zahlenkolonnen einer Buchführung addieren oder Stücklisten für eine Fertigung herausschreiben müsste. Computer ersparen dem Menschen aber nicht nur wesentliche Teile vor allem routinemäßiger Informationsverarbeitung, sondern übernehmen in wachsendem Maße auch die komplette Speicherung und den Transport der Informationen. Sie ersetzen damit das Transportieren, Aufbewahren und Archivieren papierener Akten.

Mit der Vernetzung, die trotz ihres schon erreichten, hohen technischen Standes noch wichtige Entwicklungsschritte in den Büroanwendungen vor sich hat, wurden die Rechner auch zu universellen Endgeräten der Telekommunikation. Briefe können auf dem Computer nicht nur geschrieben, sondern gleich auch elektronisch versandt und abgelegt werden. Elektronische Post wird damit zu einer neuen Form der schnellen schriftlichen Kommunikation, die die Zusammenarbeit in Organisationen wesentlich beschleunigt und erleichtert. Dokumente können von Partnern an verschiedenen Orten auf dem jeweils eigenen Bildschirm gemeinsam bearbeitet werden. Und schließlich macht eine Steckkarte zusammen mit einem Mikrophon, einer kleinen Kamera, passender Software und einer ISDN-Verbindung aus jedem Rechner ein Bildtelefon.

Das Büro ist der wesentliche Ort für die Kommunikation bei der Arbeit. Ein großer Teil davon ist aber schon seit der Erfindung und Weiterentwicklung des Telefons Telekommunikation. Vernetzte Rechner und Telefon wachsen heute zu einem integrierten Arbeits- und Kommunikationssystem zusammen. Dafür gilt der Grundsatz: Bei allem, was Menschen mit diesem System tun, ohne dabei zugleich mit anderen Menschen unmittelbar, also ohne dazwischengeschaltete Technik, zu sprechen oder zusammenzuarbeiten, kommt es auf den Ort, an dem man sich befindet, grundsätzlich nicht mehr an.

Das ist der Ausgangspunkt für die Telearbeit. Grundpfeiler der industriellen Arbeitsweise beginnen zu wanken und erweisen sich als nicht mehr länger notwendig: dass nämlich Personen, die zusammenarbeiten, sich zu diesem Zweck zur gleichen Zeit am gleichen Ort versammeln müssen. Der menschliche, ökonomische und ökologische Preis für diese Versammlungen ist hoch. Starr festgelegte gemeinsame Arbeitszeiten schränken die Zeitsouveränität des Menschen erheblich ein, getrennte Gebäude für Leben und Arbeiten bedeuten hohe Kosten und vermeidbaren Landschaftsverbrauch, und schließlich muss für den Personentransport zwischen Wohn- und Arbeitsort ein hoher Aufwand getrieben werden.

Hier verspricht Telearbeit grundsätzlich neue Formen der Integration von Leben und Arbeiten, die die Hauptnachteile der industriellen Arbeitsweise vermindern.

Telearbeit wird inzwischen schon etwa ebenso lang, wie die Entwicklung des PC anhält, von einzelnen innovativen Unternehmen durchdacht und erprobt. Seit Anfang der neunziger Jahre haben Rechner und Netze eine technische Reife erreicht, bei der an eine Massenverbreitung der Telearbeit zu denken ist. Sorgfältige Analysen der technischen Möglichkeiten, der zu erwartenden Kosten und der Arbeitsformen haben zu dem Ergebnis geführt, dass etwa 10% aller Arbeitsplätze oder 30% aller Büroarbeitsplätze grundsätzlich telearbeitsgeeignet sind (z. B. Glaser (1995)).

Bis heute haben sich drei wichtige Formen der Telearbeit herausgebildet (Abb.1). Bei der alternierenden Telearbeit leisten Büroangestellte einen Teil ihrer wöchentlichen Arbeitszeit in der Privatwohnung ab. Ihr häuslicher Arbeitsplatz ist dabei mit einem Rechner samt Zubehör wie Drucker und einem dienstlichen Telefonanschluß, heute praktisch nur noch ISDN, für Rechner- und Telefonkommunikation ausgestattet. Für die nötigen Besprechungen und zur Aufrechterhaltung der Sozialkontakte mit Vorgesetzten und Kollegen bleiben die Arbeitstage im Büro, die im Wechsel mit den Arbeitstagen zu Hause stattfinden.

Bei der mobilen Telearbeit werden Mitarbeiter, üblicherweise in Verkauf, Service und Außendienst, mit einem tragbaren Rechner und Mobiltelefon ausgestattet, so dass sie einen wesentlichen Teil ihrer Arbeit außerhalb des Büros auf Reisen, beim Kunden oder auch zu Hause erledigen können.

Telearbeit kann auch in Nachbarschafts- oder Satellitenbüros, also wohnortnahen Büros entweder eines Arbeitgebers für seine Angestellten oder eines Betreibers für Angestellte verschiedener Firmen, abgeleistet werden. Im letzteren Falle ist zwar noch Büroraum nötig, aber nicht mehr in den teuren Ballungsgebieten. Die Büros liegen vielmehr in der Nähe der Wohnsiedlungen, so dass die Büromieten wesentlich günstiger ausfallen und sich die Kosten der Arbeitnchmer für die Pendlerfahrten vermindern. Diese Form der Telearbeit hat den Vorteil, dass örtliche Vorgesetzte in den Satellitenbüros die Mitarbeiter noch kontrollieren können und die Gefahr einer Vereinsamung und sozialen Isolation, die bei Telearbeit in der Privatwohnung auftreten kann, vermieden wird. Andererseits entstehen aber doch wieder Bürokosten.

Auf die Telearbeit richten sich eine Reihe ökonomischer und ökologischer Erwartungen. Pendlerfahrten sind teuer und belasten die Umwelt. Telearbeit bedeutet deshalb, dass die Arbeit zum Menschen und nicht mehr der Mensch zur Arbeit kommt.

Eine oft gestellte Frage lautet: Bringt Telearbeit neue Arbeitsplätze? Die Antwort ist nicht einfach. Telearbeit kann zwar im Zusammenhang mit einer Rationalisierung des Bürobetriebes, die mit Stellenabbau verbunden ist, eingeführt werden. Üblicherweise wird sie jedoch für bewährte Mitarbeiter eingerichtet und hat insofern keine Auswirkung auf die Zahl der Arbeitsplätze. Sie kann aber sehr wohl dadurch zu neuen Arbeitsplätzen führen, dass die Leistungsfähigkeit der Unternehmen und damit ihre Chancen auf globalen Märkten steigen. Daraus folgt zweierlei. Zum einen eignet es sich nicht als Argument gegen Telearbeit, dass sie durch Rationalisierung zum Abbau von Arbeitsplätzen beitragen kann. Zum zweiten ist aber auch die Erwartung, dass sie sozusagen automatisch zur Schaffung neuer Arbeitsplätze führe, nicht realistisch. Aus vier Gründen heraus ist eine wachsende Verbreitung der Telearbeit jedoch sicher:

- Telearbeit kann beträchtlich zur Rationalisierung des Bürobetriebes beitragen, sie führt zu erhöhter Flexibilität und Kundennähe des Unternehmens und zur Einsparung von Büroraum,
- die Produktivität der Mitarbeiter, also Qualität der Arbeit und Quantität pro Zeiteinheit, wachsen erheblich,
- die Vorteile der Telearbeit für die Arbeitnehmer sind beträchtlich und werden von diesen heute gewünscht oder sogar schon gefordert und
- die Verringerung und Entzerrung des Pendlerverkehrs ist volkswirtschaftlich und ökologisch wünschenswert.

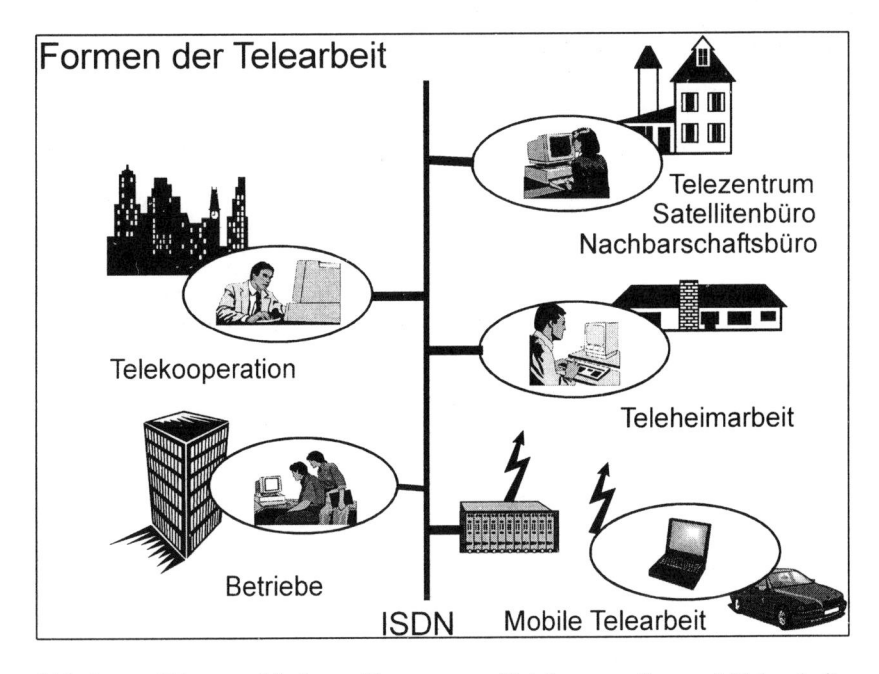

Abb.1: Die verschiedenen Formen von Telekooperation und Telearbeit

2. Telearbeit – Potenzial, Inhalt und Standardargumente

2.1 Abschätzungen des Telearbeitspotenzials

Aus einer Reihe von Gründen heraus ist es schwierig, den Bestand an Telearbeitsplätzen zu ermitteln und die künftige Entwicklung quantitativ vorauszusagen. Die Unternehmen klagen ohnehin schon über das Ausmaß an statistischen Informationen, das sie an Verbände und staatliche Stellen zu liefern haben. Darüber hinaus werden sie mehr oder weniger ständig darum gebeten, Auskünfte für Erhebungen der Markt- und Meinungsforschung zu erteilen. Aus dieser Überlast folgt, dass im Allgemeinen nur noch wenige Unternehmen bereit sind, freiwillige Auskünfte über eigene Vorhaben wie die Einführung von Telearbeit zu geben. Entsprechende Umfragen erzielen im allgemeinen Rücklaufquoten von 20 und weniger Prozent; die Qualität der gegebenen Informationen ist oft gering. Ein Problem dieser Erhebungen liegt auch darin, dass es zwar viele, teilweise erheblich verschiedene Definitionen von Telearbeit gibt, von denen aber keine verbindlich ist. Fragen nach der Telearbeit werden deshalb nicht einheitlich verstanden. Telearbeit beginnt oft in sehr informellen Formen, bei denen völlig offen ist, ob die Beteiligten sie in einer schriftlichen Befragung als „Telearbeit" angeben. Trotz dieser Schwierigkeiten zeigt Tab.1 die Ergebnisse wichtiger Untersuchungen aus den letzten Jahren zur Verbreitung der Telearbeit in Deutschland. Die Streubereiche dieser Angaben sind erheblich.

Unabhängig von diesen Methodenproblemen erscheint eine grobe Potenzialabschätzung realistisch, wonach etwa 10% bis 11% aller Arbeitsplätze grundsätzlich für mobile oder alternierende Telearbeit geeignet sind. Die Basis dieser Schätzung liegt darin, dass ein reichliches Drittel aller Arbeitsplätze heute Büroarbeitsplätze und von diesen wiederum ein reichliches Drittel grundsätzlich telearbeitsgeeignet sind. Die Auswirkungen einer Veränderung dieses Ausmaßes auf Wirtschaft und Gesellschaft dürften zwar nicht grundstürzend sein, aber dennoch erhebliche allgemeine Bedeutung annehmen.

Tab.1: Telearbeit: Zahl der Arbeitsplätze und Potenzialabschätzung für Deutschland

1994: Sicher bekannt 10.000, geschätzt "etwa das 3 bis 5-fache" (Godehardt (1994)) Potenzialabschätzung: 9% aller Arbeitsplätze = 3,6 Millionen
1994: 150.000 (Empirica (1994)) Potenzialabschätzung: 7% aller Arbeitsplätze = 2,8 Millionen
Prognose für 2000: 800.000 (Bangemann-Bericht und Bundesregierung 1997)
Fraunhofer Institut IAO Stuttgart (Freudenreich et al. (1997)): 500.000 mobile, 350.000 alternierende, 22.000 isolierte Telearbeiter in Deutschland, 3.500 in Nachbarschafts- und Satellitenbüros
Sternenfels-Befragung (Glaser, Glaser, Kuder (1997)): 1,33% aller Beschäftigten sind Telearbeiter. Die Hochrechnung auf Deutschland ergibt 530.000. Weitere 6,67% bezeichnen sich "zum Teil als Telearbeiter", das sind hochgerechnet 2,7 Millionen
Seriöse Potentialabschätzung (Glaser (1995)): 11% aller Arbeitsplätze, also für Deutschland 4,4 Millionen

2.2 Tätigkeiten und häufige Argumente bei Telearbeit

Die Anfänge der Telearbeit liegen in der Softwareentwicklung, weshalb man in der Frühzeit auch von *Teleprogrammierung* sprach. Sie breitete sich dann zunächst auf die Bereitschaftsdienste bei der Computerwartung aus. Datenleitungen ermöglichen es hier dem Wartungspersonal, sich aus der Ferne in die entsprechenden Systeme einzuloggen und die Systemsoftware zu überprüfen und zu modifizieren. Inzwischen ist eine breite Palette von Tätigkeiten für Telearbeit erschlossen worden. Die in einer neueren Umfrage erhaltenen Angaben zeigt Abb.2. Ganz allgemein hat sich inzwischen gezeigt, dass weit mehr Büroarbeiten in Telearbeit erledigt werden können, als ursprünglich angenommen. Dabei kommt es kaum auf den Geschäftszweig des Unternehmens oder die Art der Tätigkeit, sondern vielmehr auf die Häufigkeit und die Planbarkeit der unverzichtbaren Face-to-face-Kontakte an.

Tätigkeiten, die in Telearbeit erledigt werden

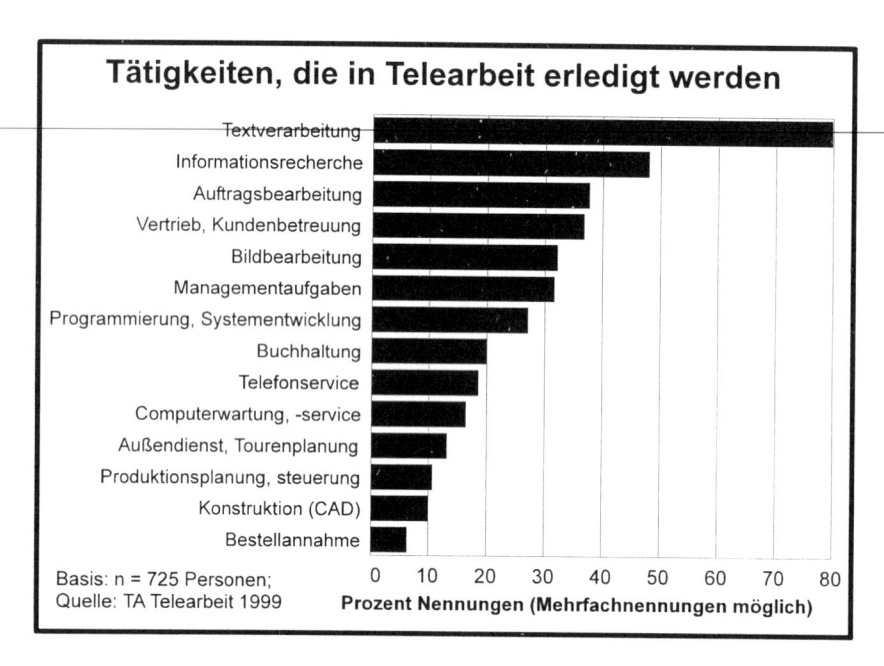

- Textverarbeitung
- Informationsrecherche
- Auftragsbearbeitung
- Vertrieb, Kundenbetreuung
- Bildbearbeitung
- Managementaufgaben
- Programmierung, Systementwicklung
- Buchhaltung
- Telefonservice
- Computerwartung, -service
- Außendienst, Tourenplanung
- Produktionsplanung, steuerung
- Konstruktion (CAD)
- Bestellannahme

Basis: n = 725 Personen;
Quelle: TA Telearbeit 1999
Prozent Nennungen (Mehrfachnennungen möglich)

Abb.2: Die häufigsten Tätigkeiten bei Telearbeit
(Quelle: TA Telearbeit (1999))

Im Zusammenhang mit der Telearbeit haben sich inzwischen eine Reihe fester Argumente pro und contra etabliert. Viele dieser Argumente enthalten fundierte Erfahrungen und daraus abgeleitete Erwartungen, andere müssen als eher hartnäckige Vorurteile angesehen werden. Abb. 3 zeigt die Häufigkeiten wichtiger Argumente für Telearbeit, die sich in einer Untersuchung der TA Telearbeit aus dem Jahre 1997 ergaben. Auffallend ist, dass hier die eher sozial- und mitarbeiterorientierten Argumente am häufigsten genannt wurden. Daraus ist zu folgern, dass die „harten" Fakten wie Produktivitätssteigerungen und Einsparungen noch nicht überall als gesicherte Erfahrungen vorliegen und Telearbeit oft noch nicht als Problemlösung, etwa bei knappem Büroraum in einem vorhandenen Gebäude, gesehen wird.

Wichtige Argumente gegen Telearbeit und die Häufigkeiten, mit denen sie in der gleichen Befragung genannt wurden, enthält Abb.3. Auch diese Argumente müssen differenziert betrachtet werden. Die am häufigsten genannte „soziale Isolation" ist eine typische Befürchtung, die sich in der Praxis der mobilen und alternierenden Telearbeit so gut wie nie bestätigt.

Die bei dieser Form der Telearbeit stets vorhandenen Bürotage verhindern gerade, dass Kommunikationsprobleme entstehen. Keine der hier in Frage kommenden Büroarbeiten besteht nur aus Kommunikation. Es sind ja nur die Phasen konzentrierter Einzelarbeit und der reinen Telefonkontakte, die aus dem Büro herausgenommen werden. Die „soziale Isolation" ist daher eher ein vorgeschobenes Argument derjenigen Telearbeitsgegner, die ihre wahren Gründe nicht verbalisieren können oder wollen. Führung und Kontrolle andererseits stellen das wohl zentrale Problem der Telearbeit für das Management dar. Viele Manager wollen ihre Mitarbeiter physisch arbeiten sehen und geben sich dabei oft der Täuschung hin, sie würden diese effektiv kontrollieren, wenn sie ihnen „über die Schulter schauen". Gute Führung im Büro ist heute aber „Führung durch Zielvereinbarung", und diese ist bei Telearbeit ebenso gut möglich. Die weniger häufig genannten Hinderungsgründe gegen Telearbeit deuten vor allem auf einen echten Bedarf nach Information und Beratung hin. Die hier nötigen Beratungsleistungen sind jedoch am Markt verfügbar.

Gründe der Unternehmen für Telearbeit
Quelle: TA Telearbeit (1997)

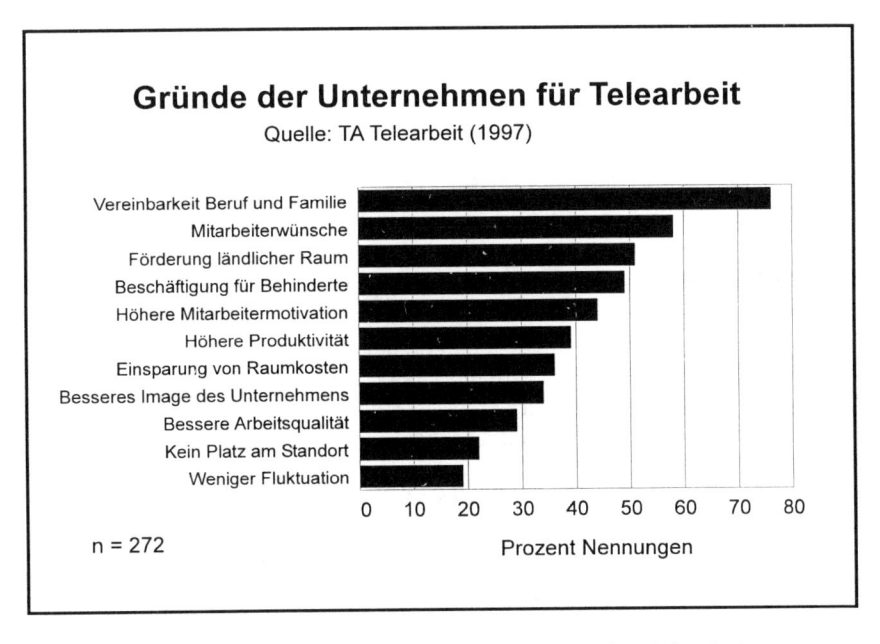

Grund	Prozent Nennungen
Vereinbarkeit Beruf und Familie	~75
Mitarbeiterwünsche	~58
Förderung ländlicher Raum	~50
Beschäftigung für Behinderte	~48
Höhere Mitarbeitermotivation	~43
Höhere Produktivität	~38
Einsparung von Raumkosten	~35
Besseres Image des Unternehmens	~32
Bessere Arbeitsqualität	~28
Kein Platz am Standort	~22
Weniger Fluktuation	~20

n = 272

Abb.3: Von den Unternehmen genannte Gründe für Telearbeit
(Quelle: TA Telearbeit (1997))

Gründe der Unternehmen gegen Telearbeit
Quelle: TA Telearbeit (1997)

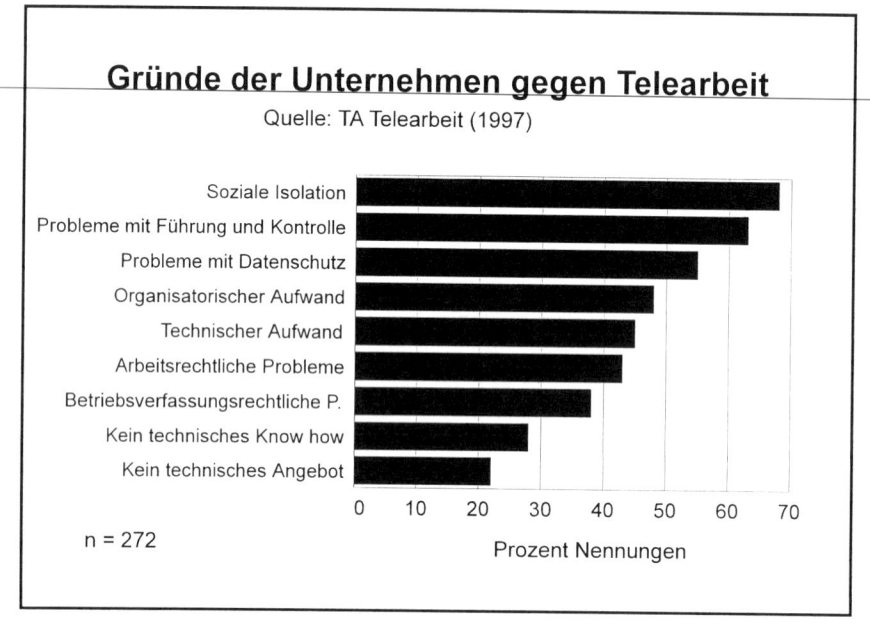

[Balkendiagramm mit folgenden Kategorien (Prozent Nennungen):
- Soziale Isolation: ~68
- Probleme mit Führung und Kontrolle: ~62
- Probleme mit Datenschutz: ~55
- Organisatorischer Aufwand: ~47
- Technischer Aufwand: ~44
- Arbeitsrechtliche Probleme: ~42
- Betriebsverfassungsrechtliche P.: ~37
- Kein technisches Know how: ~28
- Kein technisches Angebot: ~22

n = 272]

Abb.4: Von den Unternehmen genannte Hinderungsgründe gegenüber Telearbeit
(Quelle: TA Telearbeit (1997))

3. Neuere empirische Befunde – drei eigene Studien

Im folgenden sollen nun einige Schlaglichter auf neuere Erkenntnisse über Telearbeit geworfen werden. Es handelt sich um Auszüge aus drei eigenen Studien. In der ersten (Glaser, Glaser (1998)) ging es um den Modellversuch TEA – Forschungs- und Entwicklungsprojekt zur Einrichtung und Erprobung von Telearbeitsplätzen bei der GMD Darmstadt, Institut für Telekooperationstechnik. Da sich dieses Institut mit der Entwicklung von Software für die Telekooperation befasst, war es naheliegend, dazu auch eigene Erfahrungen mit Telearbeit beizusteuern. Bei diesem Projekt begannen 20 Institutsmitarbeiter aus Wissenschaft, Verwaltung und Unterstützungsfunktionen Anfang 1997 mit alternierender Telearbeit. Das Projekt war erfolgreich, so dass die Beteiligten mit Ablauf des Pilotjahres ihre Telearbeit beibehalten konnten. Die wissenschaftliche Begleituntersuchung bestand aus drei Teilen: ausführlichen, standardisierten Interviews, einer verhaltensorientierten Kommunikationsanalyse und detaillierten, nur für die Forschung vorgesehenen Arbeitszeitaufschreibungen. Hier soll von der Kommunikationsanalyse und den Arbeitszeitaufschreibungen berichtet werden.

In der zweiten Studie geht es um eine Totalerhebung mittels Fragebogen an der Bevölkerung von Sternenfels (Enzkreis, Baden-Württemberg), einer ländlichen Gemeinde mit etwa 2.600 Einwohnern, zur Gestaltung eines Tele-zentrums (Glaser, Glaser, Kuder (1997)). Hier wurden Kenntnisse und Einstellungen zur modernen Informations- und Kommunikationstechnik einschließlich Telearbeit abgefragt. Darüber hinaus wurden Wünsche, Vorstellungen und Anforderungen für ein Telezentrum, das neben den Möglichkeiten zur Telearbeit auch öffentliche und private Dienstleistungen anbieten sollte, ermittelt. Der Befragungszeitraum ging vom 30. Januar bis zum 3. März 1997. Population war die Gesamtbevölkerung im Alter ab 18 Jahren, 2.293 Personen. Der Rücklauf betrug 41%; er teilte sich in 56% Beschäftigte, 24% Nichtbeschäftigte im Alter bis zu 64 Jahren und 20% Ruheständler ab 65 Jahren auf. Aus dieser Befragung wird hier über den Weg zur Arbeit, die Einstellungen zur Computerarbeit, den privaten Computerbesitz, die Computerkenntnisse sowie das Interesse an Telearbeit berichtet.

Die dritte Studie entstand bei der Einrichtung des Business Centers Frankfurt der Digital Equipment GmbH. Im Vertrieb wurde mobile Telearbeit eingeführt. Der Kern dieses Telearbeitsmodells liegt im Desksharing, der Einsparung von Büroraum dadurch, dass die dauerhafte Zuweisung eines Schreibtisches im Büro an jeden Mitarbeiter entfällt. Beim Betreten des Bürogebäudes wählen die Mitarbeiter einen der freien Schreibtische aus, den sie beim Verlassen des Gebäudes wieder für andere freigeben. Der Verlust des persönlich zugeordneten Schreibtisches ist eine erhebliche psychologische Barriere gegenüber dieser Form der Telearbeit, die sich jedoch durch geschickte Gestaltung der Büroräume, der informations- und kommunikationstechnischen Ausstattung und der Unterstützungsfunktionen beseitigen lässt. Die Einführung des Business Centers wurde von einer Fragebogenuntersuchung „vorher" und „nachher" begleitet (Rimpler, Glaser, Glaser, (1999)), aus der einige Ergebnisse dargestellt werden.

4. Die GMD-Studie

4.1 Die Kommunikationsanalyse

Mit der Kommunikationsanalyse wurde die Verteilung kommunikativer Handlungen über Raum, Zeit, Personen und Kommunikationsmittel erhoben, und zwar in zwei Zeiträumen, vor Beginn und etwa 8 Monate nach Beginn der Telearbeit. Die beteiligten Mitarbeiter der GMD wurden dazu gebeten, unmittelbar nach jeder einzelnen Kommunikation bestimmte, großenteils extrem kurze, Aufzeichnungen zu führen. Auf diese Weise sollte das Verhalten selbst und nicht, wie in den Interview- und Fragebogenstudien, spätere Schätzungen und Globaleindrücke, festgehalten werden.

Zwischen den Befragten wurde nach ihrer Rolle bei der Telearbeit unterschieden. Außer den *Telearbeitern*, die im ersten Zeitraum natürlich *künftige Telearbeiter* waren, wurden *Büropartner* und *Vorgesetzte*, die ausschließlich im Büro arbeiteten, einbezogen. An der Kommunikationsanalyse beteiligten sich in beiden Zeiträumen 27 Personen, 18 Telearbeiter, 4 Büropartner und 5 Vorgesetzte. Die wichtigste Frage galt den Veränderungen durch Telearbeit. Sie wurde durch den Vergleich der beiden Zeiträume beantwortet.

Um zwischen den einzelnen Arten der Kommunikation vernünftig unterscheiden zu können, wurden sechs erschöpfende und einander ausschließende Kategorien definiert:
- Face-to-face-Gespräch zu zweit,
- Face-to-face-Gespräch in einer Gruppe, Meeting,
- Telefonat,
- Versenden einer E-Mail,
- Anzeige des Eintreffens einer E-Mail auf dem Bildschirm und
- Bearbeiten der Mailbox.

Die Abgrenzungen wurden bei der Verteilung der Unterlagen zur Kommunikationsanalyse in den Workshops mündlich erläutert. Dabei ergaben sich kaum Probleme. Für die Unterscheidung der beiden erstgenannten Kategorien galt, dass ein Gespräch als Gruppengespräch oder Meeting zählte, sobald mehr als zwei Personen beteiligt waren, und sei es auch nur zeitweise. Das Versenden einer E-Mail zählte immer als eigene Kommunikationshandlung, auch wenn es zum Bearbeiten der Mailbox gehörte. Die Kategorie „*Anzeige des Eintreffens einer E-Mail auf dem Bildschirm*" wurde im zweiten Zeitraum nicht mehr erhoben, da der

Rechner bei Telearbeit immer nur kurze Zeit online mit dem Netz verbunden ist.

Zur Kennzeichnung der einzelnen Arten der Kommunikation wurde zunächst deren Dichte, also Häufigkeit pro Arbeitstag, erfasst. Im Anschluss an diese objektiven Parameter schätzten die Befragten die jeweilige Kommunikationshandlung nach sozial-emotionalen Kriterien auf einer fünfstufigen Rating-Skala ein, die, je nach Art der Kommunikation, 12 bis 16 Statements enthielt.

Die Kommunikationsdichte zeigen Abb.5 und Abb.6 Vor Beginn der Telearbeit wurden bei Telearbeitern durchschnittlich 3,8, bei Büropartnern 3,6 und bei Vorgesetzten 4,5 Zweiergespräche pro Arbeitstag gefunden. Unter Telearbeit reduzierten sich diese Werte auf 3,2 bei den Telearbeitern und 2,3 bei den Büropartnern. Bei den Vorgesetzten stieg die Zahl der Zweiergespräche auf 5,9 pro Arbeitstag an.

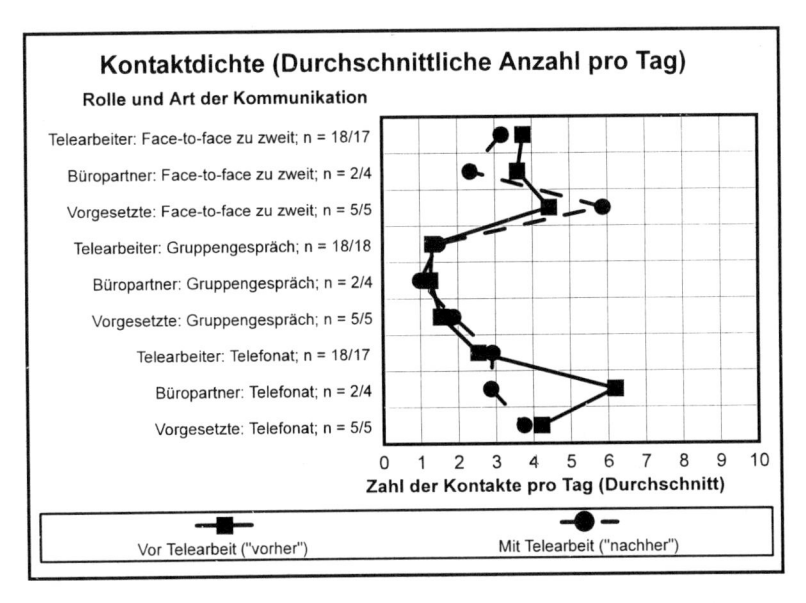

Abb.5: Die Kommunikationsdichte für Face-to-face-Gespräche zu zweit, Gruppengespräche und Telefonate, getrennt nach Telearbeitern, Büropartnern und Vorgesetzten, vor und nach Einführung der Telearbeit

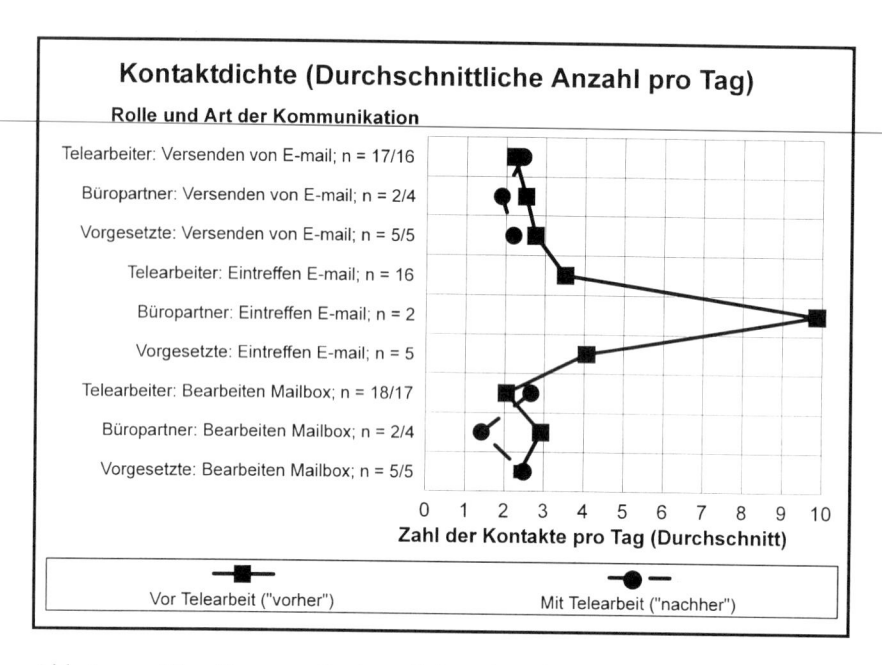

Abb.6: Die Kommunikationsdichte für das Versenden von E-Mail, Eintreffen von E-Mail und Bearbeiten der Mailbox, getrennt nach Telearbeitern, Büropartnern und Vorgesetzten, vor und nach Einführung der Telearbeit

Bei den Gruppengesprächen und Meetings lauten die Zahlen vor der Telearbeit auf 1,3 bei den Telearbeitern, 1,3 bei den Büropartnern und 1,6 bei den Vorgesetzten; bei Telearbeit wurden daraus 1,5, 1,0 und 1,9 arbeitstägliche Gespräche mit mehr als zwei Teilnehmern. Die höheren Zahlen bei den Vorgesetzten resultieren natürlich aus deren Funktion. Die Zunahme unter Telearbeit dürfte auf einem erhöhten Abstimmungsbedarf beruhen.

Für die Telefonate ergab sich vor Telearbeit bei den Telearbeitern eine Zahl von 2,5, bei den Büropartnern 6,2 und den Vorgesetzten 4,2 pro Arbeitstag. Unter Telearbeit waren es 2,9, 2,9 und 3,8. Der Zahlenwert für die Büropartner vor Telearbeit beruht nur auf den Angaben von 2 Personen, er dürfte deshalb schwer interpretierbar sein. Die Telearbeiter haben unter Telearbeit also 16% mehr Telefonate geführt. Das korrespondiert fast perfekt mit der Verminderung der Face-to-face-Kontakte zu zweit um den gleichen Prozentsatz.

Die Zahl der versandten E-Mails liegt zwischen 1,9 und 2,8 E-Mails pro Arbeitstag. Die Telearbeiter zeigten einen kleinen Zuwachs, Büropartner und Vorgesetzte eine Abnahme um 0,6 E-Mails pro Tag unter Telearbeit. Das Eintreffen einer E-Mail wurde nur vor der Telearbeit erhoben; bei den Telearbeitern ergab sich eine Zahl von 3,5, bei den Büropartnern 9,9, bei den Vorgesetzten 4,0.

Für das Bearbeiten der Mailbox ergaben sich vor der Telearbeit für die Telearbeiter 2,1, die Büropartner 2,9 und die Vorgesetzten 2,4 Vorgänge am Arbeitstag; später wurden daraus 2,7, 1,4 und 2,5. Betrachtet man die Büropartner wegen der kleinen Anzahl mit Vorsicht, so bleibt ein Zuwachs bei den Telearbeitern um 0,6 Mailboxsitzungen pro Tag.

Den Aufzeichnungen im zweiten Zeitraum, unter Telearbeit, war ferner zu entnehmen, welcher Anteil der Telefonate, versandten E-Mails und Mailboxsitzungen bei den Telearbeitern zu Hause stattfand. Die Zahlen sind 33,2%, 36,8% und 35,5% (Abb.7). Da die Telearbeiter laut Tagesablaufsnotizen durchschnittlich 36,1% ihrer Arbeitszeit zu Hause abgeleistet haben, stimmen die Prozentsätze hochgradig überein. Die Telekommunikation hatte also zu Hause die gleiche Dichte wie vor der Telearbeit im Büro. Die Unmöglichkeit der Face-to-face-Kommunikation zu Hause führte nicht zu einer hier erhöhten Aktivität über Telekommunikation.

Die sozial-emotionale Beurteilung der einzelnen Kommunikationshandlungen, mit der die Beurteilungsbögen schlossen, basierte auf 12 bis 16 einzelnen Statements. Sie wurde zunächst für das Zweiergespräch, das Gruppengespräch und das Telefonat einer Faktorenanalyse unterzogen. Diese lieferte vier gut interpretierbare orthogonale, also nicht miteinander korrelierende Faktoren:
- Klima und Effizienz des Gesprächs,
- Aktualität für die Arbeit,
- Koordination und Hintergrundinformation und
- Persönliches und Privates.

Die Variablen *„angenehmes Gesprächsklima", „informeller Gesprächsstil"* und *„Effizienz des Gesprächs"* korrelierten so hoch untereinander, dass sie zusammen den ersten Faktor bildeten. Das ist insofern bemerkenswert, als es die nicht selten gehörte und noch öfter praktizierte Auffassung widerlegt, dass ein Gespräch in einem gewissen Maß förmlich und streng verlaufen müsse, um effizient zu sein. Ein wichtiges Resultat liegt darin, dass Zweiergespräche, Gruppengespräche und Telefonate ähnliche Werte um 4 auf der

Skala von 1 *(Überhaupt nicht)* bis 5 *(Völlig)* erhielten. Alle diese Kommunikationen wurden also als recht angenehm, informell und effizient beurteilt. Auch zwischen beiden Zeiträumen ergaben sich kaum Unterschiede; nur die Vorgesetzten beurteilten unter Telearbeit die Gruppengespräche und Telefonate etwas ungünstiger.

Anteil der Kontakte zu Hause bei Telearbeit
Nur Telearbeiter

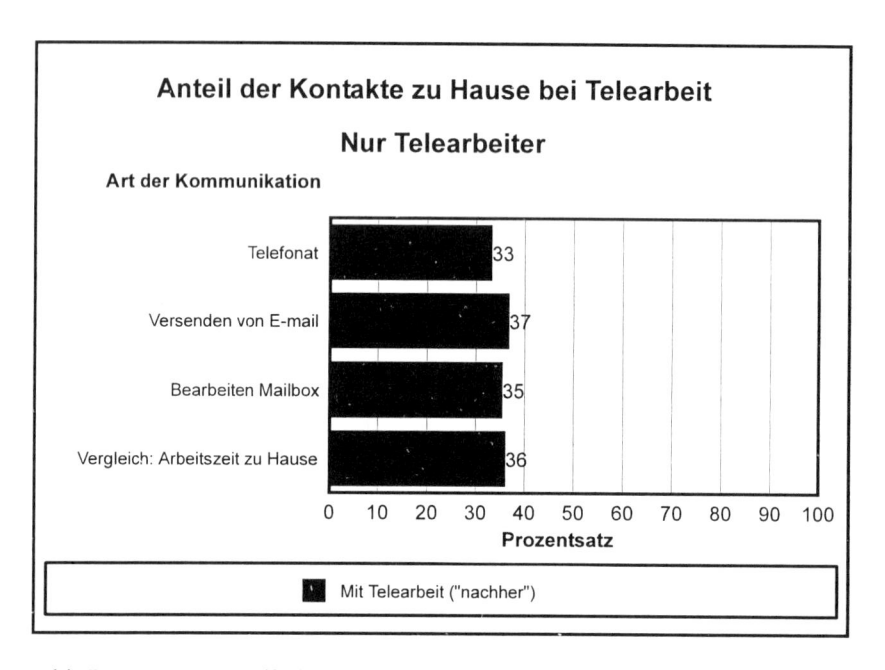

Art der Kommunikation	Prozentsatz
Telefonat	33
Versenden von E-mail	37
Bearbeiten Mailbox	35
Vergleich: Arbeitszeit zu Hause	36

■ Mit Telearbeit ("nachher")

Abb.7: Der Anteil der Kontakte, die bei Telearbeitern zu Hause stattfanden

Im zweiten Faktor, *„Aktualität für die Arbeit"*, schnitt das Gruppengespräch oder Meeting vor allem im Urteil der Vorgesetzten und Büropartner deutlich besser ab als das Zweiergespräch und das Telefonat, die nur Werte geringfügig über der Skalenmitte 3 erhielten. Zwischen Telearbeitern, Büropartnern und Vorgesetzten gab es kaum Unterschiede in der Beurteilung, mit der Ausnahme, dass die Telearbeiter die herausragende Bewertung des Gruppengespräches nicht teilten.

Beim dritten Faktor, *„Koordination und Hintergrundinformation"*, zeigte sich ein deutlicher Unterschied zwischen den Personengruppen: Die

Telearbeiter beurteilten das Ausmaß, in dem eine Kommunikation der Koordination diente oder Hintergrundinformation enthielt, deutlich geringer als Büropartner und Vorgesetzte. Allerdings änderte sich dies zwischen beiden Zeiträumen. Beides ist plausibel: Telearbeiter leisten mehr selbständige Sacharbeit und benötigen daher weniger Koordination und Hintergrundinformation. Unter Telearbeit haben aber auch sie mehr zu koordinieren. Alle Urteile streuen um den Wert 3, den Skalenmittelpunkt. Auch hier erhielten die Gruppengespräche die höchsten Beurteilungen, vor allem von den Büropartnern und Vorgesetzten.

Für den vierten Faktor, „*Persönliches und Privates*", streuen die Urteile im wesentlichen zwischen 2 und 2,5. Diese Dinge hatten für die Kommunikation demnach untergeordnete Bedeutung. Obwohl dieser Faktor das Sprechen sowohl über Privates als auch über persönliche Spannungen und Konflikte im Büro zusammenfasst, sind beide natürlich unterschiedlich zu bewerten. Die Trennung von beruflicher und privater Sphäre gehört zur seelischen Hygiene; insofern ist es unproblematisch, wenn im Büro nicht allzu viel über Privates gesprochen wird. Auf der anderen Seite ist es im Hinblick auf persönliche Spannungen und Konflikte im Betrieb besser, wenn eine Organisationskultur besteht, in deren Rahmen sie ausgesprochen, kanalisiert und entschärft werden. Zumindest in den schriftlichen Antworten der Kommunikationsanalyse waren Hinweise darauf aber eher spärlich.

Einen Vergleich der Telefonate im Büro und bei Telearbeit zu Hause zeigt Abb.8. Bemerkenswert ist, dass „*Gesprächsklima und Effizienz*", vor allem aber „*Aktualität für die Arbeit*" bei den zu Hause geführten Telefonaten deutlich höher eingeschätzt wurden. Die Häufigkeit persönlicher und privater Inhalte nahmen hingegen ab. Das kann als eine Versachlichung der Telekommunikation bei Telearbeit mit einem freundlichen und angenehmen Grundton interpretiert werden.

Zusammenfassend kann von der Kommunikation unter Telearbeit also gesagt werden, dass sich ihr Grundmuster gegenüber der reinen Büroarbeit bei den Telearbeitern erstaunlich wenig geändert hat. Nur die Zahl der Face-to-face-Kontakte zu zweit nahm etwas ab. Dem stand eine leichte Erhöhung der Zahl der Telefonate und der versandten E-Mails gegenüber, die jedoch keine vollständige Substitution darstellte. Wegen der kleinen Anzahl der Befragten sind die Resultate der Büropartner und Vorgesetzten nur mit Vorsicht zu interpretieren; insbesondere die Halbierung der Zahl der Telefonate unter Telearbeit bei den Büropartnern dürfte das Zufallsprodukt der hier sehr kleinen Stichprobe sein (Abb.5) (vgl. auch Glaser, Glaser (1999)).

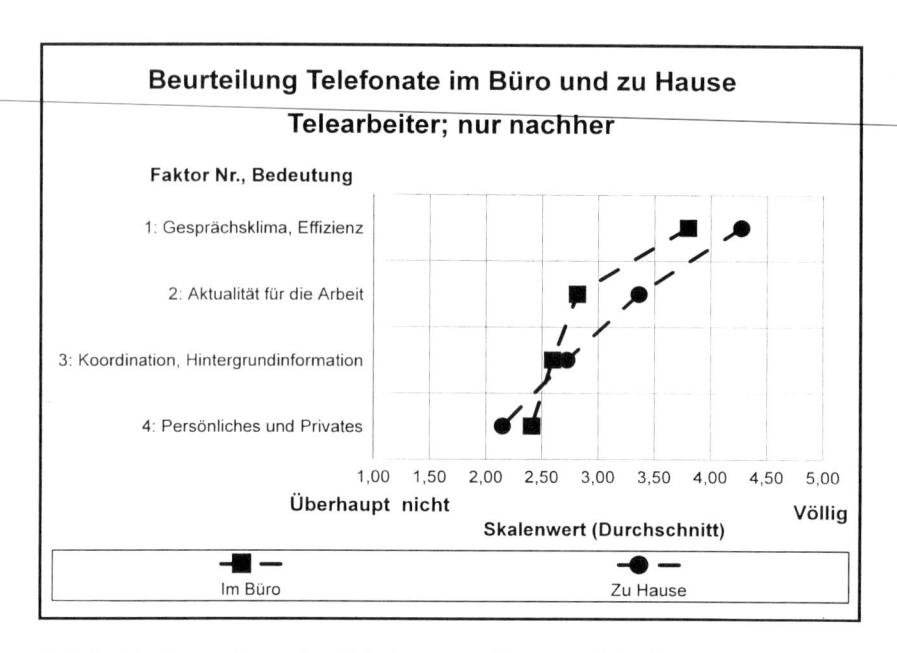

Abb.8: Die Beurteilung der Telefonate zu Hause und im Büro

4.2 Die Arbeitszeitaufzeichnungen unter Telearbeit

Obwohl bei der GMD die Arbeitszeit nicht registriert und kontrolliert wird, waren Telearbeiterinnen und Telearbeiter, Institutsleitung und Betriebsrat damit einverstanden, während der ersten elf Monate des Feldversuches an jedem Arbeitstag Beginn und Ende der einzelnen Arbeitsabschnitte für die Begleitforschung aufzuzeichnen. Diese Aufzeichnungen blieben und bleiben gegenüber Geschäftsleitung und Betriebsrat anonym. Die Resultate liefern klare Einsichten in die Struktur der Tageseinteilung unter Telearbeit. Als „Messinstrument" wurde eine einfache, vervielfältigte Tab. im Format DIN A 4 verwendet. Für jeden Arbeitstag wurde das Kalenderdatum notiert. Von jedem Arbeitsabschnitt wurde die Uhrzeit am Anfang und am Ende eingetragen. Außerdem wurde der Ort, zu Hause, im Büro oder auf Reisen, und ein Zufriedenheitsurteil auf einer Skala von 1 *Nicht zufrieden* bis 7 *Sehr zufrieden* erhoben.

Insgesamt 18 Telearbeiter und Telearbeiterinnen führten die Tagesablaufsnotizen über durchschnittlich 285 Kalendertage hinweg. Die meisten von ihnen begannen die Aufzeichnungen Ende Januar 1997 und beendeten sie Ende November 1997. Auf einer Vollzeitstelle arbeiteten 14 der Befragten, die restlichen 4 hatten eine Teilzeitstelle. Ebenso gehörten 14 Befragte dem Wissenschaftlichen Dienst an, 4 kamen aus den Bereichen Sekretariat, Sachbearbeitung, Service und Verwaltung.

Als charakteristische Typen von Arbeitstagen ergaben sich der reine Telearbeitstag (etwa 25%), der reine Büroarbeitstag (etwa 50%) und der Tag mit mindestens einem Block Tele- und einem Block Büroarbeit (etwa 15%). Seltener waren reine Reisetage (etwa 5%) und Tage mit Reise und Tele- oder Büroarbeit (etwa 4%; Abb.9). Bei den Tagen mit Tele- und Büroarbeit ließen sich vier Untertypen mit deutlicher Ungleichverteilung bilden: Tage mit Wechsel vom Büro nach Hause (etwa 80%), Tage mit Wechsel von zu Hause ins Büro (etwa 12%) und Tage mit zweimaligem Wechsel von zu Hause in das Büro und wieder nach Hause (etwa 8%). Der umgekehrte zweimalige Wechsel vom Büro nach Hause und wieder ins Büro kam praktisch nicht vor (Abb.10).

Die entscheidende Einheit zur Kennzeichnung der verschiedenen Typen von Arbeitstagen ist der Block, der ohne Unterbrechung an einem Stück abgeleistete Arbeitsabschnitt. Hier bestehen sehr charakteristische und eindeutige Unterschiede. Bürotage bestehen praktisch nur aus einem (etwa 25%) oder aus zwei Blöcken (etwa 72%; Abb. 11). Reine Telearbeitstage bestehen nur noch zu etwa 8% aus einem und zu etwa 60% aus zwei Blöcken. Hier taucht das neue Phänomen der Drei- und Vierblocktage (etwa 22% und 11%) auf. In die Arbeitszeit werden hier mehr und längere Pausen eingeschoben als im Büro (Abb. 12). Tage mit Tele- und Büroarbeit zeigen diese Struktur noch häufiger: Hier gab es etwa 45% Dreiblock- und rund 10% Vierblocktage. Für die reinen Reisetage wurden 90% Einblocktage angegeben.

Typ des Arbeitstages

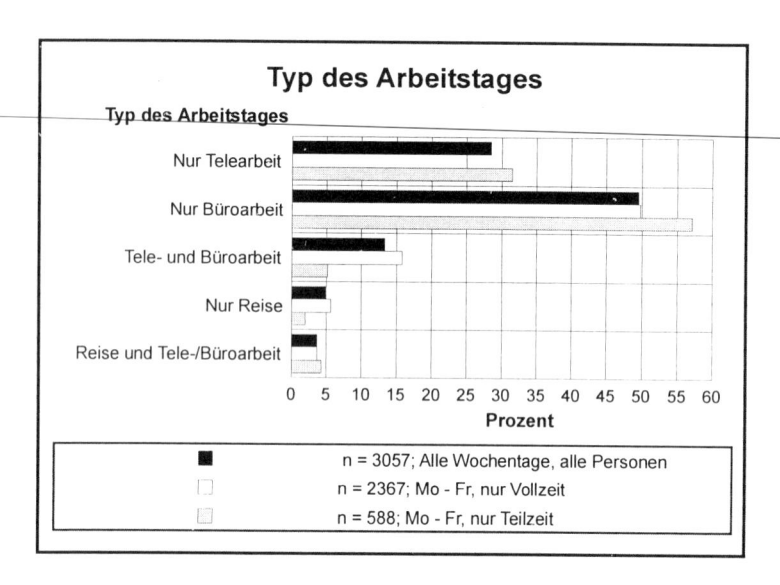

[Balkendiagramm mit folgenden Kategorien:
- Nur Telearbeit
- Nur Büroarbeit
- Tele- und Büroarbeit
- Nur Reise
- Reise und Tele-/Büroarbeit

x-Achse: Prozent (0 bis 60)

Legende:
■ n = 3057; Alle Wochentage, alle Personen
☐ n = 2367; Mo - Fr, nur Vollzeit
▨ n = 588; Mo - Fr, nur Teilzeit]

Abb.9: Die Häufigkeiten der einzelnen Typen von Arbeitstagen bei alternierender Telearbeit

Tage mit Büro- und Telearbeit

Kombinationsweise

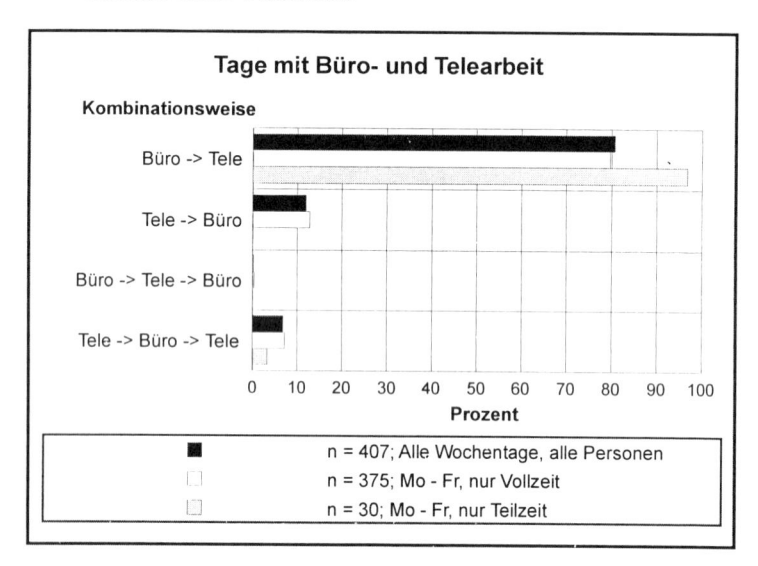

[Balkendiagramm mit folgenden Kategorien:
- Büro -> Tele
- Tele -> Büro
- Büro -> Tele -> Büro
- Tele -> Büro -> Tele

x-Achse: Prozent (0 bis 100)

Legende:
■ n = 407; Alle Wochentage, alle Personen
☐ n = 375; Mo - Fr, nur Vollzeit
▨ n = 30; Mo - Fr, nur Teilzeit]

Abb.10: Die Kombination von Tele- und Büroarbeit an Tagen, die beides enthalten

Die typische Zeitstruktur des Bürotages zeigt Abb.11, die des Telearbeitstages Abb.12. Der Bürotag ist kompakt. Als Einblocktag beginnt er montags bis donnerstags um 8:30 und endet nach durchschnittlich etwa 8 Stunden und 10 Minuten um 16:40 Uhr. Freitags endet er nach etwa 5,5 Stunden durchschnittlich um 14 Uhr. Der Zweiblocktag beginnt einige Minuten später und endet nach einer kurzen Mittagspause von etwa 45 Minuten gegen 17:30 Uhr. Die Arbeitszeit beträgt hier durchschnittlich 8 Stunden und 10 Minuten. Abgesehen vom Einblocktag, der sehr viel seltener vorkommt als im Büro, wird der Arbeitstag bei Telearbeit durch mehr und längere Pausen ausgedehnt. Das ist das wichtigste Resultat dieser Tagesablaufsnotizen. Die gesamte Arbeitszeit bleibt dabei aber vom Zweiblock- über den Dreiblock- bis zum Vierblocktag konstant bei einigen Minuten über 8 Stunden. Das Intervall vom Beginn der Arbeit bis zu deren Ende an einem Tag dehnt sich natürlich um die Dauer der Pausen aus. Beim Vierblocktag beträgt es schließlich durchschnittlich 12 Stunden.

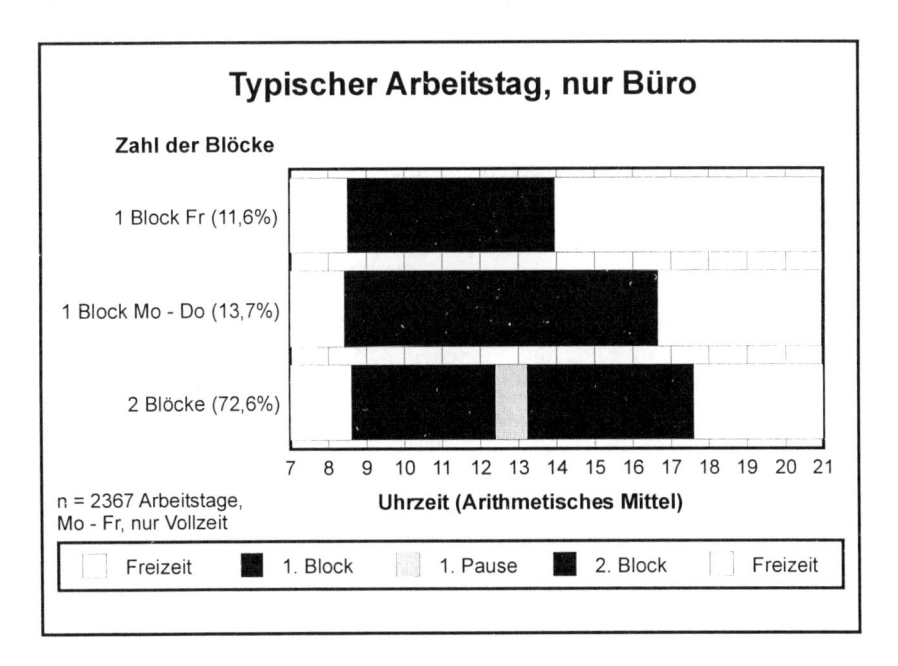

Abb.11:   Die Struktur des Bürotages: Arithmetische Mittelwerte für Beginn und Ende von Blöcken und Pausen

Typischer Arbeitstag, nur Telearbeit

Zahl der Blöcke

- 1 Block Fr (2,2%)
- 1 Block Mo-Do (6,6%)
- 2 Blöcke (58,8%)
- 3 Blöcke (21,8%)
- 4 Blöcke (10,6%)

n = 2367 Arbeitstage, Mo - Fr, nur Vollzeit

Uhrzeit (Arithmetisches Mittel)

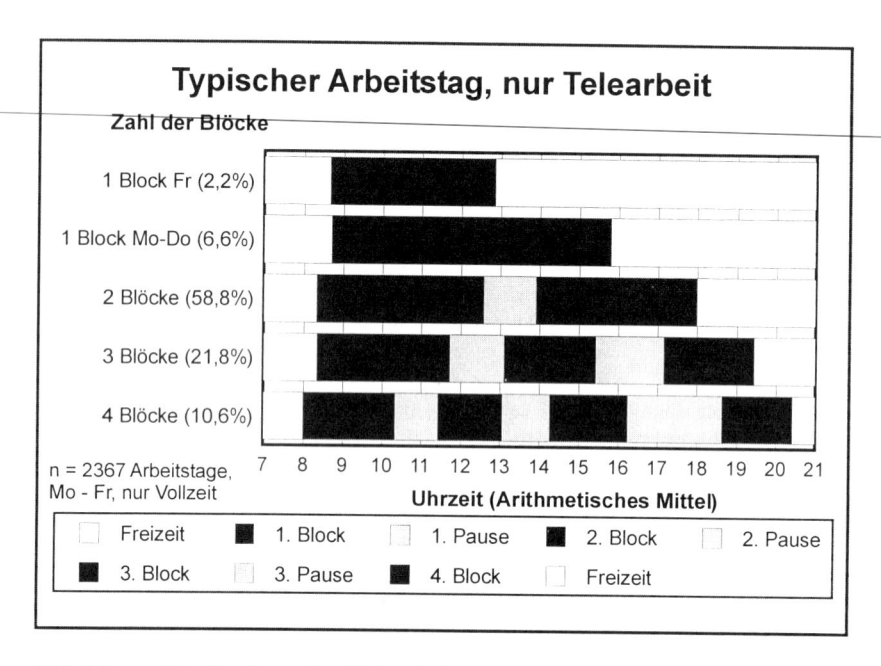

Legende: Freizeit | 1. Block | 1. Pause | 2. Block | 2. Pause | 3. Block | 3. Pause | 4. Block | Freizeit

Abb.12: Die Struktur des Telearbeitstages: Arithmetische Mittelwerte für Beginn und Ende von Blöcken und Pausen

Die Bedeutung dieses Wandels kann nicht hoch genug eingeschätzt werden. Im Büro steht der Arbeitstag offensichtlich unter der Maxime, das Intervall vom Beginn bis zum Ende der täglichen Arbeit so kurz wie möglich zu halten. Pausen werden dazu entweder ganz vermieden, wie das Viertel der Einblocktage zeigt, oder so kurz wie irgend möglich gewählt, wie der hohe Prozentsatz der Zweiblocktage und die Kürze von deren Mittagspause zeigen. Biologisch und physiologisch ist dieser Arbeitstag alles andere als optimal. Wie die Ermüdungsforschung zeigt, ist vor allen Dingen eine ausgedehnte, deutlich entspannende Mittagspause wesentlich günstiger. Darüber hinaus kann der Abend, die Zeit zwischen 19 und 21 Uhr, eine sehr fruchtbare Arbeitszeit sein, aber nur, wenn sie durch eine deutliche Nachmittagspause zwischen 16 und 19 Uhr vom übrigen Arbeitstag abgetrennt wird. Schließlich ist es sinnvoll, einen längeren, unter Umständen schon deutlich vor 8 Uhr begonnenen Vormittag schon vor einer eher spät beginnenden Mittagspause einmal deutlich zu unterbrechen. All dies hat sich offensichtlich bei den untersuchten Telearbeitern und Telearbeiterinnen eingespielt - nicht an jedem Tag, aber in wachsendem Maße an den Telearbeitstagen.

5. Bevölkerung und Telearbeit – die Sternenfels-Befragung

5.1 Ausgangslage

Sternenfels erscheint als Musterbeispiel einer wirtschaftlich lebens- und leistungsfähigen ländlichen Gemeinde, die jedoch an ihrer Wirtschafts- und Bevölkerungsstruktur arbeiten muss, um ihre Zukunft zu sichern. Dazu gehört nicht nur die Erhaltung und Schaffung von lokalen Arbeitsplätzen, sondern auch die Minderung oder Vermeidung struktureller Nachteile des ländlichen Raumes. Eine Abwanderung des leistungsfähigsten Teils der nachwachsenden Generation muss verhindert werden. Hier eröffnet sich die Aufgabe, mit den zeitgemäßen Mitteln der Telekommunikation einschließlich vernetzter Rechner einen Ausgleich für informationelle und kommunikative Defizite des ländlichen Raumes gegenüber den Ballungsgebieten zu schaffen.

Der äußere, von uns unabhängige Anstoß für das Projekt war die Aufgabe, die mit der Schließung eines großen feinmechanischen Betriebes am Ort, der Firma Schweitzer, aufgekommenen Probleme zu lösen. Dazu gehörte auch die Nutzung der entstandenen Industriebrache. Die noch vorhandenen Räumlichkeiten legten es nahe, sie trotz ihres Alters und ihres teilweise problematischen Zustandes nicht abzureißen, sondern nach einer sparsamen Sanierung für neu anzusiedelnde Betriebe und Existenzgründer zu nutzen. Das schloss, fast als Nebeneffekt, die kostengünstige Schaffung der räumlichen Voraussetzungen für ein Telearbeitszentrum ein.

Diese Überlegungen führten zwangsläufig zu der Frage nach dem heute aktivierbaren Potenzial für Telearbeit in Sternenfels. Seit gut einem Jahrzehnt liegen Erfahrungen mit ländlichen Telearbeitszentren vor (vgl. Der Bundesminister für Raumordnung (1990)). Diese wurden meist in sehr abgelegenen Regionen mit hoher Abwanderung von Erwerbspersonen nach dem Schwinden von Erwerbsmöglichkeiten in der Landwirtschaft eingerichtet. Die wirtschaftliche Tragfähigkeit wurde jedoch, von Ausnahmen abgesehen, oft nicht erreicht, da die in Telearbeit zu erbringenden Dienstleistungen sich auf den Märkten in den entfernteren Ballungsgebieten nicht durchsetzen konnten. Sternenfels hingegen als größere ländliche Gemeinde mit zentraler Lage zwischen mehreren etwa gleich weit entfernten Ballungsgebieten (Stuttgart, Ludwigsburg, Heilbronn, Mannheim und Karlsruhe) in einer erheblich industrialisierten ländlichen Umgebung und mit einem entsprechend hohen Anteil an Auspendlern bietet günstige Voraussetzungen, seine Arbeitsplatz- und Strukturprobleme auch mit Hilfe von Telearbeit anzugehen. Der größte Teil der Bevölkerung von Sternenfels ist in der Erwerbsarbeit fest verankert, der Wohnwert der Gemeinde ist sehr hoch und die benachbarten Ballungsgebiete haben eine Entfernung, die für die Einrichtung und erfolgreiche Weiterentwicklung der Telearbeit besonders geeignet erscheint.

Es lag also nahe, dass eine engagierte Gemeindeverwaltung sich dem Thema Telearbeit zuwandte. Dabei zeigte sich, dass die entscheidenden Daten über die augenblicklichen Möglichkeiten der Telearbeit in Gemeinden dieser Größe und Struktur fehlten. In einer Untersuchung sollten deshalb die Voraussetzungen für Telearbeit in der Bevölkerung von Sternenfels mit einer geeigneten Erhebung geklärt werden.

Diese Erhebung sollte zwei Ziele erreichen. Einmal sollte über Computer, Computernetze und Telearbeit der Kenntnisstand, die Akzeptanz und das eigene Interesse der Bevölkerung möglichst repräsentativ erhoben werden. Zum zweiten sollte dabei für die Sache so geworben werden, dass Personen und Unternehmen, die an der Schwelle zur Telearbeit stehen, dies auch erkennen sollten. Durch nachfolgende Angebote von Beratung und Förderung sollten dann auch Handlungsinitiativen entstehen.

Angesichts der noch überschaubaren Größe von Sternenfels erschien eine Gesamterhebung machbar, aus der zudem eine größere Datenbasis als von einer Zufallsstichprobe und dadurch besser gestützte statistische Schlüsse erwartet werden konnten. Auch war bei einer Gesamterhebung mit einem wesentlich größeren Werbeeffekt zugunsten der Telearbeit zu rechnen. Die entscheidende Überlegung für eine Gesamterhebung war schließlich, dass die Zahl der ernsthaften Interessenten an Telearbeit, der „Schwellenpersonen", nicht allzu groß sein würde, vielleicht 5% der erwerbstätigen Bevölkerung. Das wären dann etwa 50 Personen, von denen bei einer Stichprobe nur ein Bruchteil, bei einer Gesamterhebung jedoch alle angesprochen würden.

5.2 Der Weg zur Arbeit

Zwischen dem Weg zur Arbeit und den Möglichkeiten der Telearbeit bestehen enge Zusammenhänge. Deshalb fragten wir hier die wichtigsten Sachverhalte ab. Das zentrale Verkehrsmittel für die Pendlerfahrten ist der Pkw. Auf die Frage *Welches Verkehrsmittel benützen Sie üblicherweise für den größten Teil des Weges zu Ihrer Arbeitsstätte?* antworteten 486 von 525 Beschäftigten. Die Verteilung der Antworten zeigt Abb.13. Bei den Vorgaben waren Mehrfachantworten nicht ausgeschlossen. Von den antwortenden Personen gaben 82,5% *Pkw als Fahrer(in)* an. Mit Häufigkeiten um oder unter 3% spielten die öffentlichen Verkehrsmittel ebenso wie Fahrräder, Mofas und Motorräder nur eine geringe Rolle.

In diesem Zusammenhang ist die Zahl der Wochenarbeitstage bedeutsam. Die Fünftagewoche zeigte sich als fast absolute Regel, weniger Tage wurden kaum genannt. Immerhin 12% der Befragten nannten jedoch 6 Tage. Hier würde Telearbeit sicher zu einer merklichen Verminderung beitragen.

Übliches Verkehrsmittel für den Weg zur Arbeit

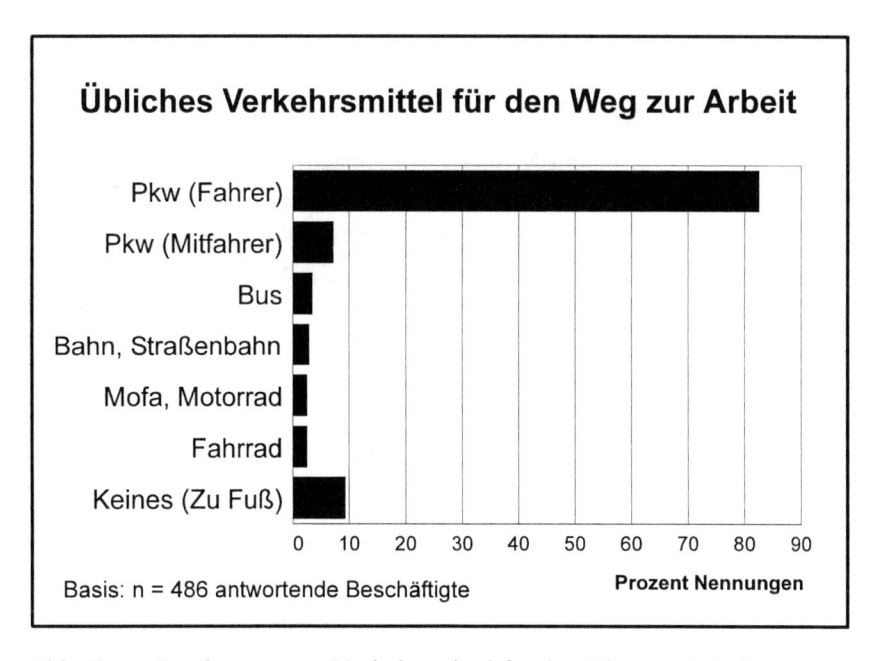

Basis: n = 486 antwortende Beschäftigte — Prozent Nennungen

Abb.13: Das bevorzugte Verkehrsmittel für den Weg zur Arbeit

Eine wichtige psychologische Variable ist natürlich der „Leidensdruck" aus den Pendlerfahrten. Wir fragten deshalb danach, wie *lästig* die dafür aufgewandte Zeit erlebt wird. Das Ergebnis zeigt Abb.14. Die Zahl der *Lästig*-Antworten betrug 9,5%. Das ist sehr wenig und zeigt, dass die Fahrten zur Arbeit praktisch nicht belasten. Für viele Pendler hat die Fahrt im privaten PKW eine emotional sehr positive Tönung. Die Fahrzeit wird oft als willkommene Erholung und Pufferung zwischen Arbeit und Familienleben empfunden, die bei Telearbeit sogar schmerzlich vermisst werden kann. Setzt man für unsere Lästigkeitsskala Zahlen von 1 für *Lästig* bis 4 für *Nicht lästig* ein, so ergibt sich über alle Beschäftigten ein Mittelwert von 3,0, der exakt einem *Kaum lästig* entspricht.

Die Lästigkeit des Weges zur Arbeit

Lästig
Etwas lästig
Kaum lästig
Nicht lästig
Keine Angabe

0   5   10   15   20   25   30   35   40
Prozent Nennungen

Basis: n = 525 Beschäftigte

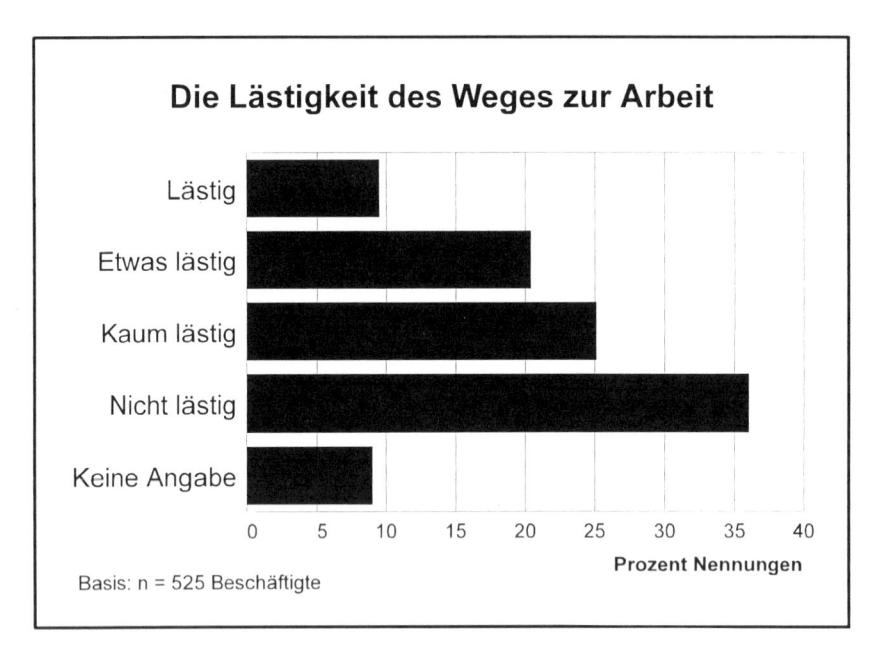

Abb.14:   Die subjektiv empfundene Lästigkeit des Weges zur Arbeit

5.3 Computer, Beruf und Haushalt

Im Kern der Befragung ging es um Computer und Netze. Dazu gehört auch, wie die Menschen das Vordringen des Computers in ihrer Arbeitswelt erleben. Die Antworten auf die Frage „*Arbeiten Sie gerne am Computer?*" Und „*Erleichtert der Computer Ihre Arbeit?*" zeigt Abb.15.

Offensichtlich ist ein großer Teil der Beschäftigten mit der Arbeit am Computer hoch zufrieden. Auf beide Fragen wurden knapp über 37% *Ja*-Antworten gegeben. Die Basis dieser Angabe bilden wiederum alle Beschäftigten, also auch diejenigen, die überhaupt nicht mit einem Computer arbeiten. Auch die Zahl der besonders positiven *Ja, sehr*-Antworten ist beträchtlich, 11,0% für *Gerne* und 22,9% für *Erleichterung*.

Das ist sicher eine überwältigend positive Einschätzung der Computerarbeit. Eine Schlüsselfrage für den Stand der Entwicklung zur Informationsgesellschaft ist der Besitz von Computern in den privaten Haushalten. Unsere Frage lautete: *Haben Sie in Ihrem Haushalt einen Computer?* Die Verteilung der Ja-Antworten zeigt Abb.16.

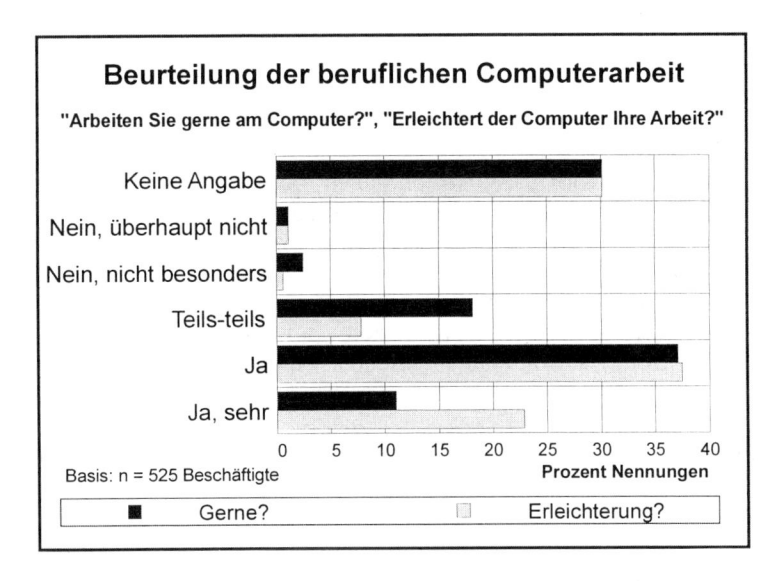

Abb.15: Die Beurteilung der beruflichen Computerarbeit

"Haben Sie in Ihrem Haushalt einen Computer?"

[Balkendiagramm mit folgenden Gruppen:
- Beschäftigte Männer, n = 323
- Beschäftigte Frauen, n = 202
- Nichtbeschäftigte Männer, n = 53
- Nichtbeschäftigte Frauen, n = 172
- Ruheständler Männer, n = 74
- Ruheständler Frauen, n = 108
- Gesamt Männer, n = 453
- Gesamt Frauen, n = 483

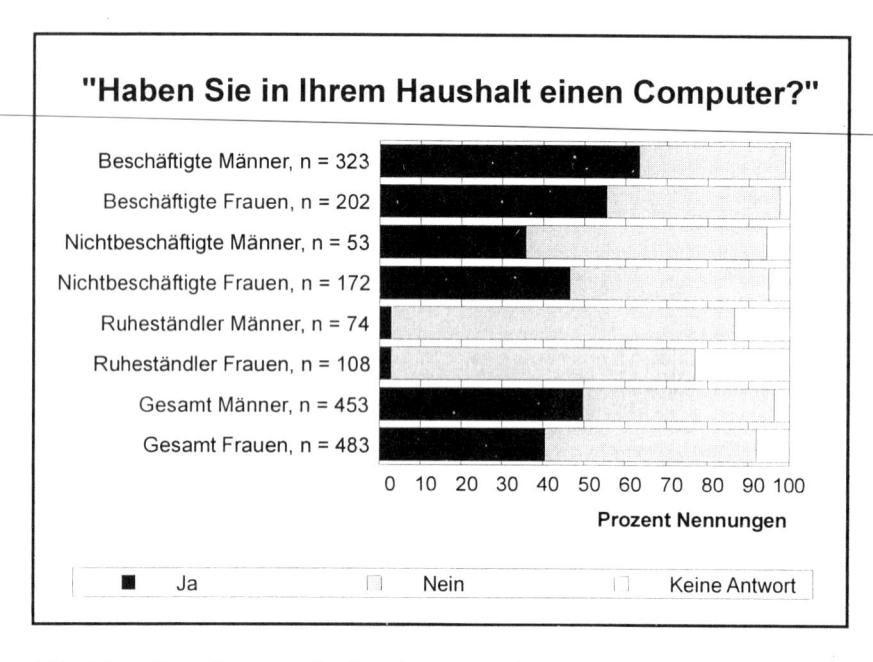

Skala: 0 bis 100 Prozent Nennungen
Legende: ■ Ja, □ Nein, □ Keine Antwort]

Abb.16.: Der Computerbesitz der Haushalte, aufgeschlüsselt nach Gruppen und Geschlecht

Die höchste Quote von *Ja*-Antworten gaben die beschäftigten Männer mit 63,2%, gefolgt von den beschäftigten Frauen mit 55,4%. Das sind unerwartet hohe Zahlen. Sie sind deutlich höher als in der Spiegel-Studie (Spiegel-Verlag und manager magazin (1996), Codeplan S. 54), in der für die Personengruppe, die unseren Beschäftigten entspricht, ohne Trennung nach Geschlecht 40,5% *Ja*-Antworten auf die Frage nach dem Haushaltsbesitz eines Computers berichtet werden. Diese Zahlen zeigen zweierlei: Die Verbreitung der Computer hat beim berufstätigen Teil der Gesamtbevölkerung die Hälfte, die "magische" Fünfzigprozentgrenze, überschritten, und die von uns untersuchte ländliche Region steht sicher nicht hinter den Stadt- und Großstadtbezirken zurück.

Bei den Nichtbeschäftigten gaben die Männer 35,8%, die Frauen 46,5% Computerbesitz im Haushalt an. Bemerkenswert ist hier der höhere Prozentsatz der Frauen, der sicher zum Teil auf Ja-Antworten von Frauen zurückgeht, deren Männer den Computer im Haushalt allein benutzen. Die

Ruheständler treten hier hingegen kaum in Erscheinung: Von den Männern gaben 2,7%, von den Frauen 2,8% den Computerbesitz im Haushalt an.

Werden die Antworten auf diese Frage auf die Haushalte als statistische Einheiten bezogen, so ergeben sich 40,9% *Ja*-Antworten von 518 Haushalten. Werden diejenigen Haushalte, deren ältestes Mitglied 65 Jahre oder älter ist, herausgenommen, so resultieren 53,4% *Ja*-Antworten von 393 Haushalten. Diese Haushalte entsprechen etwa den beiden Gruppen der Beschäftigten und der Nichtbeschäftigten der Untersuchung. Wieder ist die Fünfzigprozentgrenze überschritten.

Noch aufschlussreicher als der Besitz von privaten Computern ist sicher das Ausmaß ihrer Nutzung. Die Antworthäufigkeiten auf eine entsprechende Frage lagen nur wenige Prozentpunkte unterhalb derer für den Computerbesitz.

Die größte Veränderung in den Nutzungsmöglichkeiten des persönlichen Computers seit seiner Einführung ist sicher die Vernetzung. Der Computer wird dabei zum universellen Endgerät für Telekommunikation. Die Anwendungen des Computers und der Telekommunikation ergänzen einander nicht nur ideal, sie potenzieren sich geradezu miteinander zu einer riesigen Palette neuer Möglichkeiten. Hier liegt der Angriffspunkt, von dem aus die moderne Informations- und Kommunikationstechnik die Lebensformen verändert. Die Grundfrage galt deshalb hier zunächst der Verbreitung von netzfähigen privaten Computern. Die erste Frage dazu lautete: *„Ist in Ihrem Haushalt ein Computer mit Modem und Netzzugang vorhanden?"* Die Verteilung der Antworten zeigt Abb.17.

Von den Beschäftigten gaben 13,3%, von den Nichtbeschäftigten 8,0% einen Netzzugang an. Von den Ruheständlern hatte ihn niemand. Auch hier sei kurz mit der Spiegel-Studie verglichen. Innerhalb der 35,6% aller Personen mit *Besitz oder Nutzung ohne Besitz* eines privaten Computers gaben 16,7% ein *Modem für DFÜ* an (Fragebogen/Codeplan S. 60). Auf die Gesamtstichprobe hochgerechnet bedeutet das 5,9%. Damit verglichen ist der Prozentsatz der hier untersuchten der Beschäftigten mehr als doppelt so hoch. Auf der anderen Seite gibt die Vergleichsstudie eine *Nutzung von Online-Diensten* gesamt in Höhe von 12,9% an (Fragebogen/Codeplan S.77). Dieser Prozentsatz bezieht sich auf die gesamte Population und ist daher mit den Angaben der Untersuchung unmittelbar zu vergleichen. Er enthält vor allem die berufliche Nutzung dieser Dienste. Auch damit verglichen schneiden die Befragten von Sternenfels hervorragend ab.

Allgemein wird man aber sagen müssen, dass die Computernutzer mit Netzzugang noch eine deutliche Minderheit sind, unter der Gesamtbevölkerung ebenso wie unter den Computernutzern.

Diese Minderheit ist aber doch schon groß genug für ein beträchtliches Potenzial der sozialen Diffusion.

"Ist in Ihrem Haushalt ein Computer mit Modem und Netzzugang vorhanden?"

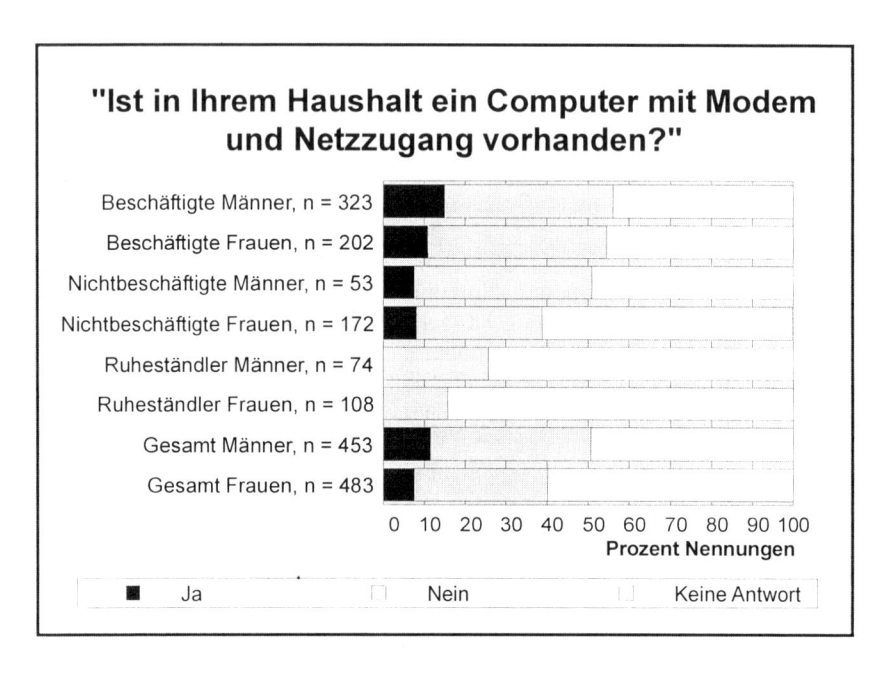

[Balkendiagramm mit folgenden Gruppen:
- Beschäftigte Männer, n = 323
- Beschäftigte Frauen, n = 202
- Nichtbeschäftigte Männer, n = 53
- Nichtbeschäftigte Frauen, n = 172
- Ruheständler Männer, n = 74
- Ruheständler Frauen, n = 108
- Gesamt Männer, n = 453
- Gesamt Frauen, n = 483

Skala: 0 bis 100 Prozent Nennungen
Legende: Ja, Nein, Keine Antwort]

Abb.17: Die Verbreitung netzwerkfähiger Computer, aufgeschlüsselt nach Gruppen und Geschlecht

Die Antworten auf die Frage nach Art und Häufigkeit der Nutzung der Computer in den Haushalten mit einer vierstufigen Antwortskala zur Häufigkeit Nie, Selten, Gelegentlich und Häufig zeigt Abb.18.

Bezugsgröße der angegebenen Prozentsätze sind jetzt nur die Personen, die eine private Computernutzung angaben. Die vorgegebenen Kategorien wurden in Abb.18 nach der Häufigkeit geordnet, mit der *regelmäßig* geantwortet wurde. Am häufigsten werden private Korrespondenz und private Verwaltung genannt. Textverarbeitung und Verwaltungsprogramme sind vom Büro her bekannt, so dass man ihren Nutzen erfahren hat und auch privat davon profitieren möchte. Das gilt auch für zu Hause ausgeübte, selbständige Berufs- oder Nebentätigkeit, die in unserer Rangordnung an dritter Stelle erscheint. Bemerkenswert ist sicher auch, dass besonders anspruchsvolle, auch berufsbezogene Nutzungen wie Lernprogramme, Programmieren, Statistik und Mathematik mit der geringsten Häufigkeit genannt werden. Die letzte Zeile bilden die Multimediaanwendungen, bei denen der Aspekt der privaten Unterhaltung überwiegen dürfte. Dass sie noch eine so geringe Rolle spielen, hängt sicher damit zusammen, dass bei Rechnern zu erschwinglichen Preisen nur mit den neuesten Modellen leidlich akzeptable Resultate zu erzielen sind, dass erst mit ihnen die langen Bearbeitungszeiten und häufigen Abstürze auch schon bei bescheidenen Graphiken, die Töne in Telefonqualität und die winzigen, unscharfen und ruckelnden Bewegtbilder langsam aussterben.

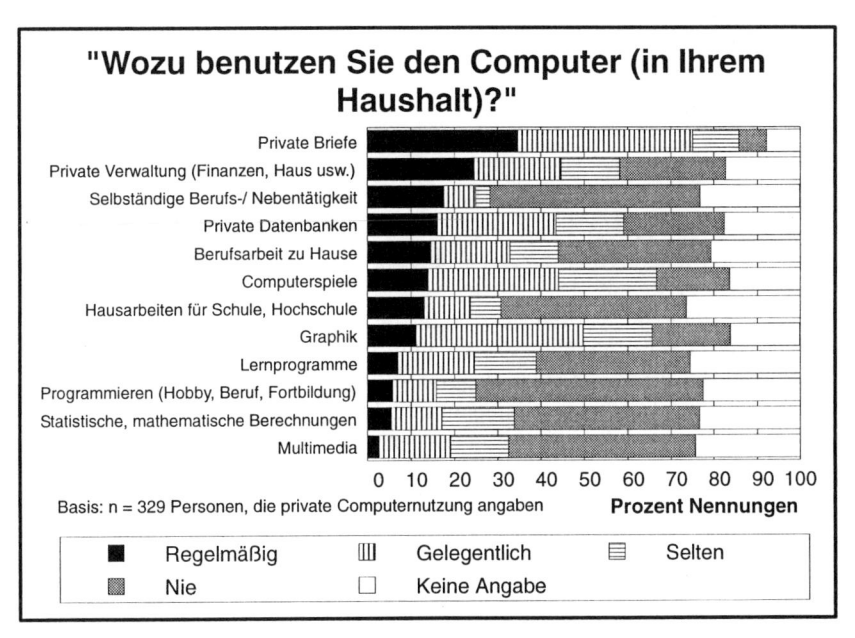

Abb.18: Die Benutzung der häuslichen Computer

Interessant ist auch, dass die Computerspiele nur im Mittelfeld landen. Ihre Verbreitung und Beliebtheit wird üblicherweise doch wohl etwas überschätzt. Die Reihung der privaten Computeranwendungen würde sich übrigens deutlich ändern, wenn sie nach der Kategorie *Gelegentlich* aufgestellt würde. Graphik und Computerspiele würden dann den zweiten und dritten Platz einnehmen. Das erweist sich bei näherem Hinsehen als erstaunlich richtig und informativ. Graphik und Computerspiele kann man leicht auch *gelegentlich* nutzen; die einzelnen Vorgänge bei selbständiger Berufs- und Nebentätigkeit oder bei privater Verwaltung laufen hingegen entweder auf dem Computer, dann braucht man ihn *regelmäßig,* oder sie werden noch „mit Papier und Bleistift" erledigt, dann braucht man ihn überhaupt nicht.

Alle Antworten auf die Frage nach der Nutzung des häuslichen Computers wurden einer Faktorenanalyse unterzogen. Das Ergebnis lieferte fünf orthogonale, also voneinander unabhängige Faktoren:
- Privatangelegenheiten (Korrespondenz, Verwaltung, Graphik, Datenbank),
- Programmieren und Statistik,
- Schularbeiten, Lernen, Fortbildung,
- Spiele und Multimedia sowie
- Berufstätigkeit.

Insgesamt sprechen die dargestellten Häufigkeiten dafür, dass die privaten Computer zwar schon recht rege benutzt werden, ihre Möglichkeiten aber noch längst nicht ausgeschöpft sind. Die Nutzung der Netzzugänge für die einzelnen möglichen Zwecke zeigt Abb.19.

Die Prozentangaben wurden jetzt auf die Personen bezogen, die einen privaten Netzzugang angaben. Auch hier wurden die einzelnen Angaben wieder nach der Häufigkeit der *Regelmäßig*-Antworten geordnet. An erster Stelle steht mit 40,9% das Homebanking. Es folgen mit 17,0% das Faxen und mit 12,5% die elektronische Post. Am Ende stehen die Anwendungen, bei denen die Netze es offensichtlich noch sehr viel schwerer haben, herkömmliche Verhaltensweisen zu ändern: Diskussionsforen, für die wohl immer noch die Face-to-face-Kommunikation bevorzugt wird, und Nachrichten, Wetter, Zeitschrifteninformation, die von den herkömmlichen Medien in einer leicht zugänglichen und gewohnten Weise geliefert werden. Auch der Gesamtkomplex des Teleshopping im weitesten Sinne, der Abfrage von Werbung, des Buchens und Bestellens, liegt mit winzigen Häufigkeiten am Ende der regelmäßigen privaten Nutzung.

"Wozu benutzen Sie die Computernetze (von zu Hause aus)?"

Bankzugang (Homebanking)	
Fax versenden und empfangen	
Elektronische Post	
Software herunterladen	
Informationen holen (Datenbanken usw.)	
Zur Unterhaltung surfen	
Auskünfte (Telefonnummern, Fahrpläne usw.)	
Waren, Eintrittskarten bestellen, Reisen buchen	
Werbung, Produktinformation, Warenkataloge	
Diskussionsforen	
Nachrichten, Wetter, elektron. Zeitschriften	

0 10 20 30 40 50 60 70 80 90 100

Basis: n = 88 Personen, die privaten Netzzugang angaben   **Prozent Nennungen**

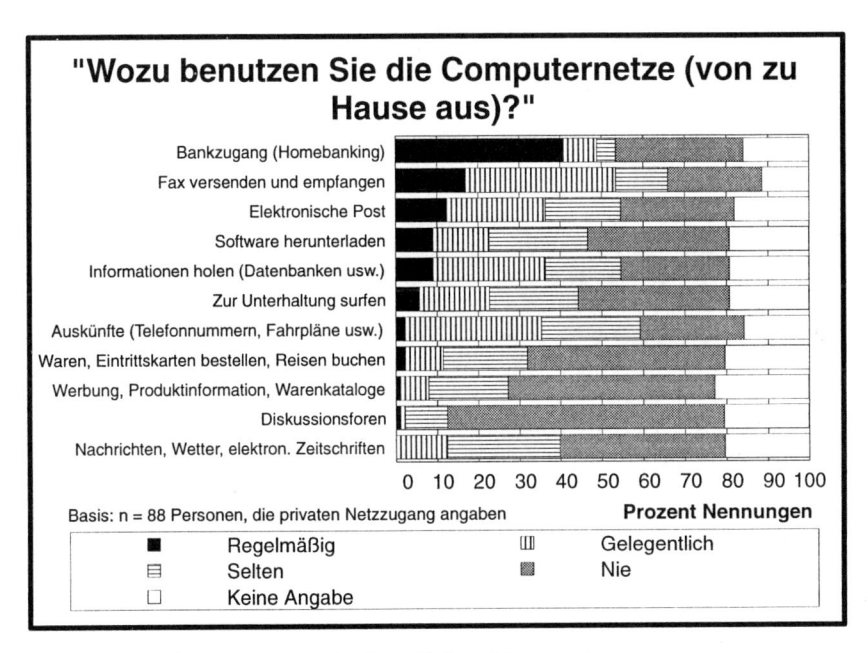

- ■ Regelmäßig
- ▥ Gelegentlich
- ▤ Selten
- ▪ Nie
- ☐ Keine Angabe

Abb.19:   Die Benutzung der häuslichen Netzzugänge

Diejenigen Funktionen, bei denen schnell ein beträchtlicher Nutzen, also die Ersparnis von Zeit und Aufwand, erkannt wird, stehen bei der Akzeptanz der Netze im Vordergrund. Eher „weiche" Funktionen mit lockeren und spielerischen Komponenten wie Unterhaltung und Werbung, ziehen noch kaum jemanden der Befragten ins Netz. Bemerkenswert ist die bisher geringe Akzeptanz des Teleshopping. Einkaufen ist eben immer noch zu einem großen Teil sinnliches Erlebnis, und es kann ja im Netz allein nicht stattfinden. Für wichtige Teilvorgänge wie das Bezahlen sind noch nicht alle mit dem Netz zusammenhängenden Probleme gelöst. Zustellung und Rückgabe der Waren bei Reklamationen verlangen eine Logistik, die weit über das Rechnernetz hinausgeht. Für das Teleshopping sei die Prognose gewagt: Es wird erst in Gang kommen, wenn andere Funktionen schon zu großen Teilen und mit alltäglicher Selbstverständlichkeit über das Netz erledigt werden und wenn die geschilderten Sonderprobleme gelöst sind - wozu nicht zuletzt leistungsfähige Zustellunternehmen gehören.

Die Faktorenanalyse der angegebenen Nutzungen der Computernetze brachte drei unabhängige Faktoren:
- Surfen, Nachrichten, Diskussionsforen, Werbung, Teleshopping,
- Elektronische Post, Fax und Software laden sowie
- Bankzugang und Auskünfte.

5.4 Computerkenntnisse

Für die Selbsteinschätzung der Computerkenntnisse wurde eine siebenstufige Skala vorgegeben. Die einzelnen Stufen enthielten einen kurzen Bezeichner und einen charakterisierenden Satz nach Tab.2. Die Antworten zeigt Abb.20.

Auf der Skala von 1 bis 7 erzielten die Beschäftigten einen Mittelwert von 3,45, etwa in der Mitte zwischen *mäßige* und *gute* Kenntnisse. Die Nichtbeschäftigten erreichten 2,26, also eher *fast keine* und die Ruheständler 1,19, also *keine* Kenntnisse. Von den Beschäftigten haben 19,8%, ein rundes Fünftel oder 104 von 525 Personen, s*ehr gute* oder bessere Kenntnisse angegeben. Das ist natürlich ein gutes Potenzial für eine qualifizierte Beschäftigung am und mit dem Computer, bei weiteren günstigen Bedingungen auch für Telearbeit. Bei den Nichtbeschäftigten beträgt der entsprechende Prozentsatz gerade noch 3,6% oder 8 von 225 Personen. Ohne engagierte und intensive Fortbildung dürften hier nur wenige Personen Chancen auf computergestützte Arbeitsplätze haben. Es kann heute keinem Zweifel mehr unterliegen, dass vernetzte Computer für Senioren in der nahen Zukunft beträchtliche Chancen für eine erleichterte und anregungsreichere Lebensführung bieten. Die Gruppe der Ruheständler in der Sternenfelsbefragung dürfte davon aber noch weit entfernt sein.

Bei der Selbsteinschätzung der Computerkenntnisse ist ein Blick auf den Geschlechterunterschied sehr aufschlussreich. Er ist in Abb.20 enthalten. Von den beschäftigten Männern geben 27,3% *sehr gute* oder bessere Computerkenntnisse an, von den beschäftigten Frauen nur 7,9%. Dabei geht es nach unserer Definition in Tab. 1 um eine Arbeit mit dem Computer, die auch dessen Einrichtung und Konfiguration betrifft. Nimmt man die Antwortkategorie *gute* Computerkenntnisse hinzu, gleichen sich die Zahlen nahezu an: Jetzt erhalten wir 48,4% Männer und 44,5% Frauen. Ein sehr großer Prozentsatz der Frauen schätzt seine Computerkenntnisse als *gut* ein. Nach unserer Definition in Tab.1 entspricht das qualifizierter, computergestützter Büroarbeit in Sekretariat oder Sachbearbeitung. Hier sind die

Männer nur in einem deutlich geringeren Prozentsatz vertreten. In diesen Ergebnissen dürften drei Faktoren konfundiert sein: der höhere Anteil an Büroarbeit, verglichen mit Arbeit in der Fertigung bei Frauen, der höhere Grad und die andere Art der Computerausstattung im Büro, verglichen mit der Werkstatt, und schließlich der geschlechtsspezifische Unterschied im Umgang mit dem Computer. Der Unterschied in den Antwortverteilungen zwischen Männern und Frauen ist statistisch hoch signifikant ($\chi^2 = 45{,}1$; df = 6; $\alpha < 0{,}01$).

Tab.2: Die Kategorien für die Selbsteinschätzung der Computerkenntnisse

Zahl	Bezeichner	Charakterisierung
1	keine	Ich habe mich noch nicht mit Computern beschäftigt.
2	fast keine	Ich habe hin und wieder ein wenig herumprobiert oder ich kann Spiele starten
3	mäßige	Ich kann mit einem Anwenderprogramm (z.B. Textverarbeitung) etwas anfangen
4	gute	Ich kann mit einem (oder mehreren) Anwenderprogrammen (z.B. Textverarbeitung) zügig arbeiten
5	sehr gute	Ich kann Software installieren und mir bei kleineren Problemen selbst helfen
6	Beinahe-Profi	Ich kann Hard- und Software installieren und das System konfigurieren
7	Voll-Profi	Ich bin Computerexperte/in im Beruf oder als Hobby

Selbsteinschätzung Computerkenntnisse Beschäftigte

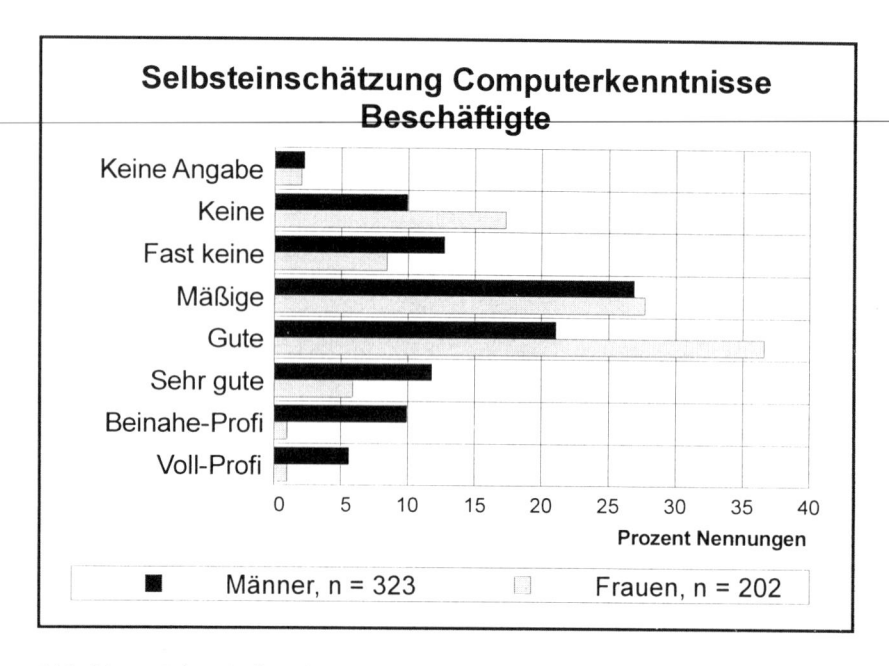

(Balkendiagramm mit Kategorien: Keine Angabe, Keine, Fast keine, Mäßige, Gute, Sehr gute, Beinahe-Profi, Voll-Profi; X-Achse: Prozent Nennungen 0–40; Männer, n = 323; Frauen, n = 202)

Abb.20: Die Selbsteinschätzung der Computerkenntnisse, nur Beschäftigte, getrennt nach Männern und Frauen

5.5 Bevölkerung und Telearbeit

Beim Thema Telearbeit sollten drei Dinge über die Gesamtbevölkerung in Erfahrung gebracht werden: die Ausbreitung von Kenntnissen, das Interesse und schließlich der Stand der Voraussetzungen bei der Gestaltung und Organisation der Arbeit und im privaten Bereich. Die Anwärmfrage lautete: *„Bei der Diskussion über neue Formen der Arbeit taucht in den Medien in letzter Zeit immer wieder der Begriff Telearbeit auf. Haben Sie schon etwas von Telearbeit gehört?"* Bei den Beschäftigten antworteten 44,0%, bei den Nichtbeschäftigten 35,6% mit *Ja, etwas* und 9,0% bzw. 5,8% mit *Ja, viel*. Das ist ein beträchtlicher Bekanntheitsgrad, zu dem natürlich sicher auch die Befragung und die mit ihr verbundene Kampagne beigetragen haben. Nur die Gruppe der Ruheständler gab hier deutlich weniger positive Antworten.

Als nächstes wurden die Bedenken gegen Telearbeit abgefragt. Einer kurzen, vierzeiligen Information über die wichtigsten Merkmale der alternierenden Telearbeit folgte die Frage: *„Glauben Sie, dass diese Art zu arbeiten überhaupt funktionieren kann?"* Die Antwortvorgaben enthielten zwei negative Behauptungen, *„Interessiert mich nicht"* und *„Nein, glaube ich nicht"*, zwei abgestufte mittlere Stellungnahmen mit dem Wort *vielleicht* und schließlich eine massive, einschränkungslos positive Behauptung, *„Ja, ich bin sicher, dass Telearbeit bei bestimmten Arbeiten funktionieren kann"*. Die Antworten zeigt Abb.21. Von den Beschäftigten sind sich 51,8%, von den Nichtbeschäftigten 44,0% sicher, dass Telearbeit als Form der Arbeitsgestaltung brauchbar ist. Das ist ein klares Votum. Gut einzusehen ist, dass sich die Ruheständler hier schlicht zurückhielten. Sie fühlen sich nicht betroffen und wenig informiert. Deshalb gaben 69,2% entweder überhaupt keine oder die Antwort *„Interessiert mich nicht"*.

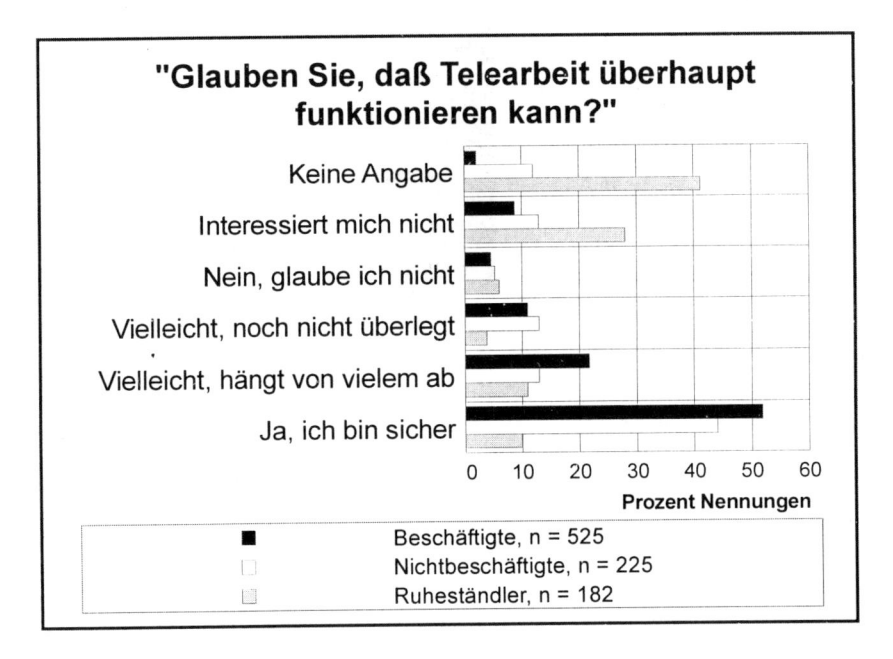

Abb. 21:   Die Praktikabilität der Telearbeit

Die nächste Frage versucht, die persönlichen Möglichkeiten der Telearbeit bei den einzelnen Befragten auszuloten. Es sollte angegeben werden, in welchem Ausmaß die typischen Voraussetzungen im Arbeitsinhalt, den Arbeitsmitteln und der Arbeitsgestaltung erfüllt sind. Auf einer fünfstufigen Skala von „*trifft überhaupt nicht zu*" bis „*trifft völlig*" *zu* sollten die Befragten sieben einzelne Voraussetzungen beurteilen. Zusammen mit der Verteilung der Antworten sind sie in Abb.22 wiedergegeben, und zwar für die Gruppe der Beschäftigten.

Voraussetzungen für Telearbeit

- Hoher Anteil Schreibtischarbeit
- Hoher Anteil Computerarbeit
- Phasen konzentrierter Einzelarbeit
- Klare Arbeitsergebnisse
- Selbständiges Arbeiten
- Unterlagen leicht nach Hause
- Arbeitszimmer, -ecke vorhanden

0 10 20 30 40 50 60 70 80 90 100
Prozent Nennungen

Basis: n = 525 Beschäftigte

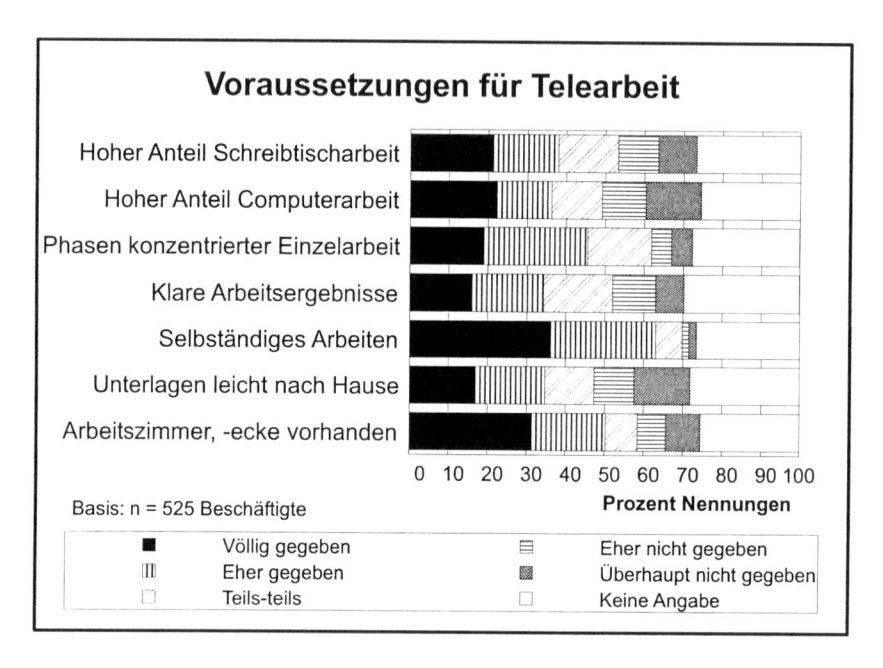

- ■ Völlig gegeben
- ⊞ Eher gegeben
- ☐ Teils-teils
- ☰ Eher nicht gegeben
- ▨ Überhaupt nicht gegeben
- ☐ Keine Angabe

Abb.22: Die Voraussetzungen der Telearbeit bei den Beschäftigten

Zunächst fällt auf, dass 36,2% der Beschäftigten ein *weitgehend selbständiges Arbeiten,* also das Fehlen einer ständigen Detailkontrolle bei der Arbeit, die sich ja bei Telearbeit nicht aufrechterhalten ließe, mit *trifft völlig zu* beurteilten. Das ist ein überraschend hoher Wert. Fast ebenso häufig, nämlich bei 31,4%, ist zu Hause ein *eigenes Arbeitszimmer oder ein Platz für ungestörtes Arbeiten* vorhanden oder leicht einzurichten. Alle anderen Bedingungen der Telearbeit wie *hoher Anteil Schreibtischarbeit* oder *hoher Anteil Computerarbeit* erhielten rund 20% *Trifft völlig zu*-Antworten. Bezieht man noch die *Trifft eher zu-Antworten* ein, so sehen zwischen 35% und 60% der Befragten zumindest deutliche Tendenzen zur Erfüllung der Voraussetzungen alternierender Telearbeit. Selbst wenn man diese Zahlen mit großer Vorsicht liest und eine beträchtliche Überschätzung der Möglichkeiten nicht ausschließt, wird das heute als realistisch angesehene Potenzial für Telearbeit von etwa 10% aller Arbeitsplätze (Glaser (1995), S. 20) weit übertroffen.

Im Anschluss an die grundsätzlichen Einstellungen zur Telearbeit fragten wir nach dem konkreten persönlichen Interesse. Die insgesamt 7 Antwortvorgaben erlaubten eine feine Differenzierung auch nach dem Umfang der angestrebten Telearbeit. Die Antworten verteilen sich wie folgt:

Von den Beschäftigten gaben 19,8% an, an Telearbeit im Umfang von mindestens einem Tag pro Woche interessiert zu sein. Das waren immerhin 104 Personen. Auch hier zeigt sich wieder das Potenzial, das für Telearbeit heute schon vorhanden ist. Die verbreitete Annahme, dass etwa 10% aller Arbeitsplätze telearbeitsgeeignet seien, verlangt hier nur, jede zweite von diesen Antworten als realistisch einzuschätzen. Der entsprechende Prozentsatz war 14,7% bei den Nichtbeschäftigten. Er entsprach 33 Personen. Nicht verwunderlich ist hier die größere Zahl fehlender oder *Betrifft mich nicht*-Antworten. Andererseits war zu erwarten, dass *Telearbeit nicht möglich* bei den Nichtbeschäftigten seltener genannt werden würde, da diese Antwort vor allem im Blick auf einen vorhandenen Arbeitsplatz sinnvoll ist.

Bei den meisten der Fragen gab es keine bedeutsamen Geschlechtsunterschiede in den Antworten. Das gilt auch für das persönliche Interesse an Telearbeit. Weil hier aber doch oft vermutet wird, Telearbeit sei eher Frauensache, sind die Antworten in Abb.23 nach Geschlechtern getrennt wiedergegeben.

In diese Darstellung wurden alle Personen einbezogen, die diese Frage beantwortet haben, also ohne Rücksicht auf die Gruppen der Beschäftigten und der Nichtbeschäftigten. Die Übereinstimmung zwischen Männern und Frauen ist außerordentlich hoch. Dass mehr Männer Telearbeit als für sich selbst nicht möglich bezeichnen, hängt sicher mit ihrer Überzahl in bestimmten Bereichen der Fertigung zusammen. Eine etwas größere Nähe der Frauen zum Haushalt könnte hinter dem höheren Prozentsatz beim Interesse an mehr als zwei Tagen Telearbeit pro Woche stecken.

"Wären sie persönlich an Telearbeit interessiert?"

- Betrifft mich nicht
- Telearbeit nicht möglich
- Nein, überhaupt nicht
- Vielleicht
- 1 Tag pro Woche
- 1-2 Tage pro Woche
- Mehr als 2 Tage pro Woche

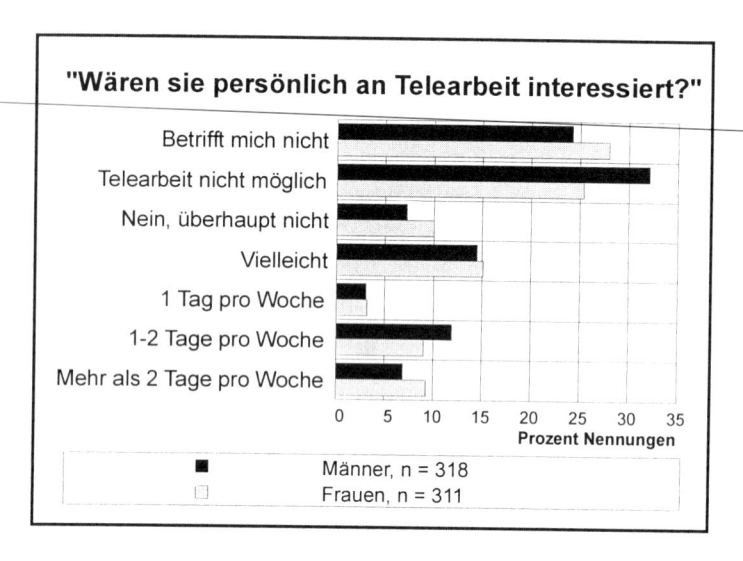

0 5 10 15 20 25 30 35
Prozent Nennungen

■ Männer, n = 318
☐ Frauen, n = 311

Abb.23: Das persönliche Interesse an Telearbeit, aufgeschlüsselt nach Geschlecht

"Glauben Sie, daß Ihr Arbeitgeber gegenüber Telearbeit aufgeschlossen wäre?"

- Keine Angabe
- Betrifft mich nicht
- Telearbeit nicht möglich
- Nein, garnicht
- Weiß ich nicht
- Nur wenig
- Ja, etwas
- Ja

0 5 10 15 20 25
Prozent Nennungen

Basis: n = 525 Beschäftigte

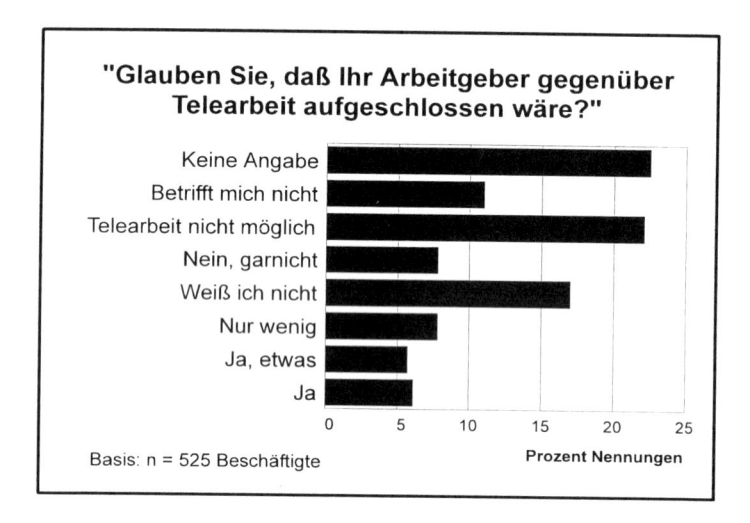

Abb.24: Die vermutete Aufgeschlossenheit des eigenen Arbeitgebers für Telearbeit

Außer bei den Selbständigen gehören zur Telearbeit immer zwei - der Arbeitgeber muss mitspielen. Deshalb fragten wir nach der vermuteten Aufgeschlossenheit des eigenen Arbeitgebers für Telearbeit. Die Antworten zeigt Abb.24. An den gerade besprochenen Resultaten gemessen erscheinen sie ernüchternd. Gerade 11,8% der Beschäftigten sehen ihren Arbeitgeber wenigstens etwas aufgeschlossen, 17,0% wissen es nicht.

6. Mobile Telearbeit: das Beispiel Digital Equipment GmbH

In der zweiten Hälfte des Jahres 1996 hat die Firma Digital Equipment GmbH für den Vertrieb in ihrer Niederlassung Frankfurt/Main ein Business Center eingerichtet. Mit einem neuen Gestaltungs- und Nutzungskonzept auf der Basis von Desksharing sollten die Kundenorientierung gesteigert, die Produktivität und Mobilität des Vertriebs erhöht, die Motivation der Mitarbeiter verbessert und die Kosten für den Büroraum gesenkt werden. Die vier tragenden Säulen des Geschäftsbetriebes, Arbeitsorganisation, Informations- und Kommunikationstechnik, Räumlichkeiten und Humanfaktoren wurden gemeinsam umgestaltet und optimiert. Die Wünsche, Erwartungen und Befürchtungen der Mitarbeiter wurden fünf Monate vor der Eröffnung des Business Centers mit einer zweistufigen, anonymen Mitarbeiterbefragung erhoben. Neun Monate nach der Eröffnung wurden die Resultate evaluiert.

Da Vertriebsmitarbeiter einen hohen Anteil der Arbeitszeit außerhalb des Büros der eigenen Firma verbringen, lag es nahe, Schreibtische und Büroraum durch Desksharing rationeller zu nutzen. Im herkömmlichen Bürobetrieb sind die Schreibtische den einzelnen Mitarbeitern für lange Zeiträume fest zugewiesen, so dass sie bei deren Abwesenheit vom Büro oder auch schon bei Besprechungen grundsätzlich leer stehen. Beim Desksharing wählen die Angestellten hingegen nach jedem Betreten des Büros einen beliebigen freien Tisch, den sie beim Verlassen des Büros vollständig abgeräumt wieder freigeben. Eine Reservierung ist nicht möglich. Die Zahl der benötigten Tische ist dabei deutlich geringer als die Zahl der Mitarbeiter; im vorliegenden Falle wurde das Verhältnis 1:2 gewählt. Dieser Anteil wurde in der Vorbefragung von den meisten Vertriebsmitarbeitern für praktikabel gehalten und reichte später selbst zur Spitzendeckung aus.

Desksharing ist mit einigen grundlegenden Problemen verbunden, in denen technische, organisatorische und psychologische Fragen zusammentreffen. Sie konnten elegant und ganzheitlich gelöst werden.

Die mobilen Vertriebsmitarbeiter verbringen nur einen Teil ihrer Arbeitszeit im Büro und erledigen hier vor allem diejenigen Aufgaben, bei denen Kommunikation und Gruppenarbeit sowie die Nutzung von Akten und Unterlagen, die nur in den Geschäftsräumen vorliegen, dominieren. Deshalb wurde das Büro architektonisch so gestaltet, dass schon die Konfiguration der Räume und der Verlauf der Wege die Mitarbeiter zu Kooperation und Kommunikation einladen sollten. Das führte ein Stück weit in Richtung Großraumbüro. Um den starken psychologischen Barrieren und massiven Ängsten der Mitarbeiter vor dem Großraumbüro, die sich auch in der Vorbefragung gezeigt hatten, zu begegnen, wurde eine abwechslungsreich gegliederte, ästhetisch ansprechende, offene Bürolandschaft mit Möbeln in anspruchsvollem Design angelegt. Die Mitarbeiter haben das, wie aus Abb.27 hervorgeht, in der Nachbefragung auch als deutlichen Vorteil genannt.

Die Schreibtische wurden in einer aufgelockerten Anordnung in zwei großen Mobilbereichen aufgestellt. Daran schließen sich vier kleinere Besprechungsräume für ungestörte Gruppenarbeit und vier weitere kleine Räume für vertrauliche Telefonate, persönliche Gespräche oder ungestörte Einzelarbeit an. Darüber hinaus gibt es einen offenen Kommunikationsbereich, die *Piazza,* mit Sitzgruppen, Stehtischen und einer kleinen Teeküche.

Der anonyme Fragebogen wurde im Juli 1996 an 82 Vertriebsmitarbeiter verteilt, 60 auswertbare Bögen kamen zurück. Die Rücklaufquote war also 73%, ein für eine Mitarbeiterbefragung sehr gutes Ergebnis. Die Idee des mobilen Arbeitens fand große Zustimmung; von den Antworten lauteten 89% auf *positiv* oder *sehr positiv.*

Die Bögen für die wiederum anonyme Nachbefragung wurden im August 1997, also nach neun Monaten Erfahrung, an diejenigen 52 Mitarbeiter verteilt, die auch zur Zeit der Vorbefragung im Vertrieb tätig waren. Der Rücklauf betrug 36 Bögen, also 69%. Hier war zunächst die Einführungsstrategie zu beurteilen. Die Befragten bewerteten alle Dimensionen, die Arbeit des Projektteams, Einbeziehung der Mitarbeiter, Training und Schulung, Vorbereitung und Realisierung des Umzuges sowie schließlich Eingehen auf Kritik und Verbesserungsvorschläge, sehr gut.

Gute Kundenorientierung verlangt ein durchdachtes Management der telefonischen Erreichbarkeit. Zunächst einmal muss der Mitarbeiter, wenn er im Büro ist, an einem beliebig gewählten Tisch unter seiner festen Durchwahlnummer zu sprechen sein. Dafür wurde eine Telefonanlage mit schnurlosen Apparaten für alle Mitarbeiter installiert. Jeder kann also sein Telefon überall im Business-Centers mit sich herumtragen. Diese Lösung ist wesentlich günstiger als das Einloggen in die Telefonanlage über feste Tischapparate, weil der Mitarbeiter auch beim vorübergehenden Verlassen des Schreibtisches erreichbar bleibt. In der Nachbefragung wurden darüber sehr positive Erfahrungen berichtet (Abb.25).

Nachbefragung Business Center Frankfurt

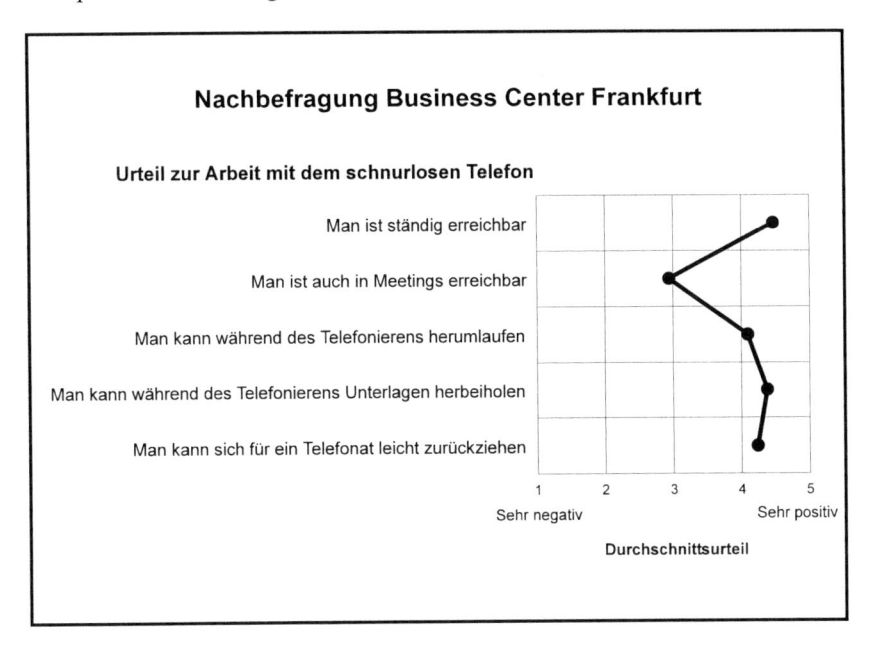

Urteil zur Arbeit mit dem schnurlosen Telefon

Aussage	Durchschnittsurteil (1 Sehr negativ – 5 Sehr positiv)
Man ist ständig erreichbar	~4,5
Man ist auch in Meetings erreichbar	~3
Man kann während des Telefonierens herumlaufen	~4
Man kann während des Telefonierens Unterlagen herbeiholen	~4,3
Man kann sich für ein Telefonat leicht zurückziehen	~4,3

Abb.25: Die Beurteilung des schnurlosen Bürotelefons unter Desksharing

Mit einer Liste von negativen Möglichkeiten sollten in der Vorbefragung die Befürchtungen hinsichtlich der Arbeit im Business Center erfasst und mit den späteren Erfahrungen, die in der Nachbefragung erhoben wurden, verglichen werden. Das Ergebnis enthält Abb.26. Die Antworten der Vorbefragung offenbaren die typischen Befürchtungen gegenüber dem Teilen der Schreibtische: *Zu wenige Ablagemöglichkeiten, Arbeit kann nicht liegen bleiben, Kollegen hinterlassen den Schreibtisch nicht einwandfrei*, und gegenüber dem Großraumbüro: *Zu hoher Lärmpegel, Zu viel Unruhe und Bewegung im Raum* und *Zu wenig ungestörte Gespräche und Telefonate*.

Wie die Erfahrungen zeigen, erfüllten sich die meisten dieser Befürchtungen später definitiv nicht. Die Bereitstellung von Bürobedarf und persönlichen Utensilien wurde offenbar perfekt gelöst. Konflikte über die Wahl des Schreibtisches blieben komplett aus und die Tische wurden überwiegend in einwandfreiem Zustand vorgefunden, was ein täglicher Reinigungsdienst sicherstellt.

Ungestörte Gespräche und Telefonate waren problemlos im gewünschten Ausmaß möglich. Einige Befürchtungen, vor allem die typischen gegenüber dem Großraumbüro, wurden hingegen zum Teil bestätigt: der *Zu hohe Lärmpegel* sowie *Unruhe und Bewegung im Raum*. Bei der Einrichtung eines weiteren Business-Centers in einer anderen Niederlassung wurden deshalb später zusätzliche *Silent rooms* für ungestörte Einzelarbeit unter Telefonverbot vorgesehen.

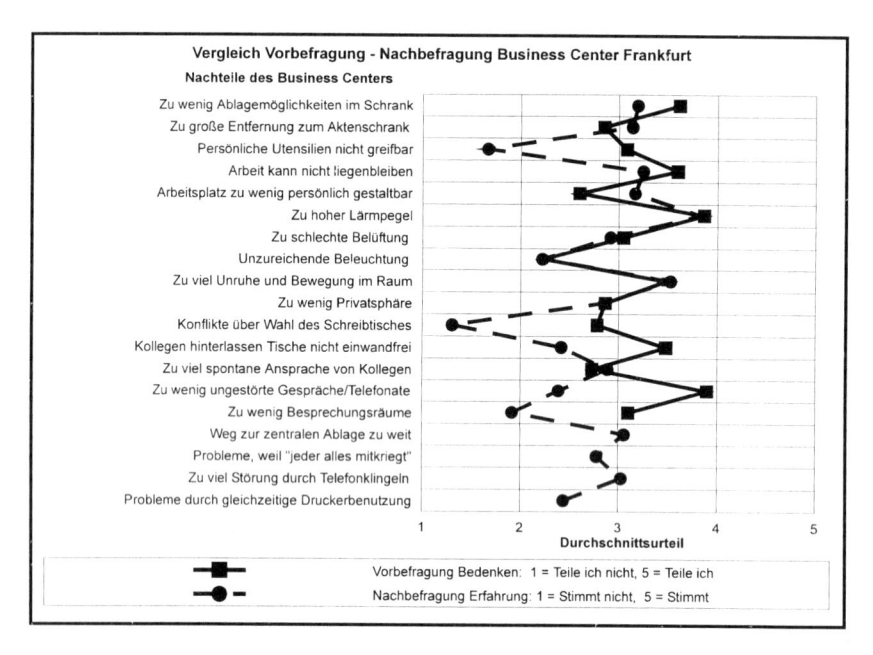

Abb.26: Die Beurteilung möglicher Nachteile der Arbeit unter Desksharing vor und nach deren Einführung

Eine der wichtigsten Fragen der Nacherhebung lautete „*Wo sehen Sie Vorteile gegenüber früher?*" Die Befragten sollten hier zu einer umfassende Liste möglicher positiver Auswirkungen des Business Centers Antworten zwischen 1 *Stimmt nicht* bis 5 *Stimmt* geben. Die Antworthäufigkeiten zeigt Abb.27.

Nachbefragung Business Center Frankfurt
Vorteile des Business Centers

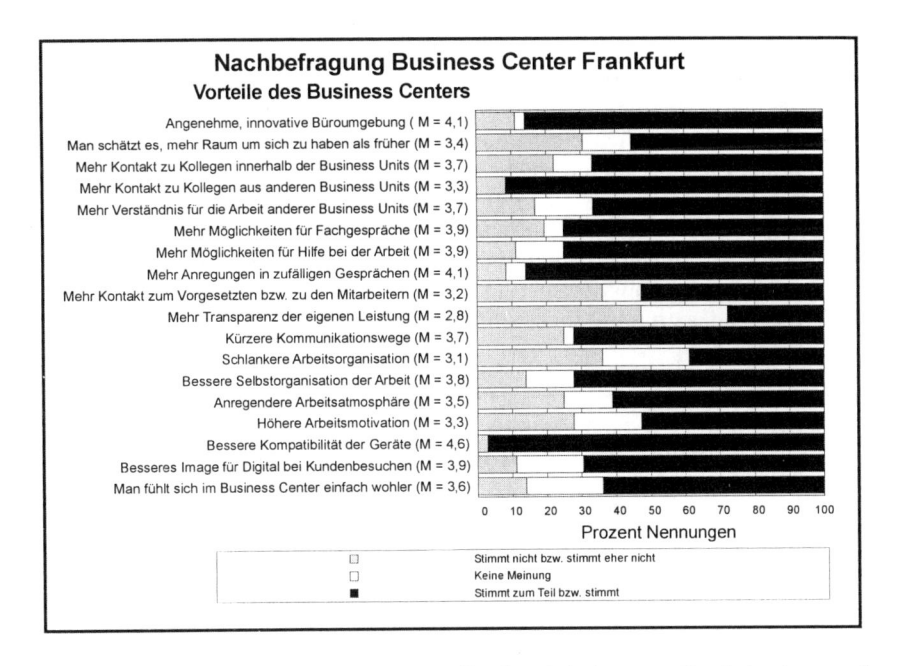

- Angenehme, innovative Büroumgebung (M = 4,1)
- Man schätzt es, mehr Raum um sich zu haben als früher (M = 3,4)
- Mehr Kontakt zu Kollegen innerhalb der Business Units (M = 3,7)
- Mehr Kontakt zu Kollegen aus anderen Business Units (M = 3,3)
- Mehr Verständnis für die Arbeit anderer Business Units (M = 3,7)
- Mehr Möglichkeiten für Fachgespräche (M = 3,9)
- Mehr Möglichkeiten für Hilfe bei der Arbeit (M = 3,9)
- Mehr Anregungen in zufälligen Gesprächen (M = 4,1)
- Mehr Kontakt zum Vorgesetzten bzw. zu den Mitarbeitern (M = 3,2)
- Mehr Transparenz der eigenen Leistung (M = 2,8)
- Kürzere Kommunikationswege (M = 3,7)
- Schlankere Arbeitsorganisation (M = 3,1)
- Bessere Selbstorganisation der Arbeit (M = 3,8)
- Anregendere Arbeitsatmosphäre (M = 3,5)
- Höhere Arbeitsmotivation (M = 3,3)
- Bessere Kompatibilität der Geräte (M = 4,6)
- Besseres Image für Digital bei Kundenbesuchen (M = 3,9)
- Man fühlt sich im Business Center einfach wohler (M = 3,6)

Prozent Nennungen

☐ Stimmt nicht bzw. stimmt eher nicht
☐ Keine Meinung
■ Stimmt zum Teil bzw. stimmt

Abb.27: Die Beurteilung der Vorteile der Arbeit unter Desksharing nach deren Einführung

Offenbar wurden sämtliche vorgegebenen Vorteile zumindest der Tendenz nach gesehen. Am besten schnitt die neue technische Ausstattung, *Bessere Kompatibilität der Geräte,* ab. Bemerkenswert ist, dass, neben der *Angenehmen, innovativen Büroatmosphäre,* soziale und kommunikative Erfahrungen besonders gut beurteilt wurden: Die Zustimmungen reichen von *Mehr Kontakt zu Kollegen aus anderen Business Units* über *Mehr Anregungen in zufälligen Gesprächen, Mehr Möglichkeiten für Hilfe bei der Arbeit, Mehr Möglichkeiten für Fachgespräche* bis zu *Kürzere Kommunikationswege.* Dieses überragend positive Ergebnis ist äußerst wichtig, weil es die zentralen Befürchtungen gegenüber mobiler Telearbeit mit Desksharing klar widerlegt. Im Kern lauten diese Befürchtungen, dass gerade die Kommunikation unter dem hohen Zeitanteil der Abwesenheit vom Büro und dem fehlenden eigenen Schreibtisch massiv leide. Sie trafen aber offensichtlich gerade nicht ein. Das regt zu Spekulationen über die Gründe an. Es erscheint nicht unplausibel, dass eine Ursache in der räumlichen Mobilität innerhalb des Büros und in der locker gegliederten, offenen Bürolandschaft mit ihren Architektur gewordenen Einladungen zu den verschiedensten Formen der Kommunikation liegt. Eine andere Ursache ist sicher darin zu finden, dass die Mitarbeiter bei der uneingeschränkten räumlichen und zeitlichen Flexibilität ihrer Arbeitsweise auch den optimalen Kommunikationsmix fanden.

Das Teilen der Schreibtische ist eine besondere Barriere gegenüber mobiler Telearbeit. Sie kann überwunden werden, wenn auch die Infrastruktur und die Unterstützungsfunktionen des Bürobetriebs entsprechend gestaltet werden. Dass das grundsätzlich gelingen kann, zeigt Abb.28.

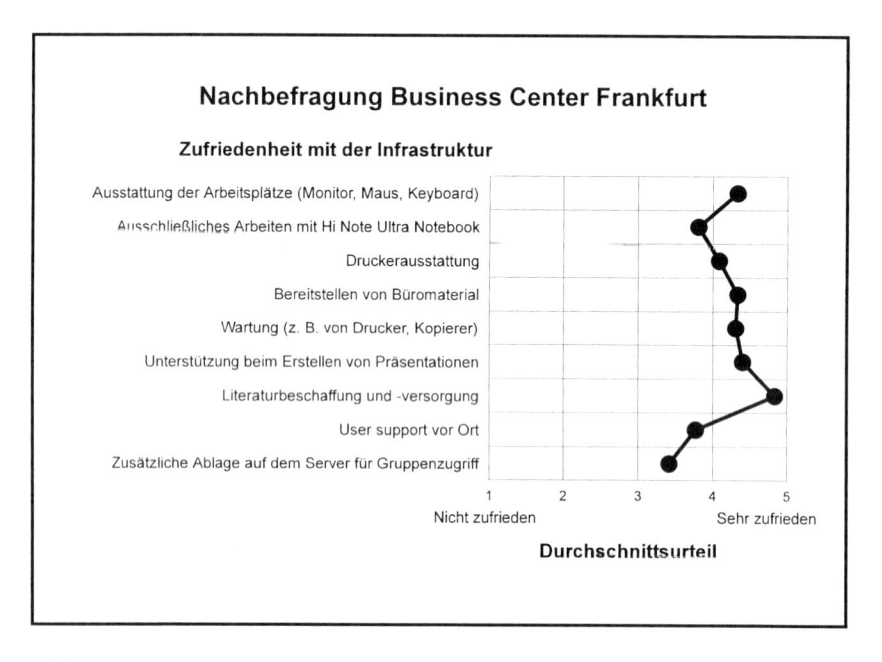

Abb.28: Die Zufriedenheit mit der Infrastruktur unter Desksharing

Die diskutierten Ergebnisse sind Mittelwerte über alle Befragten. Solche Mittelwerte können wichtige Unterschiede zwischen den einzelnen Personen verdecken. Besonders aufschlussreich war hier die Frage: *„Angenommen, Sie hätten die Wahl: Würden Sie lieber in Ihrer alten Umgebung arbeiten, so wie sie früher war?"* Sie erhielt 19% *Ja*- und 72% *Nein*-Antworten (Abb.29). Das runde Fünftel der Personen, die hier mit *Ja* antworteten, sah nahezu alle Nachteile in der Liste von Abb.26 mit Durchschnitten größer als 4,0. Für die große Mehrheit, die mit *Nein* antwortete, sanken andererseits die Bedenken auf Durchschnittswerte unter 3,0, mit Ausnahme allerdings des Lärmpegels, der Unruhe im Raum und der Wege zur zentralen Ablage. Dieses Phänomen ist in der Psychologie unter dem Namen *Halo-Effekt* bekannt. Wer etwas im ganzen negativ sieht, beurteilt auch alle Teile negativ. Offensichtlich gab es eine Teilgruppe von Personen, die doch noch deutlich am festen Schreibtisch und herkömmlichen Einzelbüro hingen.

Nachbefragung Business Center Frankfurt

Prozent

Ja	19
Keine Meinung	8
Nein	72

Würden Sie lieber in Ihrer früheren Umgebung arbeiten?

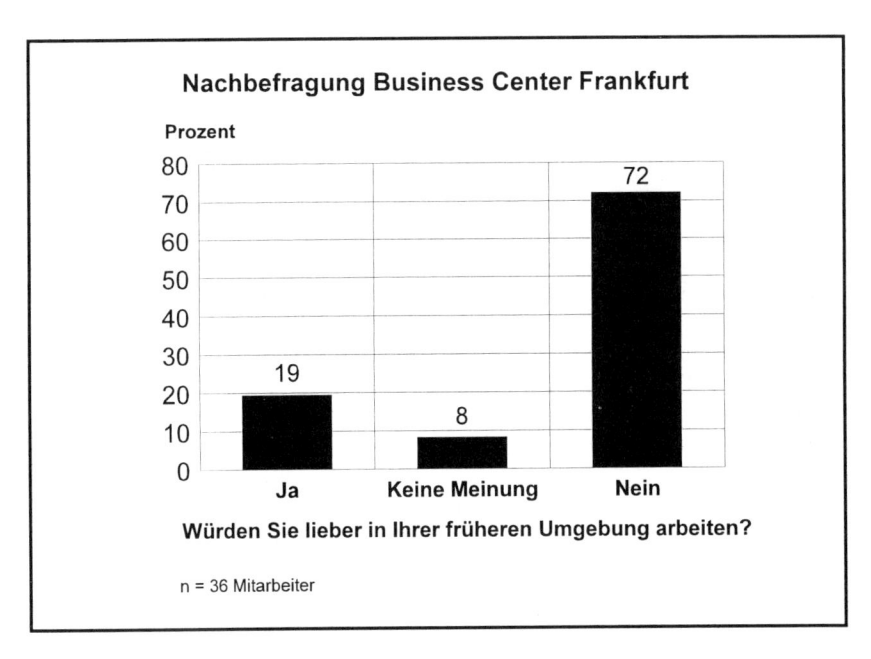

n = 36 Mitarbeiter

Abb.29: Der Wunsch, nach Einführung des Desksharing zur alten Arbeitsform zurückzukehren

Insgesamt kann die mobile Telearbeit im Business Center bei der Digital Equipment GmbH in Frankfurt als sehr erfolgreich bezeichnet werden. Die Mitarbeiter konnten, wie sie es vorher gewünscht hatten, einen größeren Teil ihrer Arbeitszeit außerhalb des Büros, vor allem beim Kunden, verbringen. Die höhere Zeitsouveränität wurde sehr geschätzt. Der Verlust des persönlich zugeordneten Schreibtisches im Büro wurde letztlich verschmerzt, da die innenarchitektonisch sehr anspruchsvoll gestalteten neuen Büroräume eine angenehme Atmosphäre für die Arbeit, noch mehr aber für die Kommunikation geschaffen haben.

7. Zusammenfassung

In der modernen Informations- und Kommunikationstechnik werden die vernetzten Bürocomputer zu integrierten Geräten nicht nur für die Bearbeitung von Text und Daten, sondern auch für deren Speicherung und Transport. Als Endgeräte der Telekommunikation ergänzen und erweitern sie das Telefon. An der Büroarbeit können drei Komponenten unterschieden werden: Mit papierenen Akten und Computern unterstützte menschliche Informationsverarbeitung, Telekommunikation und Face-to-face-Kommunikation. Nur noch letztere erzwingt die Anwesenheit zusammenarbeitender Personen zur gleichen Zeit am gleichen Ort. Die beiden erstgenannten Formen der Büroarbeit können mit erheblicher Zeitsouveränität der Arbeitnehmer an beliebigen Orten, darunter auch der Privatwohnung des Arbeitnehmers, stattfinden. Das eröffnet eine breite Palette von Möglichkeiten für Telearbeit. Neben ökonomischen und ökologischen Vorteilen ist sie mit einer deutlichen Erhöhung der Arbeitszufriedenheit und der generellen Lebensqualität für die Arbeitnehmer verbunden. In der Bevölkerung ist die Akzeptanz der Telearbeit recht hoch. Hemmnisse ihrer Ausbreitung liegen in einer gewissen Trägheit sozialer Lernprozesse. Vor allem Führungskräfte trennen sich ungern von der Überzeugung, ihre Mitarbeiter ständig kontrollieren zu müssen. Natürlich können bei der Einführung der Telearbeit auch Fehler gemacht werden, die dann zu Misserfolgen führen. Die Beteiligten, also Arbeitnehmer, ihre ausschließlich im Betrieb bleibenden Kollegen und ihre Führungskräfte müssen die soziale Sensibilität entwickeln, die nötig ist, um Kommunikationsproblemen durch die richtige Mischung der im Büro und der zu Hause verbrachten Arbeitszeit vorzubeugen. Unter dieser Prämisse ist jedoch in den nächsten Jahren mit einem stetigen Anstieg der Telearbeit bis zu einer Grenze von etwa 10% aller Arbeitsplätze zu rechnen. Die Auswirkungen auf die alltäglichen Lebensformen der Bevölkerung dürften recht beträchtlich sein.

Literatur

Bundesminister für Raumordnung, Bauwesen und Städtebau (1990): Nachbarschaftsladen 2000 und Tele-Servicecenter für den ländlichen Raum. Schriftenreihe „Forschung" des Bundesministers für Raumordnung, Bauwesen und Städtebau, Heft 476. Bonn.

Empirica (1994): Pan-europäische Befragung zur Telearbeit, Bericht 1 bis Bericht 6. Bonn.

Europäischer Rat (Hrsg.) (1994): Europa und die globale Informationsgesellschaft: Empfehlungen für den Europäischen Rat. http://www.iid.de/rat/weiteres/bangemann.

Freudenreich, H., Klein, B., Wedde, P. (1997): Entwicklung der Telearbeit – Arbeitsrechtliche Rahmenbedingungen. Abschlussbericht des Fraunhofer Instituts für Arbeitswirtschaft und Organisation (IAO). Stuttgart.

Glaser, W. R. (1995). Anmerkungen zur Telearbeit: „Solche wirklich grundlegenden Änderungen haben noch immer die Generationen als Zeitmaß". telekom praxis, 72, 9/95, S.18-24.

Glaser, W. R., Glaser, M. O. (1995): Telearbeit in der Praxis. Psychologische Erfahrungen mit außerbetrieblichen Arbeitsstätten bei der IBM Deutschland GmbH. Neuwied, Kriftel, Berlin.

Glaser, W. R., Glaser, M. O. (1998): TEA – F&E-Projekt zur Einrichtung und Erprobung von Telearbeitsplätzen bei der GMD Darmstadt. Sozialwissenschaftliche Begleituntersuchung. Abschlussbericht, Psychologisches Institut der Universität Tübingen, April 1998. Tübingen.

Glaser, W. R., Glaser, M. O. (1999): Wie ändert sich das Kommunikationsmuster bei alternierender Telearbeit? Eine Verhaltensanalyse. Zeitschrift für Arbeits- und Organisationspsychologie (im Erscheinen).

Glaser, W. R., Glaser, M. O., Kuder, T. (1997): Bevölkerungsbefragung zum Innovationszentrum „Fabrik Schweitzer" und zu Telearbeit in Sternenfels. Abschlussbericht, Psychologisches Institut der Universität Tübingen, August 1997. Tübingen.

Godehardt, B. (1994): Telearbeit. Rahmenbedingungen und Potentiale. Wiesbaden.

Rimpler, I., Glaser, M. O., Glaser, W. R. (1999): Von der Arbeitsstätte zum Kommunikationszentrum. Office Management, 02/99, S.42-45.

Spiegel-Verlag & manager magazin (Hrsg.) (1996): Online-Offline. Wahrnehmung und Akzeptanz der neuen I- und K-Technologien. Hamburg.

TA Telearbeit GmbH (1997): Telearbeit, Telekooperation, Teleteaching. Studie zu Akzeptanz, Bedarf und Qualifizierung im Auftrag des Ministeriums für Arbeit, Gesundheit und Soziales des Landes Nordrhein-Westfalen. Düsseldorf.

TA Telearbeit GmbH (1999): Telearbeit im Mittelstand. Abschließende Ergebnisse der Begleitforschung. DLR, Deutsches Zentrum für Luft- und Raumfahrt e. V. (Hrsg.): Konferenzdokumentation Telearbeit im Mittelstand, Köln, 18.02.1999.

Michael Gutjahr/ Günther Schöfl

Neue Erwerbsbasis für das Dorf.
Das Beispiel TeleGis Innovationszentrum Sternenfels.

1. Informations- und Kommunikationstechnologien als Chance für den ländlichen Raum

Die Teilhabe an der Informations- und Kommunikationstechnologie und an ihren Beschäftigungspotenzialen kann dem ländlichen Raum Perspektiven auf eine neue Erwerbsbasis eröffnen. Dies setzt allerdings eine aktive Dorfentwicklungspolitik voraus. Am Beispiel des baden-württembergischen Sternenfels wird gezeigt, wie eine kleine Gemeinde eine langfristig angelegte Entwicklungsstrategie mit einer offensiven Nutzung der Potenziale neuer Medien verknüpft, um den Strukturwandel von der Agrar- und Industriegemeinde zu einer modernen Dienstleistungsgemeinde zu bewältigen. Anschließend wird Konzept und Entwicklung des TeleGIS-Center Sternenfels, Nukleus der neuen Strategie, vorgestellt.

2. Sternenfels als Exempel für den Strukturwandel im ländlichen Raum

Der Strukturwandel in der Landwirtschaft, Mechanisierung und Chemisierung der Produktion erfordern nur noch einen Bruchteil an menschlicher Arbeitsleistung im Vergleich zur traditionellen Kreislaufwirtschaft. In der vorindustriellen Agrargesellschaft lebten ca. 85% der Bevölkerung von der Landwirtschaft (Abb.1). Heute sind in Baden-Württemberg nur noch ca. 3% der Beschäftigten in der Landwirtschaft tätig. Dörflich geprägte Ortschaften haben damit ihre hergebrachte Erwerbsbasis schon längst verloren. Beispielhaft hierfür ist die Dorfentwicklung von Sternenfels, vom Bauern- und Industriedorf zu einer modernen Wohn- und Dienstleistungsgemeinde, die ihre Zukunft in den neuen Medien sieht.

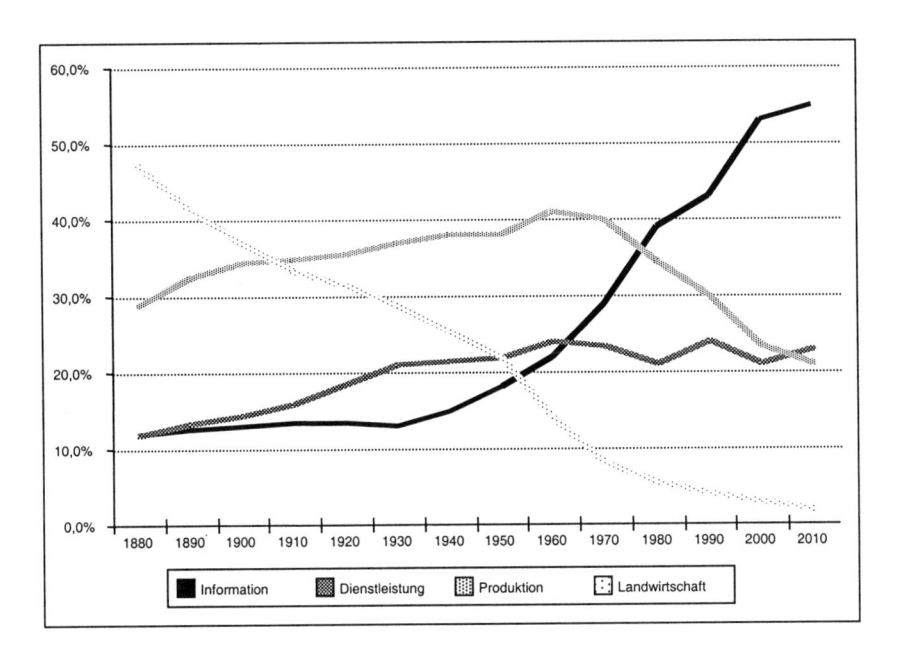

Abb.1: Beschäftigte in Deutschland nach Sektoren
Quelle: Institut für Arbeitsmarkt- und Berufsforschung

Sternenfels ist eine Gemeinde am Stromberg und besteht heute aus zwei Teilorten – Sternenfels und Diefenbach. Die Gemarkung liegt am Rand der Region Nordschwarzwald und grenzt unmittelbar an die Regionen Franken, Mittlerer Oberrhein und Stuttgart. Seit dem Zusammenschluss der beiden damals selbständigen Ortschaften im Jahr 1974 betreibt die Gemeinde eine langfristige und kontinuierliche Entwicklungsplanung unter Einbeziehung der Bürgerinnen und Bürger.

Vor 100 Jahren bestand die Gemeinde Sternenfels noch aus ca. 120 kleinen und kleinsten Hofstellen. Allerdings bot Landwirtschaft hier am Abhang des Strombergs schon seinerzeit keine ausreichende Erwerbsbasis. Der Abbau und Handel mit Scheuersand musste das Einkommen verbessern. Die Arbeit in den Steinbrüchen, deren Material Großbaustellen in ganz Deutschland bediente, ergänzte die geringen Einkommen aus der Landwirtschaft. Acker- und Weinbau sowie Arbeit im Steinbruch waren Grundlage für den Lebensunterhalt. Ab 1907 bot die Fabrik Schweitzer in Sternenfels neue Arbeitsplätze im verarbeitenden Gewerbe. Messtechnik war damals eine fortschrittliche Technologie. Während der letzten Jahrzehnte ist die Zahl der Beschäftigten in der Land- und Forstwirtschaft dramatisch zurückgegangen. Heute stellen sie nur noch ein marginales Beschäftigungspotenzial im Nebenerwerb dar.

Mit dem konjunkturabhängigen Auf- und Ausbau der Messwerkzeugfabrik ist die Zahl der Beschäftigten im produzierenden Gewerbe in Schüben angestiegen. Die Gemeindeentwicklung war seither eng mit der Entwicklung des Unternehmens verbunden. Dem kontinuierlichen Anstieg der Beschäftigtenzahl von 1907 bis 1960 mit einem Extremwert während des Krieges (ca.120 Beschäftigte), folgte in den Jahren zwischen 1960 und 1970 ein hohes, stabiles Beschäftigungsniveau (ca. 100 Beschäftigte). Danach setzte ein kontinuierlicher Rückgang ein, der mit der Aufgabe der Produktion 1995 endete. Durch die Aufgabe weiterer Produktionsstätten in Sternenfels war ein dramatischer Rückgang der Arbeitsplätze am Ort zu verzeichnen. Die Zahl der sozialversicherten Beschäftigten am Ort sank von ca. 700 im Jahre 1970 auf unter 200 im Jahre 1987.

Die Wohnbevölkerung verringerte sich von 1890 bis 1939 von 1.747 Einwohnern auf 1.422 Einwohner, um 325 Personen oder 18,5% (Abb.2). Dieses Phänomen der "Landflucht", die die Bevölkerungsentwicklung bis zum 2. Weltkrieg bestimmte, schlug danach in ein steiles Wachstum um, das durch die Zuwanderung von Flüchtlingen, später von ausländischen Arbeitnehmern bestimmt wurde. Nach 1989 erfolgte erneut ein Anstieg auf inzwischen 2.708 Einwohner mit Hauptwohnsitz in Sternenfels. Billiger Baugrund und der Wunsch nach dem Einfamilienhaus bestimmt die Randwanderung, die Ende der 80er-Jahre Sternenfels erreichte.

Die Zuwanderer – zumeist junge Familien in den Neubaugebieten – haben den Altersaufbau und die natürliche Bevölkerungsentwicklung positiv beeinflusst. Dies hat die für den ländlichen Raum typischen Berufs- und Ausbildungspendler nochmals ansteigen lassen. So hatten 1993 von den 1.051 sozialversicherungspflichtig Beschäftigten mit Wohnsitz in Sternenfels nur 155 Personen auch am Ort ihren Arbeitsplatz, was einer Auspendlerquote von 85,3% entspricht.

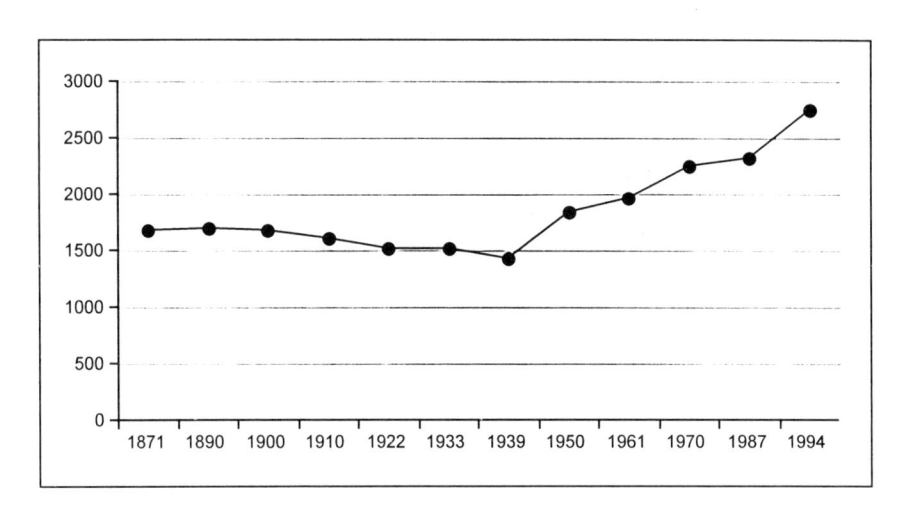

Abb. 2: Bevölkerungsentwicklung in Sternenfels 1871-1994
(Quelle: Gemeinde Sternenfels)

Mitte der 80er Jahre war die Situation der Gemeinde durch folgende Merkmale bestimmt:
- Ungünstige infrastrukturelle Anbindung an das übergeordnete Verkehrsnetz (Autobahnen, Bundesstraßen und Schiene): Die Gemeinde liegt im Schatten der großen Ballungsräume Stuttgart und Rhein Neckar und von allen überregionalen Verkehrsnetzen gleich weit entfernt.
- Hohe landschaftliche Qualitäten: Der Naturpark Stromberg, die Quellgebiete von Metter, Kraichbach und Kirnbach geben der Landschaft Profil. Weinberge, Obstwiesen und extensive Landbewirtschaftung bestimmen die Qualität der Erholungslandschaft.
- Zu- und Abwanderung: Zuwanderung als „Stadtflucht" aus den benachbarten Verdichtungsräumen, vor allem wegen des preisgünstigen Baulandes. In der Zahl der Zuwanderer spiegelt sich aber auch der hohe Freizeitwert des Wohnstandortes wider. Abwanderung von Teilen der jüngeren Bevölkerung, die Ausbildung und Arbeit außerhalb findet, sowie berufsbedingte Abwanderer - durch konjunkturell oder strukturell bedingten Arbeitsplatzverlust.

Diese wachsende Schere zwischen dem Abbau der Arbeitsplätze und dem Bevölkerungswachstum, die mit einer Zunahme der Berufstätigen verbunden ist, war Anlass für eine radikale Umorientierung der kommunalen Entwicklung. Bis dahin hatte nach den Zielen der Regional- und Landesplanung der Ausbau der Naherholungsfunktion Vorrang. Ab Mitte der 80er Jahre stand der Aufbau einer neuen Erwerbsbasis auf der Agenda. Die Wiedergewinnung von Beschäftigung am Ort wird seither systematisch und nachhaltig entwickelt. Die Aktivitäten der Standortentwicklung sind Teil des örtlichen Entwicklungskonzeptes für die Gesamtgemeinde, das sich von dem Leitbild des „Sustainable Development" leiten lässt: die Abstimmung ökonomischer, ökologischer und sozialer Faktoren bestimmen das Bemühen um eine neue, dauerhafte Erwerbsbasis.

Die erste wesentliche Maßnahme in diese Richtung war der schrittweise Ausbau eines großen Gewerbeparks (Abb.3). Durch den Ausbau des Gewerbegebietes „Kurzer Schwann" zum Gewerbepark Sternenfels mit Flächen für 600 bis 1.000 Arbeitsplätze wurde 1991 ein entscheidender Schritt zur Verbreiterung der Beschäftigungsmöglichkeiten gemacht. Großer Wert wurde auf die grüne Infrastruktur gelegt, die die großmaßstäblichen Gebäude in die Landschaft einbindet.

Der zweite Schwerpunkt bestand in der gezielten Förderung neuer Technologien als Basis für die Standortentwicklung durch den Aufbau des TeleGIS (Tele-Service-Center, Gründer- und Innovationszentrum Sternenfels).

Dabei hat sich die Entwicklungsplanung in Sternenfels von folgenden Überlegungen leiten lassen: Für den ländlichen Raum bietet die kostengünstige Telekommunikation in Verbindung mit hochentwickelter Telematik als neue Form der Raumüberwindung – schnell, umweltschonend und an allen Standorten einsetzbar – neue Entwicklungspotenziale.

Die Chancen beruhen auf einer Reihe ineinander greifender Faktoren. Das Innovationspotenzial kleiner und mittlerer Betriebe, die im ländlichen Raum besonders stark vertreten sind, ist zu nutzen. Der Zwang zur Innovation trifft diese Unternehmen besonders stark, sie sind aber auch besonders flexibel, um die sich durch die neuen Informations- und Kommunikationstechnologien ergebenden Potenziale zu nutzen: durch den schnellen Transfer aktueller Forschungsergebnisse, durch die Kooperation mit anderen Betrieben und die Besetzung von Marktnischen.

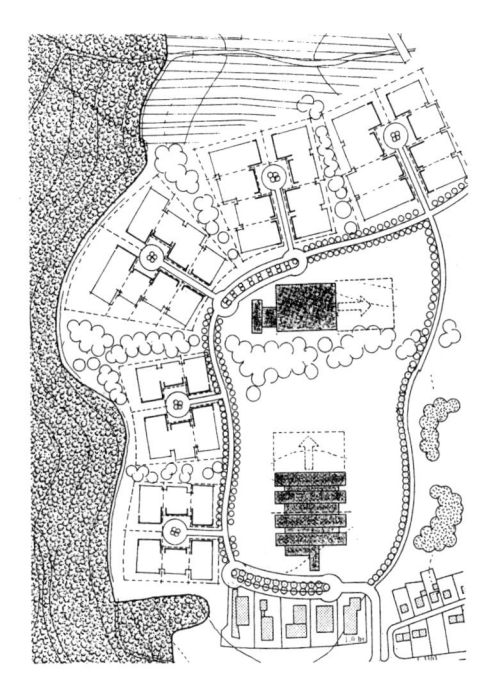

Abb.3: Konzept Gewerbepark Sternenfels
(Quelle: Forschungsgruppe Stadt und Umwelt)

Daher wird es auch attraktiv, die dazu erforderlichen Netze der Zusammenarbeit durch Telematik und interaktive Arbeitstechniken auch für die Peripherie aufzubauen. Virtuelle Unternehmen sind weitgehend standortunabhängig. Das eröffnet auch Firmen im ländlichen Raum die Teilnahme an neuen Kooperationsformen.

Die wirtschaftlichen und arbeitsrechtlichen Vorteile der Tele-Arbeit für Konzerne und mittelständische Betriebe wird die Auslagerung von Arbeitsplätzen und die Einrichtung von Satelliten- und Nachbarschaftsbüros begünstigen. Die Rationalisierung durch „Outsourcing" von Betriebseinheiten zwingen immer mehr abhängig Beschäftigte zur Selbständigkeit. Die große Zahl akademisch Ausgebildeter sucht den Weg zur Selbständigkeit, da die Berufswege in Gebietskörperschaften und Konzernen durch den Rationalisierungsdruck wenigen Absolventen offenstehen. Existenzgründungen und Partnerschaften mit bestehenden Unternehmen zur Entwicklung neuer Produkte und Dienstleistungen gewinnen Attraktivität. Bildungschancen und berufliche Weiterbildung werden durch Fern-Universitäten und andere Bildungsangebote deutlich verbessert. Dadurch und durch die Zuwanderung junger, einkommensstarker Familien aus den Kernstädten steigt das Ausbildungsniveau in den peripheren Räumen.

Von all diesen Entwicklungen kann der ländliche Raum profitieren, wenn die Gemeinden hierfür die Rahmenbedingungen schaffen. Folgende Voraussetzungen müssen im Verbund gegeben sein:
- Ausbau der Infrastruktur für interaktive, multi-mediale Telekommunikation, da die globale Verfügbarkeit von Verbindungen die Standortnachteile peripherer Gebiete nur auflöst, wenn sie über die notwendige Infrastruktur verfügen.
- Unternehmen am Ort, die von den neuen technologischen Möglichkeiten Gebrauch machen wollen, und Unternehmen aus den Verdichtungsräumen, die durch Telearbeitsplatzangebote das örtliche Beschäftigungspotenzial ergänzen.
- Ausweitung der endogenen Potenziale im ländlichen Raum durch Firmengründungen, gezielte Schulung und Förderung und durch kostengünstigen Zugriff auf Telematik und Telekommunikation.
- Unterbreitung von Qualifizierungsangeboten, um die Kompetenz zur Nutzung der neuen technischen Möglichkeiten zu fördern. Befragungen im Vorfeld haben ergeben, dass hierzu die Bereitschaft gegeben ist (vgl. Beitrag Glaser, Glaser).
- Förderung der Telearbeit, deren Vorzüge wegen der langen Pendelzeiten im ländlichen Raum besonders zur Geltung kommen. Die Raumüberwindung per Telekommunikation ist ökonomisch und ökologisch auf dem Lande überproportional von Vorteil. Die Tele-Arbeiterin und der Tele-Arbeiter bleiben im sozialen Gefüge der Wohnquartiere präsent. Das Freizeitbudget wird um die Fahrzeiten verlängert.
- Aktivierung der Hochschulen für den ländlichen Raum. Der Technologietransfer begünstigt die Hochschulstandorte, die zugleich bevorzugte Standorte weiterer Forschungseinrichtungen sind. Wenn es gelingt, ihn für den ländlichen Raum zu organisieren, kann auch dort die Ansiedlung innovativer Arbeitsstätten und Arbeitsplätze von Dauer sein.

Dazu ist der Aufbau von Transferstützpunkten im ländlichen Raum unerlässlich. Hier hat das Land Baden-Württemberg mit einem landesweiten Verbund der Technologiebetreuungszentren (T.B.Z.), dem TZ-Profinet, eine wirkungsvolle Vermittlung von Technologietransfer und Innovationsmanagement eingeleitet, dem auch der Aufbau des TeleGIS Innovationszentrum Sternenfels wichtige Unterstützung verdankt.

3. TeleGIS Innovationszentrum Sternenfels - ein mediales und architektonisches Pilotprojekt im ländlichen Raum

Im Jahr 1986 beschäftigte sich die Gemeinde Sternenfels bereits zum ersten Mal mit dem Thema „Neue Medien, Telearbeit" und beabsichtigte, ein projektiertes Neubaugebiet komplett zu verkabeln und mit Datennetzen von Großfirmen in den Zentren zu verbinden. Das Vorhaben scheiterte an der fehlenden Bereitschaft der Industrie, sich am Pilotprojekt zu beteiligen.

Neue Aufgaben und Impulse löste 1994 die Schließung der früheren Präzisionsmesswerkzeugfabrik Schweitzer aus. Die Entwicklungsmöglichkeiten der in der Ortsmitte von Sternenfels gelegenen Traditionsfirma wurden 1996 im Rahmen einer Machbarkeitsstudie durch die Forschungsgruppe Stadt und Umwelt, Ludwigsburg, untersucht, danach eine zukunftsorientierte Konzeption erarbeitet und dem Land Baden-Württemberg vorgestellt. Parallel hierzu wurde eine Totalbefragung der Sternenfelser Bevölkerung zum Thema Telearbeit, technische Ausstattung der Haushalte, Nutzerverhalten im Bereich Computer und Netze sowie von den Bürgern gewünschte Dienstleistungen am Ort von der Universität Tübingen durchgeführt (vgl. Beitrag Glaser, Glaser). Eine Marktuntersuchung befasste sich noch mit der Prüfung des in der Region greifbaren Gründerpotenzials und der daraus akquirierbaren Ansiedlungen. Die Untersuchungen ergaben verschiedene zukunftsweisende Perspektiven für den ländlichen Raum und veranlassten das Land Baden-Württemberg dazu, das Modellprojekt zu unterstützen.

Mit der Aufnahme in verschiedene Förderprogramme des Landes (Entwicklungsprogramm Ländlicher Raum, Baden-Württemberg Medi@ Nr. 12 und 13), einem Gemeinschaftsprojekt des Landes Baden-Württemberg und der Deutschen Telekom, wurden klare Zielsetzungen formuliert. So sollen die hier gewonnenen Erkenntnisse für die strukturelle Stärkung des ländlichen Raumes insgesamt nutzbar gemacht, neue Impulse für die Wirtschaft in der Gemeinde gegeben, günstige Rahmenbedingungen für Existenzgründer geschaffen und den Bürgern die Nutzung modernster Technologien ermöglicht werden, wie sie sonst nur in Mittelstädten verfügbar sind.

Die Bereitstellung einer breiten Informations- und Kommunikations-Infrastruktur im Rahmen des Programms BW Medi@+T, eröffnete dem Vorreiter Sternenfels im Projekt 12 Tele-Service-Center in mehrerlei Hinsicht neue Chancen zur Entwicklung neuer Beschäftigungsfelder und Dienstleistungsangebote: Die zeitliche Distanz zu den Zentren wird abgebaut. Die neuen Formen der Raumüberwindung und die universelle Vernetzung gibt Sternenfels für digitalisierbare Leistungen vergleichbare Erreichbarkeitschancen über Telekommunikation.

Nach dem Kauf des Grundstücks durch die Gemeinde wurde der Geschäftsplan für ein Gründer- und Innovationszentrum mit Tele-Service-Center und Dienstleistungsmarkt in der ehemaligen „Fabrik Schweitzer" entwickelt. Als Betreibergesellschaft für das Zentrum gründeten die Gemeinde Sternenfels (60%), die Sparkasse Pforzheim (20%) und der Enzkreis (20%) die TeleGIS Innovationscenter GmbH & Co KG.

Um die verschiedenen öffentlichen und privaten Dienstleistungen des mit Landesmitteln geförderten Tele-Service-Center an einem Standort räumlich zusammenzufassen, wurde die alte Fabrik Schweitzer nach den Plänen der Forschungsgruppe Stadt und Umwelt umgebaut (Abb.4).

Bereits im März 1998 konnte nach einer Umbauphase der 1. Abschnitt des Gründer- und Innovationszentrum in Betrieb genommen werden. Rund 1.000 qm Nutzfläche wurden von zunächst zehn Existenzgründerfirmen mit 25 Personen aus den Branchen Netzwerk-Technologie, Software-Entwicklung, WEB-Marketing und Konzeptionen, CAD-Technologie, Datenbank-Design, PC-Entwicklung, Schulungen, Handel, Vertrieb und Serviceleistungen in Anspruch genommen. In dem im Sommer 1999 fertiggestellten 2. Bauabschnitt und Neubau konnten fünf weitere Gründerfirmen mit zusammen 15 Personen in unterschiedlichen Dienstleistungsbranchen angesiedelt werden.

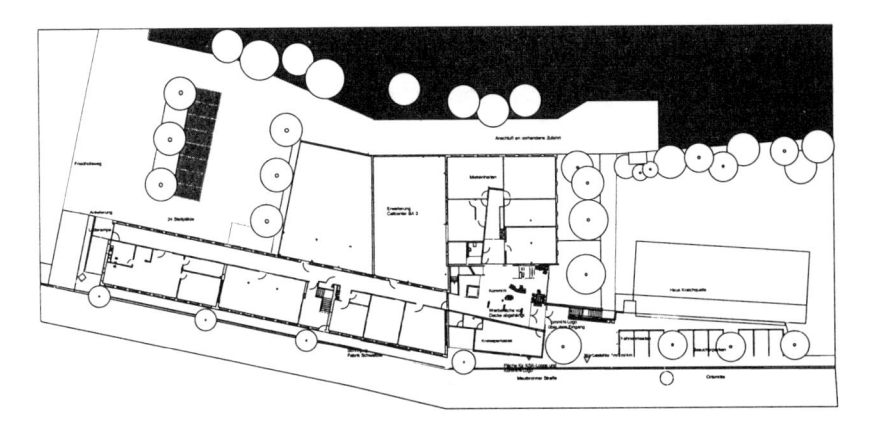

Abb.4: Lageplan Fabrik Schweitzer in Sternenfels
(Quelle: Forschungsgruppe Stadt und Umwelt)

Der technischen Infrastruktur im Zentrum kommt in Hinblick auf die vielfältigen Nutzungsmöglichkeiten eine wichtige Bedeutung zu. So ist das gesamte Gebäude strukturiert verkabelt und ermöglicht den Nutzern den Anschluss an eine moderne ISDN Telefonanlage, einen zentralen Netzwerkserver, einen Internet-Zugang und weiteren damit zusammenhängenden Diensten.

Das Unternehmen TeleGIS gliedert sich im Wesentlichen in die aufeinander abgestimmten und aufbauenden Geschäftsbereiche Gründer- und Innovationszentrum, Tele-Service-Center, Akademie Sternenfels, Tele-Kompetenz-Center und KOMM-IN, die alle ihre Räumlichkeiten in der umgebauten alten Fabrik haben (Abb.5).

```
┌─────────────────────────────────────────────────────────┐
│           ┌─────────────────────────────────┐           │
│           │        Geschäftsbereiche        │           │
│           └─────────────────────────────────┘           │
│                                                         │
│  ┌──────────────────┐                ┌────────────────┐ │
│  │ Tele-Service-Center│    TeleGIS-   │   KOMM-IN     │ │
│  └──────────────────┘  Innovations-   │Dienstleistungsmarkt│
│  ┌──────────────────┐    Center       └────────────────┘ │
│  │   Gründer- und   │                ┌────────────────┐ │
│  │ Innovationszentrum│               │Tele-Kompetenz-Center│
│  └──────────────────┘                └────────────────┘ │
│                                                         │
│           ┌─────────────────────────────────┐           │
│           │      Akademie Sternenfels       │           │
│           │   Aus- und Fortbildungszentrum  │           │
│           └─────────────────────────────────┘           │
└─────────────────────────────────────────────────────────┘
```

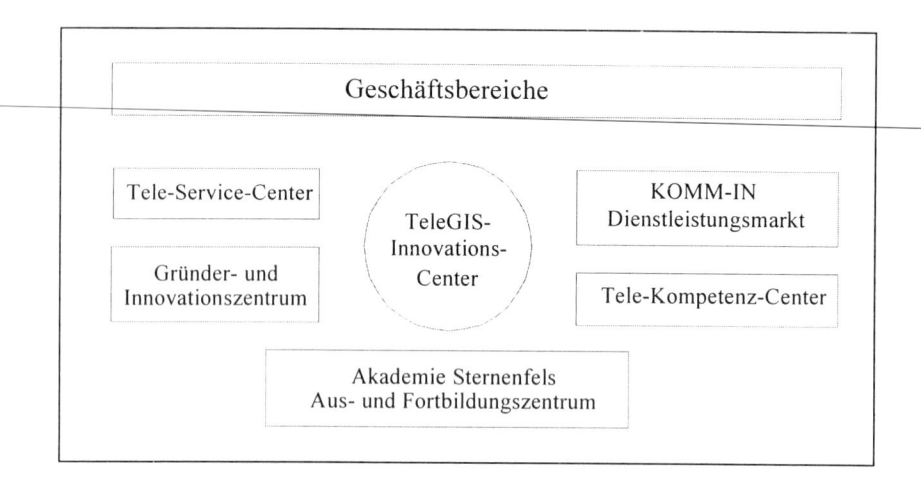

Abb.5:   Geschäftsbereiche des TeleGIS

3.1 Gründer- und Innovationszentrum im Verbund

Das Gründer- und Innovationszentrum ist eine Anlaufstelle für Personen, die sich für die Existenzgründung interessieren. Es bietet geeignete Räumlichkeiten, die technische Infrastruktur, generiert Serviceleistungen und schafft eine Plattform für die Zusammenarbeit mit der regionalen Wirtschaft. Gründer finden im Zentrum Begleitung, Beratung und die idealen Rahmenbedingungen während der Gründungsphase und in den ersten Jahren. Hier entstehen Kontakte zu Experten aus Wirtschaft, Wissenschaft und Verwaltung – der Geschäftsführer des Zentrums steht als Lotse für den Aufbau eines lokalen Netzwerkes für Technologietransfer, Innovations- und Synergiemanagement zur Verfügung. Der Kontakt zur Wirtschaft wird durch die im Zentrum regelmäßig stattfindenden Unternehmergespräche und Besuche von Unternehmergruppierungen angeregt und gefördert. Gemeinsame Produkt- und Dienstleistungsentwicklungen und deren Vermarktung schaffen neue Ebenen der Zusammenarbeit. So werden im Bereich der neuen Arbeits- und Organisationsformen (Telearbeit) Dienstleistungen und Produkte in einer Kooperation mehrerer im Zentrum angesiedelter Unternehmen zusammen mit TeleGIS vermarktet.

Im Geschäftsbereich des Gründerzentrums entstehen Aufwendungen, für die es üblicherweise keinen Kostenersatz gibt. Um TeleGIS langfristig wirtschaftlich tragfähig zu gestalten, müssen diese Aufwendungen durch Mehrwert aus den anderen Unternehmensbereichen gedeckt werden. Daher hat sich TeleGIS als Profit-Center am Markt plaziert und arbeitet, anders als die neun weiteren Gründerzentren im Ländlichen Raum, gewinnorientiert, wie eine Analyse der Detecon Marketing Consulting GmbH über die Technologiezentren im ländlichen Raum vom Februar 1999 ergab.

Als Weiterentwicklung und Ergänzung des dabei entstehenden regionalen Netzwerkes wird ein landesweites Netz im Rahmen des Projektes Baden-Württemberg Medi@Regio Nr.13 zwischen den Gründer- und Innovationszentren im ländlichen Raum sowie Wirtschaftsinstitutionen, Forschungseinrichtungen, Hochschulen und Universitäten aufgebaut (Eröffnung des TZ-Profinet am 21. 6. 2000 mit Video-Konferenz zwischen Bad Mergentheim, Markdorf, Münsingen, Pfullendorf und Sternenfels als Gastgeber). Ein leistungsfähiger Verbund der Technologiebetreuungszentren wird die Effizienz der 'Fabrik Schweitzer' wesentlich stärken. Dabei bringt TeleGIS seine Erfahrungen im Aus- und Fortbildungsbereich, insbesondere die Ausbildung zum Thema Telearbeit ein und entwickelt Tele-Lernprogramme, die eine Nutzung und Verbreitung innerhalb des Netzes ermöglichen. Im Gegenzug können die Erfahrungen mit der Einführung von Online-Diensten auf lokaler und regionaler Ebene, mit Tele-Commerce und dem Aufbau interner Netzwerke auch die Markteinführung von Lizenzprodukten der TeleGIS erleichtern. Schließlich wird die Entwicklung neuer Kooperationsformen in Markdorf, einer weiteren Verbundgemeinde, dazu beitragen, das Thema „virtuelle Unternehmen" als Instrument zur Entwicklung regionaler Firmenverbünde anderen Landesteilen – wie der Region Nordschwarzwald, zu der Sternenfels gehört – zu erschließen.

Die innovativen Ansätze eines zukünftigen Verbundes der Technologie- und Mittelstandsförderung im ländlichen Raum haben auch eine wichtige betriebswirtschaftliche Funktion für die T.B.Z, den landesweiten Verbund der Technologiebetreuungszentren selbst. Sie sollen dazu beitragen, die hohen Managementkosten effizienter als bisher einzusetzen. Dieses Netzwerk braucht einen lokalen Vermittler zu den Unternehmern, der ihr Vertrauen genießt. Er kennt den lokalen Markt und seine Akteure, klärt die Probleme vor und bereitet ihre Lösung durch die Einschaltung der geeigneten Spezialisten vor. Diese Rolle nehmen in Sternenfels der Bürgermeister sowie der Geschäftsführer des TeleGIS Innovationszentrums wahr.

Der kommunalen Geschäftsführung vor Ort soll ein überregionales Team von Beratern zur Seite stehen, die Leistungen als Mehrwertdienste auch über interaktive Telekommunikation anbieten – schnell und auf dem aktuellen Stand der Entwicklung. Die Einführung marktgerechter Dienste, ihre kostengünstige und kundengerechte Bereitstellung, wird die Attraktivität der T.B.Z auch für kleine und mittlere Betriebe ihres Umfeldes erhöhen.

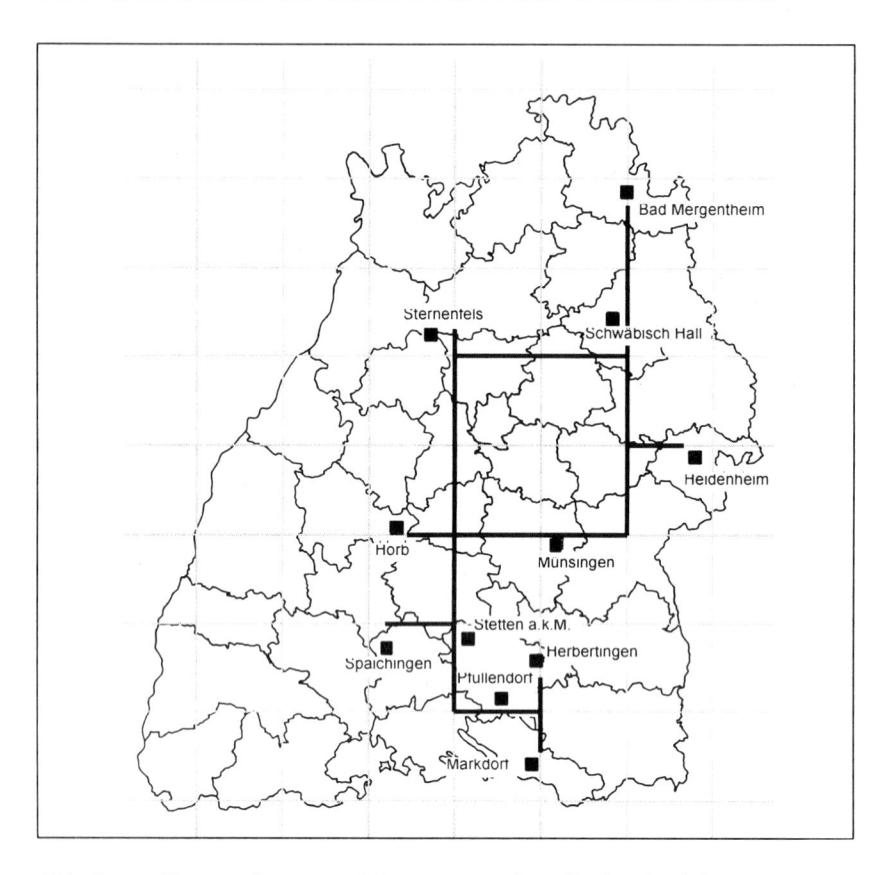

Abb.6: Konzeption zur Vernetzung der Technologiebetreuungszentren in Baden-Württemberg
(Quelle: Forschungsgruppe Stadt und Umwelt)

Dieses Netzwerk verbindet den ländlichen Raum mit den regionalen Zentren. Agenten und Agenturen organisieren den Austausch und vermitteln Transferpartner. Ihre spezialisierten Leistungen werden wirtschaftlich tragbar für kleine und mittlere Unternehmen, wenn im landesweiten Verbund eine breite Nachfrage dafür erzeugt wird.

Noch steht ein funktionsfähiges Netzwerk, wie es im Programm Baden-Württemberg Medi@+T als Projekt Nr. 13 vorgesehen ist, erst am Anfang seines Wirkens. Mit seinem weiteren Ausbau wird das System der Technologiebetreuungszentren (T.B.Z.) erheblich an Effektivität gewinnen.

3.2 Tele-Service-Center – Dienstleister für kleinere und mittlere Unternehmen

Das Tele-Service-Center wird im Rahmen des Gemeinschaftsprojektes Baden-Württemberg Medi@Regio Nr. 12 unterstützt und richtet seine Produktpalette nicht nur auf Existenzgründer aus, sondern bietet der regionalen Wirtschaft, insbesondere auch kleineren und mittleren Unternehmen, vielfältige Leistungen. Die Agentur für Tele-ArbeiterInnen ist ein weiterer regional und landesweit wirkender Beitrag. Schließlich ist auch die Schulung von Tele-ArbeiterInnen in diesem Sinne als transferierbare Lehreinheit vorgesehen.

Die Nutzung des Telefons als kundenfreundliches Marketing- und Serviceinstrument ist gerade bei kleinen und mittleren Unternehmen noch nicht weit verbreitet. Ein- Mann/Frau Betriebe sind oft nur durch ihren Anrufbeantworter zu erreichen, was viele Kunden von einer weiteren Kontaktaufnahme abhält. Im Tele-Service-Center werden Tele-Marketing-Leistungen, Info-, Bestell- und Hotlinedienste, die Übernahme sowie kompetente Besetzung des Telefondienstes und die schnelle und flexible Erledigung von Sekretariatsleistungen in verschiedenen Sprachen, mit verschiedenen EDV-Systemen angeboten. Hier bedient sich TeleGIS der modernsten Kommunikationstechnik und bindet über die Teleagentur auch selbständige und nichtselbständige Telearbeiter (Spezialisten aus den entsprechenden Leistungsbereichen) in die Erledigung dieser Aufgaben ein. Die Flexibilität und Kundenorientierung ist ein wichtiger Grundsatz des Tele-Service-Center und garantiert, dass Leistungen über Nacht, über das Wochenende oder innerhalb der vom Kunden gewünschten Zeit erbracht werden. Das Tele-

Service-Center bewegt sich zunächst im regionalen Markt und positioniert sich als Partner der kleinen und mittleren Unternehmen aus dem Bereich der Produktion, des Handwerks, des Handels und der öffentlichen Institutionen.

3.3 Tele-Kompetenz-Center

Unternehmen, die sich selbst für neue Arbeitsformen interessieren, können sich im IuK-Kompetenz-Center von Experten beraten und Konzeptionen erstellen lassen. Bei der Beratung werden die interne betriebliche Organisation und die EDV Konzeption analysiert. Es wird aufgezeigt, an welchen Stellen sich Telearbeit betriebswirtschaftlich sinnvoll einsetzen lässt und welche Veränderungen hierzu erforderlich sind. Nicht zuletzt wird auch die ökonomisch sinnvolle Einbindung von Leistungen aus dem vorhandenen Angebot des Tele-Service-Center geprüft.

3.4 Akademie Sternenfels – ein modernes Aus- und Fortbildungszentrum im ländlichen Raum

Ein wichtiger Produktbereich für die regionale Wirtschaft und Bürgerschaft ist das Aus- und Fortbildungszentrum, die Akademie Sternenfels. Gerade in diesem Bereich entsteht ein erheblicher Bedarf, da „Lebenslanges Lernen" (LLL) die Wissensgesellschaft bestimmen wird.

Sternenfels wird mit seiner Akademie, die vor allem innovative Themen zur Dorfentwicklung und zu den Problemen des ländlichen Raumes beitragen kann, einen wichtigen Baustein zur beruflichen Weiterbildung und zur aktuellen Information politischer und wirtschaftlicher Entscheidungsträger liefern.

Die Ausbildungsinhalte gliedern sich in zwei Hauptgruppen - Information, Kommunikation sowie ganzheitliche Dorfentwicklung. Die erste Gruppe enthält die Aus- und Fortbildung, Zertifizierung und Qualifizierung von Mitarbeitern, Führungskräften, Selbständigen, Existenzgründern und Bürgern in den Bereichen der Informations- und Kommunikationstechnologie, Telearbeit, Telekooperation, Internet, virtuelle Unternehmen, Telelearning, sowie Persönlichkeitstraining und Coaching. Dazu gehören auch Maßnahmen zur Wiedereingliederung von Personen ins Berufsleben und EU-

Projekte (TELEPOLIS - Eingliederung von Frauen ins Berufsleben). Die zweite Gruppe befasst sich mit den vielfältigsten Themen der Dorfentwicklung: Kommunale Entwicklungsplanung, lokale Agenda 21, Dorf am Netz, ökologischer Wohnungs- und Siedlungsbau, Workshop Dorf2000. Sie richtet sich an Kommunalpolitiker, Planer, Mandatsträger, Bürgerinnen und Bürger, Schüler und Studenten, sowie an alle Verantwortlichen für den ländlichen Raum.

Die Akademie besteht aus drei multifunktional eingerichteten Schulungsräumen im Neubau der "Fabrik Schweitzer" und bietet Platz für die unterschiedlichsten Veranstaltungsbedürfnisse. Ein mit modernster Schulungstechnologie ausgestatteter PC-Schulungsraum mit pädagogischem Netzwerk und Multimedia-PCs ermöglicht auch die Ausbildung von Mitarbeitern für Tele-Service-Center und Agenten für Call-Center. Ein kleinerer Schulungs- und Besprechungsraum und ein großer Seminarraum runden das Raumangebot ab. Die Räumlichkeiten können auch durch externe Bildungsträger sowie Unternehmen für betriebsinterne Schulungen angemietet und für Geschäftsbesprechungen sowie Videokonferenzen, unter Ausnutzung der technischen Ressourcen in den gewünschten Konfigurationen, zur Verfügung gestellt werden. Die Schulungsprogramme der Akademie werden auch als Tele-Learning Angebote entwickelt.

3.5 KOMM-IN – der Dienstleistungsmarkt der Zukunft

Die neuen Informationstechnologien verändern nicht nur die Arbeitswelt in der freien Wirtschaft, sondern sie wirken sich auch nachhaltig auf die Strukturen der öffentlichen Verwaltung in Bund, Ländern und Gemeinden aus. Dabei können Verwaltungshandlungen und Dienstleistungen automatisiert und in neue technische Strukturen integriert werden. In der Konsequenz ergibt sich eine umfassende Verwaltungsreform, die alle Verwaltungsebenen grundlegend verändern und dem ländlichen Raum die Übernahme von in der Raumplanung bisher nicht vorgesehenen Funktionen ermöglichen wird. Mit den Vorschriften für die elektronische Unterschrift hat der Gesetzgeber bereits 1997 den Weg in das digitale Verwaltungszeitalter freigemacht und die Weichen für die virtuelle Verwaltung der Zukunft gestellt.

Die Abwanderung von Dienstleistern aus dem ländlichen Raum zu stoppen und neue Lösungen für die Kooperation von Verwaltung und Wirtschaft zu entwickeln, waren Aufgaben, die aus den Ergebnissen der Totalbefragung der Universität Tübingen zu entnehmen waren (vgl. Beitrag Glaser/Glaser). Aus diesen Vorgaben entstand das Konzept KOMM-IN als ein Informations-, Kommunikations- und Dienstleistungsmittelpunkt, ein Marktplatz der Zukunft, der virtuelle und persönliche Begegnungen ermöglicht. Kompetenz aus den Zentren wird erstmals virtuell in den ländlichen Raum transferiert, um den Bürgern Fahrten und Zeit bei Behördengängen und sonstigen Erledigungen zu ersparen und verschiedene Dienste generell zu ermöglichen. Um eine Kostendeckung zu erreichen, wurde eine Vielzahl unterschiedlicher privater, wirtschaftlicher, sozialer und kommunaler Dienstleistungen räumlich und personell zusammengefasst. Staatliche Leistungen vereinen sich dezentral in diesem neu entstehenden Dienstleistungspool und werden durch einen Verwaltungslotsen vor Ort personifiziert. Der Freiraum für den persönlichen Kundenkontakt und für die Beratung und Unterstützung auf allen Verwaltungsebenen ist ein wesentliches Element des KOMM-IN.

Post, Rathaus, Sparkasse, Arbeitsamt, Reisebüro, Landratsamt, Verbraucherschutz und virtuelle Dienstleistungen bilden eine kritische Masse, die sich wirtschaftlich trägt. Das Konzept wurde durch eine Gruppe von Experten für Planung, Marketing, Vertrieb und Verwaltung zu einem vertriebsfähigen Produkt weiterentwickelt, das bundesweit einsetzbar ist und für das bereits großes Interesse feststellbar ist.

4. Dorf 2000 - Sternenfels als weltweites EXPO2000 Projekt

Mit der Registrierung zum weltweiten Projekt der EXPO2000 in Hannover unter den Themenbereichen Telearbeit und Tele-Service-Center bekamen die genannten Projekte zusätzlich eine globale Dimension. Das als Bund-Länder-Gemeinschaftsprojekt laufende Thema *Dorf2000* umfasst 12 Dörfer in Deutschland, die sich jeweils mit einem Kernthema, sowohl in Hannover, im Rahmen einer gemeinschaftlichen Präsentation, als auch in den Dörfern selbst, darstellen. Hierbei wurde auch für Sternenfels ein örtliches Präsentationskonzept erstellt, das unter Nutzung der neu geschaffenen Infrastruktureinrichtungen, eine Vielzahl von überregionalen Veranstaltungen,

Workshops und Seminaren zu verschiedenen Themen vorsieht. Dorf 2000 zeigt unterschiedliche Lösungsansätze und Szenarien auf und zeichnet, als Ganzes betrachtet, die Vision vom Dorf der Zukunft.

5. Das Dorf der Zukunft: Teledorf Sternenfels

Das Verständnis der Informations- und Kommunikationstechnologie darf sich nicht nur auf ökonomische Aspekte beschränken, sondern muss alle gesellschaftlichen Bereiche einschließlich kultureller und bildungspolitischer Themen umfassen. Die Technologien sind nach den Bedürfnissen der Menschen zu entwickeln, einzusetzen und als Hilfsmittel zur Befriedigung von Bedürfnissen sowie zur Verbesserung unserer Lebens- und Produktionsgrundlagen anzusehen. Daher ist ein stetiger Dialog zwischen Bürgern, Verwaltung, Vereinen und Organisationen sowie mit den Projektträgern erforderlich, der eine lebendige Nutzung der Technik zum Wohle der Dorfgemeinschaft fördert.

Das TeleGIS Innovationszentrum ist mit seinen Gründerfirmen Impulsgeber und Partner für die Einführung neuer Technologien. So entsteht um das Zentrum ein eigenes Telekommunikations- und Glasfasernetz, das zunächst öffentliche Einrichtungen verbindet und Bürgern auch Anschlussmöglichkeiten bietet. Rathaus, Pfarrhaus, Grundschule, TeleGIS, und eine Seniorenwohnanlage sind bereits miteinander verkabelt. Die Vernetzung eines projektierten Neubaugebietes ist ebenfalls vorgesehen.

Sternenfels bietet die einmalige Chance, ein echtes „digitales-virtuelles" Dorf zu entwickeln und ist auf der Suche nach leistungsfähigen Partnern, die mit Technik, Know-How und Engagement mitwirken. Die Grundschule beispielsweise wurde mit Unterstützung der örtlichen Unternehmen komplett mit PCs ausgestattet. Im Rahmen des Landesprojektes *„Schulen ans Netz"* wurde ein Onlinezugang ins Internet für Schüler und Lehrer geschaffen. Die Lehrer besuchten Computerkurse am Ort, ließen sich über das Thema Internet informieren und erstellten zusammen mit den Schülern ihre eigene Homepage.

Im Rathaus wurde ein Internetterminal aufgestellt, an dem die Bürger dem neuen Medium Internet zwanglos begegnen können. Dieser kostenlose Service der Gemeinde hat viele neugierig gemacht und war für den Einstieg in die neue Technologie ein wertvolles Hilfsmittel.

Die Internet-Homepage der Gemeinde wird von dem *Virtuellen Internet Arbeitskreis Sternenfels (VIAS)* gepflegt und mit neuen Ideen versorgt. Kurse und Workshops zum Thema *Internet* sind bei der Akademie Sternenfels ständig auf dem Programm und sprechen alle Bevölkerungsgruppen an.

Es ist eine zentrale Aufgabe aller für den ländlichen Raum Verantwortlichen, die Dörfer als lebendige Lebens- und Wirtschaftsräume langfristig zu sichern und zu erhalten. Die Informations- und Kommunikationstechnologie stellt dabei nur einen Aspekt dar. In Sternenfels haben Bürgerinnen und Bürger, Bürgermeister, Gemeinderat und Verwaltung die Weichen gemeinschaftlich in Richtung Zukunft gestellt. Diesen Weg im Konsens kreativ und verantwortlich weiterzuentwickeln, wird die Aufgabe der nächsten Jahre sein.

Barbara Lenz und Henrik Schwarz

Frischwaren online: Prognosen und Erfahrungen mit dem Internet-Shopping

1. Einführung

Angesiedelt zwischen der Prognose einer „Revolution" (taz vom 19./20.12.1998) und der glänzenden Zukunft des „bedeutendsten Geschäftsfeldes an der Schwelle zum neuen Jahrtausend" (Electronic Commerce Infonet; http://www.ecin.de; Stand 1.2.1999) findet derzeit sowohl in der Medienöffentlichkeit als auch im Umfeld von Sozial- und Wirtschaftswissenschaften eine heftige Diskussion um Zukunft und Wirkungen des „Electronic Commerce" statt. Vorausgesagt werden auf der einen Seite beeindruckende Wachstumszahlen, hochgerechnet auf der Basis der Zunahme von PCs und Internetanschlüssen in den Haushalten. Tatsächlich aber zeigt sich in Europa erst ein ganz allmählicher Gebrauch des Internet-Shopping.

Zum gegenwärtigen Zeitpunkt ist man noch entfernt von einer zuverlässigen Antwort auf die Frage, ob ein Boom des elektronischen Handels tatsächlich bevorsteht oder ob er auf einige wenige Segmente des Einzelhandels beschränkt bleiben wird. Um einen ersten Zugang zur empirisch fassbaren Realität des E-Commerce zu erhalten, wird im vorliegenden Beitrag versucht, die aktuelle öffentliche Diskussion um den Electronic Commerce aufzuarbeiten sowie Fallbeispiele zu Nutzerprofilen und Angeboten vorzustellen, die in der Auseinandersetzung um die Entwicklung des E-Commerce als besonders interessant erscheinen.

2. Inhalte und Prognosen von E-Commerce

Betrachtet man den elektronischen Handel auf seine Inhalte hin, dann lässt er sich in zwei große Gruppen einteilen: Auf der einen Seite stehen Produkte, die heute schon in digitalisierter Form vorliegen. Dabei handelt es sich vor allem um neue elektronische Produkte wie Software, die zum Umfeld der neuen Medien gehören. Zunehmend werden auch CDs, Videos und Bücher als digitalisierte Produkte übers Netz angeboten. Zu digitalisierten Produkten gehören aber auch neue Dienstleistungen im Umfeld des Internet, die zunächst hauptsächlich von Banken und Versicherungen entwickelt und angeboten werden, in jüngerer Zeit aber vor allem im Reisesektor enorme Zuwachsraten erfahren. Auf der anderen Seite steht der Handel mit nicht-digitalisierbaren bzw. noch nicht digitalisierten Produkten; hier finden sich die klassischen Versandhandel-Inhalte, die nun auf ein Netz gelegt und auf einem der neuen Vetriebskanäle zum Kauf angeboten werden - zum gegenwärtigen Zeitpunkt allerdings noch mit sehr unterschiedlichem Erfolg. Während nämlich Bücher, CDs, Flugtickets oder Computer zusehends ihre Kundschaft übers Netz finden, verläuft die Umsatzentwicklung bei Produkten wie z.B. Bekleidung bislang eher verhalten (Abb.1).

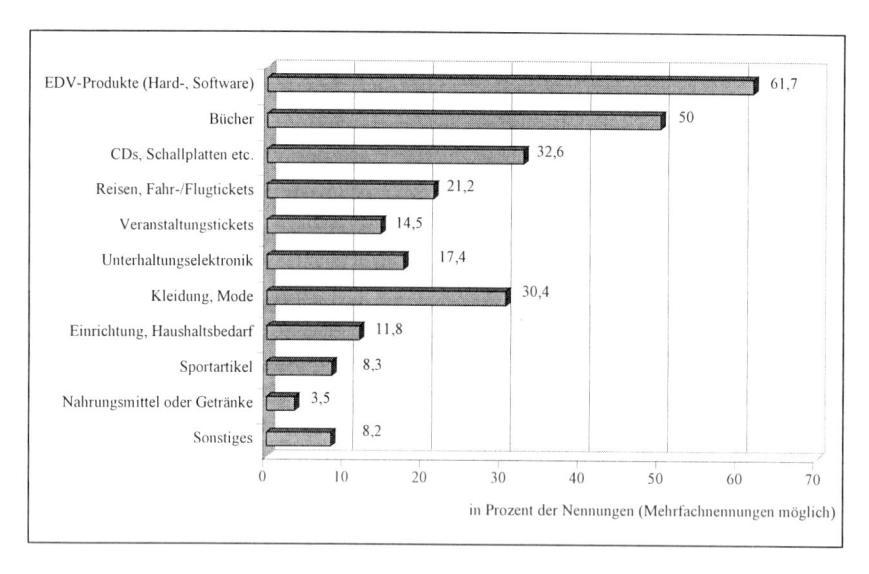

Produkt	%
EDV-Produkte (Hard-, Software)	61,7
Bücher	50
CDs, Schallplatten etc.	32,6
Reisen, Fahr-/Flugtickets	21,2
Veranstaltungstickets	14,5
Unterhaltungselektronik	17,4
Kleidung, Mode	30,4
Einrichtung, Haushaltsbedarf	11,8
Sportartikel	8,3
Nahrungsmittel oder Getränke	3,5
Sonstiges	8,2

in Prozent der Nennungen (Mehrfachnennungen möglich)

Abb.1: Produkte, die 1998 in deutschsprachigen Ländern via Internet gekauft wurden
(Quelle: Firstsurf Internetshopping-Studie 98/99 (n= 13.244))

Bei aller Unterschiedlichkeit der Prognosen, die zum künftigen Wachstum des Electronic Commerce in Deutschland aufgestellt werden, orientieren sich doch die meisten Erwartungen an der US-amerikanischen Entwicklung, wo heute offenbar schon in beachtlichem Umfang via Internet eingekauft wird. Für Europa gehen die Einschätzungen davon aus, dass der E-Commerce insgesamt annähernd 7% des Gesamthandelsaufkommens im Jahr 2004 erreichen könnte. Dies entspräche einem Online-Umsatz von 1.550 Mrd. Euro, von dem 15% auf den Business-to-Consumer-Bereich entfielen (Electronic Commerce Infonet; http://www.ecin.de; Stand 1.3.2000) (Abb.2). Für Deutschland rechnet das Beratungsunternehmen BBE, eine Tochter des Hauptverbandes des deutschen Einzelhandels (HDE) damit, dass bereits in wenigen Jahren 6-7% des Einzelhandelsumsatzes über Online-Medien erzielt werden. Insgesamt wird ein Wandel der Geschäftsfelder im E-Commerce erwartet, der in einer deutlichen Verlagerung der gegenwärtig bestimmenden business-to-business-Aktivitäten in den business-to-consumer-Bereich mit sich brächte (Abb.3).

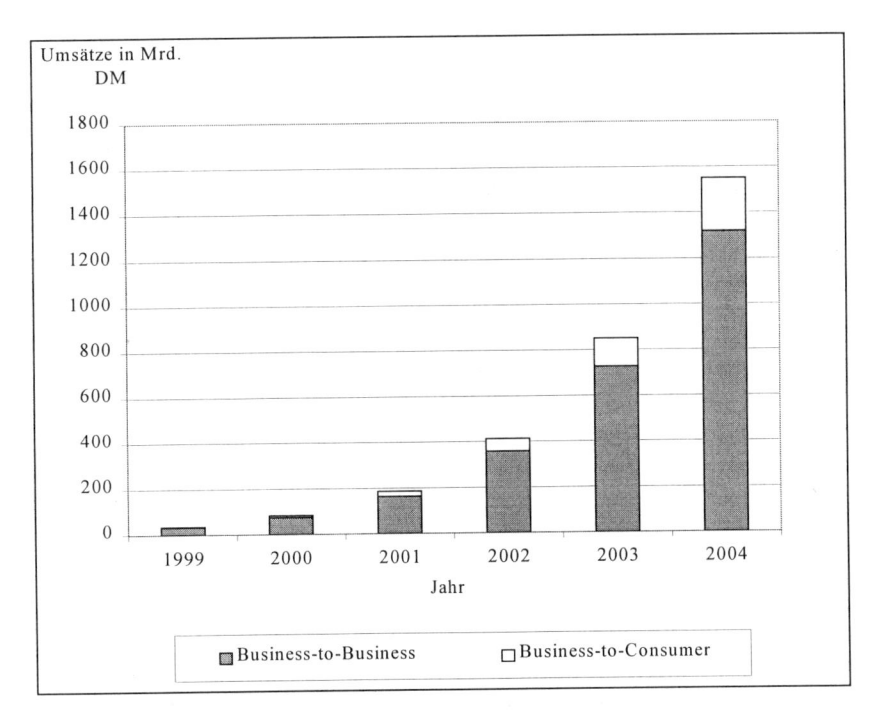

Abb.2: Electronic Commerce in Europa
(Quelle: Forrester Research in: Electronic Commerce Infonet; http://www.ecin.de; Stand 1.3.2000)

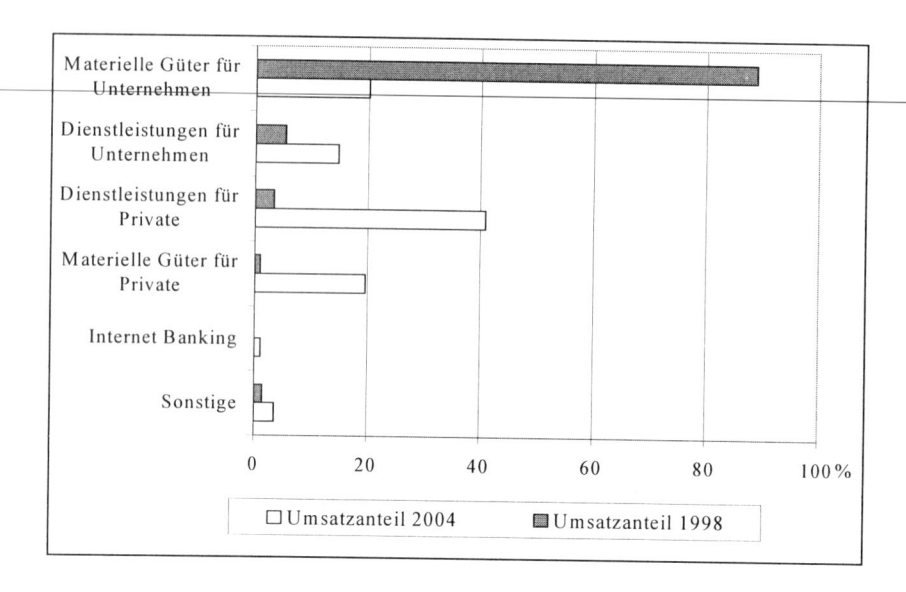

```
Materielle Güter für
Unternehmen
Dienstleistungen für
Unternehmen
Dienstleistungen für
Private
Materielle Güter für
Private
Internet Banking
Sonstige

        0      20     40     60     80    100%
          □ Umsatzanteil 2004   ■ Umsatzanteil 1998
```

Abb.3:   Wandel der Geschäftsfelder im Electronic Commerce
         (Quelle: Frankfurter Allgemeine Zeitung Nr. 266 vom 16.11.1998; Basis:
         Untersuchungen der OECD und der Unternehmensberatung Frost&Sullivan)

Grundlage für Hochrechnungen dieser Art sind meist Umfragen wie z.B. der Internetshopping-Report 1998 (veröffentlicht in www.firstsurf.de/shoppingumfrage.htm; Stand 1.2.1999), bei dem zwei Drittel der mehr als 13.000 befragten Internetsurfer angegeben haben, schon einmal EDV-Produkte wie Software oder Computer online gekauft zu haben. Die Hälfte der Befragten bezog Bücher über das Web, ein Drittel CDs, und immerhin 30% der Netzkäufer gaben an, auch schon Kleidung bestellt zu haben. Gleichzeitig ergeben die Umfragen eine laufende Zunahme der Shopping-Absichten im WorldWideWeb (Abb.4).

Zahlen liegen auch von den großen Versandhäusern in Deutschland vor, wo nach einer zögerlichen Anfangsentwicklung die Hoffnung auf steigende Umsätze übers Netz gewachsen ist und im Weihnachtsgeschäft 1999 auch bestätigt wurde. Die Versandhäuser haben alle schon seit längerer Zeit Erfahrungen mit elektronischen Medien. Seit Jahren nutzen sie T-Online (das frühere Btx) zur Verkaufsunterstützung. Präsentiert wurden dort zwar lange Zeit nur Schnupperangebote und Schnäppchen, doch es war jederzeit möglich, mit Hilfe des Katalogs alle Produkte online zu bestellen. Quelle beispielsweise erzielte im Jahr 1996 auf diesem Weg einen Umsatz von rund 65 Mio. DM, und der Otto-Versand gibt seinen Umsatz über elektronische Medien für das gleiche Geschäftsjahr mit 420 Mio. DM an. Otto ist seit 1995 im Internet vertreten, zunächst allerdings nur mit rund 100 ausgewählten Artikeln aus dem Gesamtsortiment (von insgesamt 25.000 Artikeln im Print-Katalog bzw. 7.000 Artikeln auf der CD-ROM). Zur Hälfte stammen die Online-Angebote aus den Bereichen Mode und Hartwaren, zur anderen Hälfte handelt es sich um Artikel aus dem Computerbereich sowie rund ein Dutzend Last-Minute-Reisen.

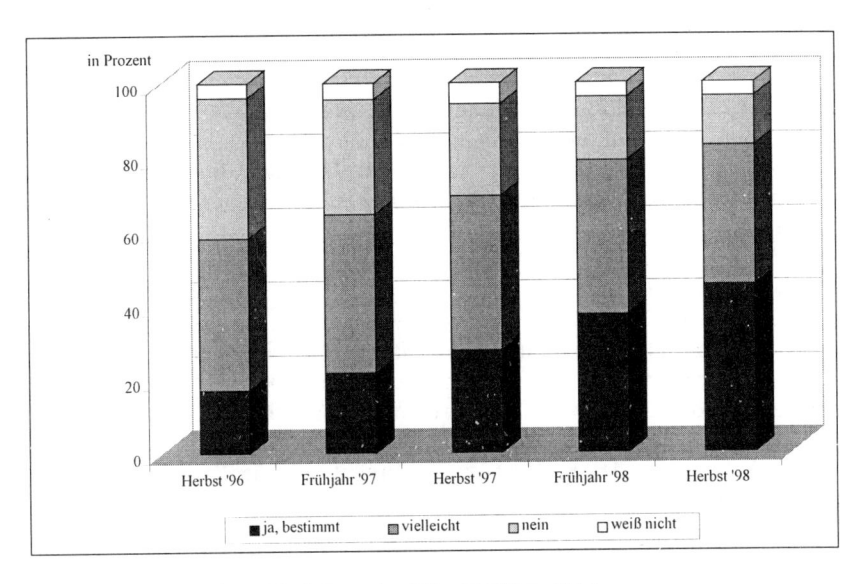

Abb.4: Shopping-Absichten im World Wide Web
(Quelle: 7. Online-Umfrage der Hamburger Agentur Fittkau&Maas)

Allen beschwörenden Prognosen und positiven Trends zum Trotz bleibt der E-Commerce bis jetzt ein eher zähes Geschäftsfeld, in dem die Vertriebszahlen der virtuellen Welt mit denen der realen Welt noch lange nicht mithalten können. Dies zeigt sich für Kaufhäuser wie Karstadt, das seit dem 28. Oktober 1996 mit „My world" im Netz ist, sehr eindrucksvoll an der Menge der Besucher. Bis jetzt erreichen die Besucherfrequenzen einer

Filiale in guter City-Lage das Vielfache von „My world"; exakt vergleichbare Zahlen liegen nicht vor, da in den Filialen nur die zahlenden Kunden gezählt werden, die an einem Dezembertag bis zu 40.000 gehen können, während in „My world" lediglich die Besucher als solche gezählt werden, also auch diejenigen, die nur zum Stöbern und Schauen kommen. Dazu gibt das Unternehmen an, dass von den rund 10.000 hits, die die Kaufhof-Internetseiten monatlich erfahren, nur 0,5-1% zu Bestellungen führen.

3. Strategien der Anbieter

Offensichtlich genügt es nicht, Waren im Netz anzubieten, sondern es muss sich damit etwas Besonderes verbinden; dies gilt selbst für die Produkte im direkten Umfeld von Computer und Internet. Die Strategien der Unternehmen zur Bindung von Konsumenten über das Internet sind in den vergangenen zwei Jahren deutlich differenziert worden, unter anderem durch Anlehnung an Akquisitions- und Vertriebsmuster, die in jüngerer Zeit für den Anbieter-Kunden-Kontakt zwischen Unternehmen entwickelt worden sind.

In einer ersten Phase der Internetpräsenz gilt es vor allem, die Kunden auf konventionellem Weg auf das Internetangebot des Unternehmens aufmerksam zu machen. Dazu werden über die konventionelle Werbung Hinweise auf die Homepage des Anbieters verbreitet, sei es nun im Fernsehen, in den Printmedien oder als Aufschrift auf firmeneigenen Fahrzeugen.

Um ein Anschieben des Kunden zur Wahrnehmung des Unternehmens im Internet geht es zunächst auch bei der Einrichtung von sog. „Cyber-Bars" oder „Surf-Inns" in den großen Kaufhaus-Unternehmen. Hierbei soll denjenigen Kunden den Zugang zum WorldWideWeb ermöglicht werden, die weder zuhause noch am Arbeitsplatz über einen Internetzugang verfügen. Sehr früh schon hat vor allem Karstadt solche Aktivitäten begonnen. Mit Kiosk-Systemen für Verkäufe im Bereich Unterhaltungsmusik und Reisen sowie mit sieben Cyber-Bars fand 1996 der Einstieg des Unternehmens in die multimediale Zeit statt, heute gibt es annähernd 100 Cyber-Bars in Karstadt-Häusern. Dabei erreicht das Kaufhaus einen doppelten Effekt, denn rund 30% der Cyber-Bar-Kunden waren nie zuvor bei Karstadt; und auffallend ist auch, dass der Umsatz der Häuser mit Kiosk-Systemen und Cyber-Bars überdurchschnittlich steigt. Nach Einschätzung der Marketing-Experten von Karstadt belegen die bisherigen Erfahrungen mit den Cyber-

Bars aber auch, dass der Kundenstrom in die virtuellen Shops noch auf lange Sicht Brückenköpfe zur realen Shopping-Welt verlangt.

Der Kunde kommt nur dann direkt übers Netz, wenn sich damit ein Zusatznutzen, ein Mehrwert für ihn verbindet. In einer zweiten Phase kommt es für den Anbieter deshalb darauf an, diesen Zusatznutzen für den Kunden zu schaffen, und zwar so zu schaffen, dass der Zusatznutzen für den Kunden offensichtlich, möglicherweise sogar unentbehrlich wird. Eine relativ schlichte Version von Zusatznutzen sind Dienstleistungen wie die „Datenautobahn ins Maggi-Kochstudio" oder die „Baumdatenbank" eines Motorsägenherstellers. Hier wie in vielen anderen Fällen auch ist es das Ziel, zusätzliche Informationen über Produkte anzubieten und die Kundenbindung durch einen direkten Dialog über E-Mail zu stärken. Diese Zielsetzung verbindet sich mit der Hoffnung, vorab Kundenwünsche zu erfahren oder Produktideen über Befragungen testen zu können.

Der momentan vielversprechendste Trend liegt im „Customizing", einem Managementkonzept, das den Kunden in den Wertschöpfungsprozess miteinbezieht und dadurch seine individuellen Bedürfnisse mit einem maßgeschneiderten Leistungsangebot befriedigt (Abb.5). Erklärtes Ziel des Customizing ist es, nicht den Marktanteil, sondern den Kundenanteil, d.h. den Anteil am Gesamtkonsum jedes einzelnen Kunden zu maximieren. Customizing versteht jede Verkaufstransaktion als Chance, mit dem Kunden zusammenzuarbeiten und damit der Befriedigung der individuellen Wünsche in Form einer lernenden Wechselbeziehung näherzukommen. Vorteile entstehen aus dem Aufbau der „lernenden Wechselbeziehungen" sowohl auf Seiten des Kunden als auch auf Seiten des Handels. Hierbei sind zu nennen:
- Mehrwert für den Kunden durch „automatisiertes Handling",
- permanente Anpassung des Geschäftssystems an Kundenbedürfnisse,
- sinkende Transaktionskosten für den Handel,
- höhere Kundenbindung aufgrund des hohen Aufwands für den Kunden, neue Systeme zu „trainieren" sowie
- Profitsteigerung durch Wiederholkäufe und Cross-Selling.

Ein besonders anschauliches Beispiel zum persönlichen, individuellen Nutzen, den der Kunde aus dem Customizing ziehen kann, wollte die Firma Levi Strauss mit ihrer Mass-Customizing-Strategie „Personal Pair" liefern, das nach zwei sehr erfolgreichen Jahren in den USA 1997 in Europa eingeführt werden sollte: Aus persönlichen Informationen wie Hüftumfang und Beinlänge, sowie Schnitt, Farbe und Oberflächenbeschaffenheit des

Stoffes wählt ein Computer am POS (Point of Sales) aus 400 vorrätigen Typen ein entsprechendes Modell aus. Nach der Anprobe werden die notwendigen Anpassungen in den Computer eingegeben und die Daten online an die Produktionsstätte transferiert, wo der Stoff von einem CNC-Roboter zugeschnitten und dem allgemeinen Produktionsprozess zugeführt wird. – Die maßgefertigten Jeans werden nach drei Wochen – das Ziel ist binnen 3-5 Tagen – ab Auftragseingang gegen Aufpreis ($56 statt $46) direkt an den Auftraggeber ausgeliefert. Während 1997 noch erst 3% des Umsatzes mit maßgefertigten Damenjeans erzielt wurden, peilt Levi Strauss einen Umsatzanteil von 50% bis 2005 an (BAG Handelsmagazin 3/97). Für Europa wird dieser Vertriebsweg jedoch nicht – wie ursprünglich vorgesehen – eingeschlagen.

E-Commerce-Experten sind sich dennoch sicher, dass der Weg in eine Zukunft, in der der Kunde durch seinen Einbezug in die Wertschöpfungskette Maßarbeit ohne lange Wartezeiten erhält, vorgezeichnet sei. Für entscheidend halten sie dabei die Tatsache, dass durch technologische Innovationen das Tante-Emma-Prinzip der individuellen Problemlösungskompetenz erreicht werden kann und gleichzeitig Preise möglich werden, die denen der Massenfertigung nahekommen.

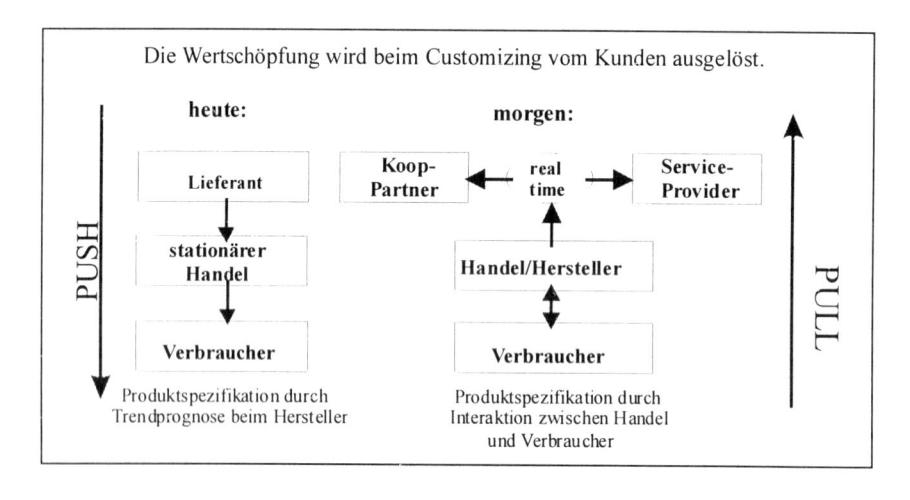

Abb.5: Einbeziehung des Kunden in die Wertschöpfung
(Quelle: verändert nach BAG Handelsmagazin 3/97; Roland Berger & Partner)

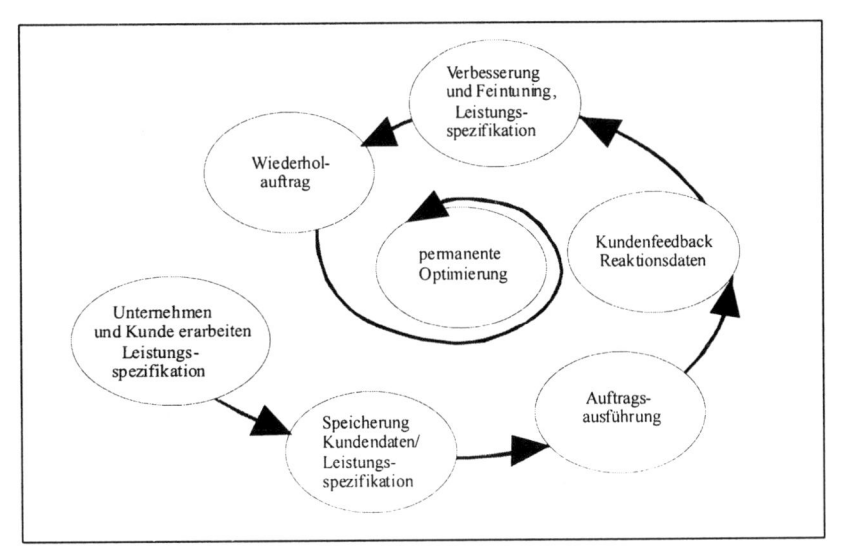

Abb.6: Aufbau lernender Wechselbeziehungen zur Optimierung der Interaktion Unternehmen - Kunde
(Quelle: BAG Handelsmagazin 3/97: 40)

4. Wer sind die Nachfrager nach E-Commerce?

Die Strategien der Anbieter zielen naturgemäß auf vermutete Motive und Motivationsmöglichkeiten der Nachfrager ab. Tatsächliche und potenzielle Motive liegen jedoch noch zu einem großen Teil im Dunkel – allen Marketing-Umfragen zum Trotz. Ersatzweise wird versucht, anhand von Nutzerprofilen die Kunden besser kennenzulernen, allerdings sind auch hier nur allererste Fortschritte zu verzeichnen. Verlässliche Nutzerprofile sind derzeit noch selten. Zu vermuten ist allerdings auch, dass sie angesichts ihrer Bedeutung für den Erfolg eines Unternehmens im Internet oft nicht nach außen weitergegeben werden.

Zu den seltenen Veröffentlichungen gehören Zahlen der Kaufhof AG von 1997, die jedoch nur eine vage Einteilung der neuen Internet-Klientel des Unternehmens angeben. Demzufolge besuchen folgende Gruppen die Internetseiten des Kaufhof
- Studenten und Hochschulabsolventen,
- sog. „Youngsters" zwischen 14 und 25 Jahren, und

- eine diffuse Restgruppe, die zahlenmäßig den ersten beiden Gruppen entspricht.

Alle drei Gruppen unterscheiden sich erheblich vom typischen Kaufhof-Kunden. Denn dieser ist im statistischen Schnitt 41 Jahre alt und weiblich, der durchschnittliche Kaufhof-Besucher via Internet ist dagegen 22 Jahre alt und männlich. Gleichzeitig zeigt die Gruppe dieser potenziellen E-Commerce-Nutzer die typischen Merkmale der Gesamtheit der Internet-Nutzer, d.h. Männer im Alter unter 40 Jahren mit gutem bis sehr gutem Ausbildungsniveau haben auch hier den größten Anteil.

Andere Analysen, wie die Online-Umfrage der Hamburger Agentur Fittkau&Maas im Jahr 1998, zeigen immerhin, dass die Bereitschaft der Internet-Nutzer wächst, sich *auch* des elektronischen Handels zu bedienen, und dass diejenigen Gruppen, die bislang das Internet stark unterproportional benutzt haben, nämlich Frauen und Über-40jährige ganz allmählich an Bedeutung zunehmen (siehe http://www.w3b.de; Stand 1.2.1999).

Zwei hauptsächliche Schwierigkeiten sind allen Untersuchungen und Analysen gemein und machen die Anordnung von Szenarien außerordentlich schwierig:
- Die Geschwindigkeit, mit der sich die technischen Möglichkeiten zur Nutzung des Netzes verändern, ist außerordentlich hoch. Gleichzeitig stellt der Ausbau dieser technischen Möglichkeiten keine lineare, sondern eine evolutionäre Entwicklung dar, d.h. eine Entwicklung, zu der auch Sackgassen und Umwege gehören.
- Noch relativ unbekannt sind die Erwartungen und Bedürfnisse der gegenwärtigen Nutzer gegenüber den neuen Technologien, jedoch gänzlich unbekannt sind die Erwartungen und Bedürfnisse derjenigen, die diese neuen Technologien noch nicht nutzen, dies eventuell aber eines Tages tun könnten. Dabei werden gerade die heutigen Nicht-Nutzer zu einem großen Teil diejenigen sein, die die Angebote auf jedweden Netzen überhaupt erst rentabel werden lassen.

5. Potenzielle Nutzergruppen im großstädtischen Umfeld

Am Beispiel einer Untersuchung, die 1998 in der Gemeinde Weinstadt in der Region Stuttgart durchgeführt wurde, soll im folgenden gezeigt werden, wie differenziert aktuelle und potentielle Nutzer des Internet betrachtet werden müssen. Den Hintergrund der Untersuchung in Weinstadt stellt ein

EU-Projekt dar, das zum Ziel hat, ein an den Erwartungen und Bedürfnissen der Bürger orientiertes lokales Netz aufzubauen, mit lokalen und regionalen Inhalten bei gleichzeitiger Öffnung gegenüber dem globalen Internet. Diese Untersuchung ist nicht primär auf den Electronic Commerce ausgerichtet, vielmehr stellt der E-Commerce nur einen Teilaspekt innerhalb des Gesamtpaketes dar. Im Sinne der lokalen Wirtschaftsförderung für eine Kleinstadt mit 25.000 Einwohnern wurde jedoch von Anfang an auch die Entwicklung des lokalen Handels übers Netz in die Aktivitäten miteinbezogen, wenn auch bislang mit erst bescheidenen Erfolgen. Die Zielsetzung, dem lokalen Handel eine Plattform für E-Commerce-Aktivitäten zu bieten, wurde dennoch aufrecht erhalten.

In der 1998 durchgeführten Untersuchung zur Nutzung und Akzeptanz neuer Medien im privaten Umfeld der Weinstädter Bevölkerung war das Interesse an E-Commerce vor allem unter dem Aspekt analysiert worden, welche internen Strukturen die Gruppen der Interessierten bzw. der Nicht-Interessierten aufweisen.

Zunächst ergibt die Befragung in Weinstadt das, was man als das „ganz normale Bild" bezeichnen könnte: Auf die Frage „Welche Inhalte könnten nach Ihrer Meinung für Nutzer des Netzwerks besonders attraktiv sein?", antwortet nur etwa ein Drittel der Befragten, dass dies für den Electronic Commerce zutrifft. Damit liegt der E-Commerce als attraktiver Netzinhalt weit zurück hinter Inhalten wie „Dienstleistungen von öffentlichen Einrichtungen und Behörden", „Informationen zum Arbeits- und Stellenmarkt" sowie „Fort- und Weiterbildung" (Abb.7).

Bereits einfache Differenzierungen nach Geschlecht oder nach Alter der Befragten zeigen jedoch die Unterschiedlichkeit, mit der die Einschätzung erfolgt: Während Männer mit 43% tendenziell stärker dem E-Commerce als attraktivem Netzinhalt zustimmen als Frauen, wo die Zustimmung nur 38% erreicht, sind vor allem die altersbedingten Unterschiede sehr deutlich ausgeprägt (Abb.8).

Eine Abhängigkeit von Zustimmung oder Ablehnung zeigt sich auch im Hinblick auf das Haushaltseinkommen, in dem einkommensstarke Haushalte eher dazu neigen, den elektronischen Handel im lokalen Netz zu befürworten als die Haushalte mit geringeren Einkommen. Ebenso steigt der Grad der Zustimmung zu E-Commerce als attraktivem Netzinhalt mit der formalen Bildung der Befragten. Demgegenüber ist eine Korrelation zur Haushaltsgröße nicht zu erkennen (Abb. 9 und 10).

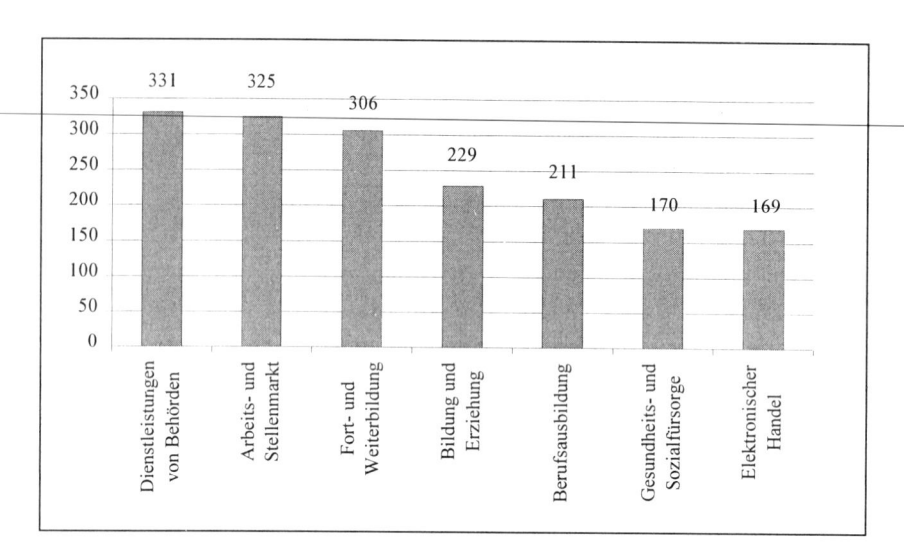

Abb.7: Attraktivität der Netzinhalte nach Einschätzung durch die Befragten in Weinstadt (n=460)
(Quelle: Lenz, Preiss (1998))

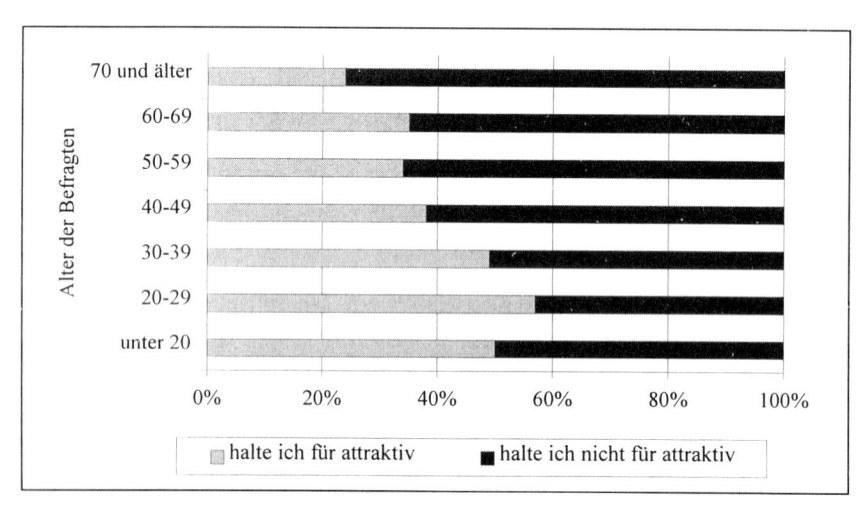

Abb.8: E-Commerce als attraktiver Inhalt für das Netz, differenziert nach Altersgruppen
(Quelle: Lenz, Preiss 1998)

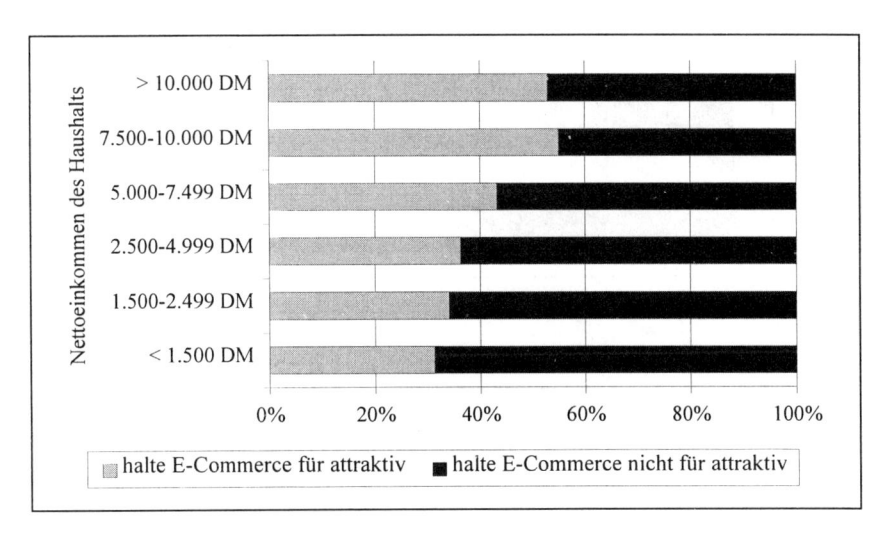

Abb.9: Pro und Contra E-Commerce in Abhängigkeit vom Haushaltseinkommen der Befragten
(Quelle: Lenz, Preiss (1998))

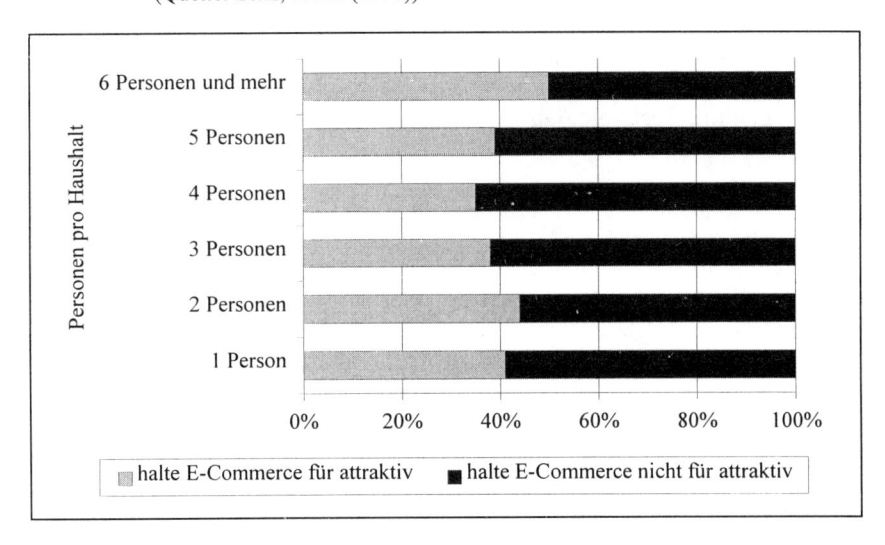

Abb.10: Pro und Contra E-Commerce in Abhängigkeit von der Haushaltsgröße
(Quelle: Lenz, Preiss (1998))

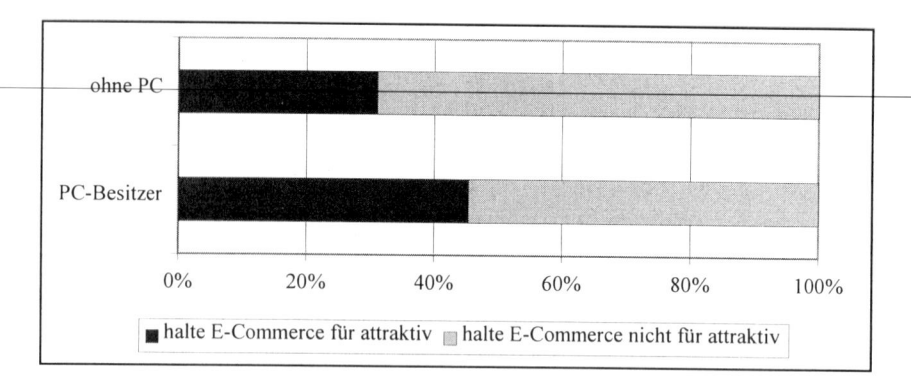

```
         ┌─────────────────────────────────────────────────┐
ohne PC  │████████████████░░░░░░░░░░░░░░░░░░░░░░░░░░░░░░░░░│
         │                                                 │
PC-Besitzer │███████████████████████░░░░░░░░░░░░░░░░░░░░░░░│
         └─────────────────────────────────────────────────┘
         0%      20%      40%     60%      80%     100%

   ■ halte E-Commerce für attraktiv   ▨ halte E-Commerce nicht für attraktiv
```

Abb.11: Pro und contra E-Commerce in Abhängigkeit vom PC-Besitz in
den Haushalten
(Quelle: Lenz, Preiss (1998))

Etwas höher fällt dagegen der Anteil der E-Commerce-Befürworter unter den PC-Besitzern aus. Ein nennenswerter Unterschied zwischen Frauen und Männern besteht dabei nicht: 74% der weiblichen PC-Besitzer halten E-Commerce für attraktiv, dem stehen 71% bei den männlichen PC-Besitzern gegenüber (Abb.11). Dies bestätigt die gängige These, dass vorhandene Erfahrungen mit Technologien deren Akzeptanz und Befürwortung deutlich erhöhen.

Welches allgemeine Nutzerprofil lässt sich aus diesen Ergebnissen für den Fall von Weinstadt ableiten? – Die ersten oder hauptsächlichen Nutzer von E-Commerce in Weinstadt wären zum gegenwärtigen Zeitpunkt wohl eher Männer als Frauen, es würde sich dabei eher um Leute unter 40 handeln, die in Haushalten mit relativ hohem Einkommen leben, wobei die Haushaltsgröße kaum eine Rolle spielt. Ein großer Teil dieser Gruppe hat bereits Erfahrungen mit modernen Technologien und mit dem Internet. Mit diesem Profil der potenziellen E-Commerce-Nutzer entspricht das Ergebnis für Weinstadt in weiten Teilen den Erfahrungen aus anderen Untersuchungen, muss dabei aber – wie dies für andere Untersuchungen auch zutrifft - mit der wesentlichen Einschränkung versehen werden, dass hiermit lediglich Einschätzungen oder bestenfalls Absichtserklärungen vorliegen, von denen vorläufig unklar bleibt, wie sehr sie in tatsächliches Handeln umgesetzt würden.

6. Räumliche Auswirkungen der Ausbreitung von E-Commerce

Bereits heute zeichnet sich ab, dass die Frage nach den räumlichen Wirkungen in engem Zusammenhang zum Profil der Nutzer des Electronic Commerce stehen wird. Die wichtigsten Fragen, die hier zu stellen sind, lauten:
- Was passiert mit dem ländlichen Raum?
- Wie verändern sich die Innenstädte?

Während die Sorgen um die Innenstädte angesichts der Konkurrenz durch den E-Commerce bislang noch mit dem Argument erstickt werden, der Erlebniseinkauf, der in der City vermittelt werde, könne in keinem Fall durch das Netz ersetzt werden, ist eine gewisse Sorge um den ländlichen Raum durchaus für den Fall angebracht, dass das Einkaufen über Medien wie Internet und Fernsehen tatsächlich eine stärkere Bedeutungszunahme erfahren wird.

Dieser Zusammenhang wird im übrigen dann ganz besonders deutlich, wenn man die Entwicklung des Online-Vertriebs von Lebensmitteln betrachtet, der im zweiten Teil dieses Beitrags ausführlich erläutert wird. So erprobt beispielsweise die Handelskette SPAR seit dem 1. November 1998 den „virtuellen Supermarkt" in Hamburg, in dem Kunden von montags bis samstags rund um die Uhr per Telefon, Telefax oder Internet vor allem Frischware und Tiefkühlkost bestellen können. Nach der etwa einjährigen Testphase in Hamburg soll darüber entschieden werden, ob der Lieferservice bis zum Jahr 2001 flächendeckend in ganz Deutschland aufgebaut wird. Fest steht aber heute schon, dass der Schwerpunkt des Lieferdienstes in den Großstädten liegen wird. Bei SPAR gilt der ländliche Raum als nicht attraktiv (Stuttgarter Zeitung Nr. 273 vom 25.11.1998).

Das Problem ist hier nicht die Erreichbarkeit der Kunden übers Netz, sondern die Logistik, die für die Zusammenstellung und den Transport der Waren zum Kunden erforderlich ist. Während in Agglomerationen davon auszugehen ist, dass durch die Besiedlungsdichte relativ kurze Wege und damit auch relativ kurze Transportzeiten möglich sein werden, trifft dies im ländlichen Raum eben nicht zu. Aber auch hier sind momentan nur Prognosen möglich.

7. Was ist Teleshopping?

Vor der Darstellung eines konkreten Beispieles für Frischwaren-Teleshopping und einem Ausblick auf die potentiellen verkehrlichen Wirkungen ist es wichtig, einige Abgrenzungen im Zusammenhang mit dem Begriff des Teleshopping vorzunehmen und auf einige Besonderheiten des Lebensmittelhandels im Internet einzugehen.

Die gesamte Internet-Branche entwickelt sich stürmisch und uneinheitlich. Daher verwundert es nicht, dass sich auch die im E-Commerce verwendeten Begriffe zum Teil recht schnell wandeln. Nach einer verbreiteten Definition (u.a. bei Rohrbach (1997)) bezeichnet Teleshopping den mediengestützten Angebotsempfang durch den Konsumenten im Haushalt, wobei dem Konsumenten die sofortige Möglichkeit zur medialen Bestellung offensteht. Als Medien kommen neben Fernsehen und CD-ROMs vor allem das Internet und andere Online-Dienste in Betracht. Während das Fernsehen seine Attraktivität für bestimmte Anbieter und Kunden durch die stark erweiterten Kapazitäten der Kabelnetze sicher behalten wird, ist davon auszugehen, dass die CD-ROM mit zunehmender Leistungsfähigkeit der Datennetze und einer weiter zunehmenden Zahl der Online-Anschlüsse von den Onlinemedien verdrängt wird.

Die Bestellung beim Teleshopping geschieht medial – also über Telefon oder Internet bzw. Online-Dienst.

Beim Teleshopping kann zwischen der passiven und der aktiven Form unterschieden werden. Dem passiven Teleshopper wird das Angebot im Fernsehen präsentiert, ohne dass er selbst Einfluss auf die Art der angebotenen Waren oder den Zeitpunkt der Präsentation hat. Zwischen dem Angebotsempfang per Fernsehgerät und dem Kauf per Telefon existiert ein Medienbruch. Der aktive Teleshopper im Internet muss sich das von ihm gewünschte Angebot selbst auf den Bildschirm holen, hat dafür aber inhaltlich und zeitbezogen alle Freiheiten und kann ohne Medienbruch direkt kaufen.

Es ist offensichtlich, dass der Einkauf von Lebensmitteln des täglichen Bedarfs nur als aktives Teleshopping Sinn macht – wer möchte sich schon als passiver Fernseh-Teleshopper 30 Minuten lang Sauerkonserven ansehen, bis der gewünschte Kaffee mit seiner Bestellnummer endlich gezeigt wird?

Was hat denn Frischwaren-Teleshopping eigentlich mit Electronic Commerce zu tun, für den eine boomende Entwicklung prognostiziert wird? Teleshopping ist ein Teil des Electronic Commerce. Der E-Commerce kann prinzipiell in Tele-Handel und Tele-Dienstleistungen aufgeteilt werden. Eine der Anwendungen des Bereichs „Handel" ist neben dem Fernsehshopping und dem Einkauf mit interaktiven CD-ROM-Katalogen das Online-Shopping. Zu dieser Kategorie gehört auch der Frischwaren-Einkauf.

Weltweit führen die USA das Online-Shopping nach Umsätzen mit großem Abstand an. Aber es gibt auch eine ständig wachsende Zahl europäischer Angebote im Netz. Wie im konventionellen Handel findet man im Netz sowohl Fachgeschäfte als auch Kaufhäuser. Beispielsweise gibt es neben reinen Buchhändlern wie „Amazon" und reinen Lebensmittelanbietern wie „Onkel Emma" in Stuttgart Netz-Kaufhäuser, die - wie ihre realen Filialen - im Netz eine Lebensmittelabteilung betreiben, wie zum Beispiel das „My World"-Internet-Kaufhaus von Karstadt. Eine weitere Spielart des Internet-Shopping-Angebots sind die sogenannten virtuellen Marktplätze oder Malls. Es ist denkbar, dass sich ein Lebensmittel-Spezialanbieter einer solchen virtuellen Mall (real: Einkaufspassage) anschließt, in der unabhängige Firmen mit eigenem Warenlager und Inkasso virtuell mit sogenannten „Links" („Verbindungen") zu einem Einkaufszentrum zusammengeschaltet sind.

8. Eigenart des Internet-Lebensmittelangebots

Der Lebensmittelhandel im Internet hat eine Eigenart, die auch als „Paradoxon des Internet-Frischwarenangebots" bezeichnet werden kann. Das Internet ermöglicht die Verteilung des Angebots bis in den letzten Winkel der Welt – vielleicht das globalste Angebot überhaupt. Die Auslieferung der frischen Lebensmittel beschränkt den Kundenkreis eines solchen Angebots in der Realität jedoch auf Radien von 5 bis 50 km um das Warenlager. So ist beispielsweise das Angebot des Internet-Shops „Onkel Emma" in Stuttgart auch von Berlin, New York oder Sydney aus abrufbar, eine Lieferung der Bestellung ist aber schon ins 25 km entfernte Ludwigsburg nicht mehr möglich.

Wie oben beschrieben funktioniert das rein virtuelle Teleshopping nur mit Gütern, die sich auch im Datennetz transportieren lassen wie etwa Software jeglicher Art. Dabei handelt es sich zur Zeit noch hauptsächlich um Software für Personalcomputer, zukünftig ist es aber auch möglich, die

Daten von Videofilmen und Musikaufnahmen und sogar Büchern übers Netz zu versenden und erst beim Kunden durch Überspielen auf Videoleerkassetten oder CD-Rohlinge bzw. durch Ausdrucken auf Papier zu materialisieren. Bei frischen Lebensmitteln jedoch ist kein Verzicht auf die realen Güterströme möglich. Beim Frischwaren-Teleshopping ergibt sich der folgende Ablauf (vgl. Abb.12).

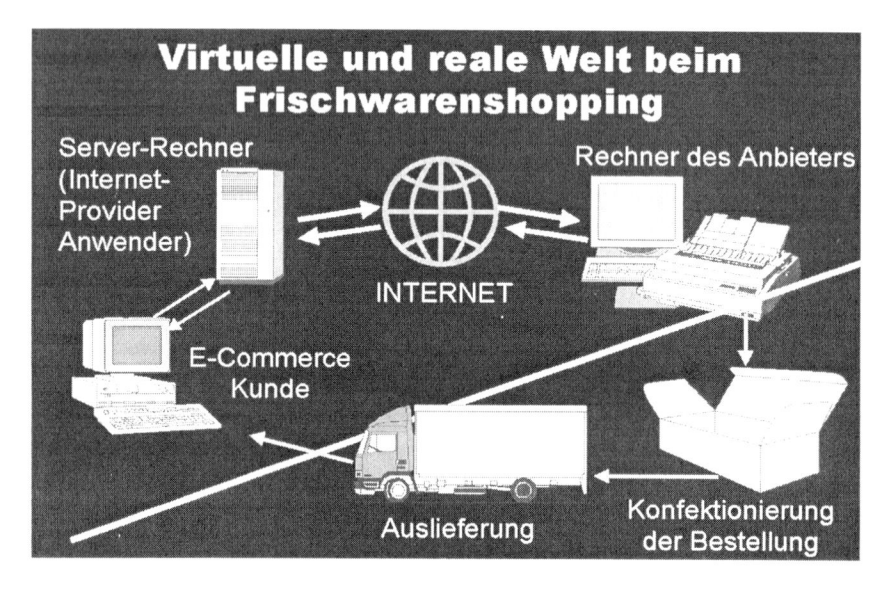

Abb.12: Virtuelle und reale Welt beim Frischwarenshopping

- Der Kunde verbindet seinen Rechner über einen Service-Provider mit dem Internet.
- Er fordert das Angebot eines Anbieters an, indem er dessen Homepage aufruft. Das Angebot wird umgehend auf seinem Rechner sichtbar.
- Der Kunde entschließt sich zum Kauf und sendet dem Anbieter die elektronische Bestellung auf demselben Wege zurück. Der virtuelle Teil des Einkaufs ist damit zu Ende.
- Der Anbieter verwandelt die Bestellung in einen physischen Einkaufszettel. Die bestellten Waren werden in einen Transportbehälter verpackt.
- Die Bestellung wird vom Händler selbst oder von einem beauftragten Transportunternehmen zum Kunden gefahren.

Der Tele-Einkauf besteht also aus einem virtuellen (in der oberen Bildhälfte) und einem realen Teil (in der unteren Bildhälfte).

9. Das Beispiel „Migros-Online-Shop"

Am Beispiel des Internet-Shops der schweizerischen Migros Genossenschaft kann gezeigt werden, wie ein solcher Lebensmittelhandel in der Realität ausgestaltet werden kann.

Der Migros-Online-Shop wurde zwischen Dezember 1997 und März 1998 als Pilotprojekt exklusiv für die Mitarbeiter der Migroszentralen in Bern und Zürich und für die Züricher Mitarbeiter des Informationstechnik-Partners, der IBM Schweiz, eröffnet. Seit Mai 1998 läuft das Teleshopping in den Großräumen Bern und Zürich über das Internet für die Öffentlichkeit. Der Shop wurde im letzten Jahr schon gut angenommen, bringt zur Zeit aber erst einen Bruchteil des Umsatzes einer konventionellen Filiale. Bei Migros hält man aufgrund des vielversprechenden Starts jedoch einen Zielwert von 10% Online-Anteil am Gesamtumsatz bis 2010 für realistisch.

Für den Telekunden gestaltet sich der Einkauf wie folgt. Nachdem der Rechner am Internet angemeldet ist, wird die Adresse der Homepage des Geschäfts eingegeben (hier: www.migros-shop.ch). Es erscheint die Hauptauswahlseite des Supermarktes (Abb.13).

Die Lebensmittel sind in Gruppen zusammengefasst, wobei man in einem Auswahlfenster neben jeder Produkt-Kategorie der Hauptseite zu den einzelnen Unterkategorien verzweigen kann. Neben dieser Auswahl über das hierarchische Menü besteht im linken Bildrahmen die Möglichkeit, einen Artikel direkt zu suchen. In der Kopfzeile kann man mit dem Symbol „Ihr Einkauf" einen Blick in den virtuellen Einkaufswagen werfen, um zu prüfen, was man bereits ausgewählt hat – und was der Einkauf bis jetzt kosten wird. Gleich daneben hat man Zugriff auf eine persönliche Einkaufsliste, auf die man Artikel setzen kann, die man regelmäßig einkauft. Das spart Zeit, weil man sich nicht jedesmal durch die Menüauswahl bis zum gesuchten Artikel „durchklicken" muss. Auf der Liste ist nur noch die benötigte Menge einzutragen, und schon liegt der Artikel im virtuellen Einkaufswagen. Zur Erhöhung des Kunden-Komforts plant die Migros, zukünftig mehrere Einkaufslisten je Kunde zu ermöglichen.

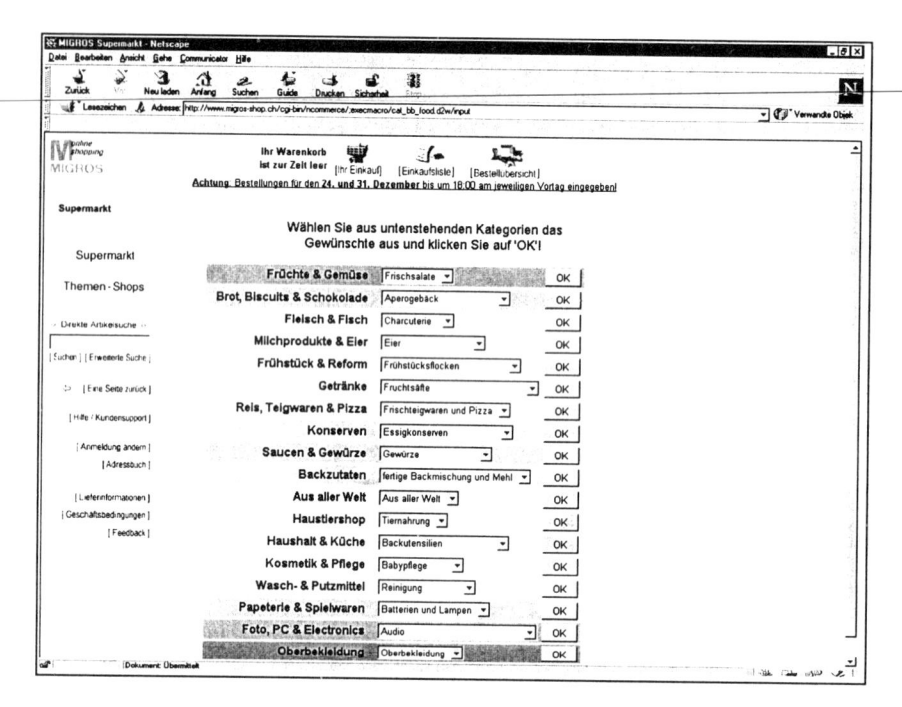

Abb.13: Hauptauswahlseite des Online-Supermarktes der Migros-Genossenschaft

Nach Auswahl der Unterkategorien der Gruppe „Milchprodukte und Eier" kann beispielsweise „Joghurt" angeklickt werden und der folgende Bildschirminhalt wird gezeigt (Abb.14):

Hier wird jetzt bei allen gewünschten Produkten die Anzahl in die vorgegebenen Felder eingetragen und am Seitenende der Bestellknopf gedrückt. Alternativ kann man durch das Anklicken eines Artikels eine vergrößerte Darstellung erreichen, die ggf. weitere Informationen enthält.

Bei Produkten wie Wurst- oder Käseaufschnitt sowie Fleisch besteht gegenüber dem Einkauf im konventionellen Handel eine Einschränkung, da eine beliebige Eingabemöglichkeit für das gewünschte Gewicht nicht möglich ist. Das Angebot wird in sogenannten „Verpackungseinheiten" verkauft, deren Gewicht sich je nach Artikel unterscheidet. So wird

Schweinegeschnetzeltes in Einheiten zu 250 Gramm angeboten und kann daher nur in Vielfachen dieser Einheit bestellt werden.

Wenn am Ende des Einkaufs der Inhalt des Einkaufswagen überprüft wurde, kann die Bestellung übers Datennetz zu Migros geschickt werden.

Geht die Bestellung werktags bis 11 Uhr vormittags ein, werden die Waren noch am selben Tag zwischen 17 und 20 Uhr nach Hause geliefert. Wahlweise können die Bestellungen auch an einer der 35 Pickupstellen bei Migrosfilialen in den Großräumen Bern und Zürich ab 16:30 Uhr bis Ladenschluss abgeholt werden.

Je nach Ausgestaltung des Anbieters werden die vom Kunden gewünschten Artikel entweder in einem konventionellen Ladengeschäft oder in einem speziellen Lager (wie bei Migros) zusammengestellt.

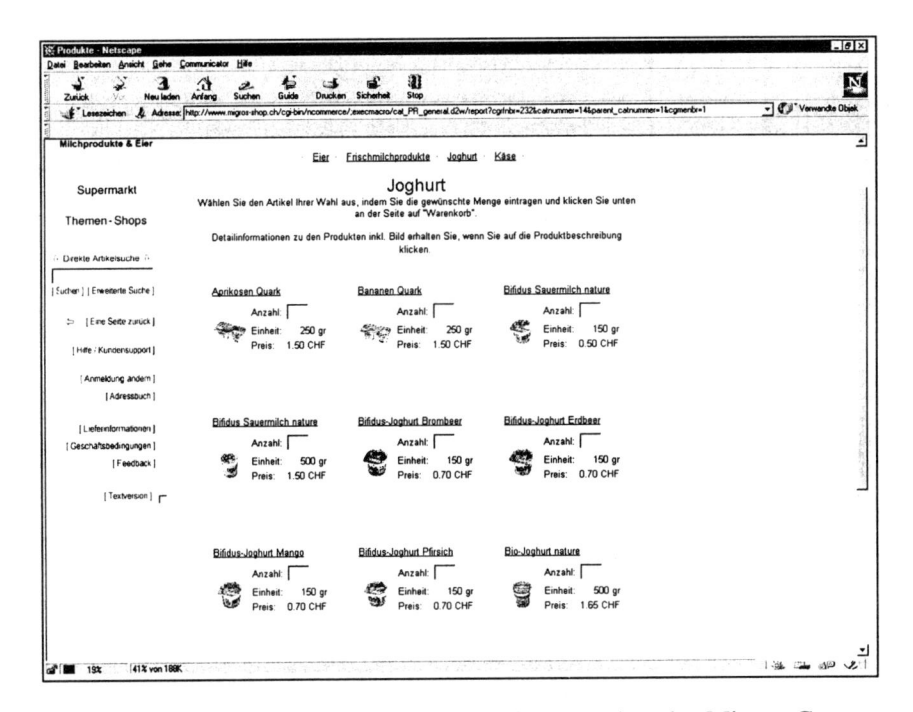

Abb.14: Die Unterseite „Joghurt" im Online-Angebot der Migros Genossenschaft

Die beim Handelsunternehmen eingehenden Bestellungen werden vom Rechner gemäß der Lagerlogik umsortiert und ausgedruckt. Durch eine/n Mitarbeiter/in wird der „reale Warenkorb" zeitoptimiert bestückt, beginnend mit Non-Food-Artikeln über das LebensmittelTrockensortiment bis zu den Frisch- bzw. Kühlwaren. Die Waren, die gewichtsabhängig verkauft werden, liegen vorkonfektioniert in den Regalen. Speziell bei Obst und Gemüse wird auf beste Qualität und Frische geachtet. Wird die Qualität vom Kunden bei Ankunft der Ware trotzdem gerügt, wird anstandslos Ersatz geliefert. Das Vertrauen des Kunden, das sich im Verzicht auf eine eigenhändige Prüfung der Ware dokumentiert, genießt bei Migros eine sehr hohe Wertschätzung, die unter keinen Umständen erschüttert werden soll.

Für die Verpackung der Frischwaren werden Kunststoff-Mehrweg-Boxen verwendet, die je nach Kühlgutanteil komplett oder teilweise mit einer Isolierinnenhülle versehen werden können. Außerdem werden den Behältern Kühlakkus beigefügt.

An der Scannerkasse mit Waage wird die Rechnung für den Kunden erstellt und die Ware vom Einkaufswagen in die Transportboxen umgepackt. Die Rechnung mit der Lieferadresse findet in einer Hülle auf dem Deckel der Transportbox Platz.

Migros arbeitet sowohl mit der Schweizer Post als auch mit einem privaten Paketdienst zusammen, deshalb gibt es - um Verwechslungen auszuschließen - Behälter in unterschiedlichen Farben. Die Transporteure holen die bereitgestellten Boxen an einer überdachten Warenrampe ab und liefern sie aus.

Die Bezahlung des Tele-Einkaufs kann auf zweierlei Arten erfolgen: Entweder gibt der Kunde bei der Bestellung seine Kreditkartennummer an, die im SSL-Verfahren verschlüsselt übertragen wird, oder der Kunde überweist die Rechnung, die der Warenlieferung beiliegt, von seinem Bankkonto.

Die Lieferpauschale nach Hause beträgt zur Zeit 9 SFr, während das Abholen in der Filiale kostenlos ist.

Zu den eingangs geschilderten Erwartungen, die der Kunde an das Einkaufen im Netz ganz allgemein stellt, kommen im Fall der Frischwaren noch einige spezielle Anforderungen an den Anbieter hinzu:

- Die Lieferzeiten für Lebensmittel des täglichen Bedarfs müssen wesentlich kürzer sein als für die meisten Non-Food-Artikel. Die Bandbreite der Möglichkeiten zeigen Pilotprojekte in Deutschland: Bei SPAR in Hamburg kann bis 17 Uhr bestellte Ware noch am selben Abend in Empfang genommen werden und die Debis/Metro-Tochter Primus Online will noch 1999 Lebensmittel in garantierten 90 bis 120 Minuten nach Bestellung an die Tür liefern.
- Die Frischeprodukte stellen unterschiedliche Ansprüche an den Transport - speziell an die Temperaturen. Die Sortimentserweiterung um Tiefkühl-Produkte ist hier eine weitere Herausforderung.
- Die Preise für gewichtsabhängige Artikel sind nicht exakt vorgebbar, daher sind spezielle Vereinbarungen bezüglich der Abrechnung über Kreditkarten erforderlich. Der tatsächlich eingezogene Betrag darf dann um (vereinbarte) einige Prozent über oder unter dem ursprünglichen Preis der Bestellung liegen.

In allen genannten Punkten gibt es große Fortschritte; sie stellen für das Frischwaren-Online-Shopping kein Hindernis dar. Um so mehr gewinnen die möglichen verkehrlichen Wirkungen eines zunehmend genutzten Online-Shopping an Interesse.

10. Mögliche verkehrliche Wirkungen

Vorhandene Erkenntnisse sind, wie der Blick in die wissenschaftliche Literatur zeigt, bisher rar. Teleshopping von Frischwaren ist eine neue Spielart des Online-Shopping und die Nutzer der vereinzelten Angebote sind noch sehr selten. Aus diesem Grund findet man in wissenschaftlichen Veröffentlichungen derzeit hauptsächlich Hypothesen über die Wirkungsweisen und den Wirkungsumfang des Teleshopping. In einer Studie der Fraunhofergesellschaft für die Deutsche Telekom wird in einer Zusammenschau verschiedenster Abschätzungen von einem 16-prozentigen Minderungspotential für den gesamten deutschen Einkaufsverkehr durch Teleshopping ausgegangen (Harmsen et al. (1994)). Die wichtigsten Hypothesen zu verkehrlichen Wirkungen des Online-Shopping lassen sich in Reduktionshypothesen und Induktionshypothesen aufteilen.

Die Reduktionshypothesen beziehen sich auf
- geringere Fahrleistung und weniger Wege pro Person durch entfallende Einkaufsfahrten,
- Entzerrung der Verkehrsspitzen durch Reduktion des Einkaufsverkehrs,

- verstärkte Erledigung der Nicht-Teleshopping-Resteinkäufe in Wohnortnähe.

Dem stehen die Induktionshypothesen entgegen. Sie beruhen auf zusätzlicher Fahrleistung durch Lieferverkehr,
- mehr Zeit für Erlebniseinkäufe an weit entfernten Zielen,
- Nutzung der gewonnenen Zeit und Pkw-Verfügbarkeit für andere Aktivitäten, die ebenfalls mit Verkehr verbunden sind.

Am Institut für Straßen- und Verkehrswesen der Universität Stuttgart (Lehrstuhl für Straßenplanung und Straßenbau) wird zur Zeit ein Forschungsprojekt bearbeitet, in dem diese Hypothesen empirisch überprüft werden sollen (Schwarz et al. (1999)). Zentraler Punkt des Forschungsprojektes „Teledienste und Mobilität" wird eine Vorher-/Nachher Erhebung des Verkehrsverhaltens bei Teleshoppingnutzern sein. Ergänzende Informationen zum Lieferverkehr werden bei Anbietern der Teleshoppingangebote erhoben.

Literatur

Harmsen, D.-M., König, R. (1994): Telekommunikation statt Verkehr – Möglichkeiten der Substitution physischen Verkehrs durch Telekommunikation. Forschungsprojekt im Auftrag des Telekom Forschungs- und Technologiezentrums (FTZ) von ITG Informationstechnische Gesellschaft im VDE unter Leitung des Fraunhofer-Instituts für Systemtechnik und Innovationsforschung (ISI). Karlsruhe.

Lenz, B., Preiss, I. (1998): IMAGINE. Interim Report to the EU-Commission. Stuttgart.

Rohrbach, P. (1997): Interaktives Teleshopping, elektronisches Einkaufen auf dem Informationhighway. Wiesbaden.

Schwarz, H., Vogt, W., Glaser, W. et al. (1999): Verkehrliche Auswirkungen von Teleshopping und Telecommerce auf die Mobilität privater Haushalte, 2. Sachstandsbericht 1999, Forschungsvorhaben des Bundesministeriums für Verkehr (nicht veröffentlicht).

Uwe Hübner

Telelearning: Informatikstudium online.

1. Einführung

Die Möglichkeiten moderner Netztechnologien schaffen auf vielen Gebieten neue Potenziale, so auch beim Lernen und Lehren. Es sollte nicht überraschen, dass auf so einem recht neuen Gebiet mit einer Vielzahl unterschiedlichster Konzepte und Vorgehensweisen experimentiert wird, die ihren Praxistest häufig erst noch bestehen müssen. Nach einem kurzen Überblick zu den verfügbaren Optionen sollen daher in diesem Beitrag die praktischen Erfahrungen aus dem seit 1995 an der TU Chemnitz laufenden Aufbaustudium „Informations- und Kommunikationssysteme" im Mittelpunkt stehen.

2. Telelearning-Konzepte

Eine erstes Unterscheidungskriterium für Telelearning-Konzepte betrifft die zeitlichen Verhältnisse. Beim traditionellen Selbststudium mit Hilfe eines Buches kann sich der Lernende unabhängig vom Autor seine Zeit frei einteilen („asynchron"). Beim Präsenzunterricht ist dagegen eine gleichzeitige Anwesenheit von Lehrer und Lernenden erforderlich („synchron"). Auch bei den Telelearning-Konzepten ist diese Unterteilung gebräuchlich.

Zu den *asynchronen* Konzepten gehören

- Verteilung von Lehrmaterial per CD-ROM oder E-Mail (HTML ...) ,
- Diskussionen per E-Mail (Mailingliste), NetNews-Gruppe oder CSCW-Werkzeug (*„Computer Supported Cooperative Work"*),
- Lehrmaterial-Abruf zu beliebigen Zeiten (WWW).

Synchrone Konzepte werden verwendet bei

- Übertragung von Vorlesungen (Audio/Video/Tafel), „Bildungsfernsehen" usw.

- Telekonferenz/Konsultation: Übertragung von Text/Audio/Video/ Tafel zwischen allen Beteiligten. Bei höheren Teilnehmerzahlen ist eine Übertragung von jedem Teilnehmer zu jedem anderen nicht mehr praktikabel bzw. wirtschaftlich, hier findet eine Multicast-Infrastruktur Verwendung.

- Telepräsenz: Unter diesem allgemeinen Begriff werden die verschiedensten Sachverhalte verstanden; hier wird beispielsweise die „virtuelle" Anwesenheit in einem (realen) Versuchslabor eingeordnet.

3. Bedarf

Seit Anfang der neunziger Jahre suchen Unternehmen und Behörden verstärkt Hilfe bei strategischen Entscheidungen zur Nutzung von Informations- und Kommunikationstechnologien. Der potentielle Anwender sieht sich einer Vielfalt von Produkten und Diensten gegenüber und muss die schwierige Auswahl nach größtem Nutzen treffen, wobei die vorhandenen Informationsquellen nicht die erwünschte Herstellerunabhängigkeit bieten. Als nicht ausreichend erweisen sich Ansätze wie Schnellkurse, Internet-Schnupperzugang und Ähnliches; erforderlich sind vielmehr solide Grundkenntnisse, ein Blick „hinter die Fassade" und die Möglichkeit, praktische Erfahrungen mit dem neuen Medium Internet und seinen Anwendungsmöglichkeiten zu sammeln. Ein Direktstudium kommt für viele Interessenten nicht in Frage, da sie ihren Beruf nicht temporär aufgeben wollen. Aus dieser Situation heraus entstand an der TU Chemnitz die Idee, den Bildungsgegenstand auch als Medium zu nutzen, und damit das Aufbaustudium Informations- und Kommunikationssysteme einzurichten.

Das Aufbaustudium Informatik versucht, die Vorteile eines Präsenzkurses mit den Vorteilen eines Fernkurses zu vereinen. Einer der Vorteile, der von Präsenzkursen übernommen wurde, besteht in den ausgezeichneten experimentellen Möglichkeiten. Damit ist einmal die Erprobung neuer Dienste und Systeme gemeint. Diesen Vorgang realisiert jeder Teilnehmer mit seinem eigenen Rechner oder mit Unterstützung von Serverrechnern. Noch einen Schritt weiter geht die „Fernsteuerung" ganzer Labors, die ebenfalls an ausgewählten Stellen innerhalb dieses Kurses angeboten werden.

Ein weiterer Vorteil von Präsenzkursen ist der Kontakt zu den Betreuern. Aus diesem Grund gibt es auch im Aufbaustudium Informatik einen persönlichen Betreuer für jeden Teilnehmer, der seinerseits auch Rückkopplungen hinsichtlich der Probleme und Wünsche der Lernenden erhält.

Daneben stehen Vorteile des Fernkurses, die ebenfalls in das Konzept des Aufbaustudiums eingeflossen sind. So sind Zeitaufwand und Kosten relativ niedrig, wenn man davon ausgeht, dass bei einem Präsenzkurs Kosten für ausgefallene Arbeits- und Reisezeit entstehen. Die Teilnehmer, deren Vorkenntnisstand oft deutliche Unterschiede aufweist, profitieren von der flexiblen Zeiteinteilung und können so den Lernfortschritt an ihre individuellen Fähigkeiten anpassen. Das heißt, kein Teilnehmer muss irgendwelche Stunden „absitzen". Durch diese Eigenschaft werden die Kurse berufsbegleitend absolvierbar, wobei allerdings eine Belastung von etwa 10 Stunden pro Woche als Mindestaufwand einzuplanen ist. Mit Rücksicht auf die hohen Internet-Zugangskosten in Deutschland ist die Technologie so gewählt, dass davon nur etwa 4 Stunden online erforderlich sind.

4. Fachlicher Inhalt und Ablauf

Der Inhalt ist auf zwei Kurse von je einem Jahr Dauer aufgeteilt. Jeder Teil schließt mit einer Prüfung, so dass die Kurse je nach Vorkenntnissen und Bildungszielen auch unabhängig voneinander absolviert werden können.

Im Teil I geht es um Architekturen, Anwendungen und Software.

- Einführung	- Einordnung des Fachgebiets, Studienanleitung - Netzarchitekturen - Internet-Architektur, Netzangebote
- Übertragungstechniken	- Modemtechnik, ISDN, LANs
- Netz-Anwendungen im Überblick	- Electronic Mail, Informationssysteme - Text-/Audio-/Video-Konferenz - Regeln und Umgangsformen („Netiquette")
- Electronic Mail	- Architekturen und Systembeispiele - Vertraulichkeit, digitale Unterschriften, MIME, „aktive" Nachrichten

- Informationssysteme - Grundlagen	- Benutzersicht (URLs, Klienten ...) - Autorensicht (HTML ...)
- Informationssysteme - Interaktionen	- WWW-Server, CGI, JavaScript
- Diskussionsgruppen	- News-Architekturen, Protokolle, Klienten - Inhaltskategorien und Übersichten
- Computerunterstützte Kooperationstechniken	- Konferenzsysteme; Multicast-Infrastruktur (MBONE) - Audio-/Videoinformationen, Internet-Telefonie
- Sicherheitsaspekte	- Gefährdungsmodelle, Authentifizierung, Verschlüsselung, Netzwerk-Sicherheit
- Netz-Software	- Java

Gegenstand vom Teil II sind Netz-Infrastrukturen, Protokolle und Management.

- Das Internet-Protokoll	- IP ... IPng (next generation)
- Transportprotokolle	- TCP, UDP, Echtzeit-Transport
- LAN-Basistechnologien	- Ethernet, Tokenring, FDDI, ATM
- Fernnetze	- ISDN, X.25, ATM-Netze
- Netzknoten	- Bridges, Router ... Multilevel-Switching
- Anwendungen und deren Infrastrukturen	- TELNET, FTP, E-Mail, HTTP
- Netzwerk-Management	- SNMP-Anwendungen, Weiterentwicklungen
- Netzwerk-Sicherheit	- Firewall-Technologie, SSL
- Vorgehensweise bei der Netzwerkplanung	- Praktische Übungen (Projekt)

Zum Einstieg in den Kurs werden die Teilnehmer zu einer eintägigen Präsenzveranstaltung eingeladen, bei der die Grundlagen des Umgangs mit dem neuen Lernmedium erklärt und verschiedene sensible Informationen (z.B. Zugangspasswörter) personengebunden ausgeteilt werden. Erst am Schluss ist zur (traditionellen) Prüfung wieder die Anwesenheit der Teilnehmer erforderlich.

Die Pakete mit dem Lehrinhalt werden monatlich per E-Mail versandt. Das ist im Kern eine Hierarchie von HTML-Dokumenten, die jeder Teilnehmer lokal installiert. Das wesentliche Kommunikationsmedium für Fragen, Diskussionen usw. ist eine Mailingliste des jeweiligen Kurses.

Konferenzen in „Echtzeit" gibt es nur als wahlfreie Ergänzung (z.B. zur Erfahrungsgewinnung mit verschiedener Hard- und Software für eben solche Konferenzen). Wegen der unerwünschten Bindung an einen festen Zeitpunkt und auch wegen des technischen Aufwands sowie der Kosten ist dies aber kein Kernbestandteil des Kurses.

Das Lehrmaterial ist eine Hierarchie von Hypertext-Dokumenten, wobei durch die Gliederung eine feste Reihenfolge beim ersten Durcharbeiten nahegelegt wird. Das Material ist jedoch auch zum Vertiefen oder Nachschlagen gut nutzbar (Letzteres ist mit „programmiertem Lehrmaterial" schwieriger).

Innerhalb der Abschnitte ist eine lehrbuchartige Struktur vorhanden. In das Kursmaterial sind Anleitungen für praktische Übungen eingebaut. Diese erfordern teilweise eine Interaktion mit dem Betreuer oder den anderen Teilnehmern. Anregungen für die Mailingliste sind als Diskussion gekennzeichnet, die Fragen sind Gegenstand des virtuellen Seminars. Mit den Vertiefungen schließlich werden weiterführende Anregungen gegeben, die je nach Interesse und zeitlicher Belastung verfolgt werden können, jedoch kein Prüfungsbestandteil sind.

5. Virtuelles Seminar

Eine Rückkopplung der Teilnehmer hinsichtlich ihres Lernerfolgs ist unbedingt erforderlich. Dies erfolgt unter anderem durch die in das Lehrmaterial eingebetteten Fragen. Wenn man das Verständnis komplexer Zusammenhänge überprüfen will, muss man auch Fragen stellen, die nicht durch eine Ja/Nein-Entscheidung, eine Zahl oder wenige eindeutige Fakten beantwortbar sind. Damit entziehen sich die Antworten auf solche Fragen weitgehend einer vollautomatisierten Auswertung. Trotzdem wird dazu mit Erfolg ein WWW-Hilfssystem eingesetzt, das die nachfolgend beschriebene Funktionalität bietet. Das System nimmt die Antworten auf die Fragen im Lehrmaterial in Formularform entgegen. Der Betreuer bewertet und kommentiert die Antworten ebenfalls per Formular. Ein Teilnehmer kann erst dann die Antworten der Mitstudenten und Kommentare einsehen, wenn er sich selbst an einer Antwort versucht hat.

Während die Antworten zu komplexeren Fragestellungen kaum automatisch auswertbar sind, gibt es auch einfacher strukturierte „Auswahltests", die der Teilnehmer am Ende eines Abschnitts absolviert. Ein weiteres WWW-Hilfssystem liefert sofort eine Auswertung. Hier sind die Detailresultate nur dem Teilnehmer selbst zugänglich. Zusätzlich erhält der Kursleiter Informationen zu Resultaten und zum Zeitablauf, um eine Rückkopplung über eventuelle grundsätzliche Verständnisprobleme im Lehrmaterial zu bekommen.

6. Erfahrungen

Erfahrungen mit dem Aufbaustudium Informatik gibt es an der TU Chemnitz seit dem Wintersemester 1995. Zu diesem Zeitpunkt wurde der Studiengang erstmalig angeboten (Tab.1). Der Teilnehmerkreis war sehr vielfältig, vertreten waren Manager, Techniker sowie Vertreter von Behörden und Schulen; das Altersspektrum lag zwischen 25 und 70 Jahren.

Tab.1: Übersicht über die Neuimmatrikulationen zum Aufbaustudium Informatik 1995-1998

Matrikel	Teil I	Teil II
WS 1995	56	
SS 1996	47	
WS 1996	140	40
SS 1997	62	30
WS 1997	90	72
WS 1998		61

Eine Reihe von interessanten Beobachtungen konnten auch zum Kommunikationsverhalten der Teilnehmer des Aufbaustudiums gemacht werden. So werden Mailingliste und individuelle E-Mail intensiv genutzt, unter anderem zur gegenseitigen Vorstellung und zur Hilfe bei Problemen. 25% der Studenten beteiligten sich intensiv, 50% gelegentlich an Diskussionen in der Mailingliste. Teilweise gab es zu hohe Erwartungen an die „Interaktivität", d.h. um Themen am Rande oder außerhalb des Fachgebiets ging es eher selten („virtueller Stammtisch"). Das tatsächliche verfügbare Zeitbudget aller Beteiligten war sehr unterschiedlich, die Mehrheit der Teilnehmer erwartete eine Konzentration auf fachliche Aspekte. Angebote zu Echtzeit-Diskussionen („*chat*" ...) wurden wegen der Bindung an eine feste Zeit und der Telekom-Kosten wenig genutzt.

Auch eine Reihe technischer Erfahrungen lässt sich extrahieren. Die Beurteilung von Internet-Providern ist schwierig, da sich mitunter anbieterabhängige Spezialsoftware nicht mit einigen der praktischen Übungen verträgt. Mit Netzanbietern, die sich konsequent an die Internet-Standards halten, gibt es dagegen kaum Probleme.

Eine gewisse Vielfalt der Software und Hardware beim Studenten ist unvermeidlich. Um wesentliche Dinge vorher ausprobieren zu können, werden Empfehlungen an die Studierenden gegeben. Nur so lassen sich auftretende Probleme reproduzieren, diagnostizieren und im Allgemeinen auch beseitigen.

Die Beschränkung auf asynchrone Kommunikation hat sich als nutzungsangepasst erwiesen, denn freie Zeiteinteilung, niedrige Kosten und Zuverlässigkeit wurden von den Studierenden als besonders wichtig eingeschätzt. Audio/Video war bisher nur experimentell nutzbar, bei größerer Verbreitung der entsprechenden Technik wird man aber hier an eine behutsame Ausweitung denken. Das beschriebene virtuelle Seminar und die Tests fanden breite Akzeptanz und lieferten eine brauchbare Rückkopplung zu den erreichten Fähigkeiten.

Einige Beobachtungen gibt es auch zum Ablauf und zu den digitalen Lehrmaterialien. Die Anfangsschwierigkeiten (1 bis 2 Monate) werden durch Lehrmaterial auf CD-ROM gut überbrückt. Die ausschließliche Verwendung von CD-ROMs brächte jedoch Nachteile für die Aktualität des Lernstoffs sowie für die Interaktion der Studierenden mit den Mitstudenten bzw. Betreuern.

Die lehrbuchartige Struktur der Materialien hat sich bewährt; es werden nur wenige „Multimedia-Gimmicks" eingesetzt. So wird eine langfristige Nutzbarkeit (mit Modifikationen) und ein überschaubarer Erarbeitungsaufwand erreicht. Es erfolgt keine rigide Steuerung des Ablaufs, wie man das von vielen CBT-Systemen kennt (Computer Based Training). Attraktiv sind ferngesteuerte Experimente und dynamische Modelle, die vor allem im technisch anspruchsvolleren Teil II im Einsatz sind.

7. Aussichten

Einige organisatorische und wirtschaftliche Randbedingungen haben sich seit 1997 verändert. So führte der Wegfall der bisherigen Kostenbeteiligung der Studenten einerseits und die stark angestiegenen Studentenzahlen in allen Sparten der Informatik andererseits zu einem Engpass bei den personellen Ressourcen zur Durchführung als Aufbaustudium durch das Institut für Informatik an der TU Chemnitz. Aus diesem Grund erfolgen derzeit keine Neuimmatrikulationen mehr. Jedoch befindet sich eine neue Organisationsform zur Fortführung des Studienganges im Aufbau, die die bisher gewonnenen umfangreichen Erfahrungen berücksichtigt. Informationen dazu sind unter http://iuk.tu-chemnitz.de zu finden.

Jörg Blumenthal

Das Rathaus auf dem Weg zum Bürger.
Virtuelle Stadtverwaltung Mannheim.

Bundesweit sind derzeit die Kommunen mit dem Verwaltungsumbau beschäftigt. Statt kameraler ist die kaufmännische Buchführung angesagt, Kosten- und Leistungsrechnung sollen Produkte und Prozesse steuerbarer machen, und auf der Basis der neuen „Kundenorientierung" steht der Bürger mit seinen Belangen im Mittelpunkt. „Statt der Bürger sollen die Akten wandern" ist dabei ein häufig gehörtes Schlagwort - dies allerdings erfordert moderne DV-Technik, Netze und Groupware-Prozesse. Dank des unmittelbaren Zugangs der Bürger und Unternehmen eröffnet hierbei die Entwicklung des Internet gemeinsam mit dem Aufbau von stadtinternen Intranets neue Möglichkeiten der Kommunikation.

Aktuelle Umfragen belegen, dass die Zahl der mit Computer ausgestatteten Haushalte enorm zugenommen hat, gleiches gilt für die Entwicklung der Netzanschlüsse.

Tab. 1: Internet: Für Kommunen interessant?
(Statistisches Bundesamt, Umfrage 1998)

- 1993: 25% aller West- und 17% aller Osthaushalte verfügen über einen PC
- 1998: 50% aller West-, 38% aller Osthaushalte
- bei 4-5 Personen-Haushalten (W) sind es 70%
- einen Netzanschluss haben 9% (W) und 5% (O), das sind ca. 10 Mio. aller Deutschen
- Prognose 2000: ca. 18 - 20 Mio. aller Deutschen verfügen über einen Netzzugang

Schenkt man den Prognosen Glauben, ist in wenigen Jahren ein Großteil der bundesdeutschen Haushalte an das Internet angebunden. Nicht übersehen sollte man außerdem, dass in den Unternehmen, den Bildungseinrichtungen und über öffentliche Terminals weitere Zugangsmöglichkeiten bestehen.

Fragt man unter dem Aspekt der Kundenorientierung, wie die Bürger die neuen Kommunikationsmöglichkeiten sehen, kommt man zu einem überwiegend positiven Ergebnis.

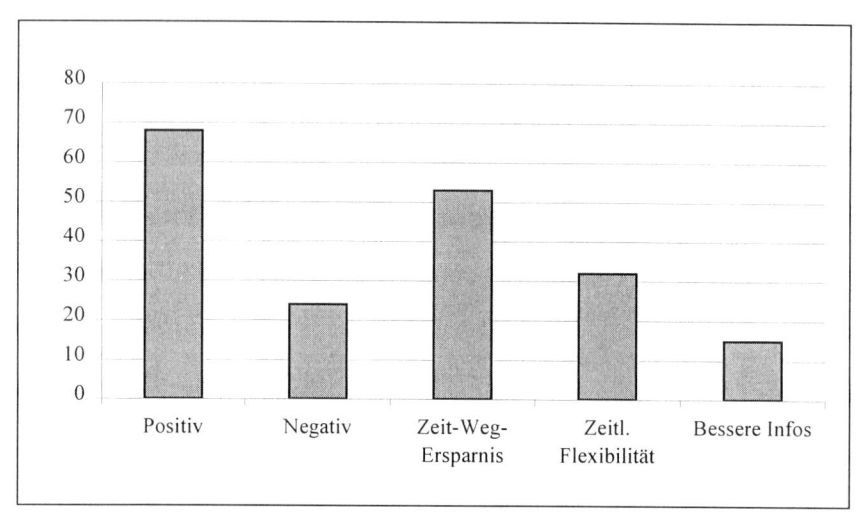

[Balkendiagramm mit Werten: Positiv ~67, Negativ ~23, Zeit-Weg-Ersparnis ~52, Zeitl. Flexibilität ~31, Bessere Infos ~14]

Abb.1: Wie sehen die Bürger I&K-Dienste, was versprechen sie sich davon?
(Quelle: FH Berlin 7/97)

Aus den Ablehnungen ist allerdings der Schluss zu ziehen, dass die neuen Angebote vorhandene nicht ersetzen, sondern ergänzen. Erkannt haben die Bürger auch die Vorteile der I&K-Technik: Die erwarteten Vorteile sprechen die derzeitigen Mängel deutlich an.

Nach ihren konkreten Erwartungen gefragt, wiederholen die Bürger das, was ihnen einige Politiker ankündigen, so z.B. die Möglichkeit das Fahrzeug anzumelden oder auf elektronischem Weg die Stimme bei Wahlen abzugeben. Das, was viele Politiker vorschlagen, kommt allerdings nicht so häufig vor, dass sich eine Netzanbindung lohnen würde. Für Bürger wie Behörden interessanter sind kommunale Dienstleistungen, die Behördengänge vorbereiten, vereinfachen oder gar ersetzen. Die Voraussetzungen hierfür werden gegenwärtig auf unterschiedlichen Ebenen geschaffen.

Derzeit lassen die kommunalen Internetangebote hiervon oft erst wenig erahnen: Zwar sind fast alle Kommunen im Internet präsent, allerdings oft nur mit Informationen, die ebenso in Papierformat erhältlich sind. Interaktive Dienste wie z.b. Theaterkarten buchen, Bücher aus der Stadtbibliothek oder Mülltonnen bestellen, und dies mit Formularen, die die Möglichkeiten der neuen Technik ausschöpfen, sind derzeit noch äußerst selten anzutreffen. So bieten zwar 90% aller deutschen Großstädte Interrnet-Seiten an, jedoch enthalten davon erst 10% interaktive Dienste (DIFU 1998) (vgl. Tab.2).

Tab.2: Internet-Angebot deutscher Großstädte 1998
(Quelle: DIFU 1998)

- Veranstaltungskalender	153
- Sehenswürdigkeiten / Stadtgeschichte	129
- Verkehrs-/ Hotelinformationen	106
- Wirtschaftsinformationen	93
- Gaststättenverzeichnis	90
- Ämteradressen/-öffnungszeiten	85
- Umweltinformationen	32

Einige Städte wie Bremen, Nürnberg oder Mannheim sind hier als Vorreiter zu nennen. Zumeist schon einige Jahre dabei, zeugen ihre Angebote von einer strategischen Zielsetzung und konsequenter taktischer Abwicklung. Für die Stadt Mannheim heißt dies: die Stadt soll zum einen präsentiert werden, verbunden mit häufig nachgefragten Informationen. Zum zweiten sollen interaktive Angebote dem Bürger wie der Wirtschaft Nutzwert bieten und insofern Kundendienst leisten. So baut sich das Angebot, das unter www.mannheim.de abrufbar ist, aus Elementen der Präsentation (z.B. „Virtueller Stadtrundgang") und Information (z.B. Stadtplan mit interaktivem Straßenverzeichnis) auf sowie aus Diensten, die interaktiv Behördengänge vorbereiten oder ersetzen, wie beispielsweise das Beantragen eines Passes, die Anzeige des Passverlustes oder die Bestellung von Büchern nach Recherchen im Katalog der Stadtbücherei (inklusive

Zustellung bzw. Mitnahme). Dabei ist die Akzeptanz bei 250.000 Abrufen pro Monat beachtlich (Abb.2).

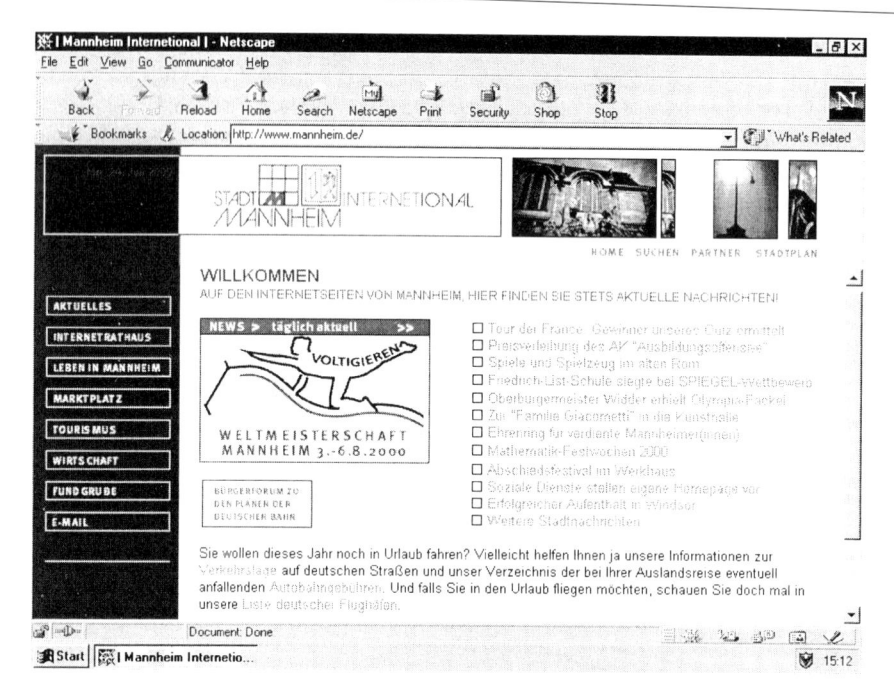

Abb.2: Die Homepage der Stadt Mannheim (Screenshot vom 24.Juli 2000)

Mit Blick auf die vorhandenen interaktiven Angebote deutscher Städte lässt sich nach der Umfrage des Deutschen Instituts für Urbanistik somit feststellen, dass fast überall (standardmäßig implementierte) E-Mail-Anwendungen gegeben sind, während fortgeschrittene Services wie Buchungsmöglichkeiten oder gar Datenbankrecherchen zumeist fehlen. Die bei der DIFU-Umfrage genannten Gründe, die weitergehende interaktive Angebote verhindern, werden absehbar nicht mehr oder nur in geringerem Umfang gegeben sein.

So schafft z.B. die anwendbare Digitale Signatur sowohl Sicherheit bei der Authentifizierung wie auch beim Datenschutz. Signaturgesetzkonforme Zertifizierungen werden nach der angekündigten Änderung des BGB auch das Formerfordernis der Schriftform erfüllen, eine Fülle von Verwaltungsverfahrensvorschriften müssen allerdings noch angepasst werden.

Tab.3: Vorhandene interaktive Angebote deutscher Städte
(Quelle: DIFU 1998)

- Vielfach E-Mail-Systeme
- Wenige Buchungsmöglichkeiten
- Kaum Datenbankrecherchen
- Genannte Gründe: Mannigfache Probleme mit
  - dem Datenschutz
  - den Gesetzen (Persönliches Erscheinen, Schriftform)
  - der Sicherheit
  - der Authentifizierung
  - der vorhandenen / der neuen Technik

Die Wirtschaft hat schon lange erkannt, dass der Grundsatz beim Einsatz der Internet-Technik lautet: „Intranet first, Internet second!". Schaut man sich die systembedingten Anwendungsmöglichkeiten an, wird rasch deutlich, warum dies auch für Städte und ihre internen Organisationsbelange gilt: Auch hier lassen sich bei zentraler Datenhaltung dezentral Bürgerdienste abwickeln, durch den E-Mail-Einsatz nichtwertschöpfende Postverteilungsprozesse beschleunigen und verringern, durch die Anbindung der Landesdatennetze auch nichtkommunale Behörden und Verbände anbinden. Die beim Deutschen Städtetag ebenso wie einigen Länder-Städtetagen oder der KGSt praktizierten ersten Anwendungen unterstreichen dies deutlich.

Auch hier lässt sich – wie bei den Bürgerantworten zu Internetdiensten – erkennen, dass erst mit der Anwendung die Möglichkeiten und damit die Bedeutung der neuen Technik richtig deutlich werden. Auffällig ist dabei, dass viele stadtintern benötigten Informationen für die Bürgerschaft von ebensolchem Interesse sind, sich also durch eine einfache Spiegelung oder Verknüpfung interessante Synergieeffekte ergeben können. Als fortgeschrittenes und in Mannheim bereits praktiziertes Beispiel sei die netzgestützte Erstellung von Ratsvorlagen genannt, die mitsamt der Tagesordnung für alle Bürger im Internet abrufbar sind.

Vor allzu euphorischen Erwartungen sei allerdings gewarnt: So sehr die Änderung der schon angesprochenen Rahmenbedingungen auch forciert wird, deren Implementierung beansprucht doch noch einige Zeit. So wird in den Städten z.B. mit der Umsetzung der Digitalen Signatur Neuland beschritten werden müssen, und auch Anleitungen zum Umgang mit – jetzt rechtsverbindlichen Mailings – gibt es erst in ganz wenigen Städten. Hinzu kommt, dass die kommunalen Datenverarbeiter momentan noch ganz andere Sorgen plagen, gleichzeitig aber der Zeitbedarf für die Prüfung und Veränderung von Arbeitsprozessen inklusive Anpassung der Ablauforganisation hoch ist und ein hoher personeller wie finanzieller Aufwand erforderlich ist (Tab. 5).

Tab.4: Stadtinterne Intranet-Informationen mit Außenrelevanz

- Verzeichnis abrufbarer Vordrucke und Formulare
- Telefon- / Telefax- / E-Mailverzeichnis der Mitarbeiter mit Zuständigkeiten, Adressen / Zimmernummer, Sprechzeiten, Verkehrsverbindung, Parkplätzen
- Öffnungszeiten / Terminvereinbarungen, Wichtige (Steuer-)Termine
- Kalender von Veranstaltungen und Sitzungen
- Verzeichnis von Gebühren und ähnliches
- Umweltkalender, Entsorgung von Sondermüll, (Sperr)Müllkalender
- Prospekt- und Literaturverzeichnis
- Designhandbuch
- Stadtplan mit Suchsystem
- Fahrpläne ÖPNV
- Stellenausschreibungen

Tab. 5: Einflussfaktoren der weiteren Entwicklung kommunaler Internetdienste

- Schriftform nach BGB (insbesondere § 126)
- Persönliches Erscheinen im Verwaltungsverfahren
- Authentifizierung / Digitale Signatur
- Datenschutz / Verschlüsselung
- EURO-Einführung / Jahrtausendumstellung
- Rechtssicherheit / Rechtsprechung
- Zeitbedarf und Kosten für neue Ablauforganisation

Dennoch: Ohne den nachhaltigen und forcierten Einsatz der neuen technischen Möglichkeiten wird der Verwaltungsumbau nicht in der gewünschten Weise vorankommen. Außerdem geben das Tempo der Veränderung nicht die Verwaltungsspitzen und Räte vor, sondern der „Markt", sprich die Kundenbelange und die Wünsche der Wirtschaft. Denen gegenüber wird man sich kaum längerfristig versperren können, will man seine Glaubwürdigkeit als effiziente und effektive Verwaltung nicht aufs Spiel setzen.

Tab. 6: Zukunftsprojekte und Visionen für netzgesteuerte Dienste

- Das Zusammenwachsen von Netzen und Techniken
- Multifunktionale Chipkarten mit integrierter
 - Authentifizierung, Zugangsberechtigungen
 - Verschlüsselungstechniken
 - Attributen für geschäftliche Befugnisse und Kompetenzen
 - E-Cash / Abrechnungs- / Buchungstechniken
 - Attributierung für private Mitgliedschaften
 - Archivmöglichkeiten für Daten (z.B. Gesundheit / persönliche Daten, usw.)

So wird das Zusammenwachsen von Netzen ganz neue Perspektiven eröffnen. Als Beispiel sei die (bestehende!) Zusammenarbeit von Meldebehörden und Bundesdruckerei genannt, die netzgestützt die Verfügbarkeit neu beantragter Ausweisdokumente ganz wesentlich beschleunigt.

Der nächste technische Schritt zeichnet sich deutlich ab: Mit der Einführung von multifunktionalen Chipkarten lassen sich eine Vielzahl von Geschäftsvorgängen automatisiert abwickeln, Attribute gestatten personenspezifische Anwendungen und die Zusammenführung von Daten – wie sie im übrigen von vielen Bürgern gewünscht werden, nachdem sich Zugriffsmöglichkeiten exakt steuern lassen und ein Missbrauch somit vermieden werden kann. Auch hier gilt, dass das Tempo der Entwicklung den Städten von außen vorgegeben wird. Erste Anwendungen wie der Einsatz der Smart-Cards im Bereich der Krankenversicherung werden den Ruf nach einer Anbindung an die kommunalen (Dienst-)Leistungen rasch befördern.

In der Vergangenheit galt häufig der Kalauer, „Beamte seien Leute, die für jede Lösung immer gleich ein Problem parat hätten". Das hat sich mit Sicherheit geändert. Soweit man allerdings – was bei einigen Länder- und Aufsichtsbehörden beobachtbar ist – die Signale der Zeit noch nicht adaptiert und daraus Konsequenzen abgeleitet hat, werden Kommunen im Wettbewerb zurückfallen. Denn der interkommunale Leistungsvergleich, zurückgehende Steuereinnahmen und der Blick auf umsetzbare Veränderungs- und somit Einsparpotenziale wird den Veränderungsdruck absehbar grundlegend verstärken.

Stefan Denzinger und Walter Vogt

Datenautobahn statt Autobahn:
Löst Telearbeit Verkehrsprobleme?

1. Einführung

Das Informationszeitalter ist begleitet von einer Fülle von Verheißungen. Ersatz physischen Verkehrs ist eine davon. „Modem statt Motor" oder „Kabel statt Karre" sind Beispiele mediengerecht aufbereiteter Alliterationen, die die Lösung von Verkehrsproblemen durch Teleanwendungen eingängig ankündigen. Zur Faszination der neuen Möglichkeiten der Raumüberwindung zählt ja gerade die Griffigkeit der Metaphern, die in diesem Zusammenhang verwendet werden. „Datenautobahn statt Autobahn" – auch im Titel des Beitrages enthalten – suggeriert im Begriff der Autobahn das Bild der schnellen Raumüberwindung, ist gleichzeitig aber mit dem Bild von Staus und Umweltbelastungen verbunden, die – so die Argumentation einer Werbeanzeige (Abb.1) – beim Einbiegen auf die „Datenautobahn" entfallen. In ähnlicher Art und Weise begegnet uns Verkehr als Alltagsproblem, das jeden angeht, auch in Science-Fiction-Romanen, sei es in Form des „Beamens" als futuristische Art der „körperlosen" Ortsveränderung oder sei es unter klischeehafter Übertragung bekannter Problemstellungen, so beispielsweise im Roman „The Hitch Hiker`s Guide to the Galaxis" („Per Anhalter durch die Galaxis") (Adams (1995)), einer futuristischen Verkehrskomödie, die mit der parodisierenden Übertragung irdischer Verkehrsplanungsprozeduren auf die galaktischen Fortbewegungsformen und die stoff- und grenzenlosen Verhältnisse im All anspielt (Hofmann (1996)): „Wenige Minuten, nachdem das Haus von Arthur Dent, einem der Protagonisten des Romans, dem Bau einer Umgehungsstraße zum Opfer fällt, wird die Sprengung der Erde angekündigt. Sie sei der neuen Expressroute durch die Galaxis im Weg, heißt es von außerirdischer Seite. Und Beschwerden kämen nun zu spät, die betreffenden Entwürfe hätten schließlich 50 Jahre lang im zuständigen, nur vier Lichtjahre entfernten Planungsamt zur Ansicht ausgelegen".

> Auf den Telekom Datenautobahnen fahren Unternehmen nicht nur Wettbewebsvorteile für sich heraus, ~~sondern leisten auch einen Beitrag zum Umweltschutz.~~ Informations-Verkehr entlastet die Straßen, produziert weder Abgase noch Staus.
>
> Immer mehr Unternehmen nutzen die neuen Möglichkeiten der Telekommunikation als eine zeitgemäße Form von Mobilität. Wer über Informationsautobahnen Kontakt hält, entlastet nicht nur Zeit- und Kostenbudgets, sondern zum Beispiel auch den Straßenverkehr.
>
> **Telekom**

Abb.1: Auszug aus Werbeanzeige und Werbetext für die „Telekom-Datenautobahnen"
(Quelle: Werbeanzeige in den Stuttgarter Nachrichten vom 8.9.1994)

Derartige einfache Projektionen heutiger Alltagspraktiken auf die künftigen Gebrauchsweisen neuer Technologien laufen grundsätzlich Gefahr, die qualitative Andersartigkeit des technisch Neuen zu unterschätzen (Hofmann (1996)). Zielt das bereits zitierte Bild der Autobahn vorrangig auf das möglichst schnelle und ungehinderte Durchqueren des Raumes, auf die Überwindung geographischer Distanzen beim Transport von Menschen und Gütern, so bewirkt die Geschwindigkeit in Computernetzen tatsächlich eine völlige Aufhebung räumlicher Distanz. Die irdischen Entfernungen schrumpfen auf die Übertragungszeit von Daten zusammen. Geographische Standorte spielen im Datenverkehr keine Rolle mehr. Datentransfers in Computernetzen schaffen gleichsam neue gesellschaftliche Räume, in die man sich auf körperlose Weise hineinbegeben kann. Er*fahren* wird der Datenverkehr im Internet weniger als Fortbewegung denn als elektronisches Angeschlossensein und – sofern gewünscht – als Teilhabe am öffentlichen Leben der immateriellen Netzwelt. Ortswechsel bleiben im digitalen Raum den Daten vorbehalten. Aus ihrer Übertragung aber entstehen Interaktionsformen, die sich zu neuartigen gesellschaftlichen Organisationszusammenhängen verdichten, deren Möglichkeiten und Grenzen noch nicht einmal in Ansätzen ausgelotet sind (Hofmann (1996)).

Diese Einschränkungen gelten auch für den Lösungsbeitrag von Telearbeit hinsichtlich der alltäglichen Staus auf dem Weg zu und von der Arbeit in den Spitzenstunden des städtischen Berufsverkehrs. „Weniger Fahrten", „Entlastung der werktäglichen Spitzenstunden" sind nur zwei der mit Telearbeit verknüpften Erwartungen (vgl. auch Denzinger et al. (1999)). Mit dem Begriff der Telearbeit verbindet sich in diesem Zusammenhang vor allem das Arbeiten von zu Hause am PC, obwohl Telearbeit mehr sein kann: Teleheimarbeit, d. h. Arbeit ausschließlich oder nur an einzelnen Tagen (alternierend) zu Hause; mobil, d.h. von unterwegs, z. B. durch Service- oder Vertriebsmitarbeiter; von einem speziell dafür eingerichteten Satelliten-, Nachbarschaftsbüro oder Telecenter – stets jedoch unter Zuhilfenahme elektronischer Medien zur Übermittlung der Arbeitsergebnisse. Eine auszugsweise wiedergegebene personifizierte Erzählung bringt uns in populärwissenschaftlicher Weise einen Ausschnitt der künftig möglichen Arbeitswelt näher (BMBF (1998)):

„Einen Tag im Mai 2013, Frankfurter Innenstadt"

Peter Z. ist spät dran. Schnellen Schrittes überquert er den Vorplatz des bläulich schimmernden Hochhauses ... „Zwölfter Stock, bitte", sagt Z. beim Eintreten in den Aufzug, der sich kurz darauf in Bewegung setzt. Der Versicherungsangestellte kommt nicht mehr häufig ins Büro. Nur zwei- bis dreimal pro Monat, wenn – wie an diesem Tag – persönliche Treffen mit neuen Geschäftspartnern anstehen, macht sich Peter Z. noch auf den Weg in die Innenstadt. Ansonsten steht sein Schreibtisch in seiner Wohnung, zwei Autostunden von Frankfurt entfernt. Seit vor einigen Jahren das Internet der zweiten Generation in Betrieb genommen wurde, hat die Anzahl der „Telearbeiter" enorm zugenommen. Die neue Technik erlaubt es nämlich, immense Datenmengen in Bruchteilen einer Sekunde über das Netz zu verschicken. Damit kann jeder Heimarbeiter in Internet-Videokonferenzen mit seinen Arbeitgebern, Kunden und Kollegen in Kontakt treten. ... Peter Z. hatte anfangs Schwierigkeiten mit vielen der technischen Neuerungen der vergangenen Jahre, die seinen Alltag radikal veränderten. An seinen neuen Arbeitsplatz zu Hause gewöhnte er sich nur langsam. Ihm fehlten die täglichen sozialen Kontakte zu seinen Kollegen. Videokonferenzen im heimischen Büro konnten ein gelegentliches Schwätzchen auf dem Gang nicht ersetzen. Allerdings sieht Z. inzwischen auch die Vorteile, die ihm die Veränderungen brachten. Als er und seine Frau Heidrun vor vier Jahren ihre Tochter Julia bekamen, erfüllten sie sich einen lange gehegten Traum und zogen in eine größere Wohnung auf dem Land. Weil die Entfernung zum Hauptsitz der Firma kaum noch eine Rolle spielt, konnte sich Familie Z. eine preiswerte Wohngegend aussuchen."

Prognosen zur Telearbeit und ihren Folgen haben bisher allerdings die Durchsetzung und Akzeptanz dieser Arbeitsform in Deutschland eher überschätzt (siehe dazu Abschnitt 2.2). Nicht selten werden Zielvorstellungen politischer Programme Prognosen gleichgesetzt und scheint die Faszination der neuen technischen Möglichkeiten mitunter den Blick für die sozialen Implikationen zu trüben. Als Folge ist festzustellen, dass die Adoption der neuen Technologien mehr oder weniger hinter den Erwartungen zurückbleibt und der Spruch „Es gibt mehr Befrager zur Telearbeit als Telearbeiter selbst" nach wie vor die Runde macht.

Dennoch liegen zum Thema „Telearbeit und Verkehr" aus den letzten Jahren zahlreiche Befunde vor, wenngleich auch in sehr unterschiedlicher Qualität und Form. In Anlehnung an einen Beitrag von Salomon (1998) werden einige dieser Ansätze und Ergebnisse zum Thema „Verkehrssubstitutionspotenziale der Telearbeit" in einer Gliederung vorgestellt, die die *Methodik* der Zukunftsaussage als Differenzierungskriterium heranzieht. Im Anschluss wird ein eigener Ansatz zur Gewinnung von empirischen Daten über die Veränderung des Verkehrsverhaltens durch alternierende Teleheimarbeit kurz beschrieben. Der Beitrag endet mit einem Ausblick sowie mit Thesen zum Verkehrssubstitutionspotenzial von Telearbeit.

2. Überblick über bisherige Ansätze und Befunde

2.1 „Denkanstöße"

„Denkanstöße" sollten nicht mit Prognosen verwechselt werden. Man könnte sie eher als „Lehnstuhl-Übung" bezeichnen, in der neue Ideen geboren und einer ersten Prüfung unterzogen werden.

Bereits 1950 beschreibt Norbert Wiener, der Begründer der Kybernetik, in seinem in den USA erschienenen Buch „The Human Use of Human Beings: Cybernetics and Society" (in der deutschen Ausgabe: „Mensch und Menschmaschine"), wie ein in Europa lebender Architekt seine Baustelle in den USA überwachen könnte (Wiener (1958)). Er lässt ihn dazu einen erst im vergangenen Jahrzehnt eingeführten Dienst benützen: das Telefax.

1963 ermahnt der Verkehrsplaner F.W. Memmott in einem weitblickenden Beitrag seine Zunft, die Wechselwirkungen zwischen Verkehr und Kommunikation nicht außer acht zu lassen. Als Beispiel führt er Büroangestellte mit überwiegenden Kommunikationsaufgaben an: „Wenn es also möglich wäre, dass dieser Angestellte seine Aufgaben von zu Hause aus oder einem Ort in dessen Nähe erledigte, würde Telekommunikation physischen Verkehr ersetzt haben" (Memmott (1963)).

Nach einem erfolgreich durchgeführten Telearbeitsprojekt in einer Versicherungsgesellschaft in Los Angeles konstatieren Nilles et al. (1976) mögliche Verkehrssubstitutionspotenziale der Telearbeit. Im Rahmen einer Untersuchung der Wirtschaftlichkeit von Satellitenbüros für eine Versicherungsgesellschaft in Los Angeles ermittelt Nilles neben betriebswirtschaftlichen Vorteilen auch solche für die Öffentlichkeit: Die dezentrale Anordnung von Arbeitsplätzen senke den Benzinverbrauch für arbeitsbezogene Wege in einem Maße, dass selbst unter Einbeziehung des zusätzlichen Energieverbrauches für die Telekommunikation eine deutliche Energieeinsparung eintritt. Dies als „Telecommunications-Transportation Trade-Off" bezeichnete Phänomen steht bei Nilles im übergeordneten Kontext eines sich vollziehenden Prozesses der Dezentralisierung von Arbeitsstätten.

Man kann nachvollziehen, dass die Aussage von Nilles „Einsparung von Pendelwegen = Einsparung von Energie" aufgrund des Schocks der ersten Ölkrise in den USA hohe Aufmerksamkeit erregte. Das von Nilles geprägte „Telecommuting" wird in der Folge vor allem in Kalifornien als eine wichtige Maßnahme zur Einhaltung bzw. Erreichung der gesetzlichen Vorschriften zur Luftreinhaltung, des „Clean Air Act" im Jahr 1990, erachtet, da damit Autofahrten vermieden oder zumindest aus den Spitzenstunden verlagert werden können. Im Rahmen des Verkehrsnachfragemanagements wird es auf eine Stufe mit Maßnahmen wie Förderung des Öffentlichen Personennahverkehrs und von Fahrgemeinschaften oder Stärkung anderer Organisationsformen der Arbeitszeit wie flexible Arbeitszeit gestellt (Abb.2).

2.1 Szenarien

Ein anderer, fälschlicherweise oft als Prognosemethode verstandener Ansatz ist die Szenariotechnik. Diese erzeugt zunächst keine Zukunftsvorhersage, sondern sie beschreibt ein in sich konsistentes Bild einer möglichen Zukunft als Ergebnis eines Bündels von Strategien und Maßnahmen unter definierten Randbedingungen. Mehrere Szenarien, d.h. Bilder mehrerer möglicher Zukünfte erlauben, die daraus resultierenden Folgen abzuschätzen und gegeneinander abzuwägen.

Recommended Multi-Modal Transportation Improvements

	IMPROVEMENT	1996-2000 CAPITAL COST (1)	1996-2000 OPERATING COST (2)	2001-2005 CAPITAL COST (1)	2001-2005 OPERATING COST (2)	2006-2020 CAPITAL COST (1)	2006-2020 OPERATING COST (2)	
Enhanced Transit Service	Doubling DART Bus Service Frequencies	$2.30	$0.56	$2.80	$1.95	$15.20	$4.75	**Enhanced Transit Service**
	MTP New Local Bus Routes	$2.60	$1.29	$2.60	$3.45	$5.80	$4.31	
	MTP New Express Bus Routes	$1.10	$0.22	$1.10	$0.59	$2.30	$0.74	
	Churchman's Crossing Commuter Rail Station			(7)	$0.01		$0.07	
	Park-and-Ride Lots				$0.30	$0.50		
	New Local Bus Routes					$4.20	$1.38	
	New Express Bus					$1.60	$0.24	
	Shuttle Route System	$0.40	$0.61		$1.02	$0.50	$1.02	
	Transit-Supportive Pedestrian Improvements	$1.50	$0.05	$0.40	$0.13		$0.13	
	Subtotal	$7.90	$2.73	$7.20	$7.15	$30.10	$12.64	
Travel Demand Management (TDM) Measures	System Management							**Travel Demand Management (TDM) Measures**
	Transportation Management Center			$7.40	$2.04		$2.04	
	- Incident Management			$6.00	$.60		$.60	
	- Variable Message Signs	$4.00	$0.40		$.40		$.40	
	Enhanced Traffic Signals							
	Transit Oriented Development							
	Ramp Metering							
	Congestion Pricing							
	Traveler Information							
	Transit Schedule at Workplace							
	Telephone Service							
	Public Timetable at Bus Stops							
	Real-Time Schedule Information at Bus Stop							
	- GPS Equipped Buses							
	Travel Advisory Radio							
	On-Line Service							
	Commuter Service							
	Transportation Coordinators							
	Guaranteed Ride Home Program							
	Ride Share Matching Service							
	Electronic Payment Systems							
	Intermodal Fare Integration					$0.05	$0.05	
	Vanpool Service			$0.50	$0.65	$1.50	$1.00	
	Transit Retail Services			$0.10	$0.13		$0.13	
	Transit Pass					$0.15	$0.05	
	Alternative Work Schedule							
	Telecommuting					$0.15	$0.02	
	Flexible Work Hours		$0.02		$0.02		$0.02	
	Compressed Work Week				$0.02		$0.02	
	Staggered Work Hours				$0.02		$0.02	
	Parking Management							
	Preferential Parking			$0.01	$0.03		$0.03	
	Parking Pricing					$0.25	$0.13	
	Subtotal	$5.47	$1.35	$15.76	$4.83	$21.99	$7.45	
Intersection Improvements (9)	SR 4 / Harmony Road	$2.50						**Intersection Improvements (9)**
	SR 4 / Churchman's Road			$2.20				
	SR 4 / SR 7 Christiana Center	$2.50						
	SR 273 / SR 7			$0.50				
	SR 7 / SR 4/7 SpM (Stanton)	$1.70						
	Road A / South Bound SR 1 Ramps (Dual)			$4.00				
	SR 7 / Churchman's Road / South bound SR 7 Ramps							
	SR 2 / Churchman's Road Extended			$0.80				
	SR 2 / SR 7	$2.00						
	Subtotal	$8.70	(8)	$7.50	(8)		(8)	
New Roadway Connections (9)	Churchman's Road Extension, SR 4 to SR 2			$30.00				**New Roadway Connections (9)**
	Ramp from Churchman's Road to North Bound I-95			$2.50				
	Christiana Bypass, I-95 to Road A			$5.00				
	Newtown Road Extensions SR 7 to SR 1, including North Serving Ramps			(7)				
	SR 7 / SR 58 Interchange	$25.00						
	Subtotal	$25.00	(8)	$37.50	(8)		(8)	

Abb.2: Alternierende Telearbeit (Telecommuting) als Maßnahme zur Reduktion der Verkehrsnachfrage (Travel Demand Management (TDM) Measure)
(Quelle: Athey, Abbot & Hellmann (1998))

Die Bandbreite der in mehreren Szenarien abgebildeten Zusammenhänge erlaubt somit, Unsicherheit zu reduzieren. Darüber hinaus besteht der besondere Wert von Szenarien vor allem in der Aufklärung des Einflusses einzelner Faktoren auf den Betrachtungsgegenstand. Szenarien kommen Prognosen erst dann nahe, wenn explizit Schätzungen der Wahrscheinlichkeit ihres Eintretens enthalten sind.

Fallstudien des Deutschen Instituts für Urbanistik prognostizieren 1983 eine schnelle Akzeptanz der Informationstechnologie, deren wesentliche Veränderungen Beschäftigungsfolgen, Standortverlagerungen, die Veränderungen der Arbeitszeit sowie die Verbreitung von Teleshopping, Teleconferencing und Telearbeit seien (Henckel et al. (1984)). Der Telearbeit, von den Autoren vor allem als Teilzeitteleheimarbeit erwartet, wird dabei die nachhaltigste Wirkung für eine Verkehrsreduktion zugeschrieben. Hochrechnungen aus 1983 für 1995 ergeben eine Einsparung von 1% des gesamten Benzinverbrauchs der Bundesrepublik im Personenverkehr von 1980 oder 3,4% des im Berufsverkehr 1980 verbrauchten Benzins.

In dem 1987 an der ETH Zürich entstandenen Forschungsbericht MANTO werden Szenarien zur Abb. möglicher zukünftiger Zustände entworfen (Rotach et al. (1987)). Telearbeit als einer der professionellen Anwendungstypen werde Verkehr substituieren, auch wenn durch Zunahme des Freizeitverkehrs eine gewisse Kompensation erwartet wird. Bezogen auf den insgesamt im Personenverkehr mit dem Pkw erbrachten Verkehrsaufwand wird eine Reduktion um 2% errechnet.

Im Zusammenhang mit Zukunftsprojektionen stellt sich stets die Frage nach der Vertrauenswürdigkeit der Ausgangsbasis, im vorliegenden Fall also die Frage, wie viele Telearbeiter gibt es eigentlich gegenwärtig. Ein Blick auf entsprechende Zahlenwerte offenbart beträchtliche Unschärfen. Häufig relativ unreflektiert zitierte Zahlen zur Verbreitung der Telearbeit in Deutschland entstammen einer Studie des Fraunhofer-Instituts für Arbeitswirtschaft und Organisation (IAO) über Entwicklung und rechtliche Rahmenbedingungen der Telearbeit (Freudenreich et al. (1997)). Basierend auf einer Managementbefragung einer bundesweiten Stichprobe von 3.500 Unternehmen werden Hochrechnungen für zwei Annahmen durchgeführt: „Annahme 1: Alle angeschriebenen Unternehmen und Behörden, die Telearbeit anbieten, haben geantwortet. (...) Annahme 2: Der Rücklauf der Unternehmen und Behörden, die Telearbeit anbieten, entspricht der Verteilung der Grundgesamtheit." Die Hochrechnung der Zahl der Telearbeiter ergibt dann ein Minimum von 9.265 Telebeschäftigten, ein Mittel von 871.164 und ein Maximum von 2.162.695 Telebeschäftigten. Die Studie geht im weiteren Verlauf von dem mittleren Wert der Berechnungen aus. Von den ca. 871.000 Telebeschäftigten sind ca. 500.000 mobile Telearbeiter, ca. 350.000 alternierende Telearbeiter und ca. 21.000 Telearbeiter, die ausschließlich zuhause arbeiten sowie eine geringe Zahl von Telearbeitern in Satelliten- oder Nachbarschaftsbüros.

Nach dem neuesten Jahresbericht der Europäischen Kommission DG XIII (1999) ist in Deutschland die alternierende Telearbeit von Angestellten (538.000), gleichauf mit der alternierenden Telearbeit von Selbständigen (536.000), sogar noch etwas weiter verbreitet als die mobile Telearbeit (520.000).

2.3 Expertenrunden

Experten sind „Wissenssammler", deren Wissen durch eigene Publikationen oder als Quellenzitate anderer Wissenschaftler Verbreitung erfährt, also etwa in Form konventioneller Literaturauswertungen, in Form von Delphi-Befragungen oder in Form von Kommentaren zu Beiträgen anderer.

Im Jahr 1994 legte eine Gruppe von Experten aus Wirtschaft, Wissenschaft und Politik eine in einem diskursiven Prozess entstandene Studie zum Thema Substitution physischen Verkehrs durch Telekommunikation vor (Harmsen, König (1995)). Als ein Fazit des zum damaligen Zeitpunkt zusammengetragenen Wissens wurde der Versuch unternommen, das für möglich erachtete Substitutionspotenzial, gemessen an der nach Fahrtzwecken differenzierten Verkehrsleistung des motorisierten Individualverkehrs, an der Gesamtfahrleistung zu relativieren (vgl. auch Abb.8, Beitrag König).

Im Rahmen einer bundesweiten Befragung setzten sich im Jahr 1998 zahlreiche Fachleute mit der Zukunft allgemein auseinander; unter anderem spielen künftige Formen der Arbeitsorganisation, darunter auch Telearbeit, eine wichtige Rolle (Fraunhofer Institut (1998)). In einer zweigestuften schriftlichen Umfrage waren die Experten aufgefordert, Visionen nach ihrer Machbarkeit zu beurteilen und abzuschätzen, in welchem Jahr sie Wirklichkeit werden würden. In einer sehr umfangreichen Delphi-Befragung zeichneten auf diese Weise mehr als 2.000 Experten ein relativ detailliertes Bild der Zukunft in Deutschland. Unter anderem sieht der Alltag des 21. Jahrhunderts nach Ansicht von 94% der Experten so aus, dass bis zum Jahr 2010 etwa 30% aller in Büros beschäftigten Mitarbeiter an zwei bis drei Werktagen zu Hause arbeiten. Die in einer verkehrswissenschaftlichen Veröffentlichung (Boltze (1998), S. 522) daran geknüpfte Folgerung, dass dies für manche Stadt das berufsbedingte Verkehrsaufkommen spürbar reduzieren würde, erscheint etwas voreilig. Immerhin wurde diese optimistische Aussage eingeschränkt durch den Hinweis, dass Vorsicht geboten sei, da frühere Prognosen zur Verbreitung der Heimarbeit bei weitem nicht erfüllt wurden.

2.4 Überschlagsrechnungen

Relativ verbreitet sind Überschlagsrechnungen, mit denen auf Schätzungen über die Menge der Telearbeiter aufbauend, Aussagen über die Folgen auf die physischen Ortswechsel von und zur Arbeitsstätte formuliert werden. Üblicherweise beruhen solche Ansätze auf einer Reihe von Annahmen über die wichtigsten Faktoren, welche die Einführung von Telearbeit verschiedenen Untersuchungen zufolge besonders berühren. Dazu zählt z. B. die Affinität der ausgeübten Tätigkeiten zu Telearbeit, das Interesse bzw. die Unterstützung des Managements an bzw. von Telearbeit usw. Diese Annahmen werden zur Übertragung auf die Gesamtzahl der Arbeitsplätze benutzt. Neben geringen Kosten und hoher Transparenz bieten Überschlagsrechnungen die Möglichkeit, einzelne Annahmen sensitivitätsanalytisch zu hinterfragen.

Eine sehr einfache Überschlagsrechnung wird in den Veröffentlichungen über das Telearbeitsprojekt „TWIST" von BMW im Internet durchgeführt (Niggl & Pavlovic (1999)): Nach Stand November 1999 sind bei BMW 600 Telearbeitsplätze realisiert. Bei einer durchschnittlichen einfachen Entfernung von 50 km für den Weg von der Wohnung zur Arbeit errechnet sich daraus (bei vermutlich unterstellten, durchschnittlich zwei Telearbeitstagen pro Woche) eine Reduzierung des Fahrtenaufkommens zur Arbeit um derzeit ca. 120.000 km je Woche.

Das Öko-Institut Freiburg kommt 1997 in einer Überschlagsrechnung zu der Erkenntnis, „dass das Gesamtpotenzial der Verkehrsreduktion durch Telearbeit auch unter günstigen Annahmen bescheiden ist." (Öko-Institut (1997), S. 45). Unter Bezug auf den Fahrleistungsumfang des motorisierten Individualverkehrs in Deutschland für Fahrten zur Arbeit - das sind etwa 22% von jährlich rund 700 Mrd. Personenkilometern – und einem von der Bundesregierung 1996 geschätzten Potenzial für Telearbeitsplätze von langfristig 5-10% der heutigen 35 Mio. Arbeitsplätze, können laut Öko-Institut „die Berufsfahrten bestenfalls um 10% von 22%, also um 2,2% des Individualverkehrs gesenkt werden." Berücksichtigt man, dass bei Telearbeit in der Regel aber nicht an fünf, sondern nur an zwei Tagen pro Woche zu Hause gearbeitet wird, schrumpft das Vermeidungspotenzial auf 2/5 von 2,2% auf

0,88% oder - großzügig gerechnet – auf 1% der jährlichen Verkehrsleistung des motorisierten Individualverkehrs. Eine Beurteilung, ob 7 Mrd. Personenkilometer im Auto viel oder wenig sind, mag an dieser Stelle zunächst offen bleiben. Modifizierte Ausgangswerte aufgrund anderer Erwartungen an die Zahl künftiger Telearbeiter führen zu geringeren Substitutionsraten.

Insgesamt sind die hier vorgestellten Überschlagsrechnungen von relativ einfacher Natur. Komplexere Ansätze wurden in ausländischen Studien entwickelt, ohne allerdings zu höheren Substitutionspotenzialen zu führen.

2.5 Modellierung

Modelle versuchen, die komplexe Situation der Realität mit einer überschaubaren und handhabbaren Zahl von Variablen innerhalb eines mathematisch-logischen Zusammenhangs darzustellen, wobei eine möglichst hohe Aussagegenauigkeit mit geringstmöglicher Komplexität erzielt werden soll.

Die einfachste Modellstruktur könnte im vorliegenden Fall die binäre Wahl zwischen „telearbeiten" und „nicht telearbeiten" darstellen. Allein die Frage, was „nicht telearbeiten" bedeutet, zeigt, dass dies eine zu grobe Vereinfachung darstellen würde: Bedeutet es, weiterhin 5 Tage in der Woche vollzeit im Büro zu arbeiten, 5 Tage in Teilzeit, 4 Tage Vollzeit („compressed workweek") oder gar nicht zu arbeiten?

Die große Kluft im Auge, die zwischen den Prognosen und der realen Entwicklung der Verbreitung von Telearbeit herrscht, entwickelten Mokhtarian und Salomon (1997) ein Modell, das die Entscheidungsvorgänge innerhalb einer Person abzubilden versucht, um herauszufinden, warum Personen sich nicht für Telearbeit entscheiden, obwohl sie die Möglichkeit dazu hätten. Das erste konzeptionelle Modell stellt Antriebe („drives") und Hemmnisse („constraints") gegenüber, die auf die präferentielle Einstellung („preference") und das Verhalten („choice") einer Person wirken. Die Antriebe lösen eine Suche nach einer Verbesserung von unbefriedigenden Situationen aus und sind per definitionem positiv. Antriebe wirken überwiegend aus der

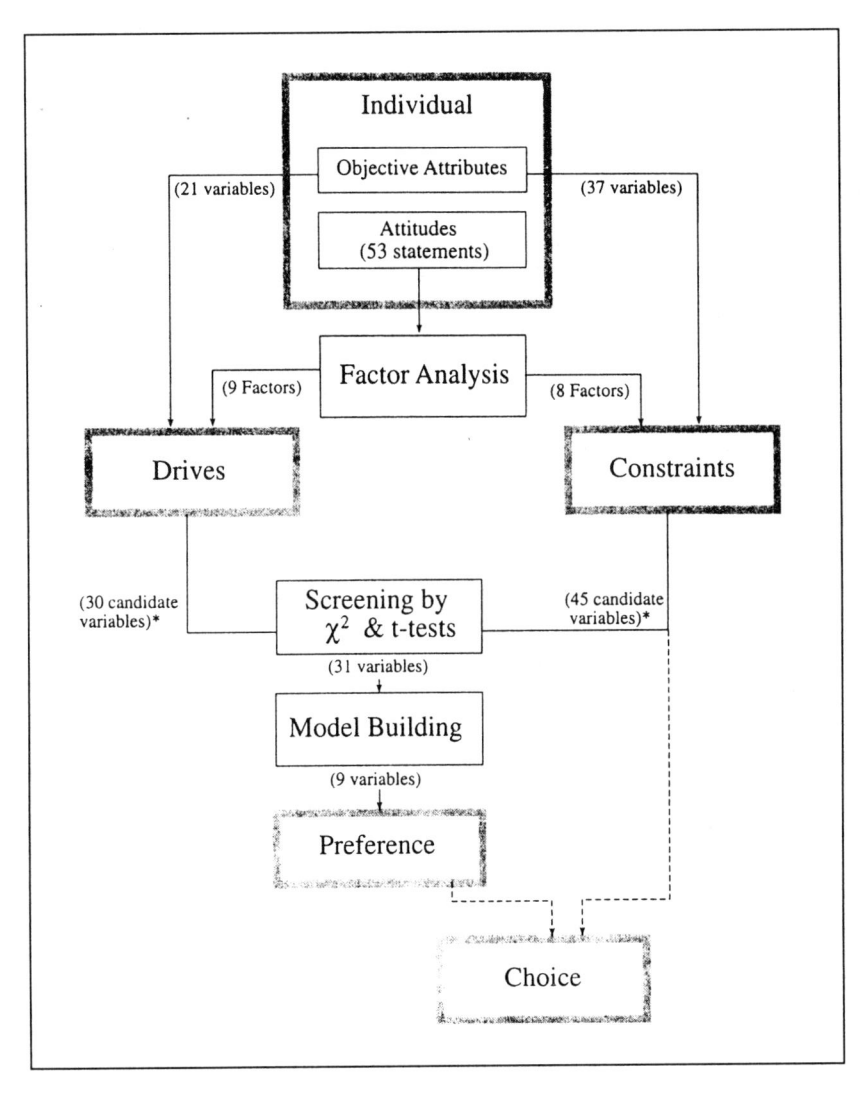

Abb.3: Modellierung des Entscheidungsprozesses für Telearbeit

Person selbst heraus und verändern sich nur langsam. Hemmnisse hingegen verhindern eine präferentielle Einstellung oder sogar ein Verhalten, kommen überwiegend aus dem Umfeld der Person, wie z. B. anderen Personen oder Institutionen und können sich schnell ändern. Die Autoren unterscheiden dabei zwischen dichotomen und kontinuierlichen Hemmnissen. Dichotome Hemmnisse ermöglichen oder verhindern vollständig die Ausübung von Telearbeit.

In einer Weiterentwicklung des Modells wird als Datenbasis eine Befragung von 628 Angestellten der Stadt San Diego verwendet, die über ihre Einstellungen zu und gegebenenfalls Erfahrungen mit Telearbeit, sowie über ihre Haltung zu Fragen zu den Themen Arbeit, Verkehr, Technologie, Familie und Sonstigem befragt werden. Die ursprünglich 30 antreibenden und 45 hemmenden Variablen werden dabei auf 9 Variablen reduziert. Die Untersuchung kommt zu dem Ergebnis, dass die Ursache der geringen Verbreitung von Telearbeit nicht in einer fehlenden positiven Einstellung der Befragten zur Telearbeit liegt, sondern dass vor allem externe Faktoren dafür verantwortlich sind.

3. Empirische Ansätze

3.1 Übersicht und vorliegende Befunde

1990/91 werden in den USA und in den Niederlanden erste empirische Untersuchungen durchgeführt (JALA Associates, Inc.; Henderson, D., Mokhtarian, P.), die die Wirkungen der Telearbeit auf das Verkehrsverhalten der Telearbeiter und ihrer Haushaltsmitglieder näher untersuchen.

Die Untersuchungen kommen dabei übereinstimmend zu dem Ergebnis, dass Telearbeit die tägliche Fahrtenhäufigkeit signifikant reduziert (ca. 20%) und diese besonders zu den morgendlichen und nachmittäglichen Spitzenverkehrszeiten stark abnimmt (um 19% in den Niederlanden bzw. um 34% im State of California Telecommuting Pilot Project).

State of California Telecommuting Pilot Project
Durchschnittliche tägliche Wegezahl je Welle

- Telearbeiter: Welle 1 = 3,9; Welle 2 = 3,07 (−21%)
- Haushaltsmitglieder: Welle 1 = 4,27; Welle 2 = 3,04

State of California Telecommuting Pilot Project
Durchschnittliche tägliche Wegestrecke (km) je Welle

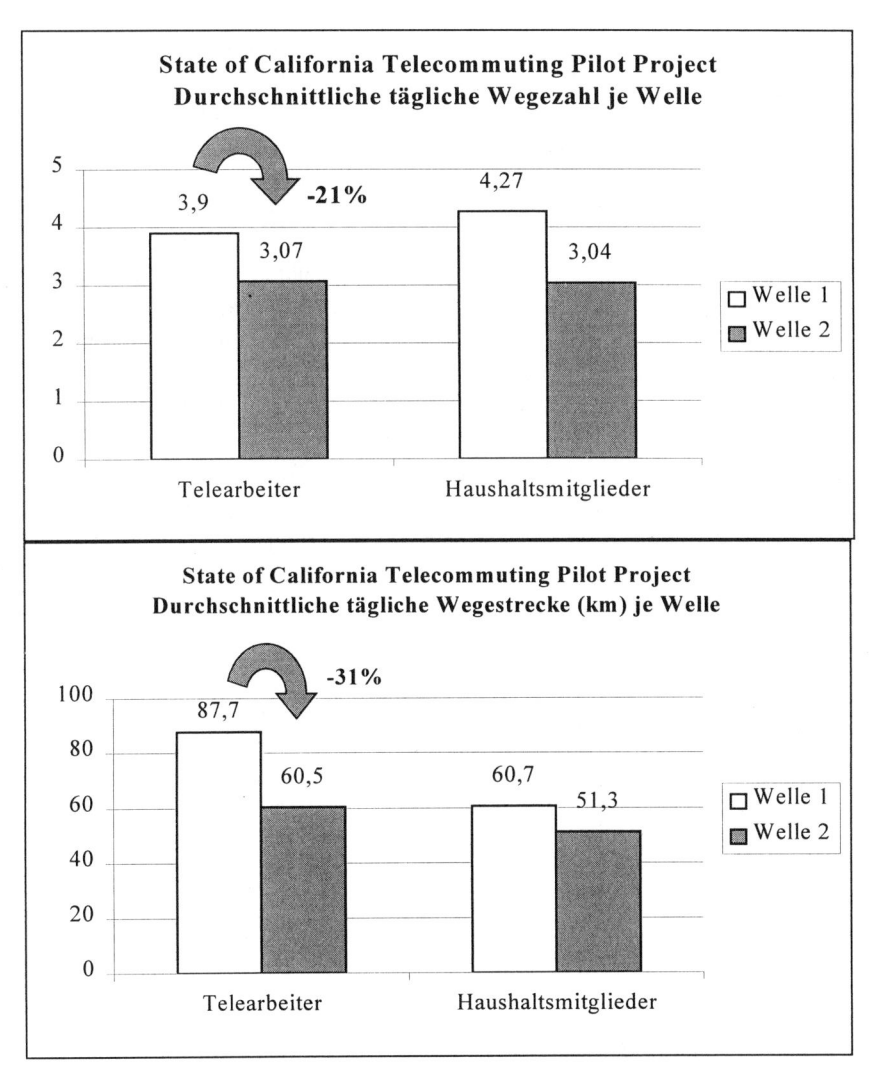

- Telearbeiter: Welle 1 = 87,7; Welle 2 = 60,5 (−31%)
- Haushaltsmitglieder: Welle 1 = 60,7; Welle 2 = 51,3

Abb.4: Reduktion von Verkehrsaufwand und -leistung im State of California Telecommuting Pilot Project

Allerdings sind die außerordentlich hohen Einsparungsraten der zurückgelegten Personenkilometer pro Telearbeiter und Telearbeitstag (State of California: 75%) am Anteil der Telearbeiter an allen Beschäftigten und der Anteil der Telearbeitszeit an der Gesamtarbeitszeit zu messen und zu relativieren. Auch wird eine generelle Verringerung der Fahrtweiten ("Kontraktion des Aktionsradius") beschrieben, da die Telearbeiter sich in ihren nichtarbeitsbezogenen Wegen näher ihrem Wohnort gelegenen Zielen zuwenden. Entgegen der Hypothese, dass Telearbeit die Fahrtenhäufigkeit bei den Haushaltsmitgliedern erhöht, kommt es zum Teil sogar auch bei diesen zu einer Verringerung (um 10% in den Niederlanden bzw. um 29% im State of California Telecommuting Pilot Project). Im Sinne einer Verbesserung der Verkehrsverhältnisse in Ballungsräumen und der Verringerung von Schadstoffemissionen nicht produktiv wirksam ist die beobachtete Tatsache, dass „schwierige" Fahrten, so z. B. Fahrten mit dem öffentlichen Verkehr oder mit dem Fahrrad, eher substituiert werden als Pkw-Fahrten, dass sogar der Anteil der Pkw-Fahrten an allen Wegen an Telearbeitstagen zunimmt (von 83% auf 87% im State of California Telecommuting Pilot Project).

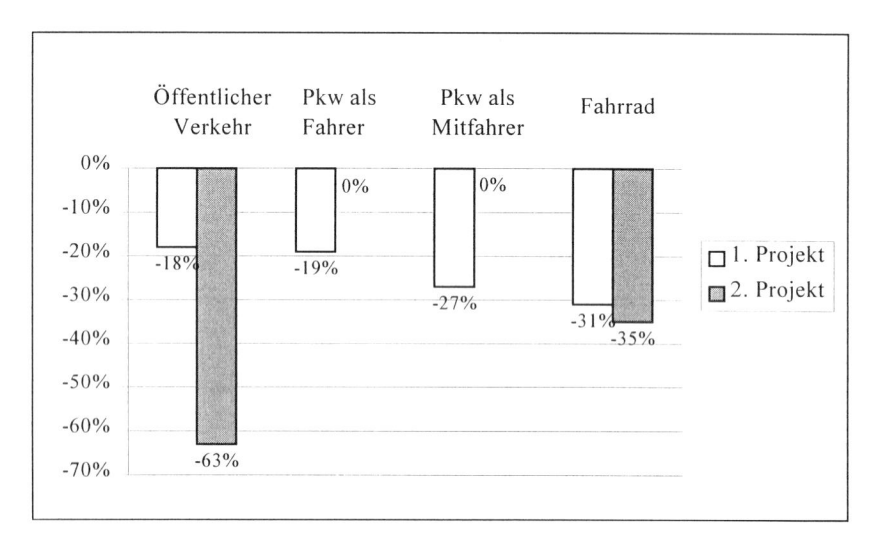

Abb.5: Reduktion des Verkehrsaufwands (Zahl der Wege) in den niederländischen Telearbeitsprojekten

Die Ergebnisse dieser Studien lassen sich allerdings nicht ohne weiteres auf Deutschland übertragen, da bestehende rechtliche, gesellschaftliche und raumstrukturelle Randbedingungen, die einen großen Einfluss auf den Einsatz und die Auswirkungen der Telearbeit haben, sich deutlich unterscheiden. Insgesamt scheint in Telearbeit aber prinzipiell ein Gestaltungspotenzial zur Substitution von physischem Verkehr vorhanden, dessen Ausschöpfung jedoch stark von den flankierenden Strategien im motorisierten Individualverkehr abhängt. Eine umfassende Abschätzung der Wirkungen von Telearbeit auf die Mobilität bedarf daher sorgfältiger empirischer Untersuchungen, die bestehende und zukünftig vorstellbare Randbedingungen einbezieht und sowohl Substitutions- als auch Induktionseffekte betrachtet. So bleibt eine ausschließliche Betrachtung des substituierten Arbeitsweges (wie z. B. die betriebswirtschaftlich ausgerichtete Begleitforschung des Telearbeitsprojekts „TWIST" von BMW) aus verkehrsplanerischer Sicht vordergründig.

3.2 Eigener empirischer Ansatz

Eine eingehendere Untersuchung in oben genanntem Sinne wird zur Zeit von den Verfassern in Kooperation mit dem Psychologischen Institut der Universität Tübingen (Prof. Glaser) durchgeführt. Zentraler Betrachtungsgegenstand ist dabei das Verkehrsverhalten der zukünftigen Telearbeiter als auch ihrer Haushaltsmitglieder über 18 Jahre, das in einem zweistufigen Panel vor und ca. ein halbes Jahr nach Beginn der Telearbeit erhoben wird. In einem eigens entwickelten Wegetagebuch werden an sieben aufeinanderfolgenden Tagen alle Wege der Befragten, sowohl berufliche als auch private, erfasst. Aus den Veränderungen zwischen den Erhebungszeitpunkten t_1 und t_2 sollen tiefergehende Auswirkungen von Telearbeit gemessen werden. Untersucht werden dabei insbesondere folgende Effekte:
- Substitution bzw. Induktion von Wegen,
- zeitliche Verschiebungen von Wegen im Tages- und Wochenverlauf,
- modale Veränderungen.

Unterstützend werden mit Hilfe eines Personen-/Haushaltsfragebogens personen- bzw. haushaltsbezogene Daten erfragt, die Einfluss auf das Verkehrsverhalten haben können.

Mit einer Abschätzung der mengenmäßigen Verbreitung der Telearbeit verknüpft kann eine erste Aussage über verkehrsreduzierende und verkehrsinduzierende Tendenzen getroffen werden. Auf dieser Grundlage werden Empfehlungen formuliert, wie im Zusammenwirken von Telearbeit und verkehrlichen Maßnahmen eine möglichst hohe und effektive Ausschöpfung der mit Telearbeit verknüpften Minderungspotenziale physischen Verkehrsaufkommens und -aufwands insbesondere im motorisierten Individualverkehr erreicht werden kann.

Das Projekt befindet sich zur Zeit in der Phase des ersten Erhebungszeitpunkts; bis Ende 2000 soll das Projekt abgeschlossen sein.

3.3 Ausblick

Die Ausführungen sollen in fünf Punkten zusammengefasst werden:

- *Grundsätzlich besteht ein Potenzial*, physischen Verkehr zum Arbeitsplatz durch Telearbeit zu ersetzen. Das macht eine Gesamtschau der vorliegenden Studien und Erfahrungen deutlich. Ausländische Erfahrungen sind auf deutsche Verhältnisse allerdings nicht oder nur bedingt übertragbar.

Das maximale Potenzial wird aus verschiedenen Gründen nicht voll ausgeschöpft werden. Kurz- bis mittelfristige Kompensationseffekte beim Telearbeiter selbst oder bei Haushaltsangehörigen, Einschränkungen aufgrund der Form der Telearbeit – z. B. mobile Telearbeit – oder Langfristeffekte wie Wohnortverlagerungen mit längeren Pendelwegen mindern die Ausschöpfung.

Das ohnehin schon komplexe Wirkungsgefüge Siedlungsraum (Flächennutzung) – Mensch (Verhalten, Tätigkeiten) – Verkehr (Ortsveränderungen) nimmt durch die neuen telekommunikativen Möglichkeiten an Komplexität noch zu. Um so mehr bedarf es analytischer Untersuchungen und methodischer Grundlagenforschung gleichermaßen.

Die im Vorfeld möglicher Substitutionseffekte liegenden Einflussfaktoren auf Akzeptanz und Nutzung der Telearbeit sind nutzer- statt technikzentiert, d. h. unter stärkerem Einschluss der sozialen Implikationen, zu erforschen. Gleiches gilt für die Substitutions-, Komplementär- und Induktionseffekte der Telearbeitsformen.

- Informationstätigkeiten nehmen in Deutschland insgesamt zu. Bei hohen Unsicherheiten über die gegenwärtige Zahl tatsächlicher Telearbeiter breitet sich Telearbeit jedoch zögerlicher aus als häufig medienwirksam dargestellt. Fehlende gesetzliche Rahmenbedingungen (im Gegensatz zu den USA) und noch nicht befriedigende Technik (z. B. Übertragungsgeschwindigkeiten) stellen derzeit hemmende Faktoren dar. Unklar bleibt, in welchem Umfang die mit der Telekommunikation verknüpfte, globale Ortsungebundenheit zur verstärkten Allokation von Telearbeitsplätzen für geeignete Tätigkeiten in Billiglohnländern führt.

- Alle Prognosen gehen derzeit noch von einem *weiteren Motorisierungswachstum* aus (Motorisierungsentwicklung, Verkehrsleistungsentwicklung im MIV usw.).

- Bezogen auf die jährliche Gesamtverkehrsleistung im motorisierten Individualverkehr der Bundesrepublik, ist das Potenzial *relativ bescheiden*. Es dürfte 1% kaum überschreiten, wie grobe Überschlagsrechnungen mit äußerst optimistischen Annahmen belegen. Dieser Wert erreicht kaum die Hälfte des durchschnittlichen jährlichen Verkehrsleistungszuwachses im MIV von ca. 2% über die Jahre 1980 bis 1995.

Potenzialaussagen zur möglichen Ersatzwirkung von Telearbeit auf physischen Verkehr auf der Makroebene, d. h. auf der Raumeinheit „Bundesrepublik", auf der Zeiteinheit „Jahr" und bezogen auf die Summe der Verkehrsleistungen aller Fahrtzwecke, erscheinen jedoch zu wenig problemorientiert. Problemorientiert bedeutet im Fall Telearbeit die Konzentration auf das Berufsverkehrsaufkommen bzw. die Berufsverkehrsleistung der Raumeinheit „Stadt" (oder „Region") und der Zeiteinheit „werktägliche Vor- und Nachmittagsspitzenstunden", in denen regelmäßig die größten Verkehrsprobleme auftreten.

In Analogie etwa zur Argumentation mit Anteilen des öffentlichen Verkehrs auf der Makro- bzw. Mikroebene erhält die Potenzialbetrachtung dadurch ein anderes Gewicht: Grobschätzungen mit optimistischen Annahmen schätzen hier Einsparungen bis zu 10% der MIV-Verkehrsleistung voraus.

- Mögliche Wechselwirkungen zwischen Telekommunikation und physischem Verkehr sollten nicht allein vor dem Hintergrund gegenwärtiger Randbedingungen beurteilt werden. Es stellt sich z. B. die Frage, inwieweit eine Verteuerung des Autofahrens (Benzinpreis, Kilometerpauschale, Straßennutzungsgebühren usw.) die Ausschöpfung telekommunikativer Potenziale verstärken könnte. Dazu zählt auch der Aspekt, dass restriktive Maßnahmen im Autoverkehr besonders oder nur dann vertretbar erscheinen, wenn zumutbare Alternativen oder Ersatzsysteme existieren.

Damit sind die (politischen) Gestaltungschancen der Telekommunikation allgemein im Zusammenhang mit Verkehr angesprochen. Zwei Optionen für die Zukunft lassen sich entwerfen:

Die eine könnte geprägt sein vom Laissez-faire-Prinzip. Telekommunikation wird als Innovationsprozess verstanden, dessen Anwendungsformen sich nach Marktgesetzen durchsetzen werden (oder auch nicht). Der Verkehrsmarkt, soweit er davon betroffen ist, wird sich darauf einstellen mit gegebenenfalls beobachtbaren Substitutionseffekten, die, sofern überhaupt eintreffend, als nichtintendierter Nebeneffekt der Technikentwicklung auftreten.

Die andere Option könnte geprägt sein von der Vorstellung, zielorientiert die Gestaltungschancen der Telekommunikation bezüglich (der Vermeidung oder verträglicheren Abwicklung) des physischen Verkehrs aktiv zu ergreifen, um Substitutionspotenziale bestmöglich zu erschließen und Minderungseffekte nach Möglichkeit zu verringern.

Diese zweite Option, getragen von einem kollektiven politischen Gestaltungswillen, wäre unseres Erachtens der bessere Weg, Telekommunikation als einen nachhaltigen Beitrag zur Verkehrsentlastung, zur Entkopplung von Verkehrs- und Wirtschaftswachstum zu verstehen.

Telearbeit ist dabei eine von vielen Maßnahmen, ein Modul in der großen Zahl kleiner, wohl aufeinander abgestimmter Schritte einer integrierten Stadt- und Verkehrsentwicklungsplanung. Denn andere Möglichkeiten sind in unserem Kulturkreis zum Einhalt des dynamischen Verkehrswachstumsprozesses nicht gegeben.

Literatur

Adams, D. (1995): The Hitch Hiker's Guide to the Galaxy. London.

Athey, L. J., Abbott, E. E., & Hellmann, W. K. (1998). Churchmans crossing infrastructure investment project. In: Proceedings of the 78th Annual Meeting of the Transportation Research Board. Washington, DC, USA.

Boltze, M. (1998): Gedanken über die Zukunft des Verkehrs. In: Straßenverkehrstechnik 42, Heft 10, S.521-528.

Bundesministerium für Bildung, Wissenschaft und Technologie (BMBF) (1998): Zukunft nachgefragt – Neues zum Delphi´98, Faltblatt 2. Karlsruhe.

Europäische Kommission DG XIII (1999). Status report on european telework: New methods of work 1999. Brüssel, Belgien.

Fraunhofer-Institut für Systemtechnik und Innovationsforschung (1998): Delphi `98 Umfrage. Studie zur globalen Entwicklung von Wissenschaft und Technik. Karlsruhe.

Freudenreich, H., Klein, B., Wedde, P. (1997): Entwicklung der Telearbeit - Arbeitsrechtliche Rahmenbedingungen. Abschlussbericht des gleichnamigen Forschungsauftrags des Bundesministeriums für Arbeit und Sozialordnung. Stuttgart.

Hamer, R., Kroes, E., Ooststroom, H, van (1991): Teleworking in the Netherlands: An Evaluation of Changes in Travel Behaviour. In: Transportation, Vol. 18, No. 4.

Harmsen, M., König, R. (1995): Möglichkeiten der Substitution physischen Verkehrs durch Telekommunikation. Abschlussbericht. Karlsruhe.

Henckel, D., Nopper, E., Rauch, N. (1984): Informationstechnologie und Stadtentwicklung. In: Schriften des Deutschen Instituts für Urbanistik, Bd. 71. Berlin.

Henderson, D., Mokhtarian, P. (1996): Impacts of Center-Based Telecommuting on Travel and Emissions: Analysis of the Puget Sound Demonstration Project. In: Transportation Research Part D. Vol. 1, No.1.

Hofmann, J. (1996): Automobil- und Datenverkehr: Ein ernsthaftes Mißverhältnis. In: Dialog „Verkehrspolitik zwischen Demokratie und Vernunft". Schrader Stiftung. Darmstadt S.24-25.

JALA Associates, Inc. (1990): The California Telecommuting Pilot Project - Final Report, Executive Summary, June 1990. Los Angeles.

Kitamura, R., Mokhtarian, P., Pendyala, R. M., Goulias, K. G. (1991): An Evaluation of Telecommuting as a Trip Reduction Measure. In: Proceedings of the 19th Annual Meeting of the PTRC, 9-13 Sept. 1991, Education and Research Services Limited, University of Sussex, Brighton, England, S.69-80.

Memmott, F.W. (1963): The Substitutability of Communications for Transportation. In: Traffic Engineering, Vol. 34, No. 1, Part 2.

Mokhtarian, P.L., Salomon, I. (1997): Modeling the Desire to Telecommute: The Importance of Attitudinal Factors in Behavioral Models. In: Transportation Research A, Vol 31A, No. 1.

Niggl, M., Pavlovic, J. (1999): Kernergebnisse der wissenschaftlichen Begleituntersuchungen bei der BMW AG. In: http://www.twist.bmw.de

Nilles, J. M. (1991): Telecommuting and Urban Sprawl: Mitigator or Inciter? In: Transportation Vol. 18, No. 4.

Nilles, J. M., Carlson, F. R. Jr., Gray, P., Hanneman, G. J. (1976): The Telecommunications-Transportation Trade-Off: Options for Tomorrow. New York.

Öko-Institut (Hrsg.) (1997): Umweltschutz im Cyberspace. Zur Rolle der Telekommunikation für eine Nachhaltige Entwicklung. Freiburg.

Pendyala, R., Goulias, K., Kitamura, R. (1991): Impact of Telecommuting on Spatial and Temporal Patterns of Household Travel. In: Transportation, Vol. 18, No. 4.

Quaid, M., Lagerberg, B. (Washington State Energy Office) (1992): Puget Sound Telecommuting Demonstration. Executive Summary.

Rotach, M., Keller, P. et al. (1987): ETH Forschungsprojekt MANTO, Chancen und Risiken der Telekommunikation für Verkehr und Siedlung in der Schweiz. Schlussbericht Teil II, Wirkungen. Zürich.

Salomon, I. (1998): Technological Change and Social Forecasting: The Case of Telecommuting as a Travel Substitute. In: Transportation Research Part C, Vol. 6C, No. 1 / 2.

Wiener, N. (1958): Mensch und Menschmaschine. Frankfurt/Berlin.

Dirk Zumkeller

Verkehr und Telekommunikation.
Erste empirische Ansätze und Erkenntnisse.

1. Hintergrund

Die Entwicklung der heutigen Gesellschaft hin zu einer zunehmenden Inanspruchnahme von Telekommunikationsdiensten wird das Reise- und Kommunikationsverhalten der Menschen beeinflussen (vgl. Cerwenka (1992); Garrison et al. (1988); Heinze (1985)). Es existieren Theorien darüber, wie diese Effekte aussehen könnten, allerdings wurden diese bislang weder überprüft noch quantifiziert.

Weiterentwicklungen im Bereich der Informationstechnologie, wie Datenautobahnen oder Multimedia, ermöglichen einen massiven Informationsaustausch im Echtzeitmodus zwischen Individuen, öffentlichen Institutionen und der freien Wirtschaft, was sich sowohl in den Lebensgewohnheiten als auch in den Verhaltensmustern der Gesellschaftsmitglieder niederschlagen wird (vgl. Heidmann (1995); Janelle (1995)). Zwar wurde die Bedeutung neuer Dienste wie „Telearbeit" (vgl. Mokhtarian et al. (1994)), „Teleshopping" oder „Teleconferencing" (vgl. Köhler (1993)) bereits untersucht, quantitative Aussagen über deren Auswirkung konnten bislang jedoch nicht getroffen werden. Somit besteht im Hinblick auf zukünftige verkehrsplanerische Aufgaben erheblicher Klärungsbedarf hinsichtlich der Wechselwirkungen zwischen physischem und virtuellem Verkehr. Tragen diese Dienste beispielsweise zur Überwindung räumlicher Zwänge und somit zu einer Dezentralisierung privater Wohnorte und öffentlicher Organisationen bei (vgl. Mokhtarian (1993))? Zweifellos wird die zunehmende Akzeptanz von Telekommunikationsmitteln im privaten wie im geschäftlichen Bereich Auswirkungen auf die Freizeitaktivitäten bzw. das gesamte Verkehrsverhalten der Gesellschaftsmitglieder haben, aber in welche Richtung und in welchem Ausmaß?

Dem Verkehrsplaner stellt sich somit die Aufgabe, Wechselwirkungen zwischen Telekommunikation und Verkehr zu erkennen. Nach welchen Kriterien wählen Individuen ein bestimmtes Telekommunikationsmittel? In welcher Situation wird ein Weg zurückgelegt und wann ein Telefonat geführt? Was sind die Beweggründe für das Verschicken einer E-Mail, und wann fällt die Entscheidung eher auf einen herkömmlichen Brief? Wo liegen Gegensätze und Gemeinsamkeiten im Verkehrsverhalten zwischen verschiedenen Personengruppen? Gibt es Substitutions- oder Komplementaritätspotenziale, die im Hinblick auf zukünftige Infrastruktur- oder Finanzplanungen zu berücksichtigen sind?

Um das Verkehrs- und Kommunikationsverhalten als Folge neuer Informationsdienste simulieren zu können, bedarf es daher zunächst der Analyse von Wechselwirkungen zwischen physischem und virtuellem Verkehr.

2. Die empirische Basis

Analysiert man die Verkehrssituation, so wird klar, dass aggregierte Verkehrsabläufe immer das Ergebnis einer Überlagerung individueller Verhaltensmuster sind. Somit hat das individuelle Verhalten bzw. die Beobachtung von Individuen höchste Priorität, weshalb das Individuum den zentralen Baustein einer Studie zum Verkehrs- und Kommunikationsverhalten bilden sollte. Dabei gilt es, möglichst viele Informationen über den intrapersonellen Zusammenhang zwischen physischen und virtuellen Verkehrsvorgängen zu sammeln.

Aus diesem Grund wurde eine empirische Untersuchung der täglichen Beziehung zwischen Wegen und Kontakten auf mikroskopischer Ebene durchgeführt. Ziel war es, einen tieferen Einblick in die Nutzungsgepflogenheiten hinsichtlich verschiedener Verkehrs- und Kontaktmedien wie Pkw, öffentliche Verkehrsmittel, zu Fuß, Fahrrad, (stationäres) Telefon, Mobilfunktelefon, Fax, Brief, E-Mail, usw.) sowie über deren Wechselbeziehungen zu gewinnen.

2.1 Entwicklung des Fragebogens

Der entscheidende Aspekt bei der Entwicklung der Erhebungsinstrumentarien war, eine gemeinsame Maske für die Erfassung von physischen und virtuellen Aktivitäten zu erstellen. Zu diesem Zweck waren zunächst folgende Fragen zu klären:

- Was soll gemessen werden (vgl. Abb.1)?
- Wie soll gemessen werden?

Eine konventionelle Haushaltsbefragung zum Verkehrsverhalten sollte sowohl zur Erfassung privater wie beruflicher Aktivitäten der einzelnen Haushaltsmitglieder geeignet sein. Zu erweitern war diese um die Abfrage der
- Verfügbarkeit von Telekommunikationsmitteln wie stationärem (schnurlosem) Telefon, Mobilfunktelefon (Handy), Anrufbeantworter, privatem oder geschäftlichem Faxgerät, Fernsehgerät mit oder ohne Kabel-/ Satellitenempfang sowie Videotext, Btx-Systeme, Internetzugang, usw. im haushaltsbezogenen Teil sowie der
- jeweils durchgeführten täglichen Kontakte im personenbezogenen Teil der Erhebungsunterlagen.

Daraus resultierte die Frage, welche mobilitätsrelevanten Informationen von den Probanden zu protokollieren sein würden. Für Wege bot sich die gebräuchliche Charakterisierung (vgl. Chlond et al. (1997)) anhand des benutzten Verkehrsmittels, des verfolgten Zwecks, der zurückgelegten Weglänge, usw. an (siehe Abb.1, linke Spalte). Einige dieser Merkmale lassen sich zwar auf Kontakte übertragen, für die umfassende Beschreibung virtueller Aktivität sind darüber hinaus jedoch zusätzliche Kriterien erforderlich (siehe Abb.1, rechte Spalte).

Als nächsten und wohl wichtigsten Punkt galt es zu klären, in welcher Art und Weise diese Informationen zu gewinnen sind. Hierbei kam ein sogenanntes „Notizheft" oder auch „Mobilitätstagebuch" zum Einsatz (siehe Abb.2). Alle Probanden sollten darin ihre sämtlichen Wege und Kontakte während des Berichtstages protokollieren. Aus diesem Grund musste die Maske so einfach wie möglich aufgebaut sein. Da die zeitliche Folge physischer und virtueller Aktivitäten individuell variiert und somit nicht bereits im Vorfeld einer Untersuchung bekannt ist, musste das Notizheft den Probanden die Möglichkeit bieten, sämtliche Tagesaktivitäten, unabhängig von ihrer Art, direkt aufeinanderfolgend zu dokumentieren, d.h. ohne dabei Seiten überspringen zu müssen. Daher bestand jede Seite des Notizheftes aus zwei Teilmasken: Einen Teil zum Eintragen eines Weges und einen zum Protokollieren eines Kontaktes (Abb.2).

Was soll gemessen werden?	
Verkehr	**Telekommunikation**
Mobilitätsverhalten ⇒ Wege	Kommunikationsverhalten ⇒ Kontakte
Für jeden Weg	Für jeden Kontakt
Startzeit	Kontaktzeit
Wegezweck - Arbeit - Einkauf - Freizeit - ...	Kontaktzweck - Terminabsprache - Plaudern - Datenübertragung - ...
Verkehrsmittel - Auto - Bus - ...	Kontaktmittel - Telefon - Fax - E-Mail - ...
Entfernung: Weglänge	Entfernung zu dem Ort, zu dem der Kontakt stattgefunden hat.
	Durchführung: - aktiv - passiv
	Bereich - privat/persönlich - dienstlich/geschäftlich

Abb.1: Zu sammelnde Informationen

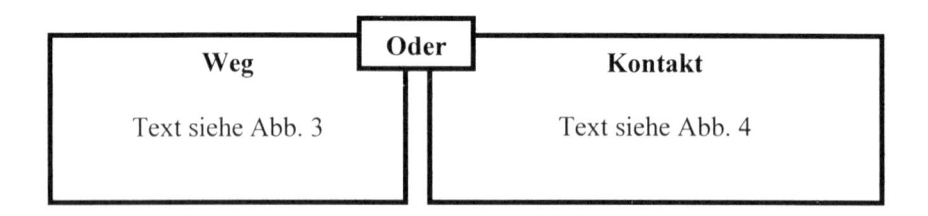

Weg	**Oder**	**Kontakt**
Text siehe Abb. 3		Text siehe Abb. 4

Abb.2: Auszug des Notizheftes zur Erfassung intrapersoneller Informationen[1]

Weg

**Um wieviel Uhr haben Sie
den Weg begonnen?**

_____
Uhrzeit

**Zu welchem Ziel bzw. Zweck haben Sie
diesen Weg unternommen?**
- ☐ Arbeitsplatz
- ☐ Dienstl./geschäftl.
- ☐ Ausbildung
- ☐ Einkauf
- ☐ Nach Hause
- ☐ Anderes, und zwar

_____

**Mit welchem Verkehrsmittel sind Sie
zu Ihrem Ziel gelangt?**
(Mehrfachnennung möglich)
- ☐ zu Fuß
- ☐ Fahrrad/ Mofa
- ☐ Pkw, als Fahrer
- ☐ Pkw, als Mitfahrer
- ☐ Moped/ Motorrad
- ☐ Bus
- ☐ S-/ U-/ Straßenbahn
- ☐ Eisenbahn
- ☐ Anderes, und zwar:

_____

Wo lag das Ziel?
Zieladresse:

_____
Straße/ Platz

_____
PLZ/ Ort

**Um wieviel Uhr sind Sie
dort angekommen?**

_____
Uhrzeit

**Schätzen Sie bitte die
zurückgelegte Entfernung**

_____
Kilometer

Abb.3: Text-Auszug des Notizheftes zur Erfassung intrapersoneller Informationen (Teil Weg)

Kontakt

Was für ein Kontakt wurde durchgeführt
☐ Telefonat, und zwar mit
    ☐ normalem (stationärem) Telefon
    ☐ schnurlosem Telefon
    ☐ Mobilfunktelefon
☐ Brief
☐ Fax
☐ Teledienste mit PC (z.B. Email, Telebanking)
☐ Anderes, und zwar: _____

Haben Sie
☐ selbst angerufen bzw. den Brief/ Fax/ Email usw. geschickt?
☐ den Anruf/ Brief/ Fax/ Email usw. erhalten?

Wann haben Sie den Kontakt durchgeführt? _____
                                                   Uhrzeit

Bei Telefonaten:
Wie lange dauerte das Gespräch? _____
                                                   Minuten

Bei Telediensten mit PC (z.B. Email, Telebanking)
Wie lange dauerte die Nutzung des Teledienstes _____
                                                   Minuten

Auf welchen Bereich bezog sich der Kontakt?
☐ privat/ persönlicher Bereich (z. B. Freizeit usw.)
☐ beruflich/ geschäftlicher Bereich

Beschreiben Sie in kurzen Worten den Zweck dieses Kontaktes (z.B. Terminabsprache, Plaudern, Telebanking, usw.)
_____

Geben Sie bitte den Namen des Ortes an,
zu dem der Kontakt stattgefunden hat _____
                                                 Name des Ortes

Schätzen Sie bitte die Entfernung zu dem Ort,
mit dem der Kontakt stattgefunden hat. _____
                                                 Kilometer

Abb.4: Text-Auszug des Notizheftes zur Erfassung intrapersoneller Informationen (Teil Kontakt)

2.2 Beispiele und Datenquellen

Ein erstes Pilotprojekt zum Verkehrs- und Kontaktverhalten wurde im Sommer 1994 am Institut für Verkehrswesen (IfV) der Universität Karlsruhe durchgeführt (vgl. Zumkeller (1997)). Dazu wurden 261 Beschäftigte der Universität Karlsruhe bzw. deren Haushalte zufällig ausgewählt.

Nach einer ersten Kontaktaufnahme per Telefon erklärten sich 168 Haushalte bereit, an der Befragung teilzunehmen, von denen insgesamt 94 (respektive 166 Personen) bearbeitete Befragungsunterlagen zurücksandten. Da die Erhebung lediglich Pilotcharakter hatte, war der vergleichsweise geringe Rücklauf akzeptabel, zumal es sich dabei nicht um einen repräsentativen Bevölkerungsquerschnitt handelte.

Darauf aufbauend fand im Frühjahr 1995 eine Untersuchung des IfV in Erlangen (Universitätsstadt) statt, die etwa 2.000 Haushalte mit 4.400 Personen umfasste. Dabei kam eine modifizierte Form der ursprünglichen Erhebungsunterlagen zum Einsatz. Protokolliert wurden insgesamt ca. 16.000 Wege und 8.000 Kontakte innerhalb eines Berichttages.

Ein weiterer Datensatz resultierte aus einer Erhebung in Seoul, Südkorea, eine Metropole mit etwa 11,5 Mio. Einwohnern, die den Charakter einer Millionenstadt mit einer heterogen zusammengesetzten Bevölkerung verkörpert. Seoul ist darüber hinaus das Entwicklungszentrum hinsichtlich eines seitens der Regierung unternommenen Versuches zum Aufbau einer Informationsgesellschaft, gekennzeichnet durch eine hohen Verbreitungsgrad verschiedener Arten von Telekommunikationsmitteln und einem ausgeprägten Nutzungspotenzial für Teledienste.

Die Stichprobe sollte repräsentativen Charakter haben, weshalb für jeden Bezirk Seouls Personen nach dem Zufallsprinzip auf Basis des Telefonbuches ausgewählt wurden. Wiederum fand die erste Kontaktaufnahme, die zur Abfrage der Teilnahmebereitschaft diente, per Telefon statt. Den insgesamt 900 Haushalten, die ihr Einverständnis signalisierten, gingen nachfolgend Befragungsunterlagen plus adressierter Rückumschlag zu. Die Rücklaufquote betrug 71,4%; insgesamt wurden 644 Haushalts-, 2.476 Personen- und 10.819 Mobilitätsdaten (physisch und virtuell) erhoben.

Eine ebenfalls mit dem Verkehrs- und Kommunikationsverhalten betraute Studie wurde 1997 in Schweden durchgeführt. Nach einer ersten Erhebung (Stichprobenumfang ca. 2.500 Personen), die Pilotcharakter besaß, wurde das

Fragebogendesign - nach ausführlicher Beratung durch das Institut für Verkehrswesen - modifiziert und verbessert. Nach nunmehr validen Ergebnissen ist in Bezug auf eine Weiterführung der Befragung in Schweden eine jährliche Wiederholung mit Panelcharakter eingeleitet.

3. Erste Ergebnisse

3.1 Deutschland

3.1.1 Die Verwendung von Verkehr- und Telekommunikationsmitteln

Zur Analyse des Zusammenhangs zwischen Verkehrs- und Telekommunikationsverhalten auf mikroskopischer Ebene erschien es sinnvoll, sich zunächst mit der bereits existierenden Beeinflussung des Verkehrsverhaltens durch Telekommunikationsmedien auseinanderzusetzen. In Tab.1 sind die jeweiligen Nutzungshäufigkeiten und das räumliche Aktionsfeld für beide Mobilitätsformen in Abhängigkeit von Berufsgruppen einander gegenübergestellt. Die Zahlen zeigen deutlich, dass

- die Nutzungshäufigkeit von Telekommunikationsmedien niedriger ist als die der Verkehrsmittel, was auf den höheren Anteil an „immobilen Personen" (nicht aktiven Personen) zurückzuführen ist,

- das räumliche Aktionsfeld, das durch Telekommunikationsmedien abgedeckt wird, größer ist als das durch Wege abgedeckte Aktionsfeld.

Die Ergebnisse deuten darauf hin, dass Kontakte in einem stärkeren Ausmaß als Wege zur Überwindung großer Distanzen beitragen. Durch weitere intrapersonelle Analysen ist zu klären, ob dieses Ergebnis primär das aggregierte Verhalten von Personen widerspiegelt, die physische und virtuelle Mobilitätsvorgänge gegenseitig substituieren oder unterschiedliche Medien zur Erweiterung ihres räumlichen Aktionsfeldes kombinieren.

3.1.2 Wechselwirkungen von Verkehr und Kommunikation

Analysiert man die Wechselwirkungen zwischen Verkehrs- und (neuen) Telekommunikationsmitteln, muss man sich zunächst darüber klar werden, dass das vergangene und gegenwärtige Verkehrsverhalten bereits durch die Nutzung verschiedener Telekommunikationsmedien wie Briefe, Telefone, Faxe,

Fernseher, interaktive Medien, usw. in unbekannter Art und Weise beeinflusst wurde. Um die Frage zu beantworten, ob sich neue Telekommunikationstechniken positiv oder negativ auf das Verkehrsvolumen auswirken, sollen wiederum die in Tab.1 zusammengestellten Ergebnisse betrachtet werden. Es lässt sich verdeutlichen, dass Personen mit einer hohen physischen Mobilität gleichzeitig nur eine geringfügig niedrigere Kontakthäufigkeit aufweisen. Daraus lässt sich schließen, dass die Komplementarität eine bedeutend stärke Rolle bei der Wechselbeziehung zwischen Verkehr und Kommunikation spielt als die Substitution. Diese Tatsache kommt sowohl durch den geringen Anteil immobiler Personen zum Ausdruck, als auch durch die hohe durchschnittliche Weglänge pro Tag, die von den aktiven Personengruppen zurückgelegt wird.

Tab.1: Nutzung von Verkehrs- und Telekommunikationsmitteln nach Berufsgruppen

Personen Gruppe	Wege					Kontakte				
		Anzahl der Wege pro Person		Entfernung pro Person und Tag			Anzahl von Kontakten pro Person		Entfernung pro Person und Tag	
	Anteil der immobilen Personen	alle Personen	mobile Personen	alle Personen	mobile Personen	Anteil der immobilen Personen	alle Personen	mobile Personen		
Manager	5,0%	4,7	4,9	46,3	48,7	24,1%	5,5	7,3	211	278
Arbeiter	7,9%	4,3	4,6	32,5	35,5	30,8%	3,3	4,8	56,6	82
In Ausbildung	4,1%	5,0	5,3	23,4	24,4	30,0%	1,8	2,6	129	184
Hausfrau/-mann/ Arbeitslose	4,9%	4,0	4,2	22,5	23,7	25,7%	1,8	2,4	98,6	133
Rentner	7,3%	3,6	3,9	36,1	38,9	33,6%	1,4	2,1	104	157
Alle	5,7%	4,4	4,6	32,0	33,9	29,0%	2,7	3,8	122	171

3.1.3 Aktivitätsmuster eines Tages

Wird physische Mobilität auf mikroskopischer Ebene analysiert, so lässt sich der Großteil aller erfassten Wege (80-90%) durch einige wenige Grundmuster (10-20%) abbilden. Aus diesem Grund werden zunächst Kombinationen von Kontakten mit bereits bekannten Wegemustern untersucht. In Tab.2 wird diese Beziehung für erwerbstätige Personen, die anhand ihres jeweils erreichten Ausbildungsniveaus klassifiziert sind, analysiert.

Tab.2: Aktivitätsmuster im Vergleich zu Kontakthäufigkeiten

Nummer	Erwerbstätig (Hoher Ausbildungsgrad)			Erwerbstätig (Niedriger Ausbildungsgrad)		
	Weglängen-Muster (Anzahl der Wege)	Anteil in %	Anzahl der Kontakte	Weglängenmuster (Anzahl der Wege)	Anteil in %	Anzahl der Kontakte
1	2	13,3	0,9	2	17,4	1,0
2	3	13,3	0,6	3	13,0	1,0
3	4	25,0	2,3	4	17,4	0,0
4	5	13,3	1,4	5	4,3	1,0
5	6	13,3	3,1	6	17,4	5,0
6	7	10,0	0,3	7	4,3	0,0
7	8	3,3	0,0	8	8,7	0,0
8	9	3,3	3,0	9	8,7	6,0
9	11	1,7	0,0	12	4,3	1,0
10	12	1,7	4,0	13	4,3	6,0
11	14	1,7	1,0	14	0,0	--

Die Ergebnisse führen zu folgenden Schlussfolgerungen:

- Kombiniert man Wege und Kontakte, entstehen komplexere Mobilitätsmuster.
- Es existiert kein Anzeichen dafür, dass kurze Wegeketten mit einer hohen Kontakthäufigkeit einhergehen und umgekehrt.
- Eine hohe Kontakthäufigkeit ist häufig verbunden mit einer ausgeprägten physischen Mobilität. Das gilt sowohl für Personen mit einem hohen als auch mit einem niedrigen Ausbildungsniveau.

Die Hypothese, eine wachsende Nachfrage auf dem Kommunikationsdienstleistungsmarkt könnte zu einer zunehmenden Substitution physischer Verkehrsvorgänge führen, konnte nicht bestätigt werden. Die Untersuchung ergab, dass Personen mit hohen Wegehäufigkeiten oft auch eine hohe Kontakthäufigkeit aufweisen. Folglich spielt die Substitution von Wegen durch Kontakte offenbar nicht die zentrale Rolle im Hinblick auf potenziell vorhandene Wechselwirkungen zwischen physischem und virtuellem Verkehr. Untersuchungen von Wegeketten ergaben, dass der Großteil der zurückgelegten Wege durch einige wenige Grundmuster repräsentiert ist. Hinweise darauf, dass kurze Wegeketten mit hohen Kontakthäufigkeiten (und umgekehrt) verbunden sind, ließen sich nicht finden (Tab.3). Die typischen Wege-/Kontaktemuster wiesen folgende Charakteristika auf.

Kontakte
- werden fast ausschließlich von der Wohnung oder dem Arbeitsplatz aus geführt,
- finden nicht in Form von Sequenzen (wie Wege), sondern als Cluster statt,
- konzentrieren sich überwiegend auf den späteren Teil des Tages und
- sind unabhängig bezüglich Durchführungszeitpunkt, Häufigkeit, Zusammensetzung und Zielort.

3.1.4 Der räumliche Aspekt

Die kumulierten Entfernungshäufigkeiten pro Person und Tag (Abb.5) zeigen, dass das durch Kontakte abgedeckte räumliche Aktionsfeld größer ist als das durch Wege. Die mittels Telekommunikation zurückgelegte Distanz entspricht ungefähr dem Dreifachen der physischen.

Tab.3: Die Struktur von kombinierten Wege-/ Kommunikationsmustern

Nummer	Wegemuster	Erwerbstätige Personen		
		Anteil aller Muster	Anteil der Muster mit Kontakten	Typische Muster
1	W-A-W	38%	0,6	W-A-W-K W-A-K-W-K
2	W-A-W-F-W	12%	0,5	W-A-K-W-F-W W-A-W-F-W-K
3	W-A-W-E-W	6%	genau wie 1	
4	W-A-W-A-W	4%		
5	W-E-W	3%	0,4	W-E-W-versch. K
6	W-A-E-W	3%	genau wie 1	
7	W-F-W	3%	0,5	W-F-W-versch. K
8	W-E-W-F-W	2%		Viele Muster mit Kontaktserien von Wohnung und Arbeitsplatz
9	W-A-W-E-W-F-W	1%	0,4	
10	W-A-A-A-W	1%		
11	Rest	28%	0,4	

Legende: W = Wohnung A = Arbeit E = Einkaufen F = Freizeit K = Kommunikation

Kann man nun daraus schließen, dass Telekommunikation zu einem hohem Grad zur Raumüberwindung beiträgt? Als erster Schritt wurden verschiedene Raumtypen nach dem Grad ihrer Besiedlungsdichte klassifiziert:
- dicht besiedelter Raum,
- durchschnittlich besiedelter Raum,
- suburbaner Raum,
- ländlicher Raum.

Entfernungssummen pro Person und Tag

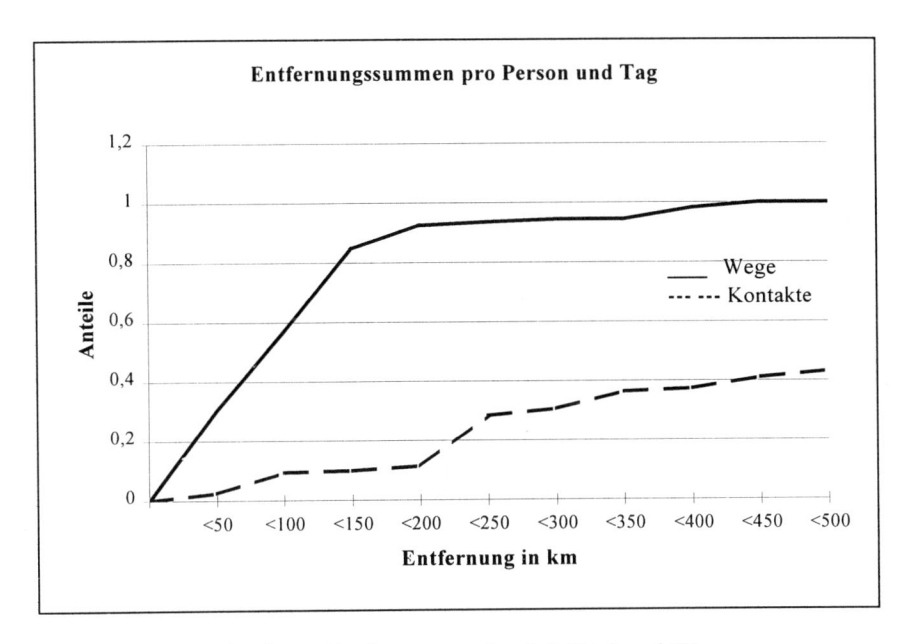

Abb.5: Zurückgelegte Entfernungen durch Mittel und Wege

Abb.6 gibt die Anzahl der Wege und Kontakte pro Raumtyp an; sie zeigt ein nahezu gleichbleibendes Niveau bei Wegen und kein systematisches Muster bei Kontakten.

Betrachtet man jedoch die physisch und virtuell zurückgelegten Entfernungen, wird ein solcher Zusammenhang deutlich (Abb.7). Während die Entfernung pro Person und Tag mit geringerer Raumdichte um 50% steigt, verringert sich die Kontaktlänge von 170 km (dicht besiedelter Raum) kontinuierlich auf 95 km pro Tag (ländlicher Raum). Das heißt, die Möglichkeit zur komplementären Nutzung beider „Raumüberwindungsinstrumentarien" bedingt offenbar gänzlich verschiedene individuelle Kombinationsstrategien. Darüber hinaus ist dies ein Anzeichen für den differenzierten und heterogenen Einfluss beider Instrumentarien auf die raumbezogenen Prozesse der Dispersion und Konzentration, was allerdings weiterer Analysen bedarf.

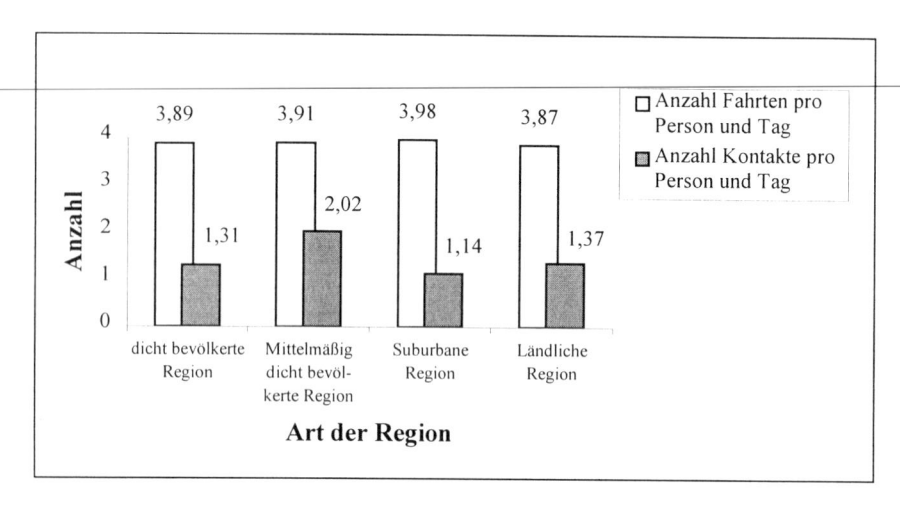

Abb.6: Anzahl der Wege und Kontakte nach Raumtyp

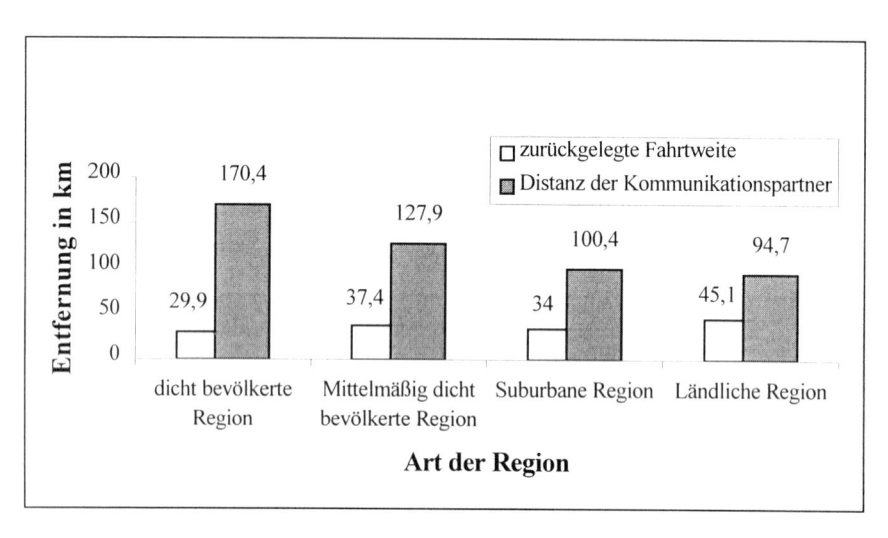

Abb.7: Wege- und Kontaktentfernung nach Raumtyp

3.2 Seoul (Korea) und ein interkultureller Vergleich

Die Ergebnisse der Befragung in Seoul gestatten es, die folgenden Fragestellungen zu behandeln:
- Existieren vergleichbare Zusammenhänge bei der Verkehrs- und Telekommunikationsnutzung in Korea und Deutschland?
- Sind diese einfach zu erklären?
- Vorausgesetzt, die Durchdringung von Telekommunikation in einer Gesellschaft ist ein kontinuierlicher Prozess: Weisen die Daten auf einen unterschiedlichen Durchdringungsgrad hin?

Abb.8 und Abb.9 zeigen ähnliche Verhaltensmuster sowohl bezüglich der Wege- und Kontakthäufigkeit als auch der zurückgelegten Entfernungen in beiden Systemen. Es soll jedoch nicht unerwähnt bleiben, dass sich die durchschnittliche Entfernung pro Weg (D: 7,3 km; K: 16,0 km) und pro Kontakt (D: 45,0 km; K: 30,1 km) voneinander unterscheiden. Die Nutzung von Verkehrssystemen ist aus ökologischer Sicht in Deutschland effizienter, darüber hinaus werden durch den Einsatz von Kommunikationsmitteln größere Distanzen überwunden, was auf einen höheren Durchdringungsgrad hindeutet.

Diese Interpretation lässt sich durch Abb.10 jedoch nicht bestätigen, da die Verteilung der verschiedenen Kommunikationsmittel in etwa vergleichbar ist; ausgenommen hiervon ist der sich schnell entwickelnde Markt von Faxgeräten und Handys.

Fahrten und Kontakte pro Person und Tag

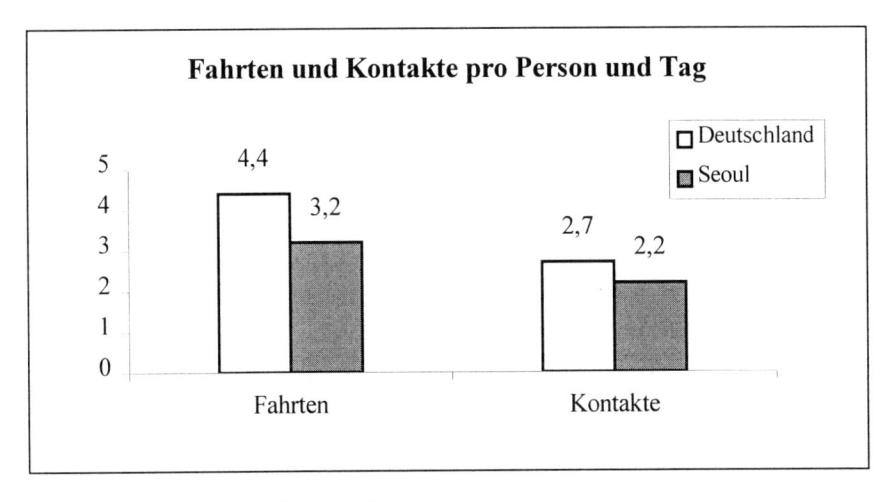

	Deutschland	Seoul
Fahrten	4,4	3,2
Kontakte	2,7	2,2

Abb.8: Wege- und Kontakthäufigkeit

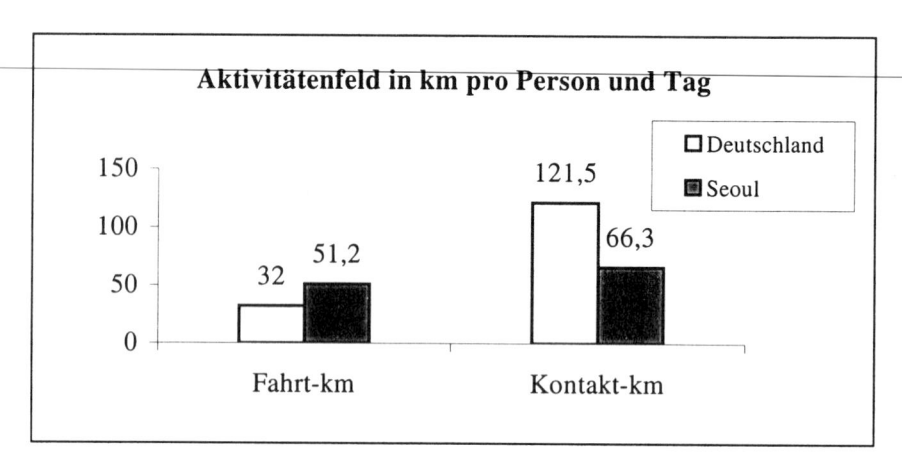

Abb.9: Räumliches Aktionsfeld in km pro Person und Tag

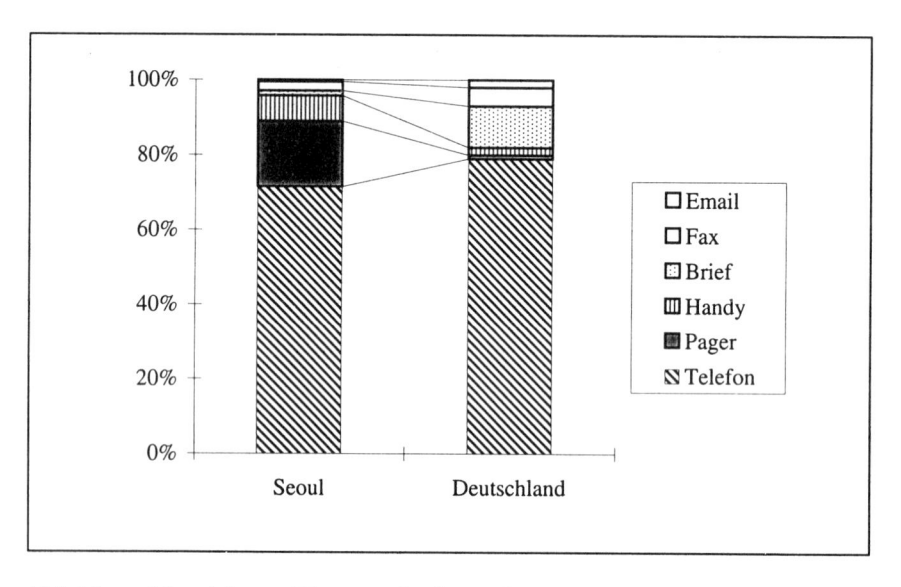

Abb.10: Vertrieb von Kommunikationsmitteln, Basis: Kontakte

Um ein klareres Bild des gesellschaftlichen Prozesses der Telekommunikationsdurchdringung zu schaffen, wurde ein differenzierter Klassifizierungsrahmen für Personengruppen auf Basis der koreanischen Daten entwickelt.

Basierend auf Lebenszyklus, Ausbildung und Beschäftigungsgrad werden in Abb.11 neun Personengruppen vorgeschlagen, die, abgesehen von der Personengruppe „männlich unter 30", welche infolge einer abweichenden Telekommunikationsmittelnutzung bestimmt wurde, deutliche Analogien zu den im Rahmen von Verkehrserhebungen üblicherweise verwendeten Klassen aufweist.

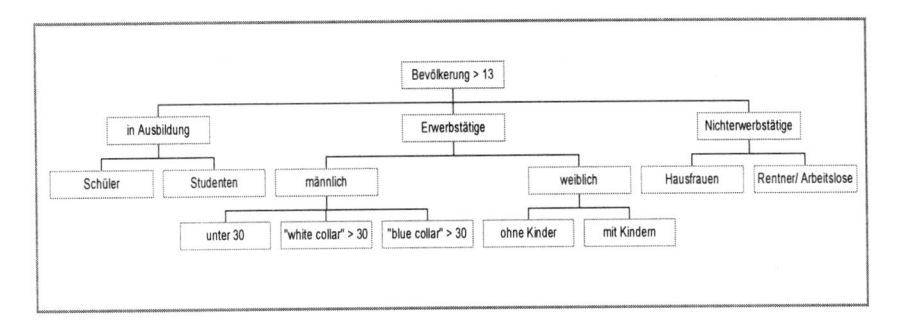

```
                            Bevölkerung > 13
        ┌───────────────────────┼───────────────────────┐
   in Ausbildung           Erwerbstätige           Nichterwerbstätige
    ┌─────┴─────┐    ┌──────────┴──────────┐       ┌─────┴─────┐
 Schüler   Studenten männlich          weiblich  Hausfrauen  Rentner/Arbeitslose
              ┌─────────┼─────────┐      ┌─────┴─────┐
          unter 30  "white collar" "blue collar"  ohne Kinder  mit Kindern
                       > 30         > 30
```

Abb.11:   Klassifizierung der Personengruppen

Tab.4 gibt hierzu genauere Informationen und zeigt Unterschiede zwischen Personengruppen hinsichtlich deren Kommunikations- und Mobilitätsmuster.

Die Auswertung ergab, dass höher qualifizierte, männliche Angestellte (white collar) das Telefon und das Fax am häufigsten nutzen, während Rentner, Arbeitslose und Hausfrauen/-männer Telefax und E-Mail äußerst selten verwenden (Abb.12). Hingegen benutzen Studenten den PC als Kommunikationsmittel (E-Mail) am häufigsten. Infolge der hohen physischen Mobilität nutzen Studenten in Seoul Pager häufiger als das Telefon. Soweit es die Mobilitätsmuster betrifft, unterscheiden sich die Mobilitätszwecke je nach Personengruppe deutlich. Aufgrund häufiger Geschäftsreisen legt die Personengruppe „männlicher höher qualifizierter Angestellter" die größten Entfernungen zurück im Gegensatz zu den „Rentnern" und „Arbeitslosen", die neben den geringsten Weglängen auch die niedrigste Kontakthäufigkeit aufweisen (Abb.13).

Tab. 4: Charaktereigenschaften von Personengruppen

Personen-gruppen	Charakteristik	Kommunikations-verhalten	Verkehrsverhalten
Männer unter 30	- Männliche Einsteiger in die Berufswelt mit viel Computererfahrung	- Höhere Kommunikationshäufigkeit - Häufige Nutzung von Fax und Mobiltelefon	- Höchste Wegehäufigkeit - Höchste Verkehrsleistung - Freizeit, Dienstreise
Männer mit „white collar"-Beruf	- Büroangestellter, Fachmann und Techniker, Manager, höherer Beamter	- Höhere Kommunikationshäufigkeit - Häufige Nutzung von Telefon und Fax - Hohe Mobiltelefonverfügbarkeit	- Höchste Aktivitätshäufigkeit - Höchstes räumliches Aktionsfeld - Hohe Pkw-Nutzung - Dienstreise
Männer mit „blue collar"-Beruf	- Arbeiter, Kundendienst, Verkäufer, Handwerker, Mechaniker, Landwirtschaft	- Mittlere Nutzung von Telefon und Fax	- Mittlere Aktivitätshäufigkeit
Berufstätige Frauen ohne Kinder	- Jüngere berufstätige Frau	- Höhere Kommunikationshäufigkeit unter Frauen - Häufige Nutzung von Telefon und Pager	- Höhere Aktivitätshäufigkeit - Hohe ÖPNV-Nutzung - Freizeit, Kaufhaus
Berufstätige Frau mit Kleinkindern	- Ältere berufstätige Frau - Abhängig von Kindern	- Mittlere Nutzung der Kommunikationsmittel	- Mittlere Aktivitätshäufigkeit - Einkaufen, Besuch

Tab. 4 (Fortsetzung): Charaktereigenschaften von Personengruppen

Personengruppen	Charakteristik	Kommunikationsverhalten	Verkehrsverhalten
Hausfrauen	- Jüngere Hausfrau mit Kleinkind - Ältere Hausfrau	- Niedrige Nutzung der Kommunikationsmittel - Hohe Nutzung von Telefon	- Geringeres räumliches Aktionsfeld - Freizeit, Einkaufen, Besuch
Rentner/ Arbeitslose	- Rentner, Arbeitslose	- Seltene Nutzung der Kommunikationsmittel	- Sehr geringes räumliches Aktivitätsfeld - Viele Fußwege
Studenten	- Student	- Häufige Nutzung des Pagers anstatt Telefon	- Viele Wege - Hohe ÖPNV-Nutzung - Private Schule
Schüler	- Schüler	- Sehr niedrige Nutzung der Kommunikationsmittel	- Sehr geringes räumliches Aktivitätsfeld - Viele Fußwege

Auch diese Ergebnisse demonstrieren, dass

- die Benutzung von Verkehrsmitteln und Telekommunikationsmedien in beiden Ländern komplementär ist (hohe physische Mobilität ist verbunden mit hoher virtueller Mobilität und umgekehrt),
- die Nutzungshäufigkeit beider Systeme in Deutschland geringfügig höher ist,
- das Nutzungsmuster beider Systeme zwischen den Personengruppen eindeutige Ähnlichkeiten aufweist,
- Telekommunikationsdienste bevorzugt von jüngeren Menschen genutzt werden, was einerseits generationsbedingt und andererseits auf die persönlichen Erfahrungen zurückzuführen ist.

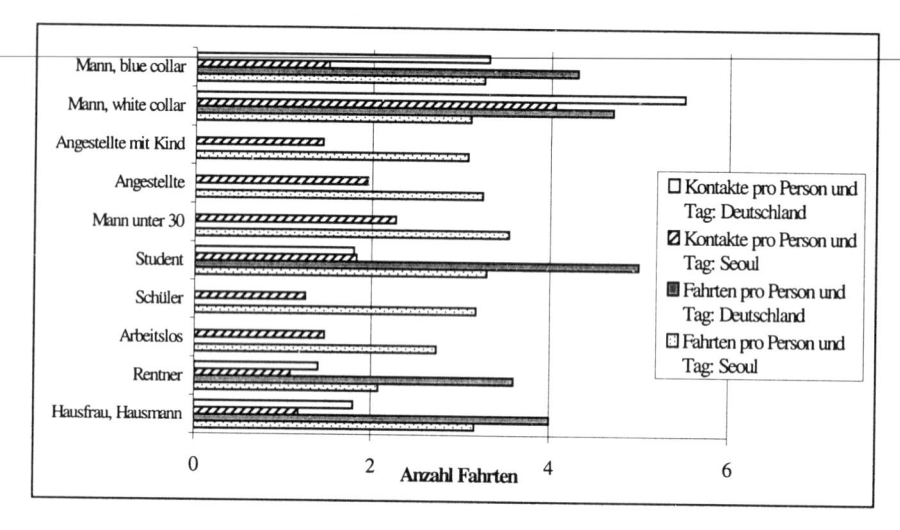

Abb.12: Wege und Kontakte nach Personengruppen

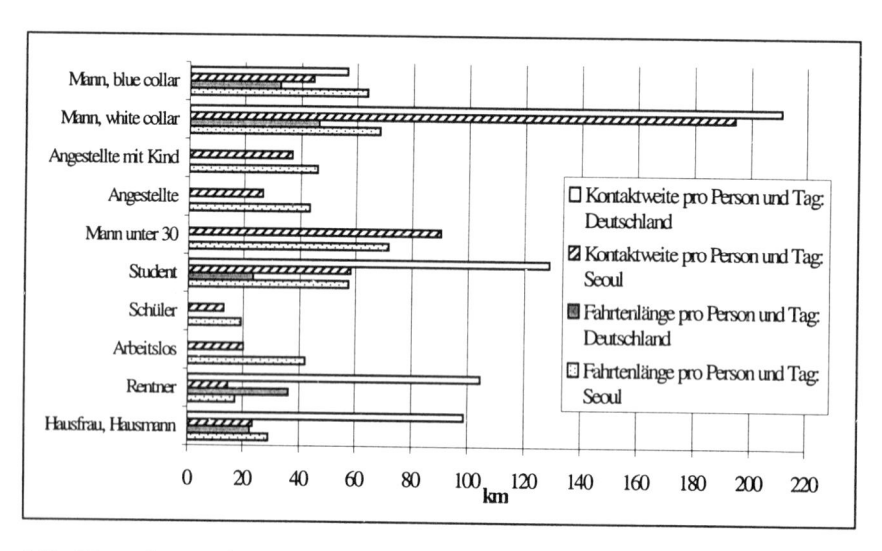

Abb.13: Länge der Aktivitäten von Personen nach Personengruppen

4. Modellkonzeption

Um die komplementären und substituierenden Einflüsse neuer Telekommunikationsdienste auf den Verkehrs- und Kommunikationssektors modellieren zu können, ist fundiertes Wissen über die Interaktion zwischen Verkehrs- und Kontaktmitteln erforderlich. Daher erscheint es sinnvoll, ein kombiniertes Mobilitätsmuster (physische und virtuelle Aktivitäten), basierend auf den nachfolgenden Definitionen, zu entwickeln (Abb.14):

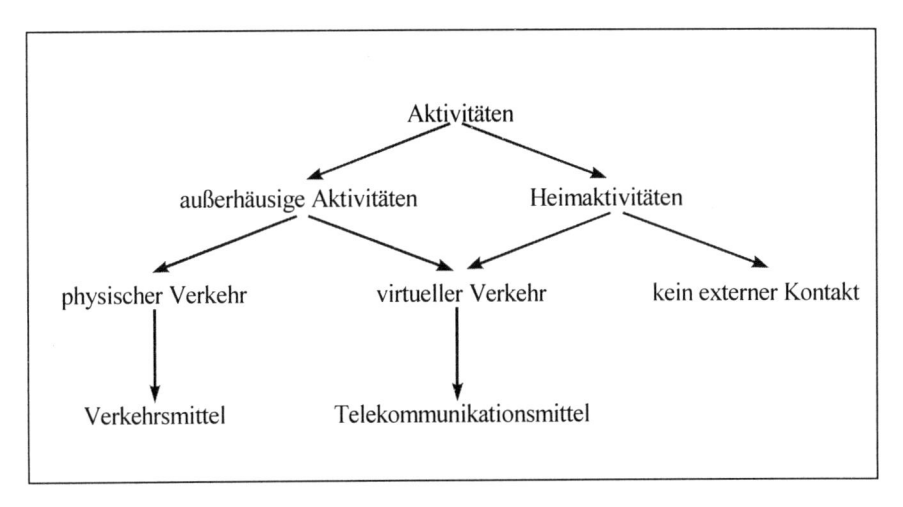

```
                        Aktivitäten
                       /          \
           außerhäusige Aktivitäten    Heimaktivitäten
            /          \                    \
physischer Verkehr   virtueller Verkehr    kein externer Kontakt
     |                    |
Verkehrsmittel      Telekommunikationsmittel
```

Abb.14:   Grundansatz für kombinierte Mobilitätsmuster

Dabei wird eine Aktivität durch den Zweck sowie durch räumliche Parameter beschrieben, was durch wenige einfache Variablen geschehen kann (z. B. durch Verkehrszonen usw.). Die daraus resultierenden Mobilitätsmuster lassen sich in Form von Aktivitätenketten darstellen, welche die jeweils genannten Informationen pro Aktivität umfassen (Tab.3 und Beispiel entsprechend Abb.15):

Die Berücksichtigung kombinierter physischer und virtueller Mobilitätsvorgänge ist also eine notwendige Voraussetzung für die Abbildung von Interaktionen zwischen Verkehrs- und Telekommunikationsmitteln. Ein solches Modul muss so konzipiert sein, dass ein Abbilden der Vorgänge

- Wege entfallen durch Kontakte (Substitution, vermutlich geringer Umfang),
- Wege entstehen durch Kontakte (Komplementarität bzw. Induktion, vermutlich größerer Umfang),

möglich wird.

	Aktivitätenmuster			
Zweck	Zu/nach Hause	zur Arbeit	privater Kontakt	Zu/nach Hause
Raumelement	Wohnort	Arbeitsplatz	Person in Zone X	Wohnort
	Potenzial für die Wahl physischen/virtuellen Verkehrs			
Wahl A: kein physischer Verkehr	zu/nach Hause	- Arbeit -	Telefonat -	zu/nach Hause
Wahl B: mot. Verkehr	zu/nach Hause	Pkw Arbeit Pkw	Besuch Pkw	zu/nach Hause
Wahl C: kombinierter mot./virt. Verkehr	zu/nach Hause	Bus Arbeit Bus-	Telefonat Bus	zu/nach Hause

Abb.15: Beispiel für kombinierte physische und virtuelle Aktivitätenmuster

Ein regelbasiertes Verfahren erscheint als Grundlage für die Entwicklung eines solchen Moduls besonders geeignet. Dieses Modul bietet dann den Vorteil, die zahlreichen (Wahl-)Möglichkeiten und Zwänge durch die kombinierten Aktivitätsmuster berücksichtigen zu können, was jedoch einer vertieften Analyse hinsichtlich der Entstehung solcher Muster bedarf.

Hierzu wurde zunächst ein deskriptiver Datensatz erstellt, der zur Realisierung des Modellkonzeptes aus Abb.16 dienen sollte. Das Ergebnis ist ein Datensatz, der sämtliche relevanten Informationen auf mikroskopischer Ebene enthält, die zur Bestimmung von Verhaltensänderungen erforderlich sind. Eine erste Anwendung erfolgte zur Messung des Substitutionspotentials von Telebanking und -shopping am Beispiel Seouls.

A) Kombinierte Fahrt- / Kommunikations-Modell-Generation

Kombinierte Fahrt-/ Kommunikationsmuster

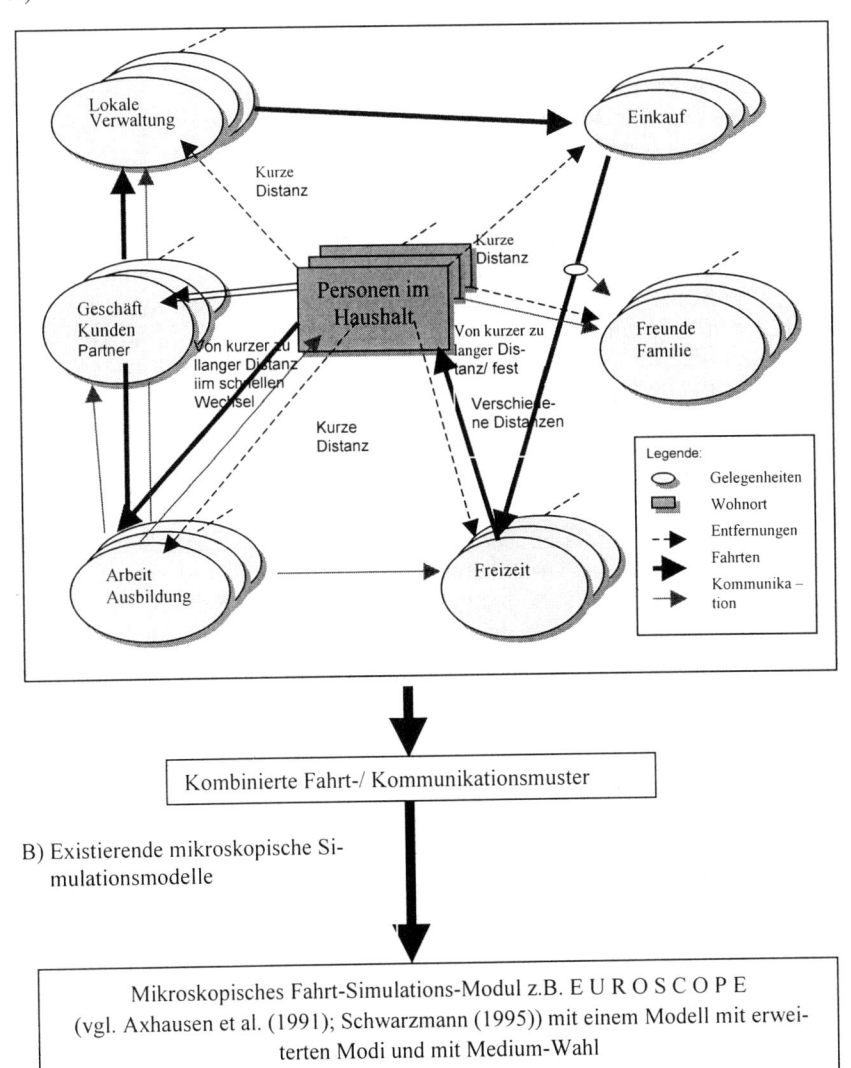

B) Existierende mikroskopische Simulationsmodelle

Mikroskopisches Fahrt-Simulations-Modul z.B. E U R O S C O P E (vgl. Axhausen et al. (1991); Schwarzmann (1995)) mit einem Modell mit erweiterten Modi und mit Medium-Wahl

Abb.16:   Das Konzept eines Modells

5. Erste Anwendung in Seoul

5.1 Teleaktivitäten – Ultima Ratio?

Als Teil eines weitläufigen Forschungsfeldes befindet sich eine erste Anwendung des Moduls am Beispiel Seoul derzeit in Bearbeitung, über die hier vorläufig berichtet werden kann.

Die Bemühungen, den Zugang zu erhöhen und Energieverbrauch und Emissionen gleichzeitig zu verringern, laufen darauf hinaus, die virtuellen Zugänge so weit auszudehnen, dass gemeinsame Aktivitäten in den unterschiedlichen Standorten von einer virtuellen Natur sind. Dies führt zu Teleaktivitäten (vgl. Salomon (1986); Zumkeller (1997)). In Tab.5 werden einige Möglichkeiten von Teleaktivitäten aufgezeigt, wie sie bereits durchgeführt werden oder in der Zukunft erweitert werden könnten. Dennoch ist es nicht nur der technische Prozess des Informations-Superhighways (soviel Informationen pro Zeitintervall wie nur möglich), was eigentlich entscheidend ist, sondern eher die Kreativität, den Personen am anderen Ende der Leitung eine einfache Dienstleistung anzubieten. Tatsächlich wird der persönliche Kontakt gegenüber dem virtuellen Kontakt bevorzugt, da es bei einem persönlichen Kontakt zu einer hohen Anzahl von zusätzlichen zwischenmenschlichen Interaktionen kommt, deren Quantifizierung erhebliche Schwierigkeiten bereitet. Es ist aber offensichtlich, dass Aktivitäten, bei denen der Ursprungscharakter schon in einem hohen Ausmaß virtueller Natur ist, Schritt für Schritt von modernen Telekommunikationsdiensten angeboten werden.

Aus den Teleaktivitäten der Tab.5 wurden Telebanking und Teleshopping für weitere Untersuchungen ausgewählt.

5.2 Übergangswahrscheinlichkeiten

Abb.17 zeigt den gegenwärtigen Stand der Wahrnehmung und aktuellen Erfahrungen von Personen mit Telebanking. 91% haben schon davon gehört, 51% können damit umgehen und nur 13% der befragten Personen haben Erfahrungen mit Telebanking.

Tab.5: Möglichkeiten von Teleaktivitäten

Aktivität	Möglicher Teledienst	Technische Infrastruktur Vorhandene	Geplante
Kaufhaus	Teleshopping	Btx, Internet	Internet
Beruflicher Besuch	Telekonferenz	Videokonferenz	Videokonferenz
Bank	Telebanking	Telefon	Internet, Sicherheits-E-Mail
Privater Kontakt	Videophone	Telefon, Fax, E-Mail, Internet	Bildtelefon
Kultur	Video	Pilotstudie	VOD + HDTV
Medizinische Dienste	Telediagnosen	Pilotstudie	Videokonferenz, Internet
Ausbildung	Teleausbildung	Pilotstudie	Internet
Buchung	Telebuchung	Telefon, Fax, Internet	Telefon, Fax, Internet
Sport/ Unterhaltung	Virtuelle Realität	Pilotstudien	Cybertechnik

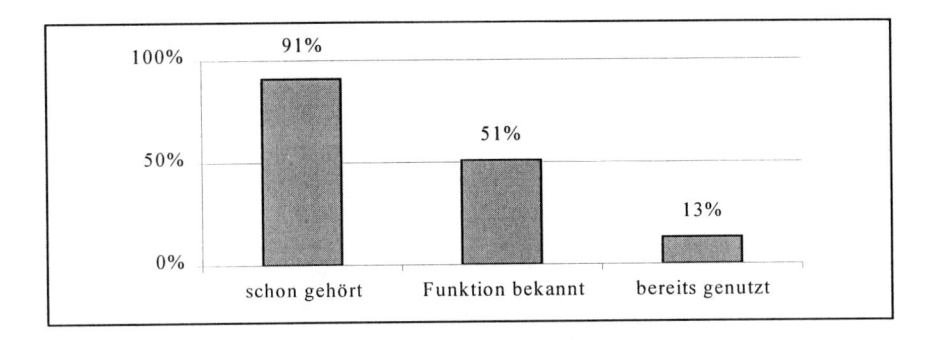

- schon gehört: 91%
- Funktion bekannt: 51%
- bereits genutzt: 13%

Abb.17: Gegenwärtige Haltung zu Telebanking

249

Nachdem man die Personen über Telebanking und Internet aufgeklärt hatte, gaben 56% der befragten Personen an, sie würden telebanken anstatt zur Bank zu gehen. Die Wahrscheinlichkeit von 56% (vgl. Abb.18) ist wesentlich höher als jene 13%, die die Gruppe bilden, die schon mit Telebanking gearbeitet hat. Dieser Unterschied zeigt einerseits die Unsicherheit, verbunden mit der gemessenen Übergangswahrscheinlichkeit, an; andererseits jedoch weist dieses Ergebnis auf Möglichkeiten für zukünftige Entwicklungen hin. Unter den klassifizierten Personengruppen haben „Männer unter 30" die höchste Übergangswahrscheinlichkeit zu Telebanking, während Personengruppen wie „Rentner" und „Hausfrauen" die niedrigste Übergangswahrscheinlichkeit zu Telebanking zeigen.

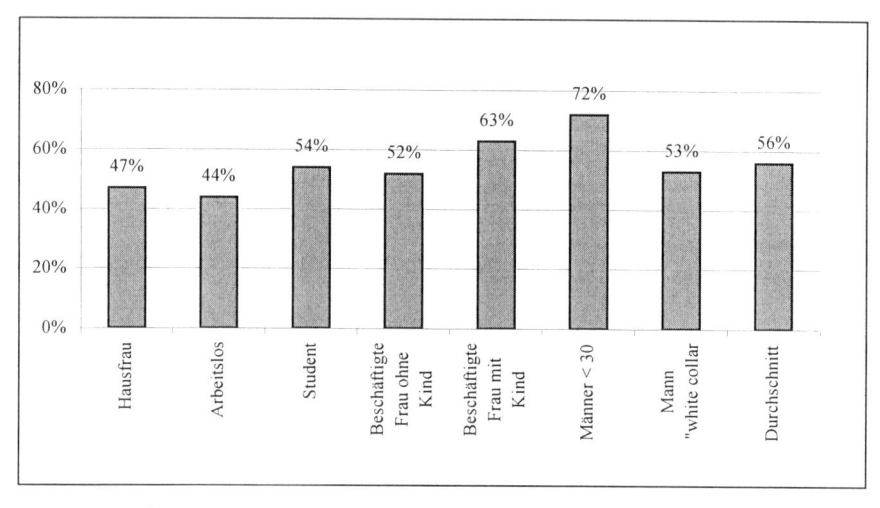

Abb.18: Übergangswahrscheinlichkeit von Personengruppen zu Telebanking

Ähnliche Tendenzen auf einer geringeren Ebene zeigte das Resultat einer durchgeführten Umfrage bezüglich Teleshopping (Abb.19 und 20).

Weitere Untersuchungen konzentrieren sich auf die Anwendung dieser Übergangswahrscheinlichkeiten in verschiedenen Situationen, um Potenziale zu quantifizieren und Wege zu ersetzen.

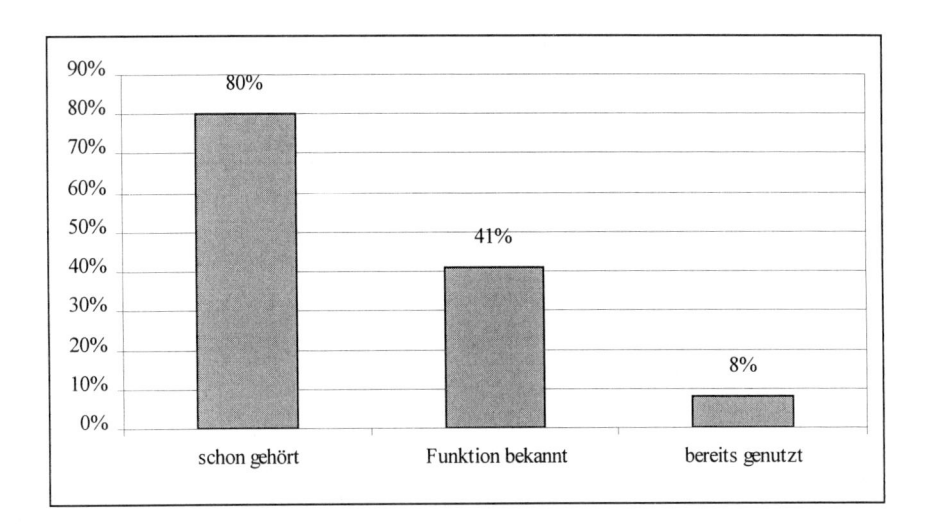

Abb.19: Gegenwärtige Haltung zu Teleshopping

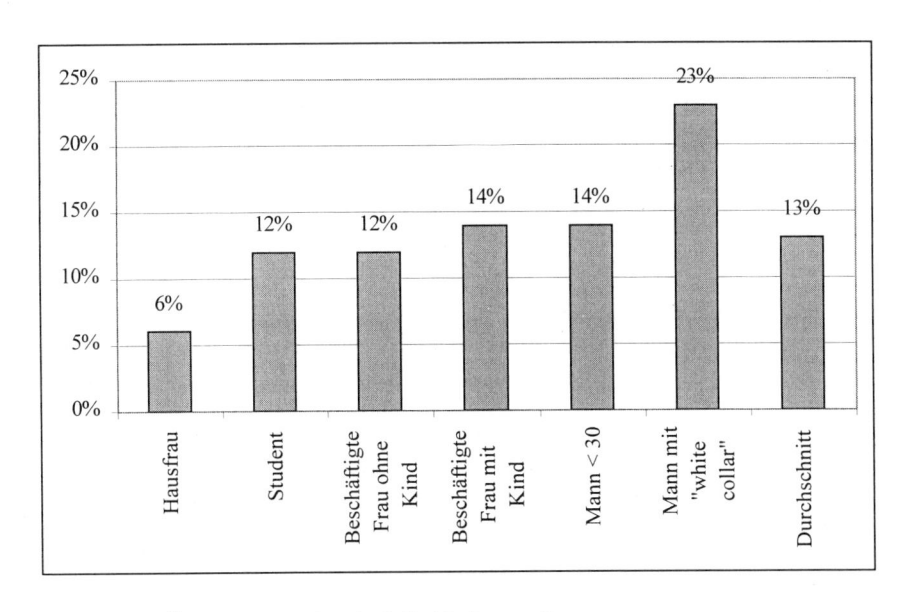

Abb.20: Übergangswahrscheinlichkeit von Personengruppen zu Teleshopping

Der Hauptvorteil dieser Simulationen ist

- die Möglichkeit, Sensitivitätstests, verbunden mit den höchstmöglichen Fehlermeldungen, durchzuführen,
- die Erwartung, verschiedene räumliche Einflüsse in einem strukturierten Netzwerk herzustellen,
- das Konzept, soziodemographische Elemente in Vorhersagen einzubeziehen, um den unterschiedlichen Gebrauch von Telekommunikation in den Generationen widerzuspiegeln.

6. Ergebnis und Aussichten

Die erörterten Beziehungen in den vorangegangenen Abschnitten führen zur Aussage, dass eine interne Beziehung zwischen Verkehr und Telekommunikation existiert. Diese Wechselbeziehung geht weit über aktuelle Inhalte von Planungsmethoden und -betrachtungen hinaus. Antworten auf die Frage, wie neue Telekommunikationsmedien das Verkehrsverhalten verändern, müssen erforscht werden. Eines jedoch hat sich schon abgezeichnet: Vor dem Hintergrund steigender Arbeitsteilung und weiterer Ausdifferenzierung und Spezialisierung in Privatleben wird ein weiterer Anstieg sowohl im Bereich der Telekommunikation als auch im Verkehr erwartet (Abb.21). Das geschieht jedoch in Übereinstimmung, vielleicht mit einem stärkeren Anstieg, im Bereich der Telekommunikation. Dabei bleibt offensichtlich wenig Raum für Substitutionstheorien und kaum Hoffnung für ein vermindertes Verkehrsvolumen.

7. Zusammenfassung

In diesem Artikel geht es um die Frage, ob eine Beziehung von physischem und virtuellem Verkehr (Telekommunikation) existiert und falls ja, wie diese Beziehung gemessen werden kann. Die erste Frage kann klar beantwortet werden, wenn das Konzept von räumlichen Verhaltensmustern erweitert wird. Die zweite Frage kann nur durch Haushaltsbefragungen in Deutschland bzw. Seoul geklärt werden. Ein weiterer Punkt untersucht, ob sich durch Befragungen über Verkehrs- und Telekommunikationsverhalten bestimmte Gruppen mit homogenem Verkehrs- und Telekommunikatonsverhalten (intra) und heterogenem Verkehrs- und Telekommunikationsverhalten (inter) besonders hervorheben. Personengruppen mit einem großen physischen Aktionsradius zeigen auch die größte Fähigkeit, auf einer virtuellen Ebene Raum zu überwinden – und umgekehrt. So beherrschen ergänzende Effekte Ersetzungseffekte hinsichtlich zurückgelegter Entfernungen. Diesem Ergebnis entsprechend wird das Konzept eines Modells vorgestellt, um Wechselbeziehungen von Verkehr- und Telekommunikationsverhalten darzustellen. Schließlich wurden einige Modellaspekte mit Hilfe empirischer Daten aus Seoul analysiert.

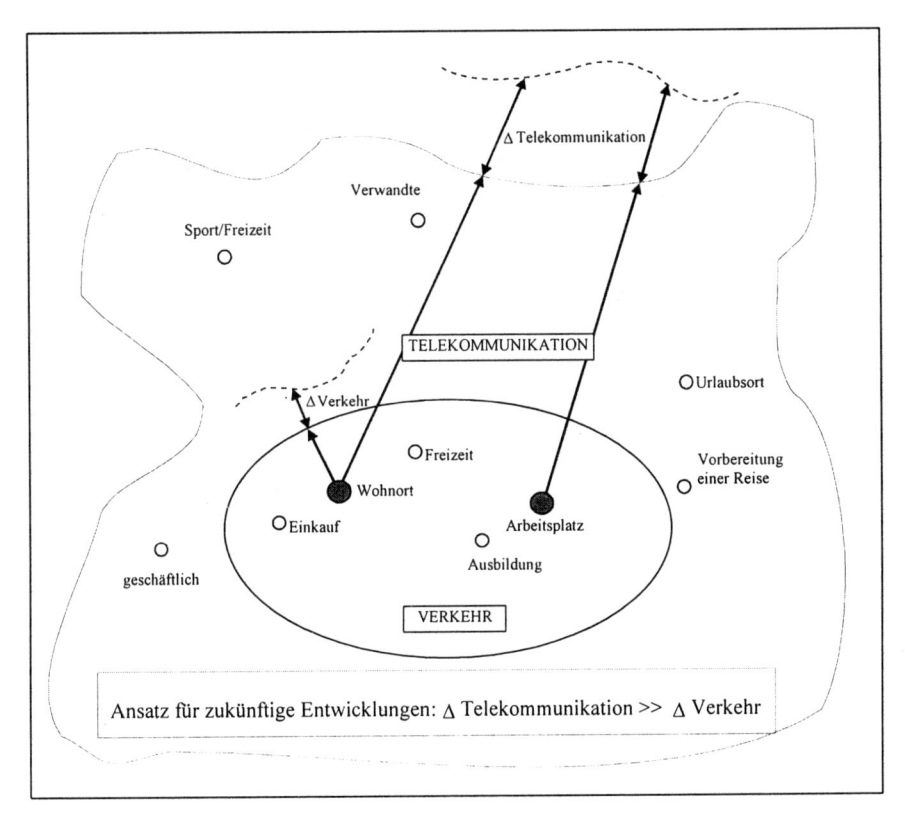

Abb.21: Räumliches Aktionsfeld für Verkehr und Telekommunikation

Anmerkungen

[1] Die Fragen zum Weg bzw. Kontakt befinden sich im Original auf einer Seite gegenüber; aus Gründen der Lesbarkeit wurden sie hier in zwei Abbildungen (Abb.3 und 4) aufgeteilt.

Literatur

Axhausen, A. et al. (1991): Towards a Dynamic and Activity-based Modelling-Framework. In: Advanced Telematics in Road Transport. Proceedings of the DRIVE Conference Brussels, February 1991.

Cerwenka, P. (1992): Verkehrsentwicklung im Zivilisationsprozeß, Internationales Verkehrswesen, Deutscher Verkehrsverlag GmbH, Hamburg, 11/1992.

Chlond, B., Lipps, O., Zumkeller, D. (1997): The German Mobility Panel: Options, Limitations and the Complementary Use of Secondary Data. Paper for the International Conference on Transport Survey Quality and Innovation: Transport Surveys: Raising the Standard. Grainau.

Garrison, W., Deakin, E. (1988): Travel, Walk and Telecommunications: A View of the Electronics Revolution and its Potential Impact, in: Transportation Research, Vol. 22a, No. 4.

Heinze, W. (1985): Zur Evolution von Verkehrssystemen. In: S. Klatt (Hrsg.): Perspektiven verkehrswissenschaftlicher Forschung. Berlin.

Heldmann, R. K. (1995): The Telecommunications Information Millennium. Washington.

Janelle, D. G. (1995): Metropolitan Expansion, Telecommuting and Transportation. In: The Geography of Urban Transportation 17, S.407-435.

Köhler, S. (1993): Interdependenzen zwischen Telekommunikation und Personenverkehr, Diss., Universität Karlsruhe. Karlsruhe.

Mokhtarian, P. L., Salomon I. (1995): Modelling the Choice of Telecommuting: Setting the Context. In: Environment and Planning A, Vol. 26, S.749-766.

Mokhtarian, P. L. (1993): The Travel and Urban Form Implications of Telecommunications Technology, Discussion Paper for FHWA/LILP Workshop.

Salomon, I. (1986): Telecommunications and Travel Relationships: A Review. In: Transportation Research A, Vol. 20A, S.223-238.

Schwarzmann, R. (1995): Der Einfluß von Nutzerinformationssystemen auf die Verkehrsnachfrage. Diss., Universität Karlsruhe. Karlsruhe.

Zumkeller, D. (1997): Sind Telekommunikation und Verkehr voneinander abhängig? Ein integrierter Raumüberwindungskontext. In: Internationales Verkehrswesen (49), S.16-21.

Anna Johansson

Verkehr im Kommunikationszeitalter.
Nationale Untersuchungen in Schweden.

1. Einführung

Wir leben in einer sogenannten Informationsgesellschaft. Es liegt auf der Hand, dass die neuen Technologien die Gesellschaft und unsere Lebensweise beeinflussen werden – die Frage lautet, in welcher Weise?

Wenn wir uns auf die Kommunikationstechnologien konzentrieren, beobachten wir eine rasche Entwicklung und Ausbreitung verschiedener Kommunikationsmedien. Die Durchdringungsraten für Handys, Computer am Arbeitsplatz und im Haushalt, Internet und E-Mail nehmen in vielen Ländern rasch zu und erreichen hohe Werte, und dies innerhalb einer Zeitdauer von gerade einmal ein paar Jahren.

Wir stellen fest, dass es eine wachsende Zahl nützlicher Anwendungen für die neuen Techniken gibt. Viele dieser Anwendungen sind auch für ein breiteres Publikum attraktiv wie z.B. E-Mail, Telebanking, Teleshopping und Telearbeit.

Alle diese Anwendungen stehen in einer sehr direkten Wechselbeziehung zu der Art, in der wir Ortswechsel vollziehen. Eine Kernfrage lautet, ob wir diese Anwendungen als Komplement, d.h. Ergänzung, als Ersatz oder gegebenenfalls sogar als Auslöser von Ortsveränderungen betrachten können.

Ist diese Entwicklung für Verkehrsplaner überhaupt von Interesse? Eine Möglichkeit, diese Frage zu beantworten, ist der Blick auf das nationale Infrastrukturinvestitionsbudget. Jedes Jahr werden in Schweden über 4 Mrd. DM in die Verkehrsinfrastruktur investiert. Selbst eine kleine Änderung im Infrastrukturbedarf – z.B. hervorgerufen durch Effekte, wie Personen mit anderen Medien kommunizieren – kann beträchtliche finanzielle Implikationen verursachen.

Wie wird sich unser Verkehrsverhalten ändern, wenn wir in größerem Stil beginnen, verschiedene Kommunikationssysteme für verschiedene Zwecke zu verwenden? Werden wir weniger, dafür aber längere Fahrten unternehmen? Werden wir in die Lage versetzt, unsere Ortswechsel aus den Spitzenstunden zu verlagern und erreichen wir auf diese Art eine effektivere Nutzung der Infrastruktur? Oder erleichtert es uns die Entscheidung, von der Stadt auf das Land zu ziehen, da neue Techniken es ermöglichen, Wohnen und Arbeiten am gleichen Ort zu erledigen und gleichzeitig eine angenehme Umgebung zu genießen?

Wie soll die Gesellschaft mit diesen Entwicklungen umgehen? Ist eine rein beobachtende oder eine Einfluss nehmende Haltung angebrachter? Es sollte im öffentlichen Interesse liegen, die Rahmenbedingungen für den Wettbewerb so ausgewogen wie möglich zu halten und zu gewährleisten, dass allen Gruppen der Gesellschaft ein Zugang zu den Kommunikations- und Verkehrsmitteln offen steht.

2. Die nationale Kommunikationserhebung in Schweden

2.1 Grundlagen und Ziele

Um die Kenntnisse des dargestellten Problemkreises auf eine bessere Grundlage zu stellen, wurden vom SIKA (Swedish Institute for Transport and Communications Analysis) erste Schritte in die Wege geleitet. In der ersten Phase überwog der Bedarf an Daten über das Kommunikations- und Verkehrsverhalten der Personen. Die Daten sollten für deskriptive Analysen, z.B. für die Darstellung von Verhaltensunterschieden zwischen Regionen oder verschiedenen Bevölkerungssegmenten, brauchbar sein.

Liegen derartige Daten in Zeitreihen vor, sollte es in einer zweiten Phase möglich sein, Modelle abzuleiten, mit denen die Entwicklung des Kommunikationsverhaltens auf einem aggregierten Niveau prognostiziert werden kann. Darüber hinaus wäre es wünschenswert, die Folgen dieser Entwicklung auf die Nachfrage nach physischem Verkehr und nach Telekommunikation zu betrachten.

Gegenwärtig befinden sich die Arbeiten der SIKA zwischen der ersten und zweiten Phase. Die erste nationale Kommunikationserhebung im Jahr 1996 verfolgte das Ziel, statistische Angaben über das individuelle Kommunikationsverhalten in Schweden zu erhalten.

Als Grundlage für diese neue Erhebung konnte eine laufende nationale Verkehrserhebung herangezogen werden, aus der differenzierte Daten über das Wegeverhalten vorlagen. Die Fragen über (physische) Ortsveränderungen wurden um detaillierte Fragen über die Verfügbarkeit und Nutzung anderer Kommunikationsmittel erweitert. Auch die Erfahrungen mit Telearbeit und Telekonferenzen waren in die Erhebung eingeschlossen.

SIKA hat diese Kommunikationserhebung seither dreimal durchgeführt und plant, sie zu einer Dauereinrichtung zu machen.

2.2 Erhebungsdesign

Die Kommunikationserhebung ist sehr komplex und enthält viele Fragen. Die Befragten sollen alle Wege *und* Kontakte eines Stichtages (telefonisch mit festem Telefonanschluss, per Handy, per Fax, Brief, E-Mail, über Tele- und Videokonferenz usw.) im Detail beschreiben. Dazu zählt etwa der Zeitpunkt von Beginn und Ende des Weges, der Wegezweck, die benutzten Kommunikations- oder Verkehrsmittel, die Wegelänge und Wegedauer bzw. im Fall eines Kontaktes dessen Zweck, Dauer, Quell- und Zieladresse usw.. Einige Fragen über längere Wege (länger als 100 km) erstreckten sich über den Erhebungszeitraum eines Monats.

Die Erhebung wurde mit Hilfe computergestützter Telefoninterviews durchgeführt. Die ausgewählten Personen wurden im voraus einem speziellen Erhebungstag zugeordnet. Vor diesem Tag erhielten die Befragten eine schriftliche Nachricht, in der sie informiert wurden, an welchem Tag ihr Erhebungstag ist, und an welchem Tag sie durch einen Interviewer kontaktiert werden (üblicherweise einen Tag nach dem Erhebungstag). Zusätzlich bekamen die Befragten ein Tagebuch, in dem sie die Kontakte, die sie während des Erhebungsintervalls hatten, eintragen konnten.

3. Durchführung von drei Kommunikationserhebungen

3.1 Vorbemerkung

Von 1996 bis 1998 fand jährlich eine nationale Kommunikationserhebung in Schweden statt. Sobald über das endgültige Design Einigkeit besteht, soll die Erhebung zu einer Dauereinrichtung werden. Wir hoffen, auf diese Weise eine Grundlage von Zeitreihendaten zu schaffen, die für viele verschiedene Nutzergruppen wertvoll ist.

3.2 Die Erhebung von 1996

Mit einer Stichprobe von 2.000 Personen zwischen 15 und 84 Jahren wurde die erste Kommunikationserhebung im Frühjahr 1996 durchgeführt. Der Rücklauf der Erhebung lag bei 77%. In dieser ersten Untersuchung wurden die Ortsveränderungen disaggregiert abgefragt. Erfahrungen der nationalen Verkehrserhebung in Schweden hatten gezeigt, dass dies möglich war.

Informationen über Kontakte hingegen wurden in aggregierter Form erhoben. Beispielsweise wurden Angaben über die Zahl der Telefonate, die ein Befragter während des Erhebungstages führte, gemeinsam mit Informationen darüber abgefragt, wie viele dieser Telefonate geschäftlicher Natur waren.

Die Erhebung war erfolgreich. Aber es stellte sich heraus, dass die Daten nicht so differenziert vorlagen, wie es für analytische Zwecke notwendig war. Dies war die Ursache für Änderungen im Erhebungsdesign für die zweite Erhebung im Herbst 1997.

3.3 Die Erhebung von 1997

Für Kontakte wurde jetzt dasselbe Design verwendet wie für Wege. D.h., jeder Kommunikationsvorgang, ob Weg oder Kontakt, wurde disaggregiert in chronologischer Reihenfolge aufgezeichnet. Eine weitere Änderung betraf die Einführung eines Tagebuches. Den Befragten wurden so viele Angaben über jeden Weg und jeden Kontakt abverlangt, dass es, ohne Tagebuch zu führen, für sie fast unmöglich war, sich an so viele Einzelheiten zu erinnern (z.B.: Um wie viel Uhr haben Sie diese E-Mail abgesendet?).

Die Stichprobe der zweiten Erhebung umfasste 2.500 Personen; der Rücklauf betrug 65%. Flankierend wurden vorab 10, im nachhinein 102 Tiefeninterviews geführt. Zusätzlich wurde nach der Erhebung 1997 eine qualitative und eine quantitative Validierungsuntersuchung durchgeführt. Hinsichtlich der quantitativen Validierung ergab sich die Schwierigkeit, externe Datenquellen zu finden, mit denen die Ergebnisse verglichen werden konnten. Die Telecom-Unternehmen verhalten sich in der Datenweitergabe äußerst restriktiv, da sie Wettbewerbsnachteile befürchten.

Angesichts dieser Situation verglich das Unternehmen, das mit der Validierung beauftragt war, zunächst die internen Daten der Kommunikationserhebung. Neben der differenzierten Information über jeden ausgehenden Kontakt wurde für Validierungszwecke auch nach eingehenden Kontakten gefragt.

Es ergaben sich mehr ein– als ausgehende Kontakte (Abb.1). Dies galt für alle Kommunikationsmittel und kam nicht überraschend. Denn nach einer gewissen Lernphase innerhalb des Interviews wird dem Befragten deutlich, dass, er bei der Antwort „und danach rief ich mit meinem Handy nochmals an" eine Menge von Folgefragen über diesen spezifischen Anruf erhält. Antwortet er stattdessen – „nein, danach hatte ich keine Fahrten und Kontakte mehr" - ist das Interview zu Ende.

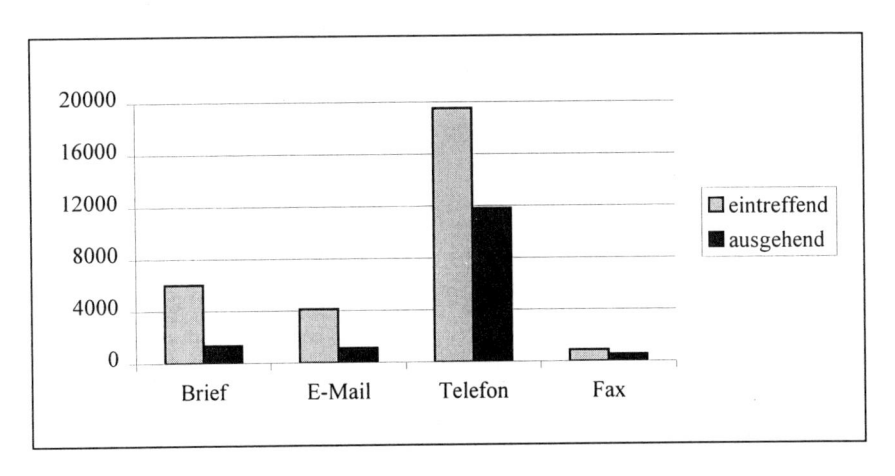

Abb.1: Vergleich zwischen eintreffenden und ausgehenden Kontakten pro Tag

Das Unternehmen, das die Validierung durchführte, erhielt als externe Angabe die Zahl der von der schwedischen Post ausgelieferten Briefe. Es ergab sich eine sehr gute Übereinstimmung mit den eingegangenen Briefen der Kommunikationserhebung.

Die qualitative Validierung betraf den Gesamteindruck der Erhebung, der insgesamt sehr positiv ausfiel. Dennoch wurde das Tagebuch und das versandte Informationspaket als problematisch erachtet, da es einen Abschreckungseffekt auf die Befragten ausüben könnte. Es konnte der Eindruck einer sehr schwierigen Befragung entstehen, die den Befragten eine Menge Zeit kosten würde.

3.4 Die Erhebung 1998

Für die dritte Untersuchung im Herbst 1998 wurde ein neues, sehr viel kleineres Tagebuch entwickelt und auch die mitversandte Begleitinformation reduziert. Eine neue Methode, mit Personen in Kontakt zu treten, wurde getestet. Einige Befragte wurden telefonisch statt brieflich über die Erhebung vorinformiert. Die Effekte dieser Änderungen werden derzeit noch untersucht. Die Hauptuntersuchung fand im Laufe des September/Oktober statt. Eine unabhängige Validierung auf aggregierter Ebene ist beabsichtigt.

4. Einige Ergebnisse

4.1 Verfügbarkeit von und Zugang zu Kommunikationsmitteln im Allgemeinen

Wenn nichts anderes vermerkt wird, sind die im Folgenden dargestellten Ergebnisse aus der Kommunikationserhebung im Jahr 1997 hervorgegangen.

In Schweden ist die Verfügbarkeit verschiedener Arten von Kommunikationsmitteln sowohl am Arbeitsplatz, in der Schule als auch zu Hause hoch. Die PC-Verfügbarkeit korreliert in hohem Maße mit dem Einkommen (Abb.2). Eine Erklärung dafür ist neben der Tatsache, dass es natürlich einfacher ist, einen PC zu kaufen, wenn man mehr verdient, der Umstand, dass die mit höheren Einkommen verbundene berufliche Verantwortung üblicherweise mit höheren Kommunikationserfordernissen einhergeht.

Die niedrige Einkommensgruppe setzt sich zu einem beträchtlichen Teil aus Jüngeren zusammen, die noch bei ihren Eltern wohnen und deshalb trotz niedrigem Einkommen eine hohe Verfügbarkeit aufweisen.

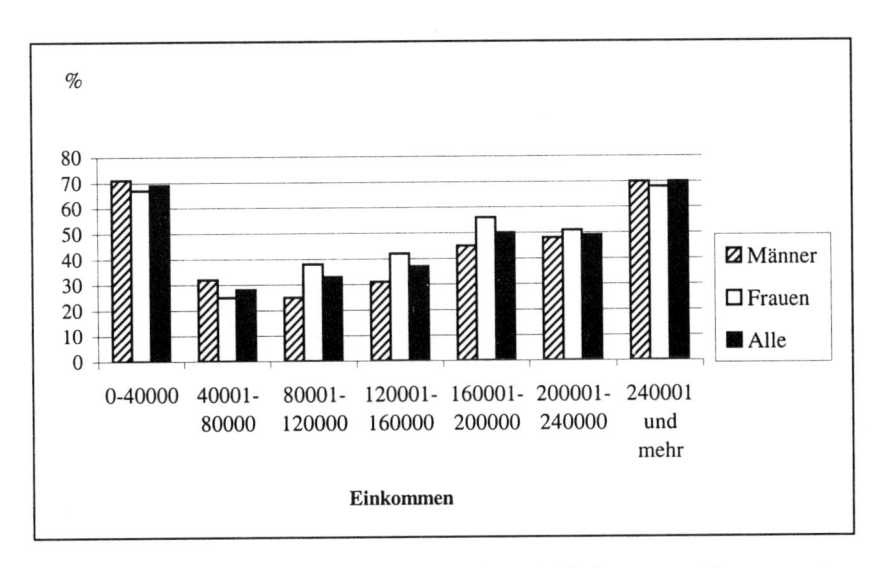

Abb.2: PC-Verfügbarkeit im Haushalt nach Einkommensklassen und Geschlecht (Angaben in Schwedischen Kronen)

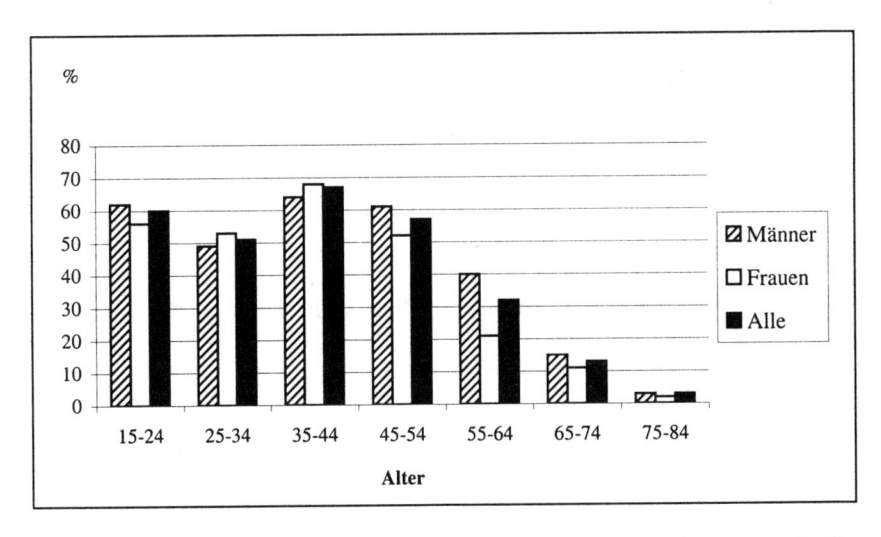

Abb.3: PC-Verfügbarkeit im Haushalt nach Altersklassen und Geschlecht

Zwischen der PC-Verfügbarkeit und dem Alter besteht ebenfalls eine Beziehung (Abb.3). Ab der Altersklasse der 35- bis 44-jährigen nimmt die PC-Verfügbarkeit mit zunehmenden Alter deutlich ab.

4.2 PC-Verfügbarkeit

Über 75% der arbeitenden Bevölkerung hat am *Arbeitsplatz* Zugang zu einem PC. Diese Zahl hat sich seit Frühjahr 1996 nicht signifikant geändert.

Demgegenüber ist die PC-Verfügbarkeit in *Haushalten* gegenüber Frühjahr 1996 deutlich angestiegen (Abb.4). Verfügten im Frühjahr 1996 noch 32% der Personen zwischen 15 und 84 Jahren über einen PC, so waren es im Herbst 1997 bereits 47%.

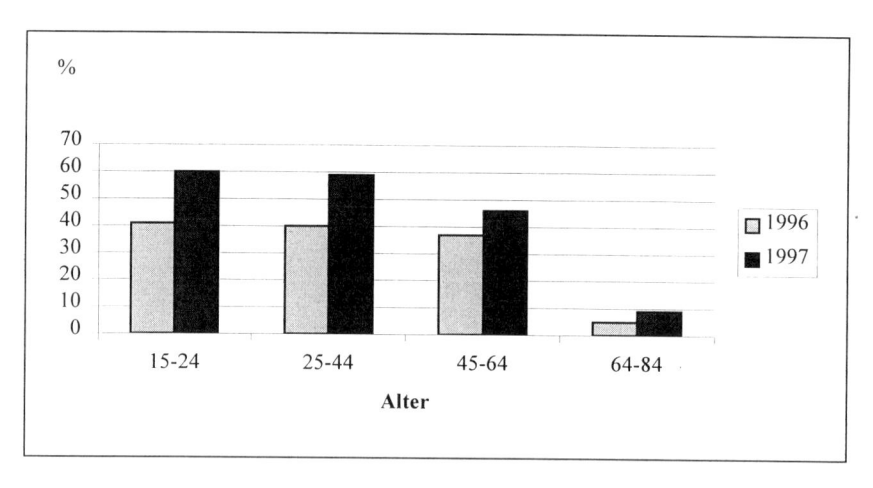

Abb.4:   PC-Verfügbarkeit im Haushalt nach Altersklassen; Vergleich 1996 und 1997

Die Verfügbarkeit nahm in sämtlichen Einkommens- und Altersklassen zu. Der höchste Zuwachs erfolgte in der Schicht mit dem niedrigsten Einkommen.

Erste Ergebnisse der Erhebung 1998 zeigen, dass sich dieser Prozess fortsetzt und mittlerweile über 50% der Haushalte über einen PC verfügen.

4.3 Verfügbarkeit über andere Arten von Kommunikationsdiensten und -mitteln

Eine mit dem PC-Zugang vergleichbare Entwicklung ist für den Zugang zum Internet zu beobachten. Erwerbstätige verfügen am Arbeitsplatz naturgemäß wesentlich häufiger über einen Internet-Zugang, als dies in Privathaushalten der Fall ist. Dennoch ist die Zuwachsrate in beiden Fällen sehr hoch und am höchsten in den Haushalten.

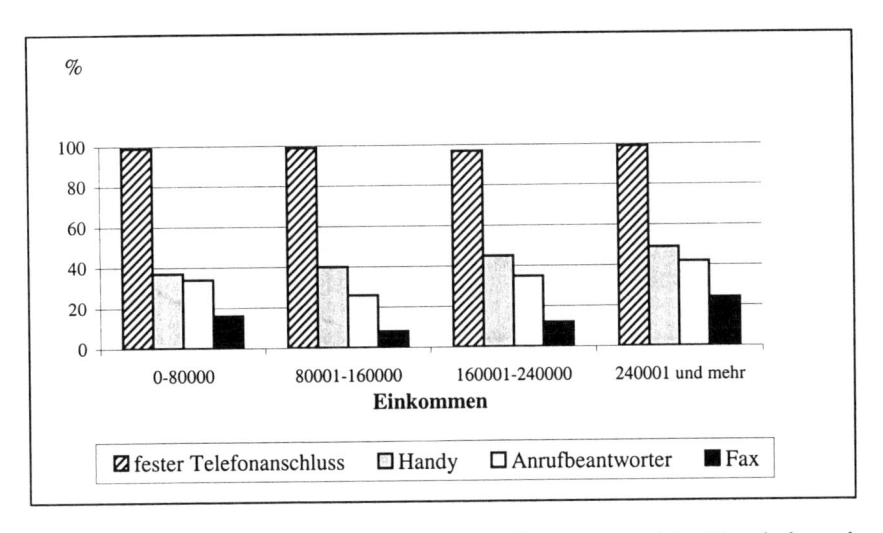

Abb.5: Verfügbarkeit weiterer Kommunikationsmittel im Haushalt nach Einkommensklassen (Angaben in Schwedischen Kronen)

Hinsichtlich anderer Kommunikationsmittel verfügt etwa jeder dritte Haushalt über einen Anrufbeantworter (Abb.5). 12% der Haushalte hat einen Fax-Anschluss.

Ca. 2% der Haushalte haben keinen festen Telefonanschluss. Über 4 von 10 Personen behaupten, dass sie Zugang zu einem Handy haben, für welches der Haushalt aufkommt.

4.4 Kontakte

Im Schnitt hat jede Person zwei Kontakte pro Tag; darunter weisen Personen zwischen 25 und 44 Jahren die höchste Zahl an Kontakten auf (Abb.6). Diese Gruppe stellt einen Großteil der Beschäftigten, wobei der Fakt der Berufstätigkeit eine wesentliche Erklärung für den hohen Kommunikationsbedarf liefert. Personen dieser Altersklasse verwenden, verglichen mit anderen Gruppen, in hohem Maße Handys und E-Mail (13% der Kontakte mit Handy, 8% mit E-Mail).

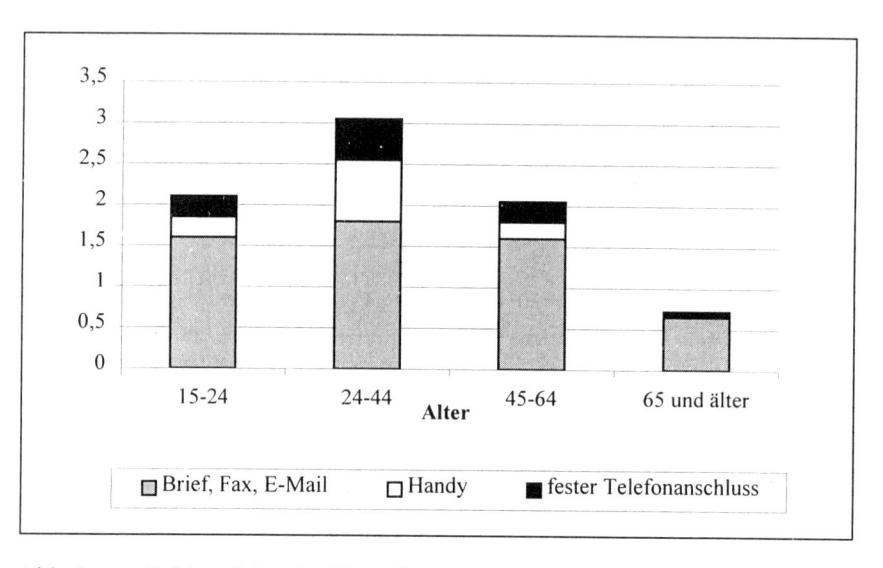

Abb.6: Zahl und Art der Kontakte nach Altersklassen

Telefonate und Briefe sind die üblichsten Kontaktformen in der Altersgruppe 65 Jahre und älter, während das Surfen im Internet gerade in der jüngsten Altersgruppe zwischen 15 und 24 Jahren am verbreitetsten ist.

4.5 Wege und Kontakte

Die durchschnittliche Wegezahl für jede Person und für alle Zwecke zusammen beträgt 3,8 Wege pro Tag. Eine interessante Frage war, ob Personen mit vielen Wegen weniger Kontakte aufweisen und vice versa. In der

Tat korreliert der gegenteilige Zusammenhang: Personen mit überproportional vielen Wegen am Tag hatten gleichzeitig eine größere Anzahl an Kontakten während desselben Tages (Abb.7).

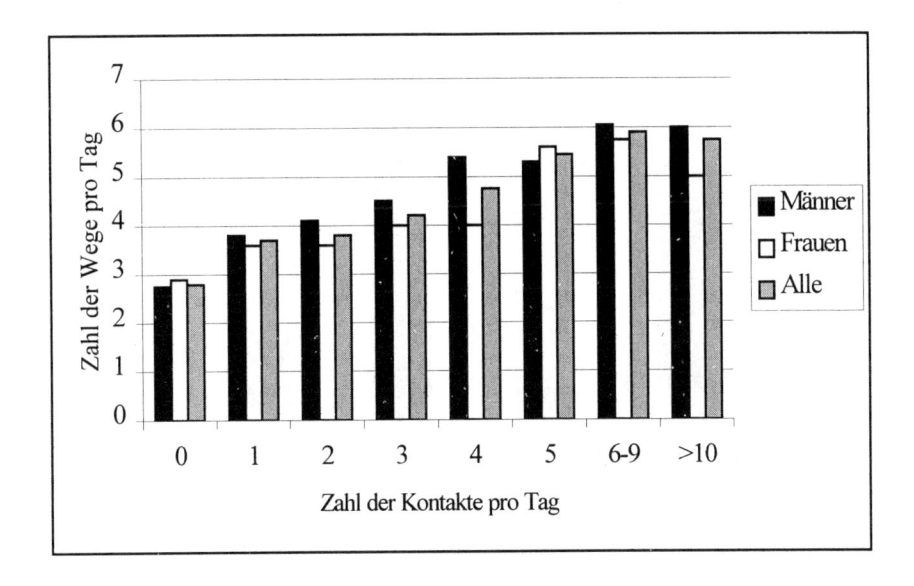

Abb.7: Wege und Kontakte nach Geschlecht

Gewisse Dienste können entweder über Kontakt oder über einen Weg zu dem Ort erfolgen, an dem der Dienst angeboten wird. Beispiele für solche Botengänge sind Erledigungen bei der Post oder Bank, Buchungen von Terminen und Eintrittskarten sowie der Kauf verschiedener Arten von Gütern.

In der Untersuchung wurde die Verteilung zwischen Wegen und Kontakten für verschiedene Besorgungen analysiert (Abb.8). Erledigungen, die einfach per Telefon auszuführen sind und keine spezielle Einrichtungen erfordern, wie z.B. das Buchen von Terminen und Eintrittskarten, werden überwiegend via Kontakte erledigt (91%), am häufigsten durch Telefonate.

Selbst bei der Post- und Bankerledigungen wird ein beträchtlicher Teil (36%) über verschiedene Kommunikationsmedien ausgeführt, statt die Bank oder das Postamt persönlich aufzusuchen.

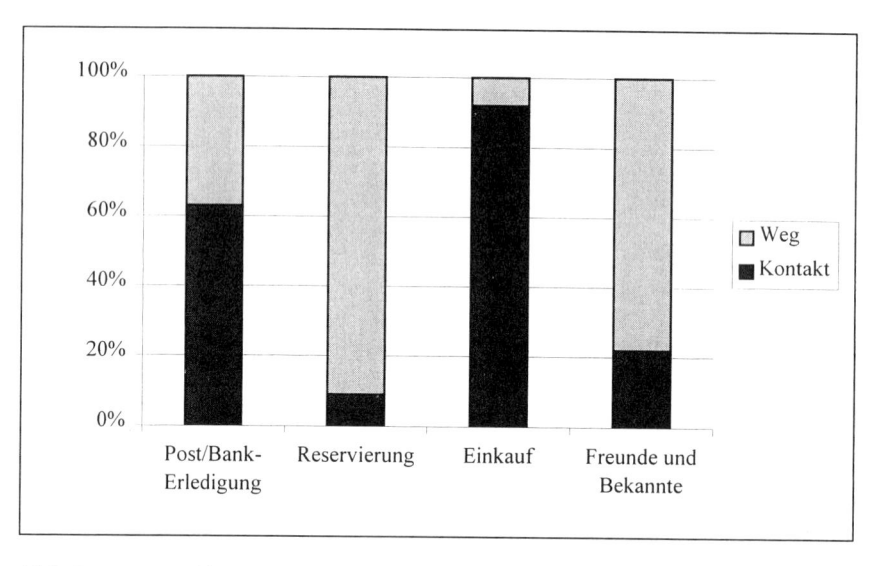

Abb.8: Anteile von Wegen und Kontakten für verschiedene Erledigungen

Die Zahl der Kontakte beim Einkauf von Gütern hängt natürlich vom Angebot und dem Kundeninteresse ab. Der durchschnittliche Anteil an Einkäufen, die mit Hilfe irgendeiner Form von Kontakt erfolgten, beträgt 8%. Dieser Anteil mag als relativ hoch betrachtet werden angesichts der Art der Erledigung sowie angesichts der Tatsache, dass die Gelegenheiten (Angebote) für Einkäufe dieser Art noch nicht sehr verbreitet sind.

Wenn wir mit Bekannten oder Freunden Kontakt haben wollen, greifen wir häufig zum Telefon oder zu anderen Kommunikationsmitteln, statt sie persönlich zu besuchen (78% gegenüber 22%).

Betrachtet man die Kommunikation am Arbeitsplatz, ist es augenscheinlich, dass die geschäftlichen Kontakte die Dienstreisen oder -gänge dominieren (Abb.9). Das vorherrschende Verkehrsmittel für geschäftliche Wege ist der Pkw, das weitaus dominierende Kommunikationsmittel das Telefon.

Der Gebrauch neuer Kommunikationsformen wie Handy, Fax oder E-Mail haben die traditionelle Form der Kommunikation per Brief überflügelt.

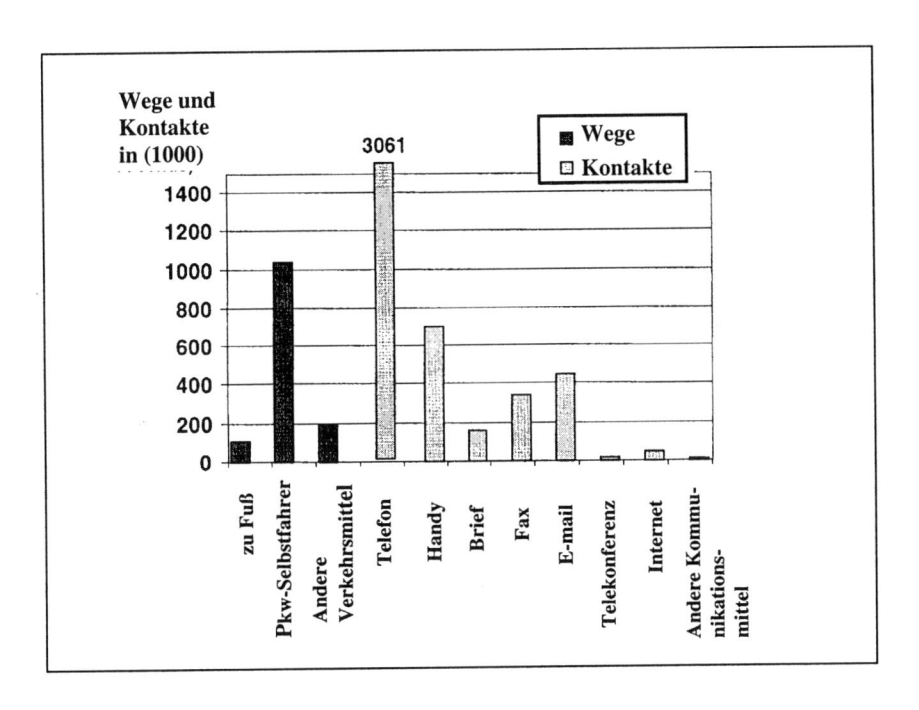

Abb.9: Zahl der Wege und Kontakte von Beschäftigten nach unterschiedlichen Medien

4.6 Erfahrungen mit Telearbeit und Folgen für das Verkehrsverhalten

Etwas über 7% der Erwerbstätigen geben an, dass sie regelmäßig mindestens ein paar Tage pro Monat telearbeiten. Vorläufige Auswertungen von 1998 zeigen, dass sich dieser Anteil nicht wesentlich geändert hat.

Telearbeit als eine spezielle Art der Arbeitsorganisation ist unter Besserverdienenden stärker verbreitet (Abb.10). Ein Grund dafür besteht darin, dass Telearbeiter üblicherweise Eigenverantwortung für ihre Arbeit in einer Weise tragen, die es erlaubt, sie an einem anderen Ort zu erledigen. Diese Art von Jobs sind stärker bei höheren Einkommensgruppen anzutreffen. Der größte Teil der Telearbeit erfolgt von der Wohnung aus und Telearbeit ist in Großstadtregionen verbreiteter als auf dem Land. Telearbeit ist über alle Altersklassen relativ gleichmäßig verteilt mit Ausnahme der Altersklasse der Jüngeren (15 bis 24 Jahre, Abb.11). In diesem Alter ist man noch nicht mit jener Art von Aufgaben betraut, die sich besonders für Telearbeit eignen. Auch ist man noch in der Phase, seinen Job zu erlernen, und man arbeitet deshalb häufig am besten mit Kollegen zusammen.

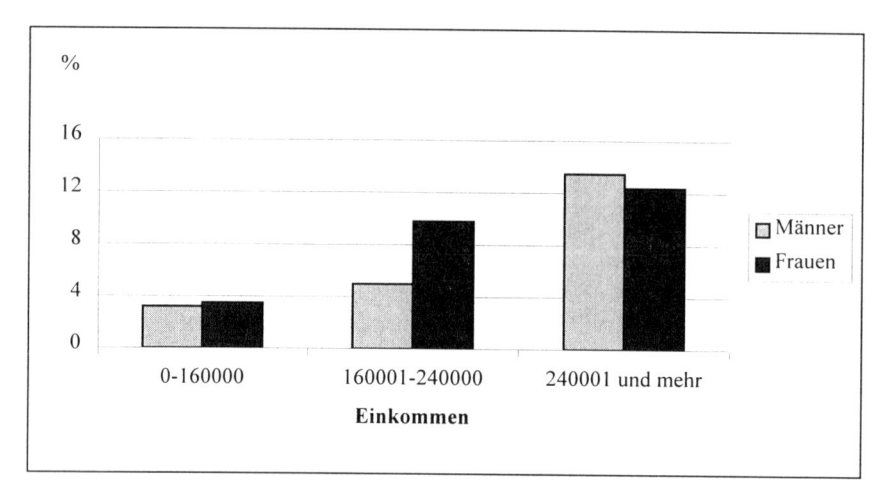

Abb.10: Telearbeit der Beschäftigten nach Einkommensklassen in % (Angaben in Schwedischen Kronen)

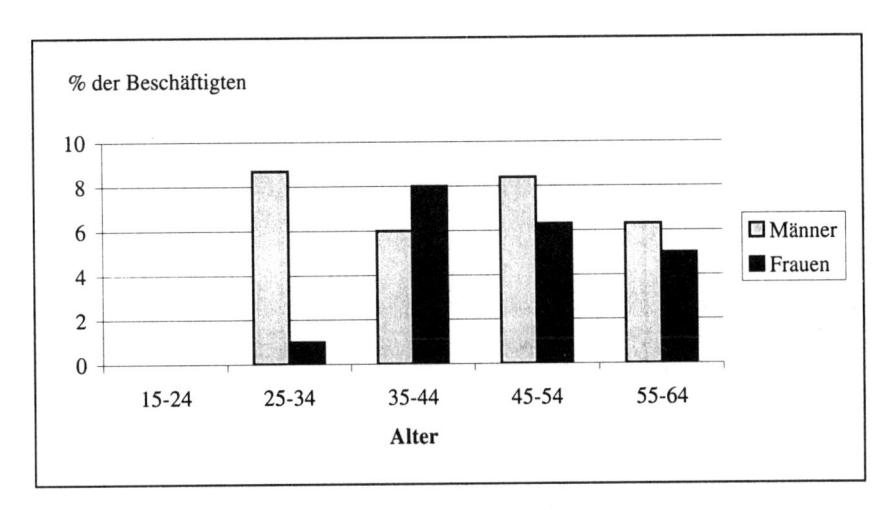

Abb.11: Telearbeit der Beschäftigten nach Altersklassen und Geschlecht

Üblicherweise findet Telearbeit ein paar Tage im Monat statt, z.B. einen Tag pro Woche (Abb. 12). Ein relativ beträchtlicher Teil (35% der Telearbeiter) wählt die Telearbeitsform „10 Tage oder mehr jeden Monat Telearbeit".

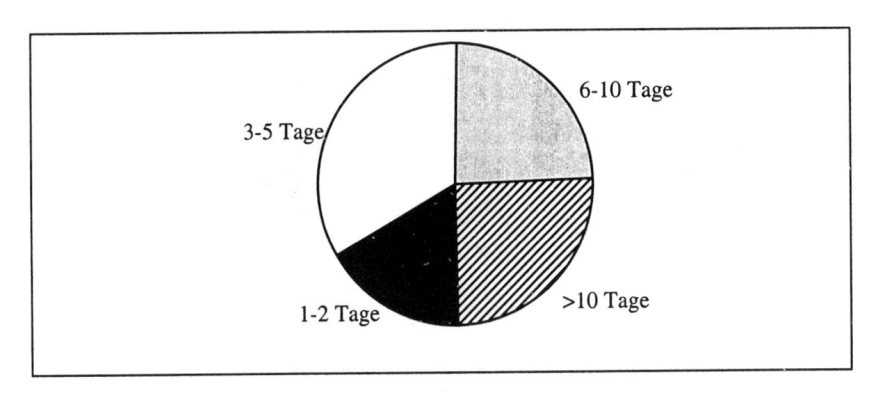

Abb.12: Zahl der Telearbeitstage der Beschäftigten pro Monat

Es wurde bereits darauf hingewiesen, dass die Zahl der Wege, die eine Person während eines Tages unternimmt, mit dem Einkommen zunimmt. Die gleiche Beziehung gilt für die Zahl der Kontakte. Dies gilt auch für Telearbeiter (Abb.13). Bemerkenswert ist, dass Telearbeiter im Durchschnitt beträchtlich mehr Wege pro Tag durchführen verglichen mit den übrigen Beschäftigten. Dabei reisen Beschäftigte prinzipiell mehr als der Bevölkerungsdurchschnitt.

An einem durchschnittlichen Tag führten Telearbeiter etwa 5 Fahrten mit unterschiedlichen Zwecken durch. Verglichen damit unternimmt ein „normal" Beschäftigter etwa 4 Fahrten pro Tag. Es sei darauf hingewiesen, dass mit Telearbeiter diejenigen Personen bezeichnet werden, die angegeben haben, dass sie regelmäßig auf Distanz arbeiten. Das bedeutet nicht, dass die an dem Tag, an dem sie zu ihrem Reiseverhalten befragt wurden, auf Distanz gearbeitet haben. In der Untersuchung wurde irgendein durchschnittlicher Tag betrachtet.

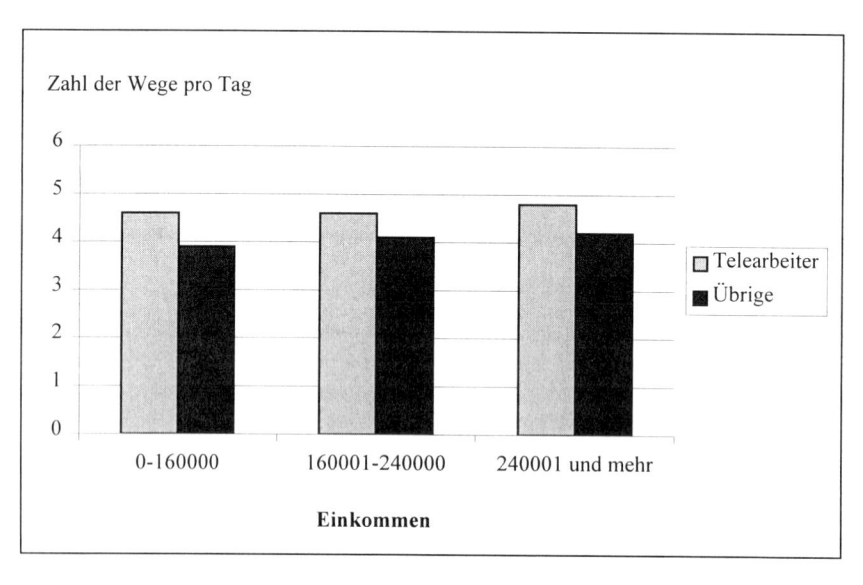

Abb.13: Wegehäufigkeit pro Tag der Beschäftigten nach Einkommensklassen (Angaben in Schwedischen Kronen)

4.7 Erfahrungen mit Tele- und Videokonferenzen

Tele- und Videokonferenzen sind noch relativ unüblich. Vor dem Hintergrund einer meist noch relativ teuren Ausrüstung ist es eine Kommunikationsform, die hauptsächlich für geschäftliche Zwecke angewendet wird.

6% der Erwerbstätigen geben an, dass sie an Tele- oder Videokonferenzen während des Monats, welcher der Erhebung vorausging, teilgenommen haben (Abb.14). Meist sind es Männer zwischen 25 und 64 Jahren, unter denen etwa einer von zehn diese Art der Kommunikation verwendete.

Für die Gesamtbevölkerung zwischen 15-84 Jahre betrug der Anteil derjenigen mit Erfahrung in Tele- oder Videokonferenzen nur 4%. Das Datenmaterial Tele- und Videokonferenzen ist noch zu gering, um zu analysieren, wie ihr Gebrauch Umfang und Länge von Geschäftsreisen beeinflusst.

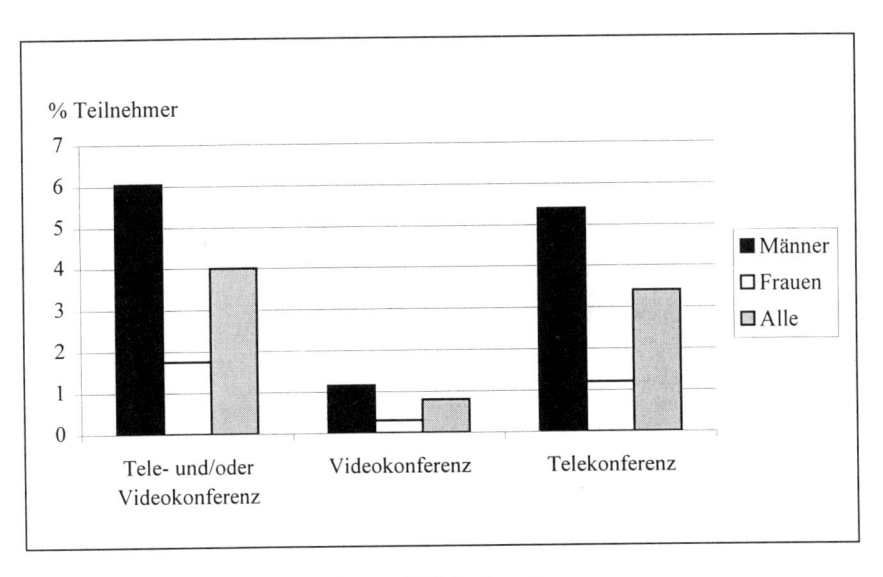

Abb.14:   Teilnahme an Tele- und Videokonferenzen

4.8 Internationaler Vergleich

Interessante Aufschlüsse bietet der internationale Vergleich einiger Daten, wobei insbesondere auf Kommunikationsuntersuchungen in Deutschland und Seoul (Korea) eingegangen wird (vgl. Beitrag von Zumkeller in diesem Band).

Betrachtet man z. B. Personen ohne Wege („Immobile") bzw. ohne Kontakte (Abb.15), führen in Schweden etwa 14% der Bevölkerung während eines Tages überhaupt keine Wege durch. Dieser Anteil liegt in Deutschland etwa bei 5,7%. Ungefähr 36% der Schweden unterhalten an einem durchschnittlichen Tag keinerlei Kontakte. Dieser Anteil beträgt in Deutschland ungefähr 29%.

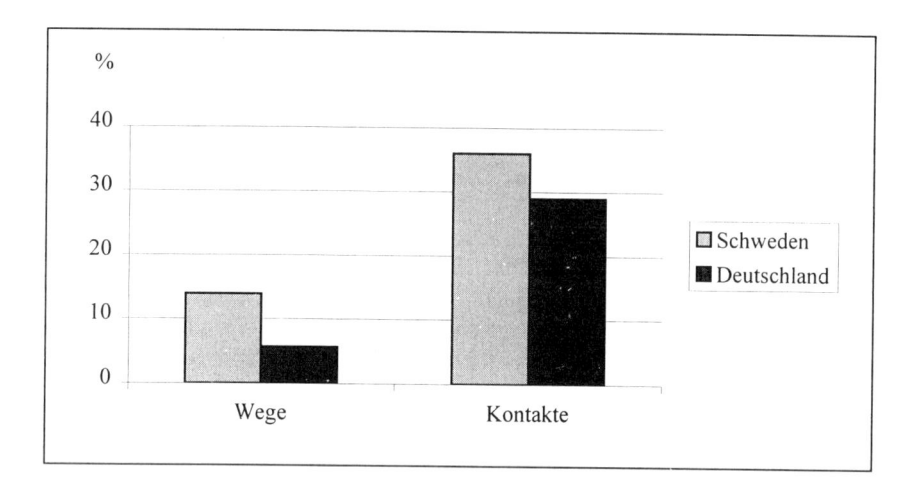

Abb.15: Anteil von Personen ohne Wege bzw. ohne Kontakte; Vergleich Schweden - Deutschland

Die durchschnittliche Zahl der Wege pro Tag und Person liegt in Schweden bei 3,8 und der Kontakte pro Tag und Person bei 2,0. In Deutschland sind die entsprechenden Werte mit 4,4 Wegen und 2,7 Kontakten etwas höher (Abb.16).

Zahl der Wege bzw. Kontakte / Tag

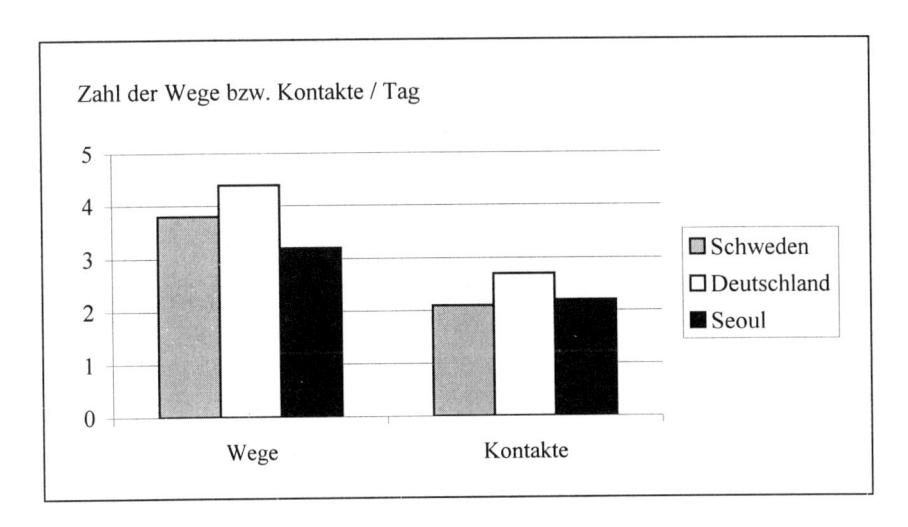

Abb.17: Zahl der Wege und Kontakte/Tag - Vergleich Schweden - Deutschland - Seoul

Konzentriert man sich auf denjenigen Teil der Bevölkerung, der mindestens einen Weg und/oder Kontakt hatte, nimmt der Durchschnittswert der Kommunikation pro Person unterschiedlich zu. Für Wege steigen die Werte auf 4,4 in Schweden bzw. 4,6 in Deutschland, für Kontakte auf 3,1 in Schweden und 3,8 in Deutschland.

5. Welche Schlussfolgerungen können gezogen werden?

Es erscheint naheliegend, dass der (physische) Verkehr von einer wachsenden Nutzung der Telekommunikation beeinflusst wird, die Frage ist, in welcher Weise? Es ist eine offene Diskussion, ob eine Zunahme an Kommunikation zu mehr oder weniger Wegen und Reisen führt.

Statistische Erhebungen wie die hier vorgestellte enthalten methodische Probleme. Dennoch zeigt die Kommunikationserhebung, dass es möglich ist, detaillierte Erhebungen über individuelle Kommunikationsmuster durchzuführen. Der Aufwand, eine solche Erhebung aufzubauen, sollte jedoch nicht unterschätzt werden. Die schwedische Erhebung muss auch noch nach drei Durchgängen erneut angepasst werden.

Die bisher durchgeführten Kommunikationserhebungen vermitteln ein sich rasch änderndes Bild, sowohl hinsichtlich der persönlichen Verfügbarkeit von Kommunikationseinrichtungen als auch im Kommunikationsverhalten. Die Informationstechnologie hat in einigen Segmenten bereits große Wirkungen. Der Beginn der Erhebung im Jahr 1996 erlaubt, die Bedingungen vor und nach dem technologischen Durchbruch zu analysieren.

Die Untersuchungen verdeutlichen, dass das individuelle Kommunikationsverhalten äußerst komplex ist. So einfach, dass eine Kommunikation eine andere einfach ersetzen kann, ist die Realität nicht.

Simone Rangosch

Videokonferenzen und Geschäftsreisen.
Reduzieren neue Medien das Geschäftsreiseaufkommen?

1. Vorbemerkungen

Seit Ende des 2. Weltkriegs ist die Mobilität fast explosionsartig gewachsen. Heute gehören vom Verkehr überrollte Innenstädte, kilometerlange Staus auf den Straßen und Verspätungen im Luftverkehr zum Alltag. Sie machen deutlich, dass unser Verkehrsnetz an seine Grenzen gestoßen ist. Auf der Suche nach Möglichkeiten, den Verkehr einzudämmen, werden auch moderne Informations- und Kommunikationstechniken (I&K-Techniken) auf ihr verkehrs-reduzierendes Potenzial hin geprüft.

Chancen bieten sich einerseits durch eine bessere Planung, Steuerung und Kontrolle der Verkehrsströme mit Hilfe von Informations- und Kommunikationstechniken, wodurch die Leistungsfähigkeit des bestehenden Straßennetzes gesteigert werden kann. Beispiele sind Tourenplanungssysteme im Güterverkehr, die den Transportunternehmen eine optimale Fahrzeugdisposition ermöglichen und dadurch Umweg- und Leerfahrten minimieren helfen oder elektronische Verkehrsleitsysteme, die Signalanlagen bedarfsabhängig schalten.

Andererseits reduziert die Telekommunikation die Bedeutung von Raum und Zeit als beschränkende Faktoren von Kommunikations- und Austauschbeziehungen. Telebanking und Teleshopping bieten Möglichkeiten, rund um die Uhr von jedem beliebigen Computer aus Bankgeschäfte respektive Einkäufe zu erledigen. Damit werden beträchtliche Einsparungen im Einkaufsverkehr möglich. Allerdings wird ein Teil der eingesparten Einkaufswege als Freizeitverkehr wieder auftreten, weil sogenannte „Erlebniseinkäufe" getätigt werden. Dazu gehören Einkäufe in großen Shopping-Centern oder in attraktiv gestalteten Stadtzentren, die als Freizeitbeschäftigung ergänzend zu den nüchternen Bestellvorgängen am Bildschirm erfolgen.

Ein großes Potenzial zur Verkehrsreduktion wird im Bereich der Telearbeit gesehen. Die Arbeit von zu Hause oder von wohnortsnahen Telearbeitszentren aus könnte bedeutende Entlastungen im täglichen Pendlerverkehr bringen, indem für viele Pendler der Arbeitsweg entfiele oder bedeutend verkürzt würde. Ein weiteres Anwendungsfeld, der Geschäftsverkehr und die Frage, ob neue Medien das Geschäftsreiseaufkommen reduzieren können, soll Gegenstand der folgenden Betrachtungen sein.

Der Geschäftsreiseverkehr ist ein Teil des Nutz- und Wirtschaftsverkehrs. Er umfasst alle Dienst- und Geschäftsreisen, d.h. alle Fahrten, die unternommen werden, um betriebsinterne oder -externe Partner – z.B. Kunden oder Lieferanten – persönlich zu treffen oder um Ausstellungen und Kongresse zu besuchen. Geschäftsreisen werden zum größten Teil mit dem Flugzeug getätigt. Mit den folgenden Zahlenangaben soll lediglich die Größenordnung und Bedeutung des Geschäftsreiseverkehrs grob aufgezeigt werden:

Das Weltluftverkehrsaufkommen betrug 1989 rund 2.000 Mrd. Personenkilometer (Pkm), davon wurden 90% im Linienluftverkehr abgewickelt (1.800 Pkm). Der Anteil deutscher Passagiere lag bei 1,7% oder 18 Mio. Personen. Unter der Annahme, dass die durchschnittlich zurückgelegten Distanzen gleichverteilt sind, kann der bundesdeutsche Anteil am Weltlinienluftverkehr auf rund 30,6 Mrd. Pkm geschätzt werden[1]. Von den geflogenen Personenkilometern werden innerhalb Deutschlands 86% des Linienaufkommens anlässlich von Geschäftsreisen zurückgelegt, innerhalb Europas 66% und auf Interkontinentalverbindungen 40% des Linienflugverkehrs. Zumindest für Deutschland stellt der Geschäftsreiseverkehr im Linienluftverkehr das bedeutendste Nachfragesegment dar (vgl. Schulte (1993), S.51 ff.).

Eine andere Dimension zeigen die jährlichen Ausgaben der Unternehmen für Geschäftsreisen. Im Vergleich mit neun anderen europäischen Ländern wies die Bundesrepublik Deutschland die höchsten Reise- und Bewirtungskosten auf. Unterdurchschnittlich ist dagegen der Anteil im Ausland anfallender Reisekosten.

Seit Anfang der 90er Jahre stiegen die Ausgaben für Geschäftsreisen und die Zahl der zurückgelegten Personenkilometer deutlich an. In der Schweiz betrug allein die Zunahme des Geschäftsreisevolumens von 1990 bis 1995 15% (vgl. Dreyer (1998), S. 59). Als Gründe für diesen Volumenanstieg nannten die Unternehmen in einer Umfrage die zunehmende Internationalisierung der Wirtschaftsaktivitäten, die verstärkte Exporttätigkeit und die Intensivierung der Zusammenarbeit mit ausländischen Partnern (vgl. Amexco-Studie (1993)).

Tab.1: Reise- und Bewirtungskosten der Unternehmen
(vgl. Dreyer (1998), S.26)

Land	Reisekosten (in Mrd. US-$)	Durchschnittliche Reisekosten pro Beschäftigten (US-$)	Anteil Reisekosten im Ausland (in %)
Deutschland	38.8	1.767	24
Großbritannien	30.3	1.422	38
Frankreich	25.3	1.443	24
Italien	16.0	1.128	28
Spanien	8.8	1.421	23
Schweden	6.8	2.637	60
Schweiz	5.9	2.331	50
Niederlande	4.9	1.408	40
Belgien	3.6	1.428	44
Ungarn	0.3	159	44
Europa	**140.7**	**1.526**	**31**

Dass die Bedeutung der unternehmensinternen und -externen Kommunikationsbeziehungen wächst, zeigt nicht nur die Zunahme der Geschäftsreisevolumina großer Unternehmen, sondern auch die steigende Nachfrage nach modernen Telekommunikationsdiensten. Aus der breiten Palette verfügbarer I&K-Techniken werden derzeit für geschäftliche Kontakte vor allem Telefon, Telefax, Electronic Mail und Bildkommunikationsmedien eingesetzt. Ob diese neuen Medien tatsächlich zur Reduktion von geschäftlichen Reisen beitragen, wird gegenwärtig in einer vom Schweizerischen Nationalfonds finanzierten Studie zu ermitteln versucht[2]. Sie ist eingebettet in das Nationale Forschungsprogramm 41 "Verkehr und Umwelt"[3]. Erste Ergebnisse werden im Folgenden vorgestellt.

2. Hintergrund der Befragung

Im März 1998 wurden 840 Unternehmen in der ganzen Schweiz schriftlich befragt und 263 korrekt ausgefüllte Fragebogen zurückerhalten (Rücklauf 31,3%). Von den 263 Unternehmen gehören 36,5% oder 96 Betriebe der EDV-/Informatikbranche an. Darin sind Internetdienstleister, Softwarefirmen oder Hersteller von Computern und Peripheriegeräten zusammengefasst. Die starke Dominanz dieser Branche entspricht nicht der gesamtschweizerischen Branchenverteilung, sondern ist unter anderem eine Folge der Definition der Grundgesamtheit[4].

Die Betriebsgrößenstruktur des Samples entspricht jedoch in etwa der schweizerischen Wirtschaftsstruktur, die maßgeblich von Klein- und Mittelbetrieben geprägt ist. 98% aller Unternehmen haben weniger als 50 Mitarbeiter und gehören damit gemäß Definition des Bundesamtes für Statistik zur Kategorie der Kleinbetriebe, weitere 1,7% der Unternehmen sind Mittelbetriebe mit 50-249 Beschäftigten. Großbetriebe (mehr als 250 Mitarbeiter) existieren in der Schweiz dagegen nur sehr wenige (0,3% aller Unternehmen). In der Befragung kam die überwiegende Zahl der Antworten – 213 oder 81% – von Kleinbetrieben. Daneben beantworteten 32 Mittel- und 16 Großbetriebe den Fragebogen.

3. Ergebnisse

Durch den Einsatz neuer Telekommunikationsmedien (TKM) hat sich bei den meisten Unternehmen (74%) der Versand von Dokumenten, Plänen, Disketten und anderen elektronischen Speichermedien reduziert.

Diese Reduktion führen die befragten Unternehmen mehrheitlich auf den Einsatz von E-Mail (83,5% aller Nennungen) und File Transfer (31,2% aller Nennungen) zurück. Electronic Data Interchange (EDI) oder Joint Editing/Application Sharing und Videoconferencing leisteten mit 2,9% bzw. je 0,6% der Nennungen nur in wenigen Fällen einen Beitrag zu dieser Reduktion.

Mehr als drei Viertel aller befragten Unternehmen verwenden täglich E-Mail (76,4%) und knapp ein Drittel (31,2%) setzt täglich, weitere 28,1% ein- bis zweimal wöchentlich File Transfer ein. Eine tägliche Nutzung von Electronic Data Interchange (EDI) oder Joint Editing/Application Sharing ist nur bei 17,1% bzw. 14,1% der Befragten der Fall. Praktisch gar nicht zum Einsatz gelangen Videokonferenzen: Nur 4,3% nutzen ein- bis zweimal pro Jahr dieses Medium, weitere 3,2% führen monatlich bis zweimonatlich Videokonferenzen durch. Wöchentlich (0,8%) oder gar täglich (0,8%) im Einsatz ist es lediglich bei 1,6% der Befragten.

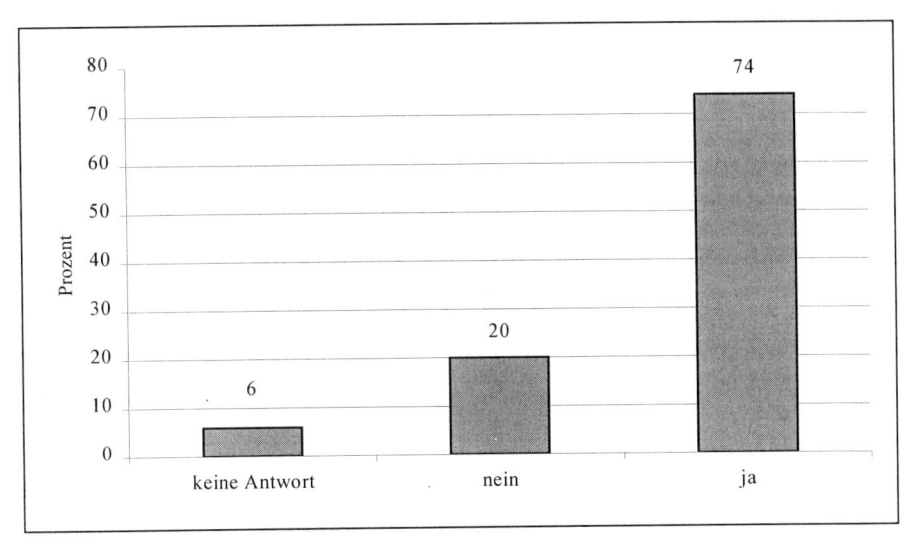

Abb.1: Abnahme des Versands von Dokumenten, Plänen usw. durch TKM-Einsatz

Auf die Frage nach der Zu- oder Abnahme von Direktkontakten durch die Nutzung von TKM zeigt sich folgendes Bild (Abb.2).

Während 30% der Befragten eine Abnahme der Face-to-face-Kontakte durch den Einsatz von Telekommunikationsmedien festgestellt haben, spricht sich die Mehrheit dafür aus, dass die Anzahl der Direktkontakte gleich geblieben sei. Nur 3% konstatieren eine Zunahme der Direktkontakte in ihrem Unternehmen aufgrund des Telekommunikationseinsatzes. Kein Unternehmen nennt eine "wesentliche Zunahme" der Direktkontakte durch die Mediennutzung.

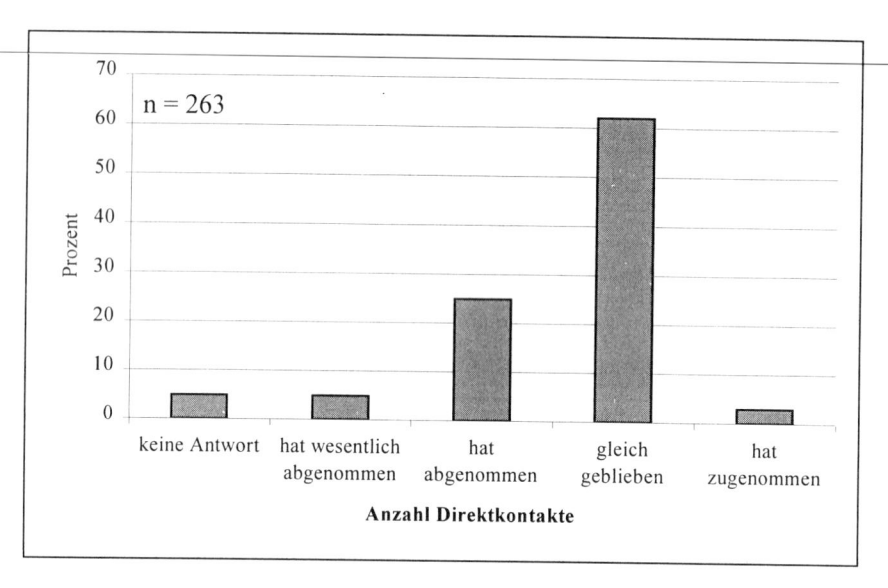

[Balkendiagramm: Prozent vs. Anzahl Direktkontakte; n = 263; Kategorien: keine Antwort, hat wesentlich abgenommen, hat abgenommen, gleich geblieben, hat zugenommen]

Abb.2: Einfluss des TKM-Einsatzes auf die Anzahl Face-to-face-Kontakte

Nach Meinung von mehr als vier Fünftel aller Befragten gibt es Kommunikationsanlässe, für die ausschließlich die *Face-to-face-Kommunikation* in Frage kommt. Welcher Art diese Kommunikationsanlässe sind, zeigt Tab. 2.

Mit Abstand am häufigsten (28,9% aller Nennungen) wurden Mitarbeitergespräche und -beurteilungen als nicht zu ersetzende Face-to-face-Kontakte genannt, gefolgt von Verhandlungen mit Kunden (13,1%) vornehmlich zu Verkaufszwecken und anlässlich von Vertragsabschlüssen. Ebenfalls als nicht ersetzbar durch Telekommunikationsmedien sind persönliche Gespräche/Konfliktbereinigung (11,9%), Kundenbesuche (11,2%) sowie komplexe, wichtige Besprechungen respektive Entscheidungen (10,2%) bezeichnet worden.

Natürlich kann der Austausch von elektronischen Nachrichten oder Dateien nicht dasselbe sein wie ein Gespräch Face-to-face, bei dem ein Dialog möglich ist und Mimik und Gestik mitspielen. Diese Möglichkeiten bieten unter den I&K-Techniken nur die *Bildkommunikationsmedien* wie Bildtelefone oder Videokonferenzen. Sie erlauben es den Beteiligten, miteinander zu sprechen, sich gleichzeitig zu sehen und Bilder, Folien oder dreidimensionale Objekte zu zeigen und zu diskutieren. Damit „simulieren" Bildkommunikationsmedien am ehesten geschäftliche Besprechungen unter Anwesenden.

Die zur Zeit meistverbreiteten Bildkommunikationssysteme sind Gruppen-Videokonferenzsysteme und Desktop-Videokonferenzsysteme. Letztere basieren auf einem Personal Computer, der um eine Kamera sowie die entsprechende Einschubkarte und Software erweitert worden ist. Damit können zwei oder mehr Personen von verschiedenen Standorten aus über ihre Computer akustisch und visuell in Verbindung treten, wobei das Bild des Gesprächspartners als kleines Fenster auf dem Monitor eingeblendet wird. Zudem besteht die Möglichkeit, gleichzeitig im selben Computerprogramm und an den selben Dokumenten zu arbeiten. Desktop-Videokonferenzsysteme eignen sich für die „Person-to-Person"-Kommunikation, wogegen Gruppen-Videokonferenzsysteme auf Gruppenbesprechungen mit drei bis acht Teilnehmern pro Seite ausgerichtet sind.

Zu diesen Systemen gehören einerseits die mit mehreren Kameras und Monitoren ausgestatteten, fix installierten Videokonferenzstudios, die meist durch eine Vielzahl technischer Möglichkeiten wie Dokumentenkamera mit Nahaufnahme, Monitore für ankommendes und abgehendes Bild usw. bestechen, aber in der Anschaffung teuer sind. Andererseits werden seit einigen Jahren sogenannte Roll-about-Systeme angeboten, die nicht zwingend einen eigenen Raum erfordern, sondern in verschiedenen Räumen betrieben werden können. Die gesamte Videokonferenzausrüstung befindet sich auf einem Rollkorpus und kann durch eine zusätzliche Kamera oder einen zweiten Monitor ergänzt werden.

Für welche Unternehmen lohnt sich eine solche Investition? Sicher nicht für sehr kleine Betriebe oder für Firmen, die fast ausschließlich in ihrer Standortregion tätig sind, d.h. deren Geschäftsbeziehungen nur über kurze Distanzen bestehen. Aber für große Unternehmen, die international tätig sind, kann sich die Investition in Videokonferenz-Systeme durchaus lohnen. Die Ergebnisse einer Befragung von Unternehmen in der Schweiz, die Videokonferenzen intensiv nutzen und über eigene Videokonferenz-Anlagen verfügen, zeigen folgende Gemeinsamkeiten (vgl. Rangosch-du Moulin (1997), S. 159ff.):

Tab.2: Kommunikationsanlässe, für die ausschließlich die Face-to-face-Kommunikation in Frage kommt

Kommunikationsanlass	Anzahl Nennungen	%-Anteil der Antworten	%-Anteil Nennungen
Mitarbeitergespräch, Einstellung/Entlassung	128	28,9	57,4
Vertrags-/Verkaufsverhandlungen	58	13,1	26,0
Persönliches Gespräch, Diskussion, Konfliktbereinigung/Problemlösung	53	11,9	23,7
Kundenbesuch, -beratung, Kontaktpflege	50	11,2	22,4
Komplexe, wichtige Besprechung/ Entscheidung	45	10,2	20,2
Präsentation/Pressekonferenz, wichtige Orientierung	34	7,7	15,3
Teambildung/-veranstaltung/ Workshop	14	3,2	6,3
Lieferantenbesuch/-gespräch	12	2,7	5,3
Weiterbildung	10	2,3	4,5
Initialkontakt	7	1,6	3,1
Messe, Ausstellung, Kongress	6	1,4	2,7
Einholen von Beratungsleistungen	3	,7	1,3
Andere	13	2,9	5,8
keine Antwort	1	,2	,4
Total Antworten	443	100,0	198,7

n = 263 (40 missing cases; 223 valid cases)

- Es sind Großunternehmen, die sich durch eine rege internationale Geschäftstätigkeit mit entsprechenden Kontakten auszeichnen.
- Enge Beziehungen bestehen meist zu den USA und nach Asien.
- Die Unternehmen setzen sich aus mehreren Unternehmenseinheiten zusammen respektive verfügen über Niederlassungen und Partnerfirmen in

verschiedenen Ländern, mit denen enge Kommunikationsbeziehungen gepflegt werden.

Für die Bundesrepublik Deutschland kommt eine Studie von 1993 zu ähnlichen Ergebnissen: Videokonferenzanwender sind fast ausschließlich international operierende Mehr-Betriebs-Unternehmen der Branchen Elektrotechnik, Automobil- und Flugzeugbau, Maschinen- und Anlagenbau sowie Chemie und Kunststoffverarbeitung (vgl. Schulte (1993), S. 102f.). Diese Unternehmen produzieren im In- und Ausland, d.h. es sind sowohl Konzerne mit ihren Tochtergesellschaften, als auch Unternehmen mit räumlich verteilten Standorten. Sie weisen bedingt durch die geographische Ausdehnung einen größeren Kontroll- und Koordinationsbedarf auf, den sie mittels Videokonferenzeinsatz effizienter abwickeln können. Kein Videokonferenznutzendes Unternehmen war ein Ein-Betriebs-Unternehmen. Daraus könnte abgeleitet werden, dass Videokonferenzstudios erst eingerichtet werden, wenn der Kommunikationspartner zum eigenen Unternehmen oder Konzern gehört.

4. Kostenvergleich Videokonferenz – Geschäftsreise

Als Grundlage werden einige Beispiele aus einer Schweizer Studie (vgl. Lautz (1995)) verwendet. Sie hat neben den direkten Kosten für Flug und Übernachtung auch die indirekten Kosten, die sich infolge des Zeitaufwandes für die Reise und den Aufenthalt ergeben, zu kalkulieren versucht. Bei einer Auslastung des Videokonferenzstudios von rund 40 Stunden pro Monat entstehen für ein Unternehmen bereits erhebliche Kosteneinsparungen gegenüber Geschäftsreisen. Die Preisdifferenzen von dreistündigen Videokonferenzen gegenüber eintägigen Geschäftsreisen von Zürich nach Frankfurt oder London liegen gemäß Lautz bei rund 400 SFr bzw. 1.240 SFr. Bei mehrtägigen Reisen über größere Entfernungen steigt das Einsparungspotenzial von Videokonferenzen auf über 4.000 SFr (New York oder Singapur) oder knapp 6.000 SFr (Tokyo) an. Tab.3 zeigt die Preisunterschiede für verschiedene Destinationen.

Dieser Kostenvergleich beruht jedoch auf den Listenpreisen der Business-Class-Flugpreise und rechnet die gesamte Reisezeit als unproduktive Arbeitszeit, die vom Arbeitgeber zu finanzieren ist[5]. Viele Geschäftsreisende bezahlen hingegen nicht die vollen Flug- und Hotelpreise, sondern profitieren von Sonderkonditionen und Vereinbarungen mit Hotelketten und Fluggesellschaften oder fliegen vermehrt in der Economy Class. Zudem darf nicht die gesamte Reisezeit als unproduktiv eingestuft werden, denn die Reisenden arbeiten in der Regel auch während des Fluges oder in Wartepausen. Allerdings werden auch die Videokonferenz-Systeme und auch die Kommunikationskosten der Videokonferenz-Verbindungen immer günstiger.

Trotz dieser Einschränkungen bestehen auf interkontinentalen und auf längeren innereuropäischen Verbindungen deutliche Kostenvorteile der Videokonferenz gegenüber einer Geschäftsreise. Der tatsächliche Einsatz des Mediums Videokonferenz orientiert sich jedoch nur am Rande an den Kosten einer alternativen Geschäftsreise. Viel wichtiger beim Entscheid, welche Form der Kommunikation gewählt wird, sind der Besprechungsanlass, der Gesprächsinhalt und die Zusammensetzung des Teilnehmerkreises.

Die Haupteinsatzbereiche werden bei technischen Besprechungen und Sitzungen dezentralisierter Arbeitsgruppen gesehen. Auch die 1995 durchgeführte Befragung von Großunternehmen des Industrie- und Dienstleistungssektors in der Schweiz (Rangosch-du Moulin (1997)) zeigte, dass Videokonferenzen vorwiegend von Fachleuten aus Forschung und Entwicklung eingesetzt werden. Videokonferenzen sind ein Mittel der internationalen Zusammenarbeit von Entwicklungs- oder Projektteams, die aus Spezialisten verschiedener Bereiche bestehen. Meist nehmen Angehörige des mittleren Managements sowie Experten oder Sachbearbeiter mit Spezialistenwissen daran teil. In erster Linie werden Videokonferenzen bei unternehmensinterner Kommunikation oder bei enger Zusammenarbeit mit anderen Unternehmen innerhalb eines Großkonsortiums durchgeführt. Im Vordergrund stehen der Erfahrungs- und Gedankenaustausch in technischen und kundenbezogenen Projekten und die Besprechung des Projektstatus. Dagegen werden Gespräche mit Kunden äußerst selten per Videokonferenz abgewickelt, allenfalls wenn sich die Gesprächspartner gut kennen und bereits Face-to-face-Kontakte stattgefunden haben. Auch bei interner Kommunikation ist es von Vorteil, wenn sich die Gruppen oder mindestens die Schlüsselpersonen bereits kennen und auch gelegentlich an persönlichen Treffen zusammenkommen.

Tab. 3: Kosteneinsparungspotenzial von Videoconferencing (in SFr)
(nach Lautz (1995), S.124, ergänzt)

Destination	Direkte Reisekosten bei:			Zeitkosten	Total	Videokonferenzkosten bei:			Einsparung
	1 Tg.	3 Tg.	5 Tg.			3h	6h	9h	
London	1439			623	2062	825			1237
Amsterdam	1146			595	1741	870			871
Frankfurt	816			510	1326	918			408
Paris	1060			567	1627	918			709
Rom	1355			595	1950	918			1032
Helsinki	2522			793	3315	918			2397
Oslo	2309			723	3032	918			2114
Stockholm	2288			779	3067	918			2149
New York		4969		1785	6754		2520		4234
Atlanta		5581		2026	7607		2520		5087
Montreal		4457		1757	6214		2520		3694
Sydney			10093	3740	13833			4266	9567
Hongkong			7852	2607	10459			5238	5221
Singapur			6992	2593	9585			5238	4347
Tokyo			8802	2380	11182			5238	5944

5. Vorteile der Videokonferenz

Die Hauptvorteile der Videokonferenz liegen in der Möglichkeit, zeit- und kostenaufwendige Geschäftsreisen einzusparen und terminliche Engpässe besser zu überwinden. Während für Direktkontakte in Europa oder Übersee mindestens ein bis zwei Arbeitstage eingesetzt werden müssen, reichen für eine Videokonferenz wenige Stunden aus. Damit erhöht sich einerseits die Präsenz und die Verfügbarkeit der Beschäftigten am Arbeitsplatz. Andererseits wächst die Flexibilität bei der Einberufung einer Sitzung, denn eine mehrstündige Videokonferenz lässt sich leichter in den auf Wochen hinaus ausgebuchten Terminkalendern von Kaderleuten und Spezialisten unterbringen als eine mehrtägige Geschäftsreise. Weil Videokonferenzen sehr kurzfristig angesetzt werden können, gelten sie auch als Kommunikationsform in plötzlichen Krisensituationen, zum Beispiel während des Golfkrieges oder in den ersten Tagen nach dem großen Erdbeben in Japan.

Doch auch Unternehmen mit intensiver Videokonferenz-Nutzung betonen die Unterschiede zur Face-to-face-Kommunikation: Aus der Befragung der Unternehmen ging deutlich hervor, dass die Art der Kommunikation und der Inhalt des Gesprächs bei Face-to-face-Kontakten und Videokonferenzen große Unterschiede aufweisen. Im Vergleich zum Direktkontakt ist die Übermittlung nonverbaler zwischenmenschlicher Kommunikation an einer Videokonferenz nur beschränkt möglich. Da die Interaktion nicht unmittelbar ist, ermöglicht eine Videokonferenz nicht dieselbe Art "Tuchfühlung" wie ein Face-to-face-Kontakt. Die Distanz zum Gegenüber ist größer, seine Mimik und Gestik sind weniger deutlich zu erkennen als im Direktkontakt. Daher können die Videokonferenzteilnehmer weniger gut aufeinander eingehen und Stimmungen der Gesprächspartner wahrnehmen. Die Befragten waren sich darin einig, dass Initialkontakte innerhalb und außerhalb der Unternehmung unbedingt persönlich erfolgen sollten, denn für das Kennenlernen und die Vertrauensbildung sind Direktkontakte von großer Bedeutung.

Als äußerst ungeeignet wird der Videokonferenzeinsatz deshalb bei Vertrags- und Verkaufsverhandlungen oder allgemein bei Verhandlungen mit ungewissem Ausgang eingestuft. Auch bei harten unternehmensinternen Verhandlungen, kritischen Entscheidungen, z.B. mit strategischem Inhalt, oder Kritik an Mitarbeiterinnen und Mitarbeitern sollten Videokonferenzen nicht eingesetzt werden. In derartigen Sitzungen kommen der physischen Präsenz der Gesprächspartner und dem direkten persönlichen Kontakt besondere Bedeutung zu. Vertrauensbildung und eine subtile Vorgehensweise sind in Verhandlungen oder Sitzungen zur Konfliktbewältigung enorm wichtig und lassen sich schlecht über Bildkommunikationsmedien wahrnehmen.

Dagegen erlauben Face-to-face-Besprechungen nicht nur einen direkten Blickkontakt und eine sehr subtile Vorgehensweise in heiklen Gesprächssituationen, sie bieten auch wichtige informelle Kommunikationsmöglichkeiten. So kann z.B. in schwierigen Verhandlungssituationen das Gespräch während einer Kaffeepause oder beim Abendessen helfen, die Situation zu entschärfen oder die Verhandlungen erfolgreich abzuschließen. Bei Videokonferenzen hingegen entfallen private Gespräche am Rande der Besprechung und das „Plaudern" oder vom Thema Abschweifen während der Sitzung.

Die eingangs gestellte Frage lautete, ob die neuen Medien und Videokonferenzen im besonderen das Geschäftsreiseaufkommen reduzieren:

Die aufgezeigten Unterschiede zwischen Face-to-face-Kontakten und Videokonferenzen sollen verdeutlichen, dass Videokonferenzen nicht jede geschäftliche Besprechung und damit jede Geschäftsreise ersetzen können. Videokonferenzsysteme erweitern zunächst die Palette möglicher Kommunikationsformen. Sie bieten aber keinen vollwertigen Ersatz für Face-to-face-Besprechungen im Rahmen von Geschäftsreisen, sondern eine wichtige Ergänzung dazu. Videokonferenzen ermöglichen Meetings, die anders nicht hätten stattfinden können, beispielsweise aufgrund eines kurzfristigen Termins oder einer plötzlichen Krisensituation. Sie werden zum einen als Ersatz regelmäßiger Treffen interner Gruppen durchgeführt, andererseits als Ergänzung, um die Kommunikation zu verbessern und zu intensivieren.

Mit dem Einsatz von Videokonferenzen wird eine Beschleunigung der Geschäftsabläufe und eine höhere zeitliche Verfügbarkeit der Beschäftigten erreicht. Nach der anfänglichen Euphorie in einigen Unternehmen, alles über Videokonferenzen besprechen zu können, hat die Erfahrung gezeigt, dass persönliche Treffen in gewissen Abständen sehr wichtig sind.

Das Geschäftsreisevolumen der untersuchten Unternehmen hat seit der Durchführung von Videokonferenzen nicht abgenommen, sondern wuchs langsam oder stagnierte auf hohem Niveau, bei gleichzeitiger markanter Zunahme der Anzahl der Kontakte und des Einsatzes von I&K-Techniken. Auslöser dafür waren meist veränderte Organisationsstrukturen, die im Zuge der Internationalisierung im Unternehmen eingeführt wurden und den Kommunikationsbedarf massiv steigerten. Dies ist der springende Punkt: Die Nutzung der neuen Medien hat eine neue Art der Unternehmensorganisation und der Zusammenarbeit möglich gemacht, die ihrerseits neue Geschäftsreisen erfordert. Ohne den Einsatz von Videokonferenzen und anderen Medien müssten einzelne Projekte innerhalb eines Konzerns jeweils an die lokalen Zentren bzw. Unternehmensstandorte delegiert und dort erledigt werden. Mit Hilfe der neuen Medien können solche Projekte in internationaler Zusammenarbeit durchgeführt werden, was dann wiederum Face-to-face-Besprechungen in bestimmten Abständen nötig macht.

Seit Mitte der 90er Jahre haben sich die neuen Telekommunikationsmedien in den Unternehmen rasant verbreitet – insbesondere die Nutzung von E-Mail und Internet. Sie haben der Videokonferenz in vielen Fällen „das Wasser abgegraben". Einige Gesprächspartner in der aktuellen Untersuchung[2] setzen neben persönlichen Gesprächen vor allem die Kommunikation via Telefon und Internet ein und sehen hier das größere Substitutionspotential zu geschäftlich bedingten Reisen als durch Videokonferenzen. Sie bestätigten jedoch, dass das Geschäftsreisevolumen nicht durch den Einsatz neuer Medien verringert wird, sondern dass durch die globalere Aktivität und geänderte Organisation der Unternehmen mehr Kontakte über große Distanzen gepflegt werden müssen.

Die Zahl der Geschäftsreisen wird also künftig nicht abnehmen, im Gegenteil: Durch die Reorganisation großer Unternehmen und eine fortschreitende Internationalisierung ist ein weiterer Anstieg im Geschäftsreiseverkehr bei gleichzeitiger Intensivierung des Telekommunikationseinsatzes zu erwarten.

Anmerkungen

[1] Zum Vergleich: Die Geschäftsreisenden aus der Schweiz legten 1992 knapp 5 Mrd. Personenkilometer im Luftverkehr zurück. In der Schweiz macht der Geschäftsreiseverkehr rund 6% aller zurückgelegten Personenkilometer aus (vgl. Rangosch-du Moulin (1997), S. 80f.).

[2] Forschungsprojekt EVITA I (EValuation of the Impacts of cybertechnologies on TrAnsport and environment) – Neue Kommunikationsmedien im Unternehmen, siehe auch:
http://www.geo.unizh.ch/~rangosch/EVITA.html

[3] Weitere Informationen dazu finden sich im Internet:
http://www.snf.ch/nfp41/home.htm

[4] Die Grundgesamtheit bestand aus allen Betrieben mit eigener Internet-Homepage. Es war zu erwarten, dass am ehesten bereits die Betriebe über einen Internet-Auftritt verfügen, die selbst im Bereich der Computer- und Softwareentwicklung und EDV tätig sind.

[5] Bundesamt für Statistik (Hrsg.): Statistisches Jahrbuch der Schweiz, Zürich 1998.

[6] Es wird mit einem durchschnittlichen Stundenlohn von SFr 85,00 gerechnet und der Zeitaufwand für Transfer und Check-in auf 2 Stunden pro Weg veranschlagt.

Literatur

Amexco-Studie (1993): Die Geschäftsspesen der Firmen in der Schweiz. Business Travel and Expense Management Report 1993, herausgegeben von American Express Europe Ltd., Edition 1993/94. Brighton.

Dreyer, M. (1998): Geschäftstourismus: Entwicklungen der internationalen Reisetätigkeit von Unternehmen in der Schweiz. (Diplomarbeit Geographisches Institut Universität Zürich). Zürich.

Lautz, A. (1995): Videoconferencing: Entwicklung eines anspruchsgruppenorientierten Konzepts zum Einsatz von Videokonferenzen in Unternehmen. (Dissertation Hochschule St. Gallen). Hallstadt.

Rangosch-du Moulin, S. (1997): Videokonferenzen als Ersatz oder Ergänzung von Geschäftsreisen: Substitutions- und Komplementäreffekte untersucht bei Unternehmen in der Schweiz. Reihe Wirtschaftsgeographie und Raumplanung der Universität Zürich, Vol. 26. Zürich.

Schulte, R. (1993): Substitut oder Komplement - die Wirkungsbeziehungen zwischen der Telekommunikationstechnik Videokonferenz und dem Luftverkehrsaufkommen deutscher Unternehmen. Bonner Geographische Abhandlungen, Heft 88. Bonn.